出版与文化政治

晚清的“卫生”书籍研究

张仲民——著

上海人民出版社

修改版自序

本书来自2007年6月笔者完成的博士论文，经过一些修改后，2009年2月由上海世纪出版集团（上海书店出版社）出版。如今十一年时间已过，再回头看这篇旧作，惭愧异常，自己当年的粗率、幼稚与无知从中可一览无余。如果勉强说其价值的话，或许就是该选题以及当年为此费力收罗的一些材料了。不过，当年作为阅读史研究的尝试，该书出版后还是获得了一些关注（导论还曾被人抄袭），后续也有学者相继开展了阅读史研究，一些的讨论甚至是建立在本书导论之上（尽管其中一些著述并未引用拙著），笔者本人由此也被学界的一些朋友称为阅读史研究者。就此而言，该书可被视为一片表征风气的树叶，或仍有一定的先导意义和作为商榷对象的意义。

过去几年，有几位出版界的朋友建议重新再版此书，因为笔者尚有自知之明，加之也没有时间对之进行校对修订，此事就此搁下。2019年底，上海人民出版社的张钰翰兄提出再版此书，笔者觉得未便再采取鸵鸟策略，应该敢于正视昔日的问题，利用疫情这段稍微空闲的时间修订。故自2020年6月开始，先后委托我的两位博士生宫陈、王艺纯对旧稿进行了一些核对——他们从中发现了不少的引文误失之处。在8—9月间笔者又在两人工作基础上进行了统一修订——考虑到该书前身为博士论文，为存其真，不便大规模重新修改再写，故本次修订版主要是纠正一些引文的错漏，以及一些表述上的问题，至于其他的结构、框架乃至一些立论粗率之处、既有研究未曾涉及之处，基本一仍其旧。此外，此修订版增加了一些插图，同时删除了原版附录中现在看来已经不太有必要存在的两个附录（因之前已经单独发表成文）。

最后需要说明的是，本书得以再版，要首先感谢张钰翰兄的玉成，其次要感谢宫陈、王艺纯、石希峤三位博士生同学的帮助，特别是要感谢高笑红女士认真细致的工作，又纠正了不少笔者未曾发觉的疏忽之处。还要补充的是，为了避免有辱师教，此次再版略去了姜义华老师的原序和初版中的后记。而本书中存在的任何问题，均应归咎于作者本人的浅薄和粗率，与其他人无关。

张仲民

目　录

导论　从书籍史到阅读史

一时心之所会，未必出于其书之本然。

——章学诚《文史通义·文理》

一　关于书籍史研究

在中国，留存下来诸多种关于书籍的各种论述和体裁，如艺文志、经籍志、购书记、卖书记、藏书约、书目、书跋、书序、题跋、书志、书刻、书约、校勘记、注疏、补遗、章句、疏证、读书记、书话、词话、诗话、评点、夹注、眉批以及有关禁书、焚书、藏书、书厄的表达，书籍地位之崇高自是不言而喻，人们如何认识和应用书籍所关尤大。相应地，关于中国书籍史（History of book）的研究成果也蔚为大观，举不胜举。

不过，总体上，研究书籍的历史势必和出版史、印刷史、传播史的研究不可分离。因为书籍不仅有其自身物质层面的构成因素，还有书籍被印刷、采取的出版策略、如何到达读者手里等层面的因素。这种情况我们也可从有关中国的书籍史或印刷史、出版史的书目及研究述评中看出来。比如著名中国书籍史研究者钱存训（Tsien Tsuen-hsuin）曾做过一个非常珍贵的索引——《中国印刷史书目》[①]，该书目中就既搜罗研究中国印刷史的著作，也同样收入研究中国书籍史、出版史的著作，所收研究成果大致反映了近百年来中国书籍史、印刷史、出版史研究的情况。同样，出版史的书目也会收入印刷史、书籍史的著作书目，大陆学者范军也辑录过一个《出版文化史研究论著目录（2000—2004）》[②]，就是如此。至于一些相关的研究述评同样如此，如张志强与潘文年的《20世纪中国书史研究回顾》[③]、魏玉山的《出版史研究百年沿革》[④]、程焕文的《建国以来晚清图书馆学术史研究综述》[⑤]、肖东发和袁逸的《20世纪中国出版史研究鸟瞰》[⑥]、肖东发的《中国出版史研究的回顾与展望》[⑦]，等等综述，亦同样讨论书籍史、印刷史、出版史的著述。由以上书目及学术述评可知，中国书籍史研究与印刷史、出版史研究密不可分，传统的中国书籍史研究，也往往指的是与书籍相关的印刷、出版、销售等层面的研究。

在西方，亦存在上述这种情况，书籍史研究同样与出版史、印刷史甚至是新闻史、传播史等领域不可分割，这种情况我们也可从

---

① 参看钱存训：《中国纸和印刷文化史》，郑如斯编订，广西师范大学出版社2004年版，第367—422页。

② 《出版科学》2005年第3期，第56—61页。

③ 《汉学研究通讯》第22卷第4期，2003年11月，第35—47页。

④ 分别载《出版发行研究》2002年第3、4、7期，第75—80页、第71—74页、第70—73页。

⑤ 见氏著《晚清图书馆学术思想史》，北京图书馆出版社2004年版，第21—43页。

⑥ 《北京大学学报（哲学社会科学版）》1999年第2期，第126—135页。

⑦ 《出版科学》2002年第3期，第57—64页。

其有关书籍史、印刷史的书目中看出来，更可从有关书籍史研究所处理的问题中看出来。①相比于中国书籍史研究成果的丰硕，西方的书籍史研究成果也毫不逊色，且在理论与方法论层面的探讨更多，对于我们研究中国书籍史有很大借镜作用。②

自文艺复兴以来，关注书籍本身、书籍的生产、藏书、图书馆等方面的西方书籍史研究就很活跃。③20 世纪 50 年代法国年鉴学派兴盛以后，西方书籍史的研究则进入了一个新阶段，这可以 1958 年费夫贺（Lucien Febvre）与马尔坦（Henri-Jean Martin）合著的法文版《印刷书的诞生》④ 一书为标志。该书自出版以来，已经被

---

① 参看 Cathy N. Davidson，"Toward a History of Books and Readers，" Cathy N.Davidson（ed.），*Reading in America：Literature and Social History*，Baltimore：Johns Hopkins University Press，1989，pp.1-26；Adrian Johns，*The Nature of the Book：Print and Knowledge in the Making*，Chicago and London：University of Chicago Press，1998。安占华：《法国书籍史研究简介》，《世界史研究动态》1986 年第 1 期，第 30—33 页。

② 西方学者在书籍史研究方面的一些理论探讨，可以集中参看 David Finkelstein，Alistair McCleery（eds），*The Book History Reader*，London and New York：Routledge，2002；有关 20 世纪的阅读文化和读者角色的研究情况，可参看 Molly Abel Travis，*Reading Cultures：the Construction of Readers in the Twentieth Century*，Carbondale and Edwardsville，1998。

③ 当然，书籍史研究在西方真正成为一个专有的学术领域，则是在 20 世纪 30 年代以后了。

④ 费夫贺、马尔坦：《印刷书的诞生》，李鸿志译，广西师范大学出版社 2006 年版。其实阿里特克（Richard D.Altick）最早出版于 1957 年的《英国的普通读者》（*The English Common Reader：A Social History of the Mass Reading Public，1800—1900*）一书也揭示了与《印刷书的诞生》及后来达恩顿（Robert Darnton）等人类似的书籍史研究取向，只是该书价值长期隐而不彰，没有被书籍史、阅读史研究者注意。直到 20 世纪 80 年代，这种状况才发生改变，该书才被研究者日益重视。参看罗斯（Jonathan Rose）为该书写的前言（Foreword），见 Richard D.Altick，*The English Common Reader：A Social History of the Mass Reading Public，1800—1900*，Columbus：Ohio State University Press，1998，pp.ix-xiii。这里使用的是该书 1998 年的修订版。

公认为书籍史研究领域的经典之作，同时也是年鉴学派的研究典范在书籍史领域的预演。该书比较全面地分析了欧洲书籍的生产、印刷、排版、装帧、成本、运作、地理分布、书籍制度、发行、消费、社会影响以及相关环节的情况，还有其背后的经济情况，既有对书籍技术层面的考察，又从社会的角度来讨论书籍与人、与社会的关系，采用了统计学、教育史、文化社会学的方法，打破了传统书籍史侧重于书籍技术层面和物质层面研究的状况，初步确立了年鉴学派的书籍史研究典范。后来，这种书籍史研究取径又被一批法国学者如孚雷（François Furet）、杜普隆（Albert Dupront）等人发扬光大，从而正式形成了这种书籍研究的社会经济史模式。①这种

---

① 参看 Roger Chartier 和 Daniel Roche：《书籍史》，J.Le Goff 和 P.Nora 编：《史学研究的新问题、新方法、新对象》，郝名玮译，社会科学文献出版社 1988 年版，第 311—333 页；李长声：《书・读书・读书史》，《读书》1993 年第 6 期，第 136—142 页。中国学者对西方书籍史和日本出版史研究的相关译介，可参看弥吉光长：《出版史的研究方法》，吴树文译，《出版史料》1988 年第 1 期，第 75—79 页；卫宝瑛译：《十六至十九世纪繁荣的欧美出版业》，该文出自《大不列颠百科全书》，中译文见《出版史料》1988 年第 2 期，第 101—105、112 页；安占华：《法国书籍史研究简介》；李长声：《从音读到默读》，《读书》1992 年第 2 期，第 135—143 页；李长声：《书・读书・读书史》；彭俊玲：《国外对印刷文字与书籍史研究的新动向》，《大学图书馆学报》1995 年第 5 期，第 63 页；彭俊玲、陈峰：《美国的图书史研究热》，《世界图书》1994 年第 9 期，第 17 页；夏李南：《西方的书籍史研究热》，《百科知识》1996 年第 5 期，第 51 页；孙卫国：《西方书籍史研究漫谈》，《中国典籍与文化》2003 年第 3 期，第 92—96 页；陈俊启：《另一种叙事，另一种现实的呈现：新文化史中"书的历史"》，《中外文学》第 34 卷第 4 期，2005 年 9 月，第 143—170 页；秦曼仪：《书籍史方法论的反省与实践》，《台大历史学报》第 41 期，2008 年 6 月，第 257—313 页。西方书籍史的研究成果亦有被翻译为中文者，如弗雷德里克・巴比耶（Frédéric Barbier）：《书籍的历史》，刘阳等译，广西师范大学出版社 2005 年版；Robert Darnton：《启蒙运动的生意——〈百科全书〉出版史》，叶桐、顾杭译，生活・读书・新知三联书店 2005 年版；费夫贺、马尔坦：《印刷书的诞生》；等等。

典范正体现了当时年鉴学派的巨大影响。然而通过研究书籍在不同地区的传播数量，来展现欧洲国界的变动以及不同地区民族意识发生情况的实证主义做法，自然是富有争议，因为购书的读者不一定读，读书的人不一定买，一本书不一定只被一个人读，一个人也不一定只读过一本书，这些情况是很难被统计出来的。年鉴学者夏特里埃（Roger Chartier）和罗切（Daniel Roche）在《书籍史》一文中就对此典范进行了一些批评，“近代书籍的交易相对说来不受经济发展趋势的影响”，对书籍出版发行的“计量分析法难以使我们了解发明创造和彻底革命的情况，而只能使我们了解到被认可了的革新情况。”①对书籍的分析，“还必须辅之以对读者群的社会组成有个比较透彻的了解，书籍史在注意到文化社会学发展的同时，还力图确定出版物的传播规模，力图根据不同类型的读者群确定一种知识类型结构。”②夏特里埃后来还对这种典范继续反思道：“特别是，当一位读者面对一个文本时，他如何构造其中的含义，他如何把该文本变为自己的东西？”③进言之，如《印刷书的诞生》这一著作表明的那样，印刷书是“变革的推手”，出版机构仅是社会与政治舞台上诸多的参与者之一。④他们这里的书籍史研究，只应该

---

① Roger Chartier 和 Daniel Roche：《书籍史》，J.Le Goff 和 P.Nora 编：《史学研究的新问题、新方法、新对象》，第 318、319 页。

② Roger Chartier 和 Daniel Roche：《书籍史》，J.Le Goff 和 P.Nora 编：《史学研究的新问题、新方法、新对象》，第 322 页。

③ Roger Chartier：《过去的表象：Roger Chartier 访谈录》，沈坚译，收入李宏图主编：《表象的叙述——新社会文化史》，上海三联书店 2003 年版，第 134 页。还可参看 Roger Chartier，“Labourers and Voyagers：From the Text to the Reader，” David Finkelstein，Alistair McCleery（eds），*The Book History Reader*，pp.49-50。

④ David Finkelstein，Alistair McCleery（eds），*The Book History Reader*，p.2.

“检视印刷书在问世之初的三百年间，其影响与实际重要性为何”。①故此，这种书籍史研究典范虽然考虑了书籍扮演的角色，但并没有涉及对书籍作者、读者角色的考察。或者说：读者并没有进入书籍史关注的领域，即便作者也只是被学科史家和文学批评家、目录学家所注意。

罗伯特·达恩顿（Robert Darnton）也曾讽刺法国年鉴史家的这种数量化取向的研究方法，认为法国同行“试图用计算来衡量心态——计算安魂弥撒的数量、炼狱的图书、书籍的标题、学术机构的演说、财产清单上的家具、警方记录的罪行、遗嘱里呼告圣母玛丽亚的次数，乃至于在教堂里献给守护圣徒的蜡烛磅数。这些数字可以有迷人之处”，经由诸如年鉴大师们精心编列的数字尤其如此，但“那些数字只不过是历史学家本人制作出来的表征”，并不能得到“客观的”共识，而且即便这些大师各自对于数字的运用情况，也存在很大的差别。②

因此，这种关于图书的社会经济史研究典范很快就遭受到修正，夏特里埃自己就在“从以非常强烈的统计学和社会学为基础的文化社会史，转向接受的历史、实践行为的历史和意义重建的历史”。③一批美国史家如达恩顿、娜塔莉·泽蒙·戴维斯（Natalie Zemon Davis）、艾森斯坦（L.Eisenstein），包括法国思想家布尔迪

① 费夫贺、马尔坦：《印刷书的诞生》，第 4 页。

② 罗伯特·达恩顿：《猫大屠杀：法国文化史钩沉》，编译馆主译、吕健忠译，台北编译馆、联经出版公司 2005 年版，第 371—372 页。新星出版社将该译改为《屠猫记：法国文化史钩沉》，于 2006 年 4 月推出。

③ Roger Chartier：《过去的表象：Roger Chartier 访谈录》，沈坚译，收入李宏图主编：《表象的叙述——新社会文化史》，第 136 页。

厄（Pierre Bourdieu）等人，在 1970 年代掀起了一种文化史取径的研究书籍史方法。不过，这样的转变并不就意味着对年鉴典范的全盘放弃，年鉴的书籍史研究典范还是有其所见之处的，比如其率先把书籍史与心态史结合起来考察，又比如它发掘出了许多以前不为人注意的新材料，还证明了书籍史研究的重要性，进而把书籍史研究推向一个高潮，使得书籍史研究成为当代西方学术研究中的显学，“已经变成一个丰富与多变的研究领域”①。进一步说，必要的数量分析和经济层面的考察仍然是书籍史研究中很有用的手段，只不过是，如今的书籍史研究已经不能再将这些手段泛化和无止境地应用，也不能只满足于使用这些手段。

当然，这些书籍史的研究者在具体的操作中，他们对书籍史的看法与坚持的研究方法并不一致，甚或存在相互龃龉之处。但大体上，他们受到西方学术界“语言学转向”（Linguistic turn）的影响，都继承了西方学术界 20 世纪 50 年代以来文学研究者对读者的研究成果，接受了人类学、文学与文化批评理论、“读者—反应”理论（reader—response）等新学术思潮的影响。认为书籍不再仅是印刷文字、书写文化的载体，它更是一种文本，一种象征，需要在广阔的社会文化背景下被缜密地解读。在从作者到出版者、印刷者、运输者、发售者和读者的链条中，读者完成了这个循环，因他（她）

① Robert Darnton，“What is the History of books?” Cathy N.Davidson（ed.），*Reading in America：Literature and Social History*，p.30.“What is the History of books?”也被收入 Finkelstein，Alistair McCleery（eds），*The Book History Reader*，pp.9-26。有关的热潮可参看 Richard D.Altick，*The English Common Reader：A Social History of the Mass Reading Public，1800—1900*，pp.xvii-xviii。

影响作者书写活动的前前后后；文本作者自身也是读者，通过阅读及与别的作者、读者的联系，他们形成了该采用何种文类与问题的想法，以及关于文字工作的一般认知——这种认知会影响到文本。①

这些书籍史研究者一般还继承了以往书籍史研究的传统，研究的问题更行深入与细致，采用的研究方法也更为多元。他们认识到：

> 没有历史、文学、经济、社会学或目录学能充分评判有关书籍的各个面向。因为，就本质上言，书籍史研究在规模上一定是跨国的，在方法上一定是跨学科的。②

而日益增多的新媒体以及互联网，也正在挑战传统意义上的出版之稳固性，并在图像、口述、平常的交流联系等各种方式之间产生了新关联，出版文化研究正在转向需要全盘考量更宽广的脉络之下文本、过去与现在关系的研究。③为了成功实现这个目标，书籍史研究自然要利用和借鉴其他学科的理论与方法，不管是文学批评、文化研究，或者是媒介研究。在此意义上，“书籍史已经不再只是目

---

① Robert Darnton, “What is the History of books?” Cathy N.Davidson (ed.), *Reading in America: Literature and Social History*, p.30；参看 Roger Chartier, *The Order of Books: Readers, Authors and Libraries in Europe Between the Fourteenth and Eighteenth Centuries*, Translated by Lydia G.Cochrane, Cambridge: Polity Press, 1994, pp.25-60。

② Robert Darnton, “What is the History of books?” Cathy N.Davidson (ed.), *Reading in America: Literature and Social History*, p.47.

③ David Finkelstein, Alistair McCleery (eds), *The Book History Reader*, p.3.

录学或文学批评中的一个类别，毋宁更是人类交流史中不可分割的一部分。”①

戴维森（Cathy N.Davidson）也曾对既有的书籍史研究进行了总结，她认为大家主要关注以下问题：

> 书籍怎样被制造的，被谁制造的，为了谁？作者与出版者之间有何关系？民族及宗教的意识形态（尤其是关乎资助和传教方面）是如何影响书籍出版的，这些理念又是如何被散布的？法律（诸如版权法）与作者及出版者的经济利益之间存在哪些具体关系？书籍的价格是怎样的？书籍只是部分人的禁脔，或是被化为印刷文字的思想（即使不是原书自身实际包含的）被传播给所有的民众，且不考虑读者所属的阶层、地区、政治或宗教立场，以及种族背景、社会性别？书籍怎样到达读者手里，这些读者拥有足够读写能力可以参与印刷文化交流的外部条件谓何？诸如政治领袖、教育家、牧师、批评家这样的文化宰制者，在何种程度上控制了民众获得书籍的途径——不直接地（如通过表扬与责罚）或直接地（如通过强制赞助)？什么书会被经典化（提高到印刷品中的高端地位)，以什么样的方式、为什么、为了何种目的会被经典化?②

---

① David Finkelstein，Alistair McCleery（eds)，*The Book History Reader*，p.3.

② Cathy N.Davidson，“Toward a History of Books and Readers，” Cathy N.Davidson (ed.)，*Reading in America：Literature and Social History*，p.5；参看 Roger Chartier，“The End of the Reign of the Book，” Translated by Eric D.Friedman，*SubStance*，Vol.26，No. 1，Issue 82：Special Issue：Metamorphoses of the Book（1997)，pp.9-11。

达恩顿在其规划书籍史的文章——《什么是书籍史》（What is the History of books）里，还详细指出书籍史研究中已经取得较大成就的与有待继续拓展的方面，对书籍史研究中的各种问题进行了总结与展望。①达恩顿认为，目前，对书籍印刷、运输、读者等层面的研究不如对书籍作者、发售者的研究那样细致，还有待于继续深入。在该文里，达恩顿还提出了一个非常具有提示性的分析模式——书籍的“交流循环”（communication circuit），②通过这个分析模式，书籍作者、读者与出版者建立了互动关系，藉此作为检查文本在社会中扮演角色的手段，亦可将之作为考察出版文化史的切入点。后来的一些书籍史研究者都由此受到启发，并对之作了修正补充。③

从近 40 年来西方书籍史的一些具体研究成果来看，发掘新材料，从书籍的被接受和被阅读角度，研究书籍在中下层社会的传播与阅读，注意对书籍物质形式的研究与对读者的反应研究相结合，重视考察阅读与文化、政治及社会的关系，研究读者群的构成和变化，关注文艺复兴以来欧洲的阅读习惯和阅读方式及阅读大众集体心态的变化，等等问题，尤为书籍史研究的重点。可以说，西方书籍史研究的主要内容已经转向读者及其阅读和使用方面来，如戴维森这篇文章的标题指示的那样：“从书籍史走向书籍与读者关系史”

---

① Robert Darnton, “What is the History of books?” Cathy N. Davidson (ed.), *Reading in America: Literature and Social History*, pp.27-52.

② Robert Darnton, “What is the History of books?” Cathy N. Davidson (ed.), *Reading in America: Literature and Social History*, p.30.

③ David Finkelstein, Alistair McCleery (eds), *The Book History Reader*, p.7.

(Toward A History of Books and Readers)，或者如夏特里埃所言："从文本到读者"(From the Text to the Reader)，借助于当时正在兴起的新文化史（New Cultural History，简称 NCH，亦有人称之为社会文化史）的研究典范，①西方的书籍史研究转向了更为强调读者角色的阅读史（History of Reading）研究——重点研究读者及其阅读反应而非优先关注作者与文本自身，一批杰出的以书籍史研究为基础的阅读史研究成果先后问世。是故，当今西方意义上通常说到的阅读史或书籍史成果，实际上是一而二，二而一的东西，已经难分彼此。比如，法国学者弗雷德里克·巴比耶的《书籍的历史》一书，除了处理像传统书籍史研究讨论的那些问题外，还专门辟出部分篇幅来讨论阅读史，并涉及了西方阅读史研究中争议巨大的"阅读革命"问题。②戴维森编的《阅读在美国：文学与社会史》(*Reading in America*：*Literature and Social History*）一书，表面上看是阅读史的著作，实质却是围绕书籍史展开的。《书籍史读本》（*The Book History Reader*）一书虽然以书籍史命名，但其中许多讨论都是关于读者、阅读的，其第四部分"书籍与读者"(Books and Readers）中的七篇文章，则更是专门讨论阅读史。法国历史学家罗杰·夏特

① 关于西方史学界 20 世纪 70 年代以来兴起的新文化史（大陆学界亦常称之为"社会文化史"）研究的学术潮流，及其在中文学界的译介等简况，可参看拙文《新文化史与中国研究》，《复旦学报（社会科学版）》2008 年第 1 期，第 100—108 页。

② 弗雷德里克·巴比耶：《书籍的历史》，第 278—282 页。参看 Reinhard Wittmann, "Was there a Reading Revolution at the end of the Eighteenth Century?" Guglielmo Cavallo, Roger Chartier (eds), *A History of Reading in the West*, Translated by Lydia G.Cochrane, Amherst & Boston: University of Massachusetts Press, 1999, pp.284-312。

里埃被学术界视为研究西方阅读史特别是法国阅读史的巨擘，但他的几本相关名著，都是以书籍史为讨论对象而展开的。而美国学者达恩顿的几本主要著作都是标以书籍史名义，实际却是阅读史的研究。因此，在法国，阅读史研究通常被称为书籍史研究；在美国，书籍史研究却又经常被称为阅读史研究。

因之，单纯地考察文本或作者或读者，对于书籍史暨阅读史研究者来言，都已经成为明日黄花。吸收以往书籍史研究中对文本的生成史或文本的被建构史的研究成果，结合文本的接受史或效果史研究路径，汲取语言学、人类学、文学批评、文化分析等手段，更为综合与多元的研究文本和读者关系的社会文化史，已经成为当今西方书籍史/阅读史研究者的众望所归。

在近年来西方的书籍史/阅读史研究中，许多学者都投身其中，尤以法国学者夏特里埃和美国学者达恩顿的成就较大。①这两人都是极富有理论修养和自我反思批判能力的史学家，他们的研究成果及在理论层面的探索，为诸多书籍史/阅读史研究者征引和对话，足以代表目下西方书籍史/阅读史研究的主要趋势。所以，笔者这里较多地引用了他们的著作。

---

① 有关夏特里埃的一些情况，可参看林·亨特（Lynn Hunt）编：《新文化史》，江政宽译，台北麦田出版社 2002 年版，第 324—326 页；Roger Chartier：《过去的表象：Roger Chartier 访谈录》，《表象的叙述——新社会文化史》，第 133—137 页；Jonathan Dewald，"Roger Chartier and the Fate of Cultural History," *French Historical Studies*，Vol.21，No.2（Spring，1998），pp.221-240；关于 Robert Darnton 的情况，可参看玛利亚·露西娅·帕拉蕾丝-伯克（Maria Lúcia Pallares-Burke）编：《新史学：自白与对话》，北京大学出版社 2006 年版，第 195—226 页。

相较起来，夏特里埃的书籍史/阅读史研究成果更具有思想史色彩，援引的思想资源以哲学家和文学批评家为多，其著作的理论及方法论的色彩非常浓，常常在与别人研究成果的对话中展开讨论，材料的使用则以常见史料和二手资料为主，加之以别出心裁的解读。达恩顿的书籍史/阅读史研究成果人类学色彩则更浓，这可能与他受美国人类学家格尔茨（Clifford Greetz）等人的影响非常大有关。①又因其新闻记者的出身背景，达恩顿的文笔非常好。在理论素养上，与夏特里埃相比，达恩顿也不遑多让，这种功力从其名著《猫大屠杀》一书中，可以一览无余。他还曾在理论层面对西方书籍史、阅读史研究的情况进行了比较全面的总结与反思，②给后来者提供了很好的理论参考和研究指导。同时达恩顿在具体研究中还非常重视发掘新史料，他的许多经典书籍史/阅读史研究，都是在利用了别人不甚注意的瑞士书商档案材料基础上做出来的。

二 阅读史

必须声明的是，阅读史中所说的阅读不完全等同于读书，阅读

① 关于达恩顿所受美国人类学家格尔茨的影响情况，可参看氏著《猫大屠杀：法国文化史钩沉》。意大利著名微观史学家列维（Giovanni Levi）甚至称达恩顿在《猫大屠杀》一书中的表现比格尔兹还格尔兹，参看 Giovanni Levi，“On Microhistory，” Peter Burke（ed.），*New Perspectives On Historical Writing*，Cambridge：Polity Press，2001，p.108。

② Robert Darnton，“What is the History of books?” Cathy N.Davidson（ed.），*Reading in America：Literature and Social History*，pp.27-52；Robert Darnton，“History of Reading，” Peter Burke（ed.），*New Perspectives On Historical Writing*，pp.157-186.

的对象远比读书的对象来得丰富。阅读针对的是文本或媒介，文本或媒介并不只表现为书写或印刷的形式，它可以包括文字、图像、口语、图片、印刷、音乐等表现形式，乃至于声像材料、电影、电视节目，甚至任何一种计算机储存的信息、碑铭、唱片等各种形式。①书籍只是文本或媒介的一种形式，实际上，书籍与文本的关系非常复杂：

> 在一些传统中，文本先于书籍，文本独立于书籍而存在，文本主要通过口述来传播，它或是具有产生自某些说唱活动的诗歌作品的可塑性（荷马传统的元古阶段），或是具有借助某些特殊技术强化的书面储存的固定性（例如古代印度的吠陀）。而在另一些传统中，文本是同书籍不可分离的，在这样的文本中，物质的对象被赋予某种内在的价值，而这种内在价值可能影响作为其载体的文本传播方式。②

因此，如夏特里埃所言："事实上，我们应该将口头传播形式和肢体传播形式考虑在（阅读之）内。"③而从阅读的本质及效果看，像达恩顿指出的那样："阅读一个仪式或一个城市，和阅读一则民间

---

① D.F.McKenize, "The Book as an Expressive Form," David Finkelstein, Alistair McCleery（eds）, *The Book History Rreader*, p.29.

② 雅各布（Christian Jcob）：《从书籍到文本——文献学比较史刍议》，陆象淦译，《第欧根尼》总第37期，2003年6月，第3—4页。

③ Roger Chartier：《过去的表象：Roger Chartier访谈录》，《表象的叙述——新社会文化史》，第134页。

故事或一部哲学文本，并没有两样。”①另外一位阅读史研究者曼古埃尔（Alberto Manguel）甚至将人类感知外界的一切行为都称为“阅读”：

> 我们每个人都阅读自身及周遭的世界，俾以稍得了解自身与所处。我们阅读以求了解或是开窍。我们不得不阅读。阅读几乎就如同呼吸一般，是我们的基本功能。……一个社会可以没有书写而存在——很多社会的确就是如此，但是没有社会可以缺乏阅读而存在。②

当然，如果将“阅读”视作一种主体对外界的认知过程来言，这样的说法也未尝不可。在此意义上，我们甚至都可以说“一切历史都是阅读史”了，因为历史研究无非是研究主体对于过去遗留文本的阅读和阐释。不过，这样就把阅读史的领域搞得太宽泛了；如此宽泛的结果就会导致：既然一切历史都是阅读史，那么很可能就没有历史是阅读史。故而，我们这里说的阅读史研究中的“阅读”，其含义显然不同于曼古埃尔惊人之论中的意思。若如此，标出阅读史研究的口号又有什么意义呢？

对阅读史研究者极具有启发意义的观点还是属于法国学者德·塞托（Michel de Certeau），他对读者在阅读中扮演的角色地位之讨论，给阅读史研究者提供了极大灵感。在德·塞托看来，人们对阅

① 达恩顿：《猫大屠杀：法国文化史钩沉》，第 xii 页。

② 见氏著《阅读史》，吴昌杰译，商务印书馆 2002 年版，第 7 页。

读存在许多误解：阅读不仅是消费的一个方面，而且是最基本的一个方面。①在对阅读和书写在西方历史中的关系进行了一番考察后，他认为，通常认知到的书写是制造文本，阅读就是被动地接受文本，这种观点是片面的：

> 文本只有通过读者才有意义，且会随读者而变化；文本的组织要适应它力不能及的读者之意见。文本之为文本，只赖于它与外来读者之关系。②

在现实中，作者的写作还有意无意地要考虑读者的接受程度，他（或她）会受到读者回应的影响与制约，从而再次阅读或修订原来的文本。他（或她）也会设身处地地把自己作为真实的“读者”，通过“移情”作用，来“神会”作品的感染力。没有作者能写出一个缺乏读者参与的文本，读者与作者一样，实际上也是作品的创造者。③

阅读是一种读者主体性得以发挥的创造性过程，这种创造“并不能化约成文本作者或书籍生产者的意图”。④读者经常会从阅读中

---

① Michel de Certeau, *The Practice of Everyday Life*, Berkeley: University of California Press, 1988, p.167.

② Michel de Certeau, *The Practice of Everyday Life*, p.170.

③ James Smith Allen, "History and the Novel: Mentallité in Modern Popular Fiction," *History and Theory*, Vol.22, No.3 (Oct., 1983), p.247.关于在阅读史研究中文本与读者之关系，比较详细的考察还可参看：Wolfgang Iser, "Interaction between Text and Reader," David Finkelstein, Alistair McCleery (eds), *The Book History Reader*, pp.291-296; Molly Abel Travis, *Reading Cultures: the Construction of Readers in the Twentieth Century*, pp.1-17。

④ 夏特里埃：《文本、印刷术、解读》，收入林·亨特编：《新文化史》，第 221 页。

得到文本自身预设意义之外的东西。这是因为：

> 文本之意义及对之进行的衡鉴，会随时间、地点与读者的个性特征而改变。没有读者阅读文本时会不抱有体验与期望，超越于文本的收获在某种程度上正是这些体验和期望发挥作用的结果。①

归根结底，读者在阅读过程中，就是一个努力在寻求意义的参与过程。读者对阅读品采取的阅读方式及诠释策略，反映着也受制于读者的“心路历程”和既存的文化资本（cultural capital）：“对一个文本的阅读，总是伴随着以往曾经阅读过的文本。资料已经储存在读者的文化库存中，等着被运用。”②藉此文化资本，读者才得以实现文化消费，以及文化的传承与再创造，阅读之意义于此才得到凸显和再生产。但在本质上：

> 读者接受的既非某个特定作者的立场，也非任何别的作者的立场。他会发明出一些不同于原作者已赋予文本的东西，他会从源头来拆散文本，他会把这些碎片联结起来，藉此组织一个可以容纳无限多元意义的空间，以产生未知的东西。③

---

① Martyn P.Thompson, “Reception Theory and the Interpretation of Historical Meaning,” *History and Theory*, Vol.32, No.3 (Oct., 1993), p.252.

② 约翰·史都瑞（John Storey）：《文化消费与日常生活》，张君玫译，台北巨流图书公司2001年版，第91页。

③ Michel de Certeau, *The Practice of Everyday Life*, p.169.

当然，这样的说法并非就意味着读者的主体性及自由度是毫无限制的，借用法国思想家布尔迪厄的“文化资本”（cultural capital）和“经济资本”（economic capital）概念，读者的阅读嗜好受制于其文化资本和经济资本，是同读者的财富与社会地位、教育背景、文化继承等多种因素紧密相关，他或她不可能脱离于其所在阶层的“共同习性之表达”（the express of a common habitus）。①

更进一步说，文本或媒介同样能引导或误导读者，文本或媒介的内容、叙述策略、样貌、价格、发售方式、获得渠道、广告策略等因素都会影响到读者的阅读与接受。同样，“一个文本的寿命越长，则存在于该文本后来的读者以及其预设的读者群、最初的读者群与可能的读者群之间的差别就越大；一个文本的影响在地理与文化上的‘传播’越广阔，则存在于可能的读者群之间的差别就越大。上述两个差别越大，从同一文本读出不同之可能意义就越多，尽管有些意义之间也许会相互抵触。”②职是之故，阅读史研究将不得不考虑文本羁縻读者的这些方式。

于以上可知，我们既不应该将“阅读”无限扩大化，同样也不能将其狭义化。我们不能将阅读的形式仅局限于阅读书籍和报刊等纸类媒介，阅读活动的参与者决非只限于印刷符号的读者，文盲同样也能阅读，看电影、看电视、上网都是阅读的形式；同样，阅读不应只限于眼睛，戏曲、大书、图画就是文盲的书籍，听大

① Martyn Lyons, *Readers and Society in Nineteenth-Century France: Workers, Women, Peasants*, New York: Palgrave Macmillan, 2001, p.16.

② Martyn P.Thompson, “Reception Theory and the Interpretation of Historical Meaning,” *History and Theory*, Vol.32, No.3（Oct., 1993）, p.269.

书、听戏等活动一样也是阅读的形式。①所以，在一些阅读史研究者看来：

> 阅读史也不应该局限于考察我们现在所读的，默读的等凭借眼睛来阅读的东西的系谱。阅读史的任务可能首先是追溯那些在当下已经被遗忘了的过去的阅读姿态、已经消失的阅读习惯。这是一个重要的任务：它不仅能揭示曾经在过去是很普通的实践的久远性与陌生性，还能描述在今天的读者中已经不再习惯的却构成文本最先的、特殊情貌的阅读模式。②

因而，阅读史明显不同于书评、文艺批评、文学评论和文学鉴赏，也不同于文学史、史学史、哲学史、文献学史这类传统意义上的文献史研究。简单点说，阅读史就是研究过去人阅读实践的历史，研究如何阅读文本、研究人与阅读之间关系的历史。不过按照人们习惯的说法，阅读总是要和书等纸质媒介联系起来，阅读史就常常被称作研究过去人如何读书的历史，但在本质与效果上，阅读的历史不是读书的历史，更不是被阅读物的历史。

事实上，作为文化史中的一个新领域，阅读史研究是从现代西方学术脉络里衍生出来的，主要是藉对过去书写的历史与书籍史（文本发生史）的关注，来强调书写及书籍（文本）之于人的意义。

---

① Guglielmo Cavallo, Roger Chartier (eds), *A History of Reading in the West*, p.4; Roger Chartier, *The Order of Books: Readers, Authors and Libraries in Europe Between the Fourteenth and Eighteenth Centuries*, pp.8-9.

② Guglielmo Cavallo, Roger Chartier (eds), *A History of Reading in the West*, p.4.

相比于传统的书籍史、出版史等名目的研究，阅读史更注重阅读和生活、社会、性别、权力的关系，包括读者在阅读中扮演的角色，读者的阅读方式、阅读心态、阅读习惯等方面的变化，读者对书籍（文本）的使用，以及印刷和出版的文化意义，诸阶层间文化互动关系等方面。美国阅读史研究者达恩顿曾对西方阅读史的研究有一个比较精炼的说明和规划。他认为阅读史研究不仅要关注是“谁在读”、“读什么”、“在哪里读”、“什么时间读”等问题，还要回答更困难的问题：“为什么读”、“如何读”等问题。①

在达恩顿本人的阅读史研究中，他不仅关注像《百科全书》这样的启蒙运动巨著在18世纪法国社会的传播和影响情况；还关注当时的色情书、被禁的畅销书等大众通俗读物，这些书籍在别人看来根本不登大雅之堂，鲜去注意，更不会费心去研究。但在达恩顿看来，阅读这些印刷品的人也许更多，它们“或许比之名家的杰作更加深远地表达和影响了过去某个时代的心态”。②因之，达恩顿本人非常注意将阅读史研究与心态史研究相结合，藉对阅读史的考察，揭示某个人或某群体的心态、思维方式，这种研究取向非常鲜明地体现在他的《猫大屠杀》一书中：

> 本书探讨18世纪法国的思考方式。书中试图陈明的不只是人们想些什么，而且包括他们怎么思考——也就是他们如何阐明这个世界，赋予意义，并且注入感情。探究的途径不是遵

---

① Robert Darnton, “History of Reading,” Peter Burke (ed.), *New Perspectives On Historical Writing*, pp.157-186.

② 利亚·露西娅·帕拉蕾丝—伯克编：《新史学：自白与对话》，第196页。

> 循思想史的高速公路，而是深入文化地图尚未标示的一个领域，在法国称之为“心灵史”（l'histoire des mentalités，又可译为心态史，笔者注）。①

而阅读的概念则是串连《猫大屠杀》一书的一贯之道。于以上达恩顿的夫子自道我们可得知，他这种研究路径实是“其来有自”，同年鉴学派的主张大有瓜葛。

对心态史的研究本来是第一代年鉴史家布洛赫（Marc Bloch）和费夫贺（Lucien Febvre）非常重视的，他们并且在这方面取得了一些不错的成果。②但在年鉴学派第二代巨擘费尔南多·布罗代尔（Fernand Braudel）的主持下，年鉴典范发展到如日中天的地位，经济史与社会史成为更重要或更基本的层次，政治、文化与智识生活只构成了历史经验第三层次，附属于物质、经济和长时段变化的层次，心态史和其他形式的文化史不是完全被忽视，而是被贬谪到年鉴事业的边缘，他们即使关注心态，也是把心态史作为他们主张的“总体史”（total history）中的一个维度，通过长时间的经济、社会结构乃至于环境等因素，用量化的方法来表明人们心态的变化，“过度仰赖文化的量化，同时低估了社会互动的象征要素。”③因为心态的变化不会像政治事件或经济数据那样有比较精确的日期

---

① 《猫大屠杀：法国文化史钩沉》，第 ix 页。

② 关于心态史与年鉴学派尤其是与其第一代学者的关系，可参看 André Burguière, “The Fate of the History of Mentalites in the Annales,” *Comparative Studies in Society and History*, Vol.24, No.3（Jul., 1982）, pp.424-437。

③ 《猫大屠杀：法国文化史钩沉》，第 372 页。

与数字，心态的变化很难有确切的记录和数字来直接说明。因此，在 1960—1970 年代，“一种重要的兴趣转移发生了”，不只有一位年鉴史家的智识路线从经济基础转到文化“上层建筑”，“从地窖升至阁楼”。其中原因或许出于对学术领袖布罗代尔如此规划历史学研究疆域的不满，更可能也许是一场更大范围内反动的一部分，即对任何形式的决定论之反动。①在此种情况之下，第三代年鉴史家走向文化史研究。对于新一代的年鉴史家来说，心态或文化已经不能再被规划到历史经验的“第三层次”了，在他们看来，第三层次根本不是一个这样的东西。相反，它是历史事实的一个先决因素，因为心态结构不能被化约为物质因素。经济和社会关系并不能优于或决定文化因素，其本身就是处于文化生产和文化实践中的。所有实践，不管是经济或文化实践，都端赖于文化或心态为之再现，或者仰仗个人感知世界使用之符码。②新一代的年鉴史家如勒戈夫（J. Le Goff）、拉杜里（Le Roy Ladurie）等人纷纷转向心态史研究，并有像拉杜里之《蒙塔尤》（*Montaillou*）③ 这样经典的心态史研究成果问世，勒戈夫自己还撰写了《心态：一种模糊史学》④ 这样讨论心态史的理论文章，试图弥补因计量法的滥用而遭受伤害与挫折的心态史研究。

---

① 参看彼得·伯克（Peter Burke）：《法国史学革命——年鉴学派，1929—1989》，江政宽译，台北麦田出版社 1997 年版，第 85 页。

② Joyce Appleby，Lynn Hunt and Margaret，*Telling the Truth About History*，New York and London：Norton & Company，1994，pp.222-223；参看《新文化史》，第 28—29 页。

③ 许明龙等译，商务印书馆 1997 年版。

④ J.Le Goff 和 P.Nora 编：《史学研究的新问题、新方法、新对象》，第 265—286 页。

心态史在法国的复兴自然影响到其他国家的史学者，包括阅读史研究者，而把阅读史与心态史相结合，也是目前文化史研究中的常见路数。①这不仅因为在考察阅读实践时，势必要跟读者的阅读心态变化联系起来——“阅读的历史或阅读的人类学迫使我们去面对外来心灵的异己性”，②心态史研究本来是从思想史领域中延伸出来的，可以弥补思想史研究中存在的缺陷，当思想史研究不再集中于精英时，心态史研究就更有用武之地，重点关注平常人对待日常生活的心态。③同样还由于，阅读史也非常关注对大众心态的解释，阅读史与心态史研究的结合，可以加强文化史研究的深度。因为不同读者的读书方式虽然不同，读的书籍也不一样，但在一定社会、一定时期的读者，他们都分享有大致类同的文化传统、生活态度与价值观，他们所阅读文本的文化构成、叙述方式，以及他们理解、阐释文本的方式在很大程度上是相仿的，“每个时代的人都在一个由相似的传统、意见和习惯组成的基本环境中成长，他们不能摆脱这些东西的桎梏。”④

---

① 对于心态史在历史研究中的应用情况，可参看 Peter Burke，“Strengths and Weaknesses of the History of Mentalities，” *Varieties of Cultural History*，Cambridge：Polity Press，1997，pp.162-182。

② 《猫大屠杀：法国文化史钩沉》，第 299 页。

③ Patrick H. Hutton，“The History of Mentalties：the New Map of Cultural History，” *History and Theory*，Vol.20，No.3（Oct.，1980），pp.237-259.关于思想史与心态史的关系及思想史的发展趋向、研究方法，参看 Roger Chartier，“Intellectual History and the History of Mentalités：A Dual Re-evaluation，” Roger Chartier，*Cultural History*：*Between Practices and Representations*，Translated by Lydia G.Cochrane，New York：Cornell University Press，1988，pp.19-52。

④ 勒庞（Gustave Le Bon）：《乌合之众》，冯克利译，中央编译出版社 2004 年版，第 121 页。

进言之，一定时间内的心态变化同书籍史研究一样，不可能用数据就判然而解，光靠事实或数据只能在周边打转，难入堂奥，心理活动必定是个人的，外人跟后来者是很难琢磨的，“心态史的研究对象是历史的个人没有意识到的东西”，①但它会体现在日常行为中，它会透过一些蛛丝马迹特别是思维方式、象征符号表现出来，只要凭借缜密细致的解读——尤其是借助人类学手段，我们才有可能再现它。而阅读史的研究，则是我们解读历史上人们的心态及其变化的便捷手段，金兹堡（Carlo Ginzburg）的《奶酪和虫子》（*Cheese and Worms*：*The Cosmos of a Sixteenth—Century Miller*）②，达恩顿的论文集《猫大屠杀》，特别是其中的三篇文章《农夫说故事：鹅妈妈的意义》《工人暴动：圣塞佛伦街的猫大屠杀》《读者对卢梭的反应：捏造浪漫情》，可以说都是结合心态史的阅读史研究典范。

需要补充的是，近五十年来，受到后现代主义与相关学术思潮的冲击，加之国际风云的变化和日益汹涌的全球化浪潮，近代以来盛行的“理性”、“进步”的现代性观念跟启蒙模式的大写历史叙述，受到了前所未有的挑战而渐成强弩之末。多元文化主义（multculturalism）兴起，“虽小道亦有足观”（Small is Beautiful），过去曾被史家们忽略的许多“土著”与边缘群体也不再“失语”（voiceless），他们越来越要求历史书写里要有自己应有的地位。这些情况都促使历史学家的关注点扩大为不仅包括权力的中心和社会的上

① J.Le Goff：《心态：一种模糊史学》，J.Le Goff 和 P.Nora 编：《史学研究的新问题、新方法、新对象》，第 270 页。

② Carlo Ginzburg，*Cheese and Worms*：*The Cosmos of a Sixteenth-Century Miller*，London and Henley：Routledge & Kegan Paul，1980.

层，还更要关注社会的边缘群体，“再现”多元的观点和声音。①西方史学界于是开始了一场“来自下层”的史学革命。②这种趋势反映在西方阅读史的研究上，就是西方阅读史研究非常关注对中下层知识分子、对一般老百姓的阅读史研究，而不再将目光聚焦在社会上的精英分子。然而新问题一出现，新挑战也随之而来，就是对于中下层人士的阅读史进行研究，势必会遭遇材料方面的瓶颈（当然，这个问题对整个东西方的阅读史研究乃至对下层人士的历史进行研究时都同样存在）：

> 普遍缺乏直接的原始资料（读者不会自我描述），实践上完全缺乏成系列的可感的原始资料，以提供一个统计学上的真实形式。相反，只好运用那些间接的原始资料构建出习俗及其可能的含义的类型学。一部阅读史需要求助于整个社会文化的标志（居住形式的类型，各社会职业类型及宗教隶属等的人口分布，扫盲，入学，印刷品的发送网络），档案的分析（死后财产清单、通信、目录、私人财产等等），肖像学，建筑考古学，当然更不能忽视作为研究对象的图书本身。③

不过，西方阅读史研究遇到的材料问题严格来说或许并不那么

---

① Robert F.Berkhofer, *Beyond the Great Story: History as Text and Discourse*, Combridge: Harvard University Press, 1995, pp.170-201.

② Jim Sharpe, “History from below,” Peter Burke (ed.), *New Perspectives On Historical Writing*, pp.25-42.

③ 弗雷德里克·巴比耶：《书籍的历史》，第 278—279 页。

严重。在西方，毕竟还有保留下来的诸多关于下层民众的记载（而这些记载在中国大都付之阙如），如时人的出生记录、遗产登记、婚姻登记、签名，教会或官方的审讯记录，乃至18世纪以后图书馆的借阅记录，书商的售书目录，一般人物的自传、回忆录、书信、日记、财产清单、购书记录等材料，是故，西方学者对于中下层老百姓的阅读史研究有非常优秀的成果。其中，美国史家达恩顿就曾通过对流行于近代欧洲的民间故事及其不同流传版本的考察与阐释，解决了关于下层民众阅读情况遗留材料不足的问题，揭示出了18世纪欧洲农民特别是法国农民的阅读世界、处世策略和生活面貌，以及由此呈现出的集体心态与思维方式。[①]夏特里埃的《"他者"的角色：启蒙运动时期的农民阅读》（"Figures of the 'other'：Peasant Reading in the Age of the Enlightenment"）[②] 一文也探讨了启蒙时代法国农民的阅读问题。该文主要关注三个问题：教区牧师将收藏的书籍借给教民吗？农村居民有阅读的嗜好吗？哪些书籍在当时更容易被阅读？且该文还探讨了农民的阅读方式、阅读的用处以及阅读与生活的关联。夏特里埃这里大量使用了当时知识精英对于农民阅读的看法和当时留下的图书馆借阅记录。Martyn Lyons 在其《19世纪法国的读者与社会：工人、妇女和农民》（*Readers and Society in Nineteenth-Century France*：*Workers*，*Women*，*Peasants*）一书中，用传记、回忆录以及图书馆的借阅记录等材料，探讨了19世纪法国工人、农民和妇女的阅读情况与心态变化，亦是很有价值的

---

① 参看达恩顿：《农夫说故事：鹅妈妈的意义》，见氏著：《猫大屠杀：法国文化史钩沉》，第1—99页。

② Roger Chartier，*Cultural History*：*Between Practices and Representations*，pp.151-171.

尝试。西方其他优秀的阅读史研究成果还有如金兹堡的《奶酪和虫子》，夏特里埃的《书之秩序》（*The Order of Books：Readers，Authors and Libraries in Europe Between the Fourteenth and Eighteenth Centuries*）、《近代法国早期印刷的文化用途》（*The Cultural Uses of Print in Early Modern France*）①，阿伦（James Smith Allen）的《透过大众的眼睛：现代法国阅读史，1800—1940》（*In the Public Eye：A History of Reading in Modern France，1800—1940*）②，卡瓦罗（Guglielmo Cavallo）和夏特里埃合编的通史性著作《阅读史在西方》（*A History of Reading in the West*）等。

三　晚清书籍史/阅读史研究概况

相较起西方阅读史研究典范的成熟与研究成果的丰硕，阅读史研究在中国还近乎荒地，大有开拓的必要。据笔者所见，除却20世纪80年代中国大陆哲学界、文学理论界、图书馆学界对西方文学批评理论、接受理论与阅读理论的译介外，中国大陆对西方阅读史具体研究成果的最早介绍，③可能是上面提及的留日学者李长声，

① Translated by Lydia G. Cochrane，Princeton，New Jersey：Princeton University Press，1987.

② Princeton，New Jersey：Princeton University Press，1991.

③ 弥吉光长的《出版史的研究方法》一文主要是关于日本出版史的一个探讨，认为“出版史其实就是文化史”，指出出版史研究应该包含八类，其中有关于书刊的流通史、读书方面研究的内容，可惜文章对此的讨论不多，亦没有提及西方学者的有关研究。但该文仍是一篇很有见地的文章，在当时就能被翻译成中文尤其难得。参看弥吉光长：《出版史的研究方法》，吴树文译，《出版史料》1988年第1期，第76页。

主要是他于1992年在《读书》杂志上发表的《从音读到默读》与1993年在《读书》上发表的《书·读书·读书史》两文。《从音读到默读》一文目的在于介绍日本文学研究中的一些面向，开始先介绍日本文学研究者在1962年写的《从音读到默读——近代读者的形成》的价值，“是日本第一本揭出读者研究旗号的著作”，到1990年代“犹未被后来的研究者超越”。李文概括介绍了日本的文学研究者对读者问题的研究的大概情况，以及西方学术界相仿的研究取径，指出了“从音读到默读”这种变化在西方和日本的表现与意义。该文还介绍了西方20世纪60年代以来对读者因素研究的理论成果，也引用了达恩顿《什么是书籍史》（What is the History of books）一文，呼吁在书籍出版中要重视读者的因素。《书·读书·读书史》则概括介绍西方20世纪60年代以来西方学术界由书籍史向阅读史研究的过渡情况，内容涉及年鉴学派的书籍史研究观点及其后来遭受的批评，还介绍了夏特里埃的书籍史/阅读史研究著作与其个人情况。总的看，李长声这两篇文章虽然不是严格的学术论文，但比较全面且到位地介绍了西方史学界、日本文学界研究书籍史、阅读史（李文称为读书史）的一些情况，并对有关的阅读史理论进行了点评，这在当时的中文学界，无疑是极具有先见之明的，也是弥足珍贵的。

另外，前举介绍西方书籍史研究的文章中也有曾提及阅读史研究的，如彭俊玲的《国外对印刷文字与书籍史研究的新动向》、彭俊玲、陈峰的《美国的图书史研究热》，可惜只有片言只语，无多大学术价值。以后一段时间，虽有图书馆学出身的学者对阅读史研究有理论上的介绍，但基本上还处于起步阶段，我们可以这一时期两篇讨论阅读史的文章为例。第一篇是王龙的《阅读史研究探论》①，该文是在李长声两文基础上发展而来的，也参考了其他相关的一些研究成果，综合了一些西方学者的看法杂糅而成；遗憾的是，一些关键地方缺乏注释；另外，作者从不同地方转引了法国学者夏特里埃（Roger Chartier）的研究，没有仔细分辨，误将之当作两人，一处译为"沙杰尔"，一处译为查蒂埃尔。不过，该文的一些注释还是很有价值的。第二篇是王余光的《试论阅读史研究》②，该文则连基本的注释都没有，基本是在王龙的《阅读史研究探论》基础上推延出来，加之一些想当然的意见及转述，其学术价值不高。总的看，这两文都有不少对阅读及阅读史的曲解，如将阅读史当作读书史，或将阅读的含义等同于读书，将中国古代关于读书的一些看法等同于对阅读的看法，将阅读史研究等同于中国传统的书籍史研究，等等。当然，两文并非严格的学术论文，也没有发表在正式的史学期刊上，出现一些问题属正常，况且两文还是在一些方面描述了西方书籍史/阅读史研究的个别面向，它们对阅读史研究的介绍尚属难得。可惜的是，以上所举的数篇文章貌似没有对中国大陆历史学界的研究实践产生什么影响，因为在过去十五年间，我们没有看到一本关于阅读史研究的实证史学著述在大陆问世。③

---

① 《图书馆理论与实践》2001 年第 1 期，第 17—20 页。该文增改后亦收入氏著《阅读研究引论》（香港天马图书有限公司 2003 年版），感谢包头师范学院王龙教授惠赐此书。

② 《中学语文教学参考》2001 年第 8—9 合期，第 14—17 页。

③ 笔者最近又看到一本王余光等人的《中国阅读文化史论》（北京图书馆出版社 2007 年版）论文集，其中论文虽提供了一些阅读史研究信息，但并非严格的史学研究，只是反映了某些图书馆学者对阅读史研究的一些认识与理解。

不过，欧美汉学界则比较早注意到了结合印刷史、书籍史、阅读史的文化史研究，但这些研究主要考察的是晚明清初一段时间的书籍出版、传播和阅读情况，显示了“对更广阔的社会与文化问题的关注”。①如周启荣（Kai-wing Chow）的《近代早期中国的出版、文化与权力》（*Publishing*，*Culture and Power in Early Modern China*）②，周启荣和包筠雅（Cynthia Joanne Brokaw）合编的《晚期中华帝国的印刷与书籍文化》（*Printing and Book Culture in Late Imperial China*）③，《晚期中华帝国》（*Late Imperial China*）杂志则早于1996年就推出了“晚期中华帝国的出版与印刷文化”（Publishing and the Print Culture in Late Imperial China）专号④，里面收录了弗里德曼（Friedman，Jill A.）、贾晋珠（Lucille Chia）、包筠雅、卜正民（Timothy Brook）、周启荣、贝尔（Bell，Catherine M.）六位作者的六篇文章。以上这些研究成果都受到当今西方正在盛行的文化史研究影响，吸收了诸如布尔迪厄、夏特里埃这样的学者的理论和研究方法，研究面涉及中国出版文化的各个方面，从书籍生产到播散，从书商的出版策略到读者的阅读实践，从善书到戏剧、小说、家谱、异端文类，到明代的“图书馆”，再到19世纪的畅销书，从一般文人群到诸如顾炎武、黄宗羲这样的大儒与他们同印刷的关系，从书价到出版业的运作情况，从文学出版市场到其他非汉族语言的

---

① 可参看 Tobie Meyer-Fong，“The Printed World：Books，Publishing Culture，and Society in Late Imperial China，” *The Journal of Asian Studies*，Vol.66，No.3（August，2007），pp.787-817。

② Stanford：Stanford University Press，2004.

③ Berkeley：University of California Press，2005.

④ *Late Imperial China*，Vol.17，No.1（June，1996），pp.1-200.

印刷文本，从印刷与科举制度的关系到与教育、文化、社会的关系，等等，方方面面的情况皆有涉及。周启荣在其研究中还特别指出：印刷的文化史研究与阅读史研究正在进入中国史学家的议程，这些新的研究取径有助于修订往昔对于晚明思想史的习惯看法；周还提醒研究者一定不能忽略对读者接受层面的研究。①

虞莉的博士论文《中华帝国晚期的阅读史，1800—1800》，②太过宏观，论证也非常简单，学术价值有限。值得注意的是梅嘉乐（Barbara Mittler）研究早期《申报》的专著——《一份为中国的报纸？上海新闻媒介的权力、认同和变化，1872—1912》，其中专门辟出一部分研究中国近代时期报刊的阅读情况。她认为研究报刊“必须考虑那些购买与阅读报刊的人”。梅嘉乐以《申报》为中心还就媒体如何定义读者、如何描述女性读者以及当时报刊的女性读者情况、她们阅读后的反应等情况进行了研究。③芮哲非（Christopher A.Reed）的《古腾堡在上海：中国的印刷资本主义，1876—1937》（*Gutenberg in Shanghai*：*Chinese print capitalism*，*1876—1937*）④一书，显然从安德森（Benedict Anderson）的《想象的共同体：民族

---

① Kai-wing Chow，“Writing for Success：Printing，Examinations，and Intellectual Change in Late Ming China，” *Late Imperial China*，Vol.17，No.1（June 1996），pp.120-157.

② Li Yu，“A History of Reading in Late Imperial China，1000—1800”，Ph.D. Dissertation，Department of East Asian Languages and Literatures，The Ohio State University，2003.

③ Barbara Mittler，*A Newspaper for China*？*Power*，*Identity*，*and Change in Shanghai News Media*，*1872—1912*，Cambridge：Harvard University Press，2004，pp.245-311.

④ Vancouver，Toronto：University of British Columbia Press，2004.

主义的起源与散布》一书中吸收了灵感,①讨论了印刷文化、印刷商业和印刷资本主义对中国近代民族主义的建构作用。该书内容涉及面很广，从印刷技术在近代中国的传播到上海石印技术的黄金时代（1876—1905 年），从上海的书店到文化街到印刷工人到商务印书馆、中华书局、世界书局，从教科书到图书市场，从印刷观念、印刷技术到印刷的组织模式，乃至到印刷对文化、对教育、对政治的影响，都有涉及，但书中问题也不少，一些史实性错误也颇多。包筠雅推出的《文化中的商业》一书,②同样从出版与印刷角度探讨 17 世纪后半期以来中国著名的雕版印刷中心之一——闽西四堡的印刷与书籍贸易情况，包括研究邹氏和马氏两个印刷家族的历史、四堡印刷工业的结构、印刷企业的竞争、书籍的售卖路线、分销店、四堡的印刷和书籍售卖企业与清帝国经济的关系、对儒家思想传播的作用，印刷的原料、印刷书籍的各个类别、印刷质量、书籍价格等；作者最后还讨论了清帝国时期印刷文化的扩散及其对士大夫、社会地位与政治权力的影响。包筠雅认为四堡的印刷业揭示了清代印刷文化的两个主要趋势：商业木版印刷在向当时没有被商业出版文化影响到的内地乡村和偏远地区扩散；书籍在向这些地区不同阶层的大众进行着社会渗透。③惟作为两本印刷史专著，同稍早贾晋珠研究宋元明时代福建建阳出版业的书——《为赚钱的印刷

① 安德森：《想象的共同体：民族主义的起源与散布》，吴叡人译，上海人民出版社 2003 年版。该书英文版最早出版于 1983 年，1991 年修订再版。

② Cynthia Joanne Brokaw，*Commerce in Culture*：*the Sibao Book Trade in the Qing and Republican Periods*，Cambridge and London：Harvard University Asia Center，2007.

③ Cynthia Joanne Brokaw，*Commerce in Culture*：*the Sibao Book Trade in the Qing and Republican Periods*，pp.7-8；535.

业：11—17 世纪福建建阳的商业印刷者》（*Printing for Profit*：*The Commercial Publishers of Jianyang*，*Fujian*［*11th—17th Centuries*］）① 一样，它们皆不重视对读者接受层面的考察。再如美国学者周绍明（Joseph P.McDermott）的新著《中国书籍的社会史：晚期中华帝国的书籍与文学文化》（*A Social History of the Chinese Book*：*Books and Literati Culture in Late Imperial China*）②，该书借用社会学的手段，主要关注书籍在晚期中华帝国文化中的吸引力，以及书籍与文化权力、社会、经济阶层之间的复杂关系，着重研究 11—19 世纪之间中国书籍在技术、学术和社会关系方面的重要变化，书中既有对印刷技术在中国的产生、演变、书籍与文学文化的播散之类的宏观考察，也有对钱进仁这样的藏书家、学者进行个案研究。

美国学者的书籍史研究文章被译为中文的也有，如季家珍（Joan Judge）关于晚清的教科书与国民读本的研究③，芮哲非关于印刷史与出版史对中国研究意义的讨论④，包筠雅对清代印刷业的扩散与出版发行网络的研究⑤；这些研究都比较侧重于出版与印刷对于大众的文化意义，以及它们对当时中国社会造成的影响，亦是欧美汉学家关于中国书籍史研究的探索。

台湾学者对晚明书籍史的关注也比较多，特别是关注晚明出版

---

① Cambridge and London：Harvard University Asia Center，2002.

② Hong Kong：Hong Kong University Press，2006.

③ Joan Judge：《改造国家——晚清的教科书与国民读本》，孙慧敏译，《新史学》第 12 卷第 2 期，2001 年 6 月，第 1—40 页。

④ 芮哲非：《印刷与出版史能为中国学增添什么》，收入王荣华主编：《多元视野下的中国》，学林出版社 2006 年版，第 61—72 页。

⑤ 包筠雅：《17 到 19 世纪中国南部乡村的书籍市场及文本的流传》，收入《史华慈与中国国际学术研讨会论文集》，华东师范大学，2006 年 12 月，第 199—221 页。

的日用类书、书画谱、笺谱、版画插图之类通俗书籍，从消费、大众文化、艺术史的角度来考察书籍的生产、传播。① 如王正华的《生活、知识与文化商品：晚明福建版“日用类书”与其书画门》一文，作者希望以晚明福建版“日用类书”为中心，将之作为文化商品，藉此探索民间大众阅读文化的情形，并对精英文化与通俗文化的关系提出了自己的看法；但限于有关读者阅读回应材料的匮乏，该文对读者层面的分析着墨不多。② 在台湾这些年来的书籍史研究中，以王尔敏的成就较大，从前些年对《圣谕广训》《点石斋画报》的社会史研究③，到近年来他对明清以来中下层人士所著书籍的收集、研究工作，发掘出了一批比较罕见的书籍史资料，如《酬世锦囊》《营谋小集》《庄农杂字》《鲁班经》等书籍，王氏希望从这些书籍中发掘庶民百姓的日常生活与思想状况。王尔敏的这些研究成果已经先后发表在台北“中研院”近史所的《近代中国史研究通讯》等刊物上。④ 另外，他还指导学生吴蕙芳，去做《万宝全

① 可参看马孟晶：《文人雅趣与商业书坊——十竹斋书画谱和笺谱的刊印与胡正言的出版事业》，《新史学》第10卷第3期，1999年9月，第1—54页；马孟晶：《耳目之玩——从〈西厢记〉版画插图论晚明出版文化对视觉性之关注》，《台湾大学美术史研究集刊》第13期，2002年9月，第201—276页；等等。

② 《“中研院”近代史所集刊》第41期，2003年9月，第1—47页。

③ 参看王尔敏：《近代文化生态及其变迁》，岳麓书社2002年版。

④ 参看王尔敏：《〈酬世锦囊〉之内涵及其适用之人际网络》，《近代中国史研究通讯》第24期，1997年9月，第97—100页；《〈营谋小集〉与商贩经理知识》，《近代中国史研究通讯》第30期，2000年9月，第118—123页；《清代小商贩稀珍史料五种》，《近代中国史研究通讯》第31期，2001年3月，第102—114页；《〈庄农杂字〉所反映的农民生业生活》，《近代中国史研究通讯》第33期，2002年3月，第98—105页；《中国民间市井营造工匠日用之〈鲁班经〉》，《近代中国史研究通讯》第36期，2003年12月，第48—54页；等等。

书》这类明清百姓日用书的研究①。其他像王飞仙的《期刊、出版与社会文化变迁——五四前后的商务印书馆与〈学生杂志〉》②，其中亦援引到西方的阅读史研究成果，并对一些读者因素进行了探讨，可其目的主要在探讨出版与社会文化变迁的互动。台湾学者的这些书籍史研究成果虽然比较接近阅读史研究取径，但主要还是文献学、消费史、社会史、出版史的研究。

所谓“名不正，言不顺，言不顺则事不成”，打出阅读史研究旗帜的中国学界的成果正式问世是在 2005 年 9 月。潘光哲在台北的重要史学杂志《新史学》上发表了《追索晚清阅读史的一些想法》一文③，潘氏在该文里通过对晚清士人读书世界的考察，描述了他们的阅读活动与思维/观念形成之间的互动过程，并结合既有的出版史研究成果，就如何书写 19 世纪中国士人的阅读史提出了若干意见，希望“透过阅读史的取向，我们可以深入地了解晚清士人是怎样藉着各式各样的阅读/思想活动为他们的生命寻找意义，编织自己的‘意义之网’（the web of significance）”④。并且作者身体力行，目前正在围绕《时务报》与“华盛顿”、《独立宣言》这两个符号，试图写出《时务报》的文化史，详细梳理“华盛顿”、《独立宣言》这两个符号在近代中国的复杂

---

① 吴蕙芳：《〈万宝全书〉：明清时期的民间生活实录》，台北政治大学历史学系 2001 年版。

② 台北政治大学历史学系 2004 年版。

③ 《新史学》第 16 卷第 3 期，2005 年 9 月，第 137—170 页。

④ 潘光哲：《追索晚清阅读史的一些想法》，《新史学》第 16 卷第 3 期，2005 年 9 月，第 160 页。

演变脉络。①

潘光哲还在2005年9月出版的《思与言》杂志里主编了一期"近代中国的阅读、出版与文化"专辑，专辑收录了四篇研究近代阅读史的实证文章，分别为孙慧敏：《翰林从商：张元济的资源与实践》，李仁渊：《新式出版业与知识分子：以包天笑的早期生涯为例》，周叙琪：《阅读与生活：恽代英的家庭生活与〈妇女杂志〉之关系》，余芳珍：《闲书消永日：良友图书与近代中国的消闲阅读习惯》，加上潘氏为之撰写的《导论》。这些阅读史研究成果中的前三篇都是围绕知识精英展开，讨论了阅读与思想、阅读对于他们人生的影响以及这些人后来的文化活动。其中孙慧敏文较侧重于张元济的文化身份和他从事的出版活动，使得该文与其说是一个阅读史研究，不如说更像是个人物研究。李仁渊文以包天笑为例，对晚清上海书籍或报刊的被阅读、被传播情况进行了一些考察。周叙琪文还重点讨论了《妇女杂志》的读者与作者之间的互动关系。余芳珍文以《良友画报》为主，兼及良友图书公司、商务印书馆等，讨论读者阅读《画报》后的回应，以及其中良友图书公司的作用，进而揭

---

① 参看潘光哲：《〈时务报〉和它的读者》，《历史研究》2005年第5期，第60—83页；潘光哲：《开创"世界知识"的公共空间：以〈时务报〉的译稿为例》，《史林》2006年第5期，第1—18页；潘光哲：《华盛顿在中国》，台北三民书局2005年版；潘光哲：《美国〈独立宣言〉在晚清中国》，《"中研院"近代史研究所集刊》第57期，2007年9月，第1—54页。潘氏还有文章多篇，围绕某些问题讨论其被引述、使用的过程，参看氏著：《画定"国族精神"的疆界：关于梁启超〈论中国学术思想变迁之大势〉的思考》，《"中研院"近代史研究所集刊》第53期，2006年9月，第1—50页；《科举体制下的"新学"传播空间——以〈沅湘通义录〉为例》，《"101：后科举时代的反思"学术研讨会论文集》，"中研院"近代史研究所，2006年12月。

示由此呈现出来的民国时期上海的消闲阅读习惯与晚清以来的消闲阅读文化①。上述这些具体的个案研究运用习见的资料，加之以独出心裁的解读，从不同侧面为我们揭示出了一些不太为我们所知的近代历史图像，初步展现了阅读史研究的魅力。或可说，潘氏的《追索晚清阅读史的一些想法》一文及《思与言》这个阅读史专辑的诞生，标志着阅读史研究在中文史学界的正式兴起。

必须补充的是，早在上述这些研究出现之前，中文学界也有一些研究涉及晚清中国书籍报刊的发行、传播，书籍报刊与教育、学术、文化的关系，作者、译者、编者、出版者与书籍的关系，稿费制度，书籍广告，书籍文体，书籍制度与版权制度，书籍的价格、成本、插图、购阅者，不同藏书楼、图书馆的发生和收藏情况，出版机构的历史及其运作和社会影响，出版家的历史及其与出版机构的相互关系，书业组织，书籍装帧、版式、版本的变化，等等方面的情况。较具代表性的有：来新夏等著的《中国近代图书事业史》②，邹振环的《影响中国近代社会的一百种译作》③、《江苏翻译出版史略》④、《20世纪上海翻译出版与文化变迁》⑤、《译林旧踪》⑥，李仁渊的《晚清的新式传播媒体与知识分子》⑦，陈林的《近代福建

---

① 类似研究关怀，可参看胡晓真：《知识消费、教化娱乐与微物崇拜——论〈小说月报〉与王蕴章的杂志编辑事业》，《“中研院”近代史研究所集刊》第51期，2006年3月，第55—90页。

② 上海人民出版社2000年版。

③ 中国对外翻译出版公司1996年版。

④ 江苏人民出版社1998年版。

⑤ 广西教育出版社2001年版。

⑥ 江西教育出版社2000年版。

⑦ 台北稻乡出版社2005年版。

基督教图书出版事业之研究（1842—1949）》[①]，熊月之的《西学东渐与晚清社会》[②]，叶再生的《中国近代现代出版通史》（第1卷）[③]，汪家熔的《商务印书馆史及其他：汪家熔出版史研究文集》[④]，李明山主编的《中国近代版权史》[⑤]，廖梅的《汪康年：从民权论到文化保守主义》[⑥]，季家珍的《印刷与政治：〈时报〉与晚清的改革文化》（*Print and Politics*："*Shibao*" *and the Culture of Reform in Late Qing China*）[⑦]，等等。代表性的研究文章，除张静庐编的《中国近现代出版史料》[⑧] 中已经收集到的一些，其他还可以举出不少：姜义华的《孙中山的革命思想与同盟会——上海孙中山故居西文藏书的一项审视》[⑨]，周昌寿的《译刊科学书籍考略》[⑩]，张朋园的《广智书局（1901—1915）——维新派文化事业机构之一》[⑪]，盛巽昌：《广智书局和它的出版物》[⑫]，王树槐的《清季的广学会》[⑬]，唐文权

---

① 福建师范大学历史系博士论文，2006年4月，未刊稿。

② 上海人民出版社1994年版。

③ 北京华文出版社2002年版。

④ 中国书籍出版社1998年版。

⑤ 河南大学出版社2003年版。

⑥ 上海古籍出版社2001年版。

⑦ Stanford：Stanford University Press，1996.

⑧ 该系列八本书在20世纪50年代分别由上杂出版社、群联出版社、中华书局出版。2003年，上海书店影印该系列重新出版，本书所用即此版本。

⑨ 《史林》2006年第5期，第19—29页。

⑩ 胡适、蔡元培、王云五编：《张菊生七十生日纪念论文集》，商务印书馆1937年版，第409—470页。

⑪ 《"中研院"近代史研究所集刊》第2期，1971年，第397—416页。

⑫ 《出版史料》1991年第2期，第92—93页。

⑬ 《"中研院"近代史研究所集刊》第4期上册，1973年5月，第193—228页。可参看叶再生：《广学会初探》，连载于《出版史研究》第4辑（第91—126页），《出版史研究》第5辑（第149—176页），《出版史研究》第6辑（第183—213页）。

的《关于〈革命军〉的借资移植问题》①，宋莉华的《明清时期说部书价述略》②，陈建明的《近代基督教在华出版物的传播概况》③，张宗文的《晚清官书局的图书发行》④，邹振环的《晚清西书中译及其对中国文化的影响》⑤、《西方传教士与晚清西史东渐》⑥，桑兵的《清末民初传播业的民间化》⑦，李明山的《20世纪初中国版权问题论争》⑧，张敏的《从稿费制度的实行看晚清上海文化市场的发育》⑨，潘建国的《明清时期通俗小说的读者与传播方式》⑩、《清代后期上海地区印刷文化的输入与输出》⑪，等等。

需要特别说明的是，上面列举的研究成果，对于整个中国近代书籍史乃至出版史、印刷史、新闻史的研究情况来说，实在是挂一漏万，展现的不过是近百年来书籍史（包括印刷史、出版史、新闻史等）研究成果的冰山一角，笔者这里实在没有能力、也没有必要

---

① 收入《中国文化研究集刊》（第5辑），复旦大学出版社1987年版，第506—518页。

② 《复旦学报（社会科学版）》2002年第3期，第131—140页。

③ 收入叶再生主编:《出版史研究》第4辑，中国书籍出版社1996年版，第127—146页。

④ 《编辑学刊》1999年第3期，第79—80页。

⑤ 收入叶再生主编：《出版史研究》第2辑，中国书籍出版社1994年版，第3—28页；叶再生主编：《出版史研究》第3辑，中国书籍出版社1995年版，第1—29页。

⑥ 上海古籍出版社2007年版。

⑦ 收入胡伟溪编：《辛亥革命与中国近代思想文化》，中国人民大学出版社1991年版，第236—252页。

⑧ 《近代史研究》1999年第1期，第302—317页。

⑨ 《史林》2001年第2期，第86—94页。

⑩ 《复旦学报（社会科学版）》，2001年第1期，第118—124、130页。

⑪ 《中华文史论丛》，总第73辑，上海古籍出版社2003年版，第283—319页。

将既有的相关研究罗列无余。

总体来看这些提及和未提及的研究成果，个别研究或许还存在这样那样的未尽如人意之处，在方法论及史料的利用拓展上也可能存在争议和不足，但值得注意的是，也有一些学者已经受到新的学术潮流的影响，从新的角度来处理有关问题，超越于纯粹的技术层面的书籍史或出版史、印刷史、新闻史研究，研究书籍报刊（出版、印刷）与社会的方方面面的关系，不少研究业已触及读者层面，呈现出与传统书籍史研究不同的研究取向，这无疑是可喜的现象。同样，这些研究成果也与西方近 50 年来书籍史研究的主要关注点相似，反映着近些年来中国近代书籍史研究的深入程度。由于旨趣各异，对于读者如何阅读及阅读实践变化的关注非他们所重视。因而，这些研究各有所见，为以后的研究提供了很多思路与视角，严格说，这些作品也不能作为中国近代阅读史的研究成果来看待。

对比西方阅读史研究关注的问题，前举《思与言》杂志上刊发的中国近代阅读史研究成果就与之大相径庭了。当然如达恩顿之言："阅读有其历史，但它在各地并不相同"，而且"阅读的历史同思想的历史一样复杂"。①相比于西方的历史脉络及人文传统，中国前现代的历史自然是有其"中国特色"，其演变轨迹与路径依赖程度明显不同于西方。比如，随着印刷术的发展以及平常人可得到的书籍数量、种类日益多样，西方近代的阅读方式可能有这样三个转变：

---

① Robert Darnton, "History of Reading," Peter Burke (ed.), *New Perspectives On Historical Writing*, pp.157-186.

> 从朗读到默读，从公开阅读到私下阅读，从缓慢的精读到快速的泛读——也就是常被称为18世纪“阅读革命”的问题。①

而这三个转变又是同现代性的发生成长有莫大关系的。但在近代中国，阅读方式就未必有这样的转变。同样，中西方在阅读习惯方面，也多大相径庭之处，如在近代欧洲旧制度下，阅读经常是一个集体和公开的活动，这种情况在前现代的中国亦不显著。又如，近代欧洲诸国并立，各有其民族语言：

> 但书籍本身却不甘于局限，不管是在语言上或是国界上。书籍经常被来自国际文坛的作者书写，并被不使用其本国语言的印刷工人印刷，被发售商跨国界贩卖，被持另一种语言的读者阅读。②

但在前现代的中国，其出版的书籍中的一些虽然也会被运到日本、韩国、越南等地贩卖，被当地懂汉语的人阅读，总起来看，书籍的主要销售地还是在中国，其主要读者也是中国人。这时，中国与周边这些国家的文化交流不是对等的，可以说是输出——接受的关

---

① Peter Burke, *What Is Cultural History*, Cambridge, U.K.Malden, Mass.: Polity Press, 2004, p.61；参看 Roger Chartier, *The Order of Books*: *Readers*, *Authors and Libraries in Europe Between the Fourteenth and Eighteenth Centuries*, pp.16-17。

② Robert Darnton, "What is the History of books?," Cathy N. Davidson (ed.), *Reading in America*: *Literature and Social History*, p.47.

系。这些国家当时还没有民族语言，且受汉文化影响极深，汉语就是他们中间最通用的语言；这些国家的作者也主要用汉文写书，他们写的书，只有极个别能流传到中国。①

西方对下层民众的阅读史研究很多，对于当今中国阅读史的研究者来说，要想开拓这方面的研究就很困难，因为中文世界学者面临的材料缺乏问题远超过其西方的同侪。尽管中国有许多关于精英阅读情况的资料保留下来，但中国缺乏像近代西方那样保存下来的许多下层人士的资料。且由于中国地广人多，各地情况都不一样，这也增加了研究下层百姓阅读史的难度，类如 Martyn Lyons 那样的做法，在研究前近代中国阅读史时可能并不适用，毕竟当时中国的识字率与公共图书馆的普及程度都不可与 19 世纪的法国同日而语，下层民众自己留下的文字记录更是极端稀缺。因此，受到资料的束缚：

> 我们或许未必能够完全精确地建构读者（特别是未曾留下文字记录，因而在历史舞台上“失语”的贩夫走卒或是妇女等群体）的阅读与思想经历的内在面向（inner dimension）的变化。②

这也就不难理解既有的中国近代阅读史研究为何依然立足于精英层

---

① 如《申报》上的一则报道《日本书籍》中所言：日本文字同中国，而所刻中国书籍亦甚夥。字迹清楚，印法并佳，所用纸皆木棉所制，向来严禁出境，故中国儒士见者甚罕……《申报》壬申七月初七日（1872 年 8 月 10 日）。

② 潘光哲：《追索晚清阅读史的一些想法》，《新史学》第 16 卷第 3 期，2005 年 9 月，第 145 页。

面，对于更广大的中下层受众，则注意不够，或几乎没有道及。对于大众文化与集体心态的研究者来说，这样停留于精英层面的研究自然不能令人完全满意，关于下层人士的材料虽然欠缺，但不是没有，而且我们还可以从新角度来使用旧材料。当然，上述这些研究者，各有其兴趣所在，研究下层人的阅读史非其关怀，理无足怪。

以上仅粗粗说明阅读史在中西方的差异，旨在说明西方阅读史研究中关注的重点问题，未必适合“中国特色”，至于更复杂的关于中西阅读史研究的比较及西方阅读史研究中存在的一些争议，则要专文详细考察。不过，这些情况已足以说明中国阅读史研究处理的主要问题与西方阅读史研究相比，有不少大异其趣的地方，因此正如潘光哲所言：“西方‘阅读史’的既有成果，不该是开展‘晚清阅读史’时完全奉之为尊的邯郸学步，而应仅以刺激研究者个人的思路为导向视之。”①中国阅读史的研究者应该取长补短，充分发挥自己的优势，在既有书籍史研究的基础上，积极开拓阅读史的研究。但如何拓展这方面的研究呢？下面结合自己的关注点，特别是拙著要解决的问题进行一些简单的讨论。

四　关于晚清书籍史研究的若干探索

发掘新史料永远是推动历史研究进展的有效方法。关于晚清书

① 潘光哲：《追索晚清阅读史的一些想法》，《新史学》第16卷第3期，第145页。

籍史研究的许多方面及晚清书籍市场的概况，学界都有一些研究。在现有的情况下，若是没有新材料，很难超越既存的研究。尽管晚清书籍史、出版史的资料虽然已经有先行者进行了大量的收集整理工作，如张静庐在20世纪50年代以亲历者及研究者的双重身份编选了《中国近现代出版史料》八册，收录了大量珍贵的中国近代书籍史资料；其他史料如李希泌、张椒华编的《中国古代藏书与近代图书馆史料》①，北京大学图书馆学系目录学教研室编选的《中国书史参考文选》②，郑如斯、肖东发编的《中国书史教学参考文选》③，黎难秋等编选的《中国科学翻译史料》④，上海新四军研究会印刷印钞分会编的《中国印刷史料选辑》⑤，宋原放主编的《中国出版史料》中的“近代部分”、“现代部分”及“现代部分补卷”⑥，各地编辑的地方出版史料如《天津出版史料》《湖南出版史料》等，都收录了不少珍贵的近代书籍史文献，为我们提供了大量关于晚清书籍史、印刷史、出版史，甚至是新闻史、学术史的直观信息，很方便我们的研究。其他资料如时人日记特别是孙宝瑄的《忘山庐日记》⑦，书信像《汪康年师友书札》，回忆录如包天笑的

---

① 中华书局1982年版。
② 1980年6月内部版本。
③ 书目文献出版社1987年版。
④ 中国科学技术大学出版社1996年版。
⑤ 共四种约350万字，分别由印刷工业出版社于1990年、1991年，中国书籍出版社1993年出版。
⑥ “近代部分”三卷由湖北教育出版社2004年出版，“现代部分”三卷由山东教育出版社2001年出版，“现代部分补卷”由山东教育出版社2006年出版。
⑦ 上海古籍出版社1983年版。

《钏影楼回忆录》① 等，更是保留了大量亲历者的观察及感受，也是我们开展晚清书籍史/阅读史研究的“必读书”。

除上述资料外，就笔者视野所及，关于晚清（包括民国时期）书籍史、出版史的资料还有大量没有进入资料收集者乃至研究者的视线。笔者在晚清的一百多种报章杂志上（当然这其中许多报章杂志保留不完整，也有一些报章杂志根本没有相关资料），发现了大量诸如《中国近现代出版史料》诸资料选编忽略的书籍史资料，这些资料有谈及当时教科书出版状况的，有谈及当时出版市场情况的，有讨论翻译书籍的，有讨论读书的，有讨论报纸的，有讨论出版自由的，有讨论出版机构的，有探讨版权、报律、书律、禁书的，等等方面的论述，绝大多数都是以前没有被辑录出来的，也是研究者没有利用到的。假若对这些史料善加利用，肯定会对晚清上海乃至中国书籍市场和文化市场的情况有更多了解。

除掉这些常规史料外，晚清出版的大量新小说亦应该被史家好好利用。受新的学术思潮的影响，已经有越来越多的历史学家认识到，没有偏见与先入为主的历史研究是不可能存在的，历史学家同小说家一样，他们的世界观是其私人生活环境、个人教育背景与人生经历等因素共同作用下的产物。②事实上，“文章合为时而著，歌诗合为事而作。”文学作品也与历史著作一样，往往都是作者根据时代风气和读者的需要来进行创作的产物，要受制于和反映既有的

① 山西教育出版社、山西古籍出版社 1999 年版。

② Jerome Blum, “Fiction and the European Peasantry: The Realist Novel as a Historical Source,” *Proceedings of the American Philosophical Society*, Vol.126, No.2 (April, 1982), p.126.

社会结构及文化脉络，它们不一定是代表过去历史的“真实”，可某种程度上却代表着当时的“历史意见”（the history of opinions），这就可以为后世提供许多表征时代信息与人们心态世界的佐证。如伊格尔斯（Georg G.Iggers）之语：“较之历史文本，伟大的小说常常会更贴近某一社会或文化的实际（reality）。”①

对于文化史家来言，小说一样是历史研究中的宝贵材料，“现代小说，自然提供了对社会的刻画。但更重要也许更复杂的是，小说与其普通的阅读者共享有相同的‘心态世界’（the mental world），对于想更多了解一定时期内的信念构成（belief structures）的史家来言，采取适当的处理办法来使用小说材料，无疑是个助力。”②在当代西方的学术研究中，人们已经越来越重视文学材料的历史用途，越来越注意到历史材料的“文本”性质及历史书写的文学性质。③历史学家也认识到：“文本不论多坚实，都可能在批评解读之下溶解成‘论述’（discourse）”，他们不会“以为只要钻进档案堆挖掘、过滤又拼凑，就能重建如假包换的过去。报告本身就是建构出来的，是建立在与作家和写作的本质有关的一些隐而不显的假

---

① Ewa Domanska，*Encounters：Philosophy of History after Postmodernism*，Charlottesville and London：University Press of Virginia，1998，p.106.

② James Smith Allen，“History and the Novel：Mentallité in Modern Popular Fiction，” *History and Theory*，Vol.22，No.3（Oct.，1983），p.234.

③ 彼得·盖伊（Peter Gay）曾在他的《历史学家的三堂小说课》小书中，就历史学家对小说特别是对那些写实主义小说应该有的立场进行了探讨，并用了一些小说材料来佐证和示范，可以给我们很大启发。但彼得·盖伊坚持认为：“一言以蔽之：在虚构的故事中也许有历史存在，但在历史中却不允许有虚构这类东西存在。”（见盖伊：《历史学家的三堂小说课》，刘森尧译，北京大学出版社2006年版，第148页）这样的看法未免失之偏颇了。

定。"①文学材料不"真实"，只有档案、日记类材料才"真实"，才有利用价值，这样的史学观念早已成为既陈之刍狗，历史与文学的关系、文学材料的历史用途，这样的问题正在被史家重新检讨和反省。②对于晚清史的研究者而言，当时出版的大量新小说（尤其是那些谴责小说）亦是很可宝贵的历史研究材料，它们提供了当时留下的报刊、档案、日记、书信等传统材料里不具备的信息，"足以觇人情而征人心"，③在一定程度上还能揭示在当时历史脉络里由普通读者所形成的阅读文化，非常值得晚清阅读史研究者的注意。

晚清报刊上的新学书籍、新学书籍广告，新书、各地的新书局在晚清新派眼里，就是"文明"的象征，"五洲各国进化之程度，佥视新书出版之多寡以为衡。"④而"口谈新理，手持新书"在许多趋新者眼里就是新党的标志。⑤作为晚清中国的出版中心，"要买新书，非到上海去不可"⑥。上海就是中国最文明的地方，"上海者，

① 《猫大屠杀：法国文化史钩沉》，第 219—220 页。

② 参看 Lynn Hunt，"No Longer an Evenly Flowing River：Time，History，and the Novel，" *The American Historical Review*，Vol.103，No.5（Dec.，1998），pp.1517-1521；James Smith Allen，"History and the Novel：Mentallité in Modern Popular Fiction，" *History and Theory*，Vol.22，No.3（Oct.，1983），pp.233-252；Jerome Blum，"Fiction and the European Peasantry：The Realist Novel as a Historical Source，" *Proceedings of the American Philosophical Society*，Vol.126，No.2（Apr. 8，1982），pp.122-139。

③ 钱锺书：《管锥编》（1），中华书局 1994 年版，第 271 页。

④ 《中国图书有限公司缘起》，《南方报》1906 年 4 月 25 日。

⑤ 《严复与熊季廉书》（六），收入孙应祥、皮后锋编：《〈严复集〉补编》，福建人民出版社 2004 年版，第 233 页。

⑥ 包天笑：《钏影楼回忆录》，第 186 页。

中国文明之薮，翻译局遍设，书肆满衢，皆可以输入文明者也”①。新书广告甚至也被作为报刊“进步”的标志，《新民丛报》第42、43号合刊上曾刊出署名“长沙孤愤子”的一篇文章——《日报缺点之大问题——所望于上海日报大主笔诸君》，该文对上海各大报纸进行了一些批评，其中言及《中外日报》《同文沪报》时，说它们虽不若《大公报》之“简括”、《国民日日报》之“精神”，“犹能以无数新名词敷衍长篇论说，无数新书目敷衍满纸广告，脍炙于仕商伪学者之口，外面形式之进步，亦差强人意之一现象也。”②《国民日日报》《中国白话报》上还曾不断刊出“文明绍介”栏目，介绍的对象大都是上海新书局，如开明书店、商务印书馆、镜今书局、广智书局、文明书局、国学社等。到内地卖书的书商，更是打出“广开风气，输布文明”的招贴③，对于士子中购书的不文明行为大加抨击，认为对内地社会来讲，“盖销书之数，即输入文明之数，至无疑义也”④。也有人认为，“一国文化，视其国民购书各学以为比例。”⑤

广告收入也是报章杂志正常运转的重要经济来源，晚清人士已经非常注意广告的价值，并对广告的功能进行了探讨。有人甚至认

---

① 剑村游客辑：《上海》，清光绪二十九年（1903）铅印本，上海图书馆藏，第7页。

② 长沙孤愤子：《日报缺点之大问题——所望于上海日报大主笔诸君》，《新民丛报》1903年第42、43号合本，光绪二十九年十月十四日（1903年12月2日），第165页。

③ 王维泰：《汴梁卖书记》，开明书店1903年版，第1页。

④ 公奴：《金陵卖书记》，开明书店1902年版，第12页。

⑤ 《书英文〈百科全书〉后》，《时报》1907年2月6日。

为："广告之价值与报中之论说、新闻亦相类，亦足以损益报纸之销路也。"①晚清报章杂志上的书籍广告非常之多，所谓"近来报纸流行每出一书，长篇广告，烱然满目。"②书籍广告是书籍作者、生产者、销售商与读者之间的桥梁，"新出书籍，非广登启事，购者无从知悉"③。借用一个不好听但或许是很贴切的比喻，书籍广告就是一个"皮条客"，它使新出书籍的情况为读者知悉，将作者、出版者的写作与出版动向传达给读者，读者可以从广告中去选择适合自己阅读口味的书籍。如严复的讽刺语："上海所卖新翻东文书，

① 心一：《说广告》（续），《神州日报》1907 年 6 月 5 日。对于商业广告的注意，倒是有不少的研究（介绍）成果。如平襟亚、陈子谦：《上海广告史话》，《上海地方史资料》（3），上海社会科学院出版社 1984 年版，第 132—142 页；黄克武：《从申报医药广告看民初上海的医疗文化与社会生活》，《"中研院"近代史研究所集刊》第 17 期下，1988 年 12 月，第 141—194 页；朱英：《近代中国广告的产生发展及其影响》，《近代史研究》2000 年第 4 期，第 87—115 页；其他的相关文章还有很多；专著主要有：刘家林：《新编中外广告通史》，暨南大学出版社 2004 年版；王儒年：《欲望的想象：1920—1930 年代〈申报〉广告的文化史研究》，上海人民出版社 2007 年版；由国庆：《老广告》，天津人民美术出版社 2000 年版，由国庆：《再见老广告》，百花文艺出版社 2004 年版，由国庆：《与古人一起读广告》，新星出版社 2006 年版，由著很多，但学术价值远不如其史料价值，因为由完全相信广告词的宣称，这当然是非常让人不可接受的；另外，境外学者 Paul A.Cohen 在其 Remembering and Forgetting national humiliation in twentieth-century China（*China Unbound*：*Evolving perspectives on the Chinese past*，London and New York：Routledge Curzon，2003，pp.148-184）、Barbara Mittler 在其 *A Newspaper for China? Power*，*Identity*，*and Change in Shanghai News Media*，*1872—1912*、Sherman Cochran 在其 *Chinese Medicine Men*：*Consumer Culture in China and Southeast Asia*（Cambridge，Mass.：Harvard University Press，2006）中都用到了一些报刊上的广告材料。类似以报刊广告为对象的研究还有很多，不多举。

② 孙毓修：《图书馆》（续），《教育杂志》第 1 年第 12 期，宣统元年十一月二十五日（1910 年 1 月 6 日），第 61 页。

③ 姚公鹤：《上海闲话》，上海古籍出版社 1989 年版，第 136 页。

猥聚如粪壤。但立新名于报端，作数行告白，在可解与不可解间，便得利市三倍。"①作者与出版商、发售商通过书籍广告，刺激或创造书籍消费者的欲望，将新出书籍销售出去，顺利地获得利润。像在湖州的少年钱玄同书即是看到《新民丛报》上刊登的书籍广告，"遂欲购上海新发之新书"②。广告不仅能引导读者购买，还可能建构读者，使读者的阅读兴趣、阅读表达服从于商业出版与文化政治的需要。但读者也不是被动的，在阅读书籍广告中，他（她）有自己的鉴别力与阅读嗜好，广告必须配合读者，才能获得最大效果，就此而言，"消费者的集体意向又主导了广告的内容"③。故而，对书籍广告进行分析，可以揭示文化市场与读者的购阅趣味，乃至社会上文化与出版风气的变化，以及由此呈现出来的消费心态。

但是，对于晚清报章杂志上存在的浩如烟海的关于书籍、报刊的广告资料，除周振鹤教授编的《晚清营业书目》④ 收集了一些这方面的材料、个别研究者在研究中涉及一些外，并没引起太多研究者的注意。⑤如对这些书籍广告充分利用，我们就可以弥补不少既

---

① 《严复与熊季廉书》（八），收入孙应祥、皮后锋编：《〈严复集〉补编》，第 237 页。

② 《钱玄同自撰年谱》，收入《钱玄同文集》，中国人民大学出版社 1999 年版，第 318 页。

③ 对广告意义的讨论，可参看黄克武：《从申报医药广告看民初上海的医疗文化与社会生活》，《"中研院"近代史研究所集刊》第 17 期下，1988 年 12 月，第 141—144、191—194 页。

④ 上海书店出版社 2005 年版。

⑤ 遗憾的是，一些期刊在影印时，影印者居然把报刊的广告部分插页故意给漏掉了，如《东方杂志》、《万国公报》、《警钟日报》、《新小说》、《月月小说》、《新新小说》、《绣像小说》等等，这些杂志中都有大量书籍广告插页，影印时却大都不见了，给后来的相关研究者带来极大麻烦，这些影印者的工作实在是行百里者半于九十。

存研究中的缺憾，也可以揭示以前材料里缺乏表现的一些问题。[①]比如实藤惠秀监修、谭汝谦编的《中国译日本书综合目录》[②]，搜罗宏富，给学界提供了极大便利，也给我们研究晚清书籍史提供了丰富的指南。但与晚清报章杂志上的广告书目相比，该书目就漏收很多，若能进一步结合这些广告书目，就可以补充上不少“新书目”。

当然，估算晚清书籍出版的准确数量，其难度非常之大，不仅因为晚清书局众多，而且各书局的运作状况、出版物情况等关键问题，我们皆知道得很少。仅以上海地区为例，上海作为晚清当之无愧的出版中心、印刷中心、文化中心，聚集了当时中国最主要的、最多的、最大的出版机构、报馆、杂志社。但是，我们对晚清诸多书局、报馆、杂志社的了解还是非常不够，目前只限于对商务印书馆、《申报》《时报》《东方杂志》等有比较多的认识，对于其他晚清诸多文化机构，我们知道的都少得可怜，只在诸如《辛亥革命时

---

① 对于书籍广告的研究，有范军：《元代的书业广告》，《湖北民族学院学报（哲学社会科学版）》2003年第6期，第59—63页；梁玉泉：《清末上海的书籍市场（1898—1901）——以〈申报〉书籍广告为例》，《南京晓庄学院学报》，2005年第3期，第93—98页，但该文只选择对其有利的新学书籍广告材料，就得出了中国在近代化的结论，存在的问题很多；对于近代报刊上刊载的小说广告，中国近现代文学的研究者倒是使用了很多。相似的研究还有张晓灵的《晚清西书的流行与西学的传播——以上海地区为中心》（复旦大学历史地理研究中心硕士论文，2004年5月，未刊稿），该论文以《晚清营业书目》里所收书籍广告为基础，认为出现在书目中次数多的西书，就是当时比较流行的，反之则非。这明显也犯了一个太依赖于量化的毛病：主要就是因为其所利用的营业书目广告太少，除对《东方杂志》上的书目广告有使用外，她对于其他报章杂志上的大量书籍广告几乎没有利用。

② 香港中文大学出版社1980年版。

期期刊介绍》（五卷本）① 这样的概述性著作里，有笼统且往往是片面的认识，而这些文化机构一样在晚近中国的变化过程中起了重要的作用，只是因为相关资料的不易见到以及对之的研究成果不多，才使得我们对其重要性缺乏具体而微的认知。故此，潘光哲教授就建议学者们一个一个报纸、杂志、书局来作研究（潘和我交流时没有说及书局，我这里再加上书局），积少成多，我们就慢慢会对晚清的出版市场、文化市场有比较清楚的了解。潘氏的建议不失为一种可行且有效的办法。

目前在既有的关于晚清书局的研究成果中，对其他晚清著名出版机构如广智书局、金粟斋、开明书店、文明书局、作新社、会文社等，尚缺乏深入的研究；对其中的一些出版机构，学界甚至连一般性的介绍都阙如；就是有一些研究，对当时出版的诸多报刊资料也利用很少，甚或存在一些错误。至于这些书局出版的书籍情况，学界的研究也是非常少，虽然有诸如张朋园的《广智书局（1901—1915）——维新派文化事业机构之一》一文，曾列出不少广智书局出版过的书籍书目，但若以此书目来对比广智书局在当时报刊上的广告书目，其数量就相差太远。至于其他书局的具体出版物、出版数量、发行手段，则更几乎没有人研究过。出现这种情况的原因就是“文献不足征”，但如细阅晚清出版的诸多报章杂志，就会发现几乎所有书局都会在报刊上刊登自己出版书目的广告，一般都还附有书籍的内容介绍与价格，书局地址、购买方式等，有时书局还会将自己的人事变动、地址变动及招股、发放股息等信息在报刊上作广告，假若将这些广告收集起来，按时间顺序排列，我们就会发现

---

① 人民出版社 1982、1982、1983、1986、1987 年版。

材料是多么丰富。循此路径，假若我们一个一个将某个书局在各个报刊上所作的广告收集起来（当然这个工作量很大），我们势必会对这个书局及其出版书籍有比较详细的认知。

再比如，学术界对晚清著名出版机构金粟斋的研究很少，笔者仅看到邹振环教授主要依据包天笑的《钏影楼回忆录》，对之有一个两页多的介绍。①该文没有用到当时《中外日报》《新闻报》《时报》等报刊上刊载的以金粟斋名义所作的大量广告。李仁渊兄根据包天笑的《钏影楼回忆录》，说金粟斋译书处成立于 1902 年左右。②但笔者在 1901 年 5 月 28 日《新闻报》上就看到有“金粟斋新书出版”广告，《清议报》第一百号（光绪二十七年十一月）《中国各报存佚表》中则有“金粟斋译书，上海存”字样，则金粟斋至少在 1900 年就成立了，因严复在 1900 年就与之打过不少交道。③鉴于金粟斋等出版机构在晚清文化史上的重要地位，笔者目前正在围绕金粟斋和开明书店进行有关的资料收集工作，希望未来能写出关于它们的比较详细的历史。④

---

① 参看邹振环：《20 世纪上海翻译出版与文化变迁》，第 70—73 页。

② 李仁渊：《晚清的新式传播媒体与知识分子》，第 341 页。

③ 可参看孙应祥编：《严复年谱》，福建人民出版社 2003 年版，第 150、151 页。

④ 关于金粟斋的老板蒯光典，可参看严寿澂：《从改善民生、革新行政到议员政府、普及教育——蒯光典政治思想述论》，《近代史研究》2006 年第 2 期，第 65—89 页。但严文没有利用《钏影楼回忆录》和晚清报刊上登载的诸多金粟斋广告，对蒯光典与金粟斋的关系也几乎没有谈及。实际上，关于蒯光典的资料，除严文已经利用的，还有颇多：如无政府主义杂志《新世纪》及上海《时报》、《民呼日报》等报刊上报道的关于蒯光典任留欧学生监督时与留学生发生纠纷的情况；《神州日报》上曾刊载过《江鄂两督奏派欧洲留学监督折》、安徽旅沪人士对蒯光典任留欧学生监督的广告与颂词及蒯光典的答词，还有《为皖省路矿事致蒯礼卿先生书》等；一些相关的教育史资料中、《夏声》等杂志上、《郑孝胥日记》、《杨笃生集》及其他一些时人文集、日记中都有不少关于蒯光典的记载。

除拓展资料外，发现新的研究课题也是非常重要的。沈松侨教授曾经有篇名文《我以我血荐轩辕——黄帝神话与晚清的国族建构》①，在该文中，沈对“黄帝”这个符号在晚清的形成与影响作了比较详细的考察，揭示了许多论述与权力互动的复杂关系，给后来者很大的启发。②尽管沈用到的基本上都是精英的论述，并没有探讨“黄帝”是怎么样被一般人接受的，也忽略了“黄帝”形成的历史因素，但沈氏的这种研究取向却昭示或许也影响了以后学术界类似的研究取径。后来者关注诸如“娜拉”③、“华盛顿”、“拿破仑”④、“东亚病夫”⑤、“黄祸”⑥这样的符号在近代中国的演变与影响，都与沈文的问题意识有些类同。对这些在近代中国极具有象征

---

① 沈松侨：《我以我血荐轩辕——黄帝神话与晚清的国族建构》，该文原载《台湾社会研究季刊》第28期，1997年12月，第1—77页，转见卢建荣主编：《性别、政治与集体心态——中国新文化史》，台北麦田出版社2001年版，第281—364页。

② 参看孙隆基：《清季民族主义与黄帝崇拜之发明》，《历史研究》2000年第3期，第68—79页；王明珂：《论攀附：近代炎黄子孙国族建构的古代基础》，《“中研院”历史语言研究所集刊》第七十三本，第三分，2002年9月，第583—624页；孙江：《连续性与断裂——清末民初历史教科书中的黄帝叙述》，收入王笛主编：《时间·空间·书写》，浙江人民出版社2006年版，第210—244页。

③ 参看许慧琦：《“娜拉”在中国：新女性的塑造及其演变（1900s—1939s）》，台北政治大学历史系2003年版；Chang Shuei-may，*Casting off the Shackles of Family: Ibsen's Nora Figure in Modern Chinese Literature，1918—1942*，New York: Peter Lang，2001.

④ 参看陈建华：《拿破仑与“晚清小说界革命”：从〈泰西新史揽要〉到〈泰西历史演义〉》，《汉学研究》第23卷第2期，2005年12月，第321—354页。

⑤ 参看杨瑞松：《想象民族耻辱：近代中国思想文化史上的“东亚病夫”》，《政治大学历史学报》第23期，2005年5月，第1—44页。

⑥ 参看杨瑞松：《尔有黄祸之先兆，尔有种族之势力：“黄祸”与近代中国国族共同体想象》，《政治大学历史学报》第26期，2006年11月，第65—108页。

威力的符号的关注，其实某种程度上就是关注近代中国人对这些符号如何阅读与挪用（appropriation），跟阅读史的研究路数实是殊途同归，这也正反映了西方表象（representation）史研究的影响①。

所谓表象史，即对自我、民族及他人等的形象、想象及感知的历史，或如法国人称的“表象社会史”，它正逐渐取代“集体心态史”；表象史既注重视觉的和文学的形象，亦关注头脑中的意象；无论在美国还是法国，对集体表象的研究都是新文化史的中心。②我们完全可以类推，关注其他在近代中国有影响的表象符号是如何呈现在近代中国人的集体意识里的。譬如，可以关注如卢梭、伏尔泰、林肯、俾斯麦、加里波第，甚至是贞德、康德、黑格尔这样的外国人物；也可以探讨诸如西施、张骞、关羽、诸葛亮、花木兰、包拯、岳飞、海瑞、郑成功、赛金花、霍元甲这样的“符号”在中国的演变过程，以及不同时代、不同地区的人们对之的接受、使用、建构情况；还可以探讨诸如民主、自由、共和、《独立宣言》《人权宣言》这样的政治术语和文件在中国的接受情况与其产生的符号效力；更可以具体地关心诸如西方的一些制度、做法、器物，

---

① 对“表象”这个概念的具体梳理与分析，参看 Roger Chartier，“The Powers and Limits of Representation，” Roger Chartier，*On the Edge of the Cliff：History，Language，and Practices*，Translated by Lydia G.Cochrane，Baltimore and London：The Johns Hopkins University Press，1997，pp.90-103。表象史是新文化史研究中的一个热点，关于表象史的研究，可参看 Roger Chartier，*Cultural History：Between Practices and Representations*。

② 彼得·伯克：《西方新社会文化史》，刘华、李宏图译，《历史教学问题》，2000 年第 4 期，第 25 页；Peter Burke，*What Is Cultural History*，pp.57-72。表象史研究实际是心态史研究的延伸与发展，参看伏维尔（Michel Vovelle）：《历史与表象》，李宏图编选：《表象的叙述——新社会文化史》，第 11—17 页。

如学校、医院、自来水、对尸体、垃圾的处理、防疫、照相、电影、电话、唱片等在近代中国的引进接受情况。当然，以上这些符号中的一些，已经有学者在做研究，且已有研究成果发表了。假使我们在研究中，取材不限于精英论述，也不满足于在社会史层面的考量，而触及民俗、民谣、传说、文学文本、大众文化的层面，不仅可发现大量值得利用的材料，还能对我们平常习焉不察的历史图景有更深入的解释，从而可以把结合表象史（心态史）、阅读史的文化史研究开拓到一个新的深度。

拓展晚清书籍史/阅读史研究，还可以从制度与时局的变化层面来考虑。1907年，清廷一些官员呼吁立宪，慈禧答应了这个要求，要各使外大臣进呈立宪书籍，以备朝廷采择，“会议政务处王大臣近日奏请，电饬出使各国大臣，将各国实行立宪书籍择要进呈，以备参考，旨准。”①清廷这样对立宪书的需要态度，自然会影响到随时而动的出版商，陆伯鸿就发表文章，公开提倡书业应该提出“预备之道”，以培“国民之实力”；② 一些出版商也跟风马上出版立宪书籍，“及乎立宪诏下，而一切法政律令之书乃起而代之，洛阳纸贵、不胫而走。”③商务印书馆就是其中的领跑者。而轰动朝野的杨翠喜事件发生后，鸿文书局马上推出八卦性质浓厚的《杨翠喜》一书，该书颇受读者欢迎，很快就出到第三版。④徐锡麟事件，“影响于中

① 《饬呈立宪书籍》，《神州日报》1907年7月15日。

② 伯鸿：《对于立宪谕旨，敬告同业》，《图书月报》1906年第2期（光绪三十二年六月十五日），第1—4页。

③ 惜诵：《论上海书业之变迁》，《时报》1911年7月31日。参看补青：《新书之感》，《直隶教育杂志》丁未年第16期，光绪三十三年十月十五日，第8页。

④ “三版《杨翠喜》”，《神州日报》1907年9月9日。

国者甚大”，①立即就有《新小说》社推出《徐锡麟》，并在报上作广告招徕读者。②有正书局也迅速推出《秋瑾遗事》，以满足读者。③

科举制度的存废对于晚清读书人意义尤为重大，从1898年后，清廷关于科举制的每一次变动在士子那里都引起了巨大的震动和改变，特别是引起士子所读的书及阅读心态的变化。如维新变法期间，“八股既废，数月以来，天下移风，数千万之士，皆不得不舍其兔园册子帖括讲章，而争讲万国之故及各种新学，争阅地图，争讲译出之西书”④。士子“闻有科举变法之说”，马上，购阅《时务报》的人开始增多。“盖自科场变后，来购者纷纷。”⑤对于其他新译的西书，士子也“争睹为快”⑥。可其中，十分之七八的士子购阅《时务报》是希望“假此揣摩为场屋裹挟之册”，一旦发现“今科秋试策题，犹然故辙，所谓十之七八者，意兴盖已索然”。⑦在1902年，还有人认为科举改革不过瘾，公开呼吁“请停科举之书”。⑧1905年科举制正式废除后，正在湖北小县城里考科举的朱峙三（1886—1967）马上得以解脱，并评论到：“今日科举已成为历史上陈迹矣，许多醉心科举之人，有痛哭者矣。”⑨后来，经常阅读革命派报刊的朱峙三，甚

① 《介绍新著》，《神州日报》1907年9月30日。

② “《徐锡麟》出版”，《神州日报》1907年10月1日。

③ “《秋瑾遗事》出版”，《时报》1907年8月5日。

④ 梁启超：《戊戌政变记》，见《饮冰室合集·专集之一》，中华书局1996年影印本，第25—26页。

⑤ 程桂馨函，《汪康年师友书札》（4），上海古籍出版社1989年版，第3479页。

⑥ 孙甲铭函，《汪康年师友书札》（4），第3580页。

⑦ 孙诒让函，《汪康年师友书札》（2），上海古籍出版社1986年版，第1472页。

⑧ 《论请停科举之善》，《申报》1902年9月2日。

⑨ 《朱峙三日记》第十三册，光绪三十一年乙巳日记，八月二十日（1905年9月18日），转见《辛亥革命史丛刊》第11辑，第355页。

至想把家里收藏的八股制艺等应付科举考试之书烧掉。①

较之于年纪仅20岁的朱峙三的漠不关心，甚或乐观科举废除的心境，在太原县乡村里的刘大鹏（1857—1942）受到的冲击或者说打击就大多了。在听到科举废除的确信后，刘大鹏既担忧自己的前程，又担心谋生的饭碗将失去，还为其他与他有同样窘境的士子担忧："昨日在县，同人皆言科考一废，吾辈生路已绝，欲图他业以谋生，则又无业可托，将如之何？"②以上寥寥数语，刘大鹏已经将科举废除后自己惶惶不可终日的焦躁心态展现出来。但他还"位卑未敢忘忧国"，对国家的文化前途忧心忡忡：

> 科考一停，士皆殴入学堂从事西学，而词章之学无人讲求，再十年后恐无操笔为文之人矣，安望文风之蒸蒸日上哉！天意茫茫，令人难测。③

对于自幼即"谨守""孔孟之道"的刘大鹏来说，像他这样四五十

---

① 《朱峙三日记》第十四册，光绪三十二年丙午日记，五月二十四日（1906年7月15日），转见《辛亥革命史丛刊》第11辑，第370页。

② 刘大鹏：《退想斋日记》，乔志强标注，山西人民出版社1990年版，第147页。

③ 光绪三十一年十月初六日（1905年11月2日）日记，刘大鹏：《退想斋日记》，第147页。所谓英雄所见略同，从事新学的浙江名士陈介石（黼宸），在科举废除后亦有如刘大鹏一样的感受："学校兴办不善，科举岂可骤废。科举废，天下更少读书人矣！今之学校，非强有力者、广通声气善钻营者，往往不能入。此种学校何益天下？使并科举废之，而天下寒贱之士觖望，将皆废书不观矣。"转见孙宝瑄：《忘山庐日记》（上），第700—701页。不很新也不很旧的晚清名士樊增祥也有类似认知，他在致缪荃孙的信中言："自学堂改章，科举既繁，又限于钟点，将来经学词章，恐无复专门名家者。"《艺风堂友朋书札》（上），上海古籍出版社1980年版，第110页。

岁不上不下的内地乡村士子，改换职业未免过迟，从事新学既没条件又不甘心，而科举制的废除无疑是晴天霹雳，他们既往几十年辛苦习得的“文化资本”、大半生的心血与希望，转眼就化为镜花水月。不惟如此，伴随科举制的废除，学堂大兴，学生们甚至一些官员们喜欢读的是新学书籍。①在此情况下旧学书籍自然销售锐减：“吾家所刊书合股印，兄亦谓然，惟不必太多，此皆旧学，出售不易，只能送人耳。”②这时文化市场上流行的则是那些新学书籍包括教科书、小说、政法类著作，“故书旧籍”，“无人留心”，在书籍市场上颇为不易购买到。③但也有人执迷不悟，梦想科举会恢复，旧学书籍会派上用场。如《盛京时报》报道的东北一个书店情况：

> 铁岭城里楼北兴源德书铺开设有年，今虽设立学堂，彼仍卖《三字经》《百家姓》《四书合讲》《五经备旨》《八铭》《七家诗》等书，终日无过局者。或曰今年西门内新开新华书局，专卖学堂新书，获利什倍，尔何不效之？怒曰：彼所卖之书非是书，吾所卖之书乃是书耳！尔不知有一年改策论后仍作八股耶？④

---

① 时人稍早即有言：“京官稍有才学志趣者，争阅新书，将来衡文之选，皆出其中。沪上书报，销售之广，过于往年不止百倍。”张棡：《张棡日记》，俞雄编选，上海社会科学院出版社 2003 年版，第 92 页。

② 汪大燮函，《汪康年师友书札》(1)，上海古籍出版社 1986 年版，第 899 页。

③ 陈庆年函，《艺风堂友朋书札》（下），上海古籍出版社 1981 年版，第 959 页；《保存国粹说》，《中外日报》1906 年 1 月 4 日。

④ 《书肆守旧》，《盛京时报》1907 年 1 月 6 日（光绪三十二年十一月二十二日），《盛京时报》影印组 1985 年辑印本。《图画新闻》也报道了某人科举废除时犹购买八股文，寄望将来八股复考。见戊申年二月份《图画新闻》“八股获售之奇遇”，转见刘精民收藏：《光绪老画刊——晚清社会的〈图画新闻〉》，中国文联出版社 2005 年影印版，第 230 页。

不过，旧学书籍在晚清最后几年也不是没有销路，特别是在朝野双方（除掉部分无政府主义者）都在努力保存国粹，对西化采取抗拒又包容的态度时，①一部分旧学书籍特别是一些过去的禁书大量出版，也吸引了很多读者购阅。当然，这个变化亦有读者的阅读口味变换的问题。

显然，清廷的一些禁书政策也会影响到士人的阅读情况。如1903年夏天以后，北京出现新书滞销情况，“都门自六、七月后时务新书之销路顿觉阻滞，较之去年退步殊多”。究其原因，“实由于逮捕新党禁售新报之故。而影响所及，士大夫遂以购阅新书为戒，可见风气之开难若登天，而阻塞之来易如反掌也。”②因为清廷查禁《新民丛报》，致使《新民丛报》在内地成为“入禁制品”，销售不便，梁启超曾想响应内地“来函属改名”的呼吁，将其改为“民义”报出版，以便在内地发售时瞒过清政府。③当然，更多也许是这样的情况，就是愈禁书，这些书籍就会销售得愈多，禁书政策倒等于是给被禁的书报作了广告，“昔张之洞禁《新民丛报》，而该报反添销数百份；假外人之力以禁《新小说》，而《新小说》如故。”④清政府的查禁效果并不能达到预期，结果经常是“禁者自

---

① 参看罗志田：《温故知新：民间的古学复兴与官方的存古学堂》，收入氏著：《国家与学术：清季民初关于“国学”的思想论争》，生活·读书·新知三联书店2003年版，第83—142页。

② 《中外近事》，《大公报》1904年1月30日，人民出版社1982年影印本。

③ 参看丁文江、赵丰田编：《梁启超年谱长编》，上海人民出版社1983年版，第339页。

④ 《投函》，《警钟日报》1904年5月28日，台北中国国民党党史会1968年影印本。

禁，售者自售，阅者自阅”，新书、新报依然为许多人爱读，其广告依然大量出现于报章杂志上，各地书店依然在大量贩卖这些书籍。在晚清新式媒体大量出现的情况下，查禁政策不但无济于事，还会招致舆论抨击，从各地反馈的信息也可说明此点。①

同样，一些趋新的地方大员也会影响到当地士子的阅读情况，他们往往会通过从外地（多是从上海或北京）购买新书，或者在任地出版新书、新报，号召士子学习新学，以改变当地风气。如维新变法期间，学政江标在湖南，“兼取通今”，加以新学内容命题课士，“三湘人士，遂取广学会译著各书，视为枕中鸿宝”。《泰西新史揽要》《中东战纪本末》等新书就成为“谈新学者皆不得不

---

① 参看破园：《查禁书报之效果》，《扬子江》第2期，甲辰年六月初一日（1904年7月13日）；《政府严禁书报》，《大陆报》第2年第3号；《札饬禁书之野蛮》，《警钟日报》1904年5月28日；《论文字之狱之不当兴》，《中外日报》1905年3月16日；《清廷之示禁书报》，《中国日报》1907年3月19、20日；朱峙三：《朱峙三日记》，光绪三十四年九月十一日（1908年10月5日），转见《辛亥革命史丛刊》第12辑，第189页。吴宓也回忆说：《民报》在他少年时候虽为禁书，“而实在内地各省畅行无阻”。参看吴学昭整理：《吴宓自编年谱》，生活·读书·新知三联书店1998年版，第81页。同样形成对比的是，在法国大革命前，启蒙哲学家的著作因为是“禁书”只能在地下流通，老百姓却百般搜寻去阅读；而1789年革命者掌握了权力后，启蒙思想家的著作已经合法化，可以公开出版发卖，革命政府且大力提倡人民阅读这些书籍。但吊诡的是，这时阅读大众却不愿再读这些书籍，他们需要的更多是娱乐而非教化、私人感情的故事而非关于公共价值的理性论述。于是，新政府不得不重祭旧制度下的禁书与书报检查制度，来查禁那些通俗文学和提倡启蒙书籍。不同的是旧制度下的书报检查制度是由私人掌控，实行起来远非严格与彻底；但在新体制下，检查制度却由中央政府控制，执行起来较迅捷有力。有关的讨论可参看 Carla Hesse，*Publishing and Cultural Politics in Revolutionary Paris，1789—1810*，Berkeley，Los Angeles and Oxford：University of California Press，1991，pp.240-244。

备之书也”。[①]《时务报》在当时发行量大，很大程度上也是来自全国十几个地方的开明官吏支持，这些官员包括张之洞在内，往往命令本地或属地，特别是书院和学堂订阅《时务报》；而这些官员对于《时务报》的意见也能通过各种渠道反馈到《时务报》报馆，影响着《时务报》的办报动向与刊载内容。[②]后来在山西巡抚任上的岑春煊，也曾派人去上海“购时务书籍到晋贬价出售”，以方便当地士人购阅。[③]即或是在偏远的蒙古也开始办学堂与购买新学书籍：“蒙古某亲王自去年聘定浙江陆少眉秀才为总教习，未至期年，而风气大开。昨日有富家子弟专人来京采买书籍，盈筐累箧，动费千金，实为从古所未有。”[④]管学大臣张百熙也曾批饬各省督抚，要求其辖区内各中小学堂、蒙养学堂一律购阅新报，以推广新知识。[⑤]地方官员与中央大员的这些动向自然会影响到书刊的出版动向和当地士子的阅读选择。

相辅相成，地方趋新人士的表率作用也会影响到当地士子的阅读选择。如1901年后四川的情况，新政颁布，成都一些书坊开始广泛辑刻蒙学新书，以方便学堂，所刻书有王寅伯的《启蒙歌五种》等书。王寅伯又聚集其他人筹款四万，购买印刷机和铅字，要

---

① 《三湘喜报》，原载《万国公报》第90册（光绪二十二年六月），转见中国史学会主编：《戊戌变法》(3)，神州国光社1953年版，第376页。

② 参看廖梅：《汪康年：从民权论到文化保守主义》，第225—226页。

③ 《中外日报》1902年1月5日。

④ “外埠新闻·北京”，《中外日报》1902年11月22日；参看《蒙王兴学》，《警钟日报》1904年8月15日；《蒙王兴学》，《京话日报》第143号。

⑤ 《批饬购报》，《新闻报》1902年11月1日。

“广译新书以备开办学堂之用”。①重庆的“富绅”不甘落成都后，也集资创设广学会，准备在上海购买各种图书典籍，在重庆出售，“以其赢余刻书，并拟开看书公会”。②经学大师孙诒让也热衷于新事业，在温州开学堂、办教育，还为一些新知识不足之“旧人士”及一些私人无力购书报者，设立“师资读书社”，提供新学书报，供其阅读。③科学社社员在安徽做的一项卖书调查也证明，在安徽各县，卖新书多少与地方官员及地方绅士的表率作用息息相关，那些有提倡的地方，士子中购阅新书的人就比较多，“没有人提倡，读书的人平时总是株守在家里，吸不着文明空气”，“可见地方上的官和绅士，于地方上的文化，很有关系。”④

再者，我们还可以关注那些地方性人物的日记、书信、文集等，因为在我们以往的研究中，经常忽略了“中层”的思想文化史，对地方上的复杂面向注意不够。实际上，许多小地方都有它丰富而多彩多姿的变化，当地读书人也在敏感地寻找出路及寻求解决危机之道的应对措施，这些地方性的材料往往就记载着他们的言行和努力。⑤对这些书籍史材料进行考察，就需要历史研究者具有人类学家那样的“地方感”（sense of place），从人类学角度来看，“地

① 《中外日报》1902年2月17日。
② “外埠新闻”，《中外日报》1902年9月2日。
③ 参看孙延钊：《孙衣言、孙诒让父子年谱》，上海社会科学院出版社2003年版，第343页。
④ 参看科学图书社社员：《调查》，《安徽俗话报》第14期，甲辰年九月十五日（1904年10月23日），第23—24页，人民出版社1983年影印本。
⑤ 参看王汎森：《中国近代思想文化史研究的若干思考》，《新史学》第14卷第4期，2003年12月，第185页。

点”（locale）是有许多网络交汇和作用而形成的结构中的一点，受更大范围网络的影响而同时又反作用于整个网络，大的层次和结构都是建基于一个一个“地点”的基础上。对一特定地点进行蹲点和个案考索，不仅能比较透彻的考察与诠释地方问题，还可以为更大范围内的问题和变化提供参照、经验与问题意识，回应或比对更为宏观的层次及其他地方的知识与类同问题。①推而言之，一个国家的历史是由各个地方的历史构成，地方性的材料及历史研究同样有利于认识和理解更为宏观的国家层面上的历史。比如我们可以考察地方报刊的样态，地方性报刊如何表达当地与国家的关系？地方如何与外部进行沟通、互动和整合？所谓的“地方性知识”（local knowledge）为何？②结合晚清书籍史/阅读史研究来说，当地的读书人如何得到书刊？他们读什么书？他们如何阅读？他们如何将自己获得的新文化资本传达给当地的民众？他们如何定位自己的角色？等等问题，我们都可以从地方性的材料中获得一些解答。

因此，地方性的材料一样具有很重要的价值，从中可以使我们见微知著，更好意识到在近代中国这个有“多个世界”呈现的时空里，存在着或竞争或合作或利用或互不相关的各种表达，也存在着相应的多种实践，这些表达与实践体现在多种多样的场合及论域里，如果试图用比较单一的模式和现象、比较单一的分析维度来概

① 参看西佛曼（Marilyn Silverman）、格里福（P.H.Gulliver）编：《走进历史田野：历史人类学的爱尔兰史个案研究》，贾士蘅译，台北麦田出版社1999年版，第11—85页。

② 关于“地方性知识”，参看Clifford Greetz：《地方性知识——阐释人类学论文集》，王海龙等译，中央编译出版社2004年版。

括与书写它们，无疑就会把历史简单化、片面化。这些年来，已经出版了一大批地方性人物的日记、文集，如学界利用较多的《退想斋日记》《朱峙三日记》① 等，特别是近年来上海社会科学院出版社陆续推出的“温州文献丛书”，都是非常有价值的材料；其他如“无锡地方文献丛书”、“山西文献丛书”，以及各个省份编的地方文献目录或汇编等，或收录了大量珍贵的地方性材料，或为我们提供了大量的资料线索，对于历史研究帮助非常之大。

进而，由这些大量存在的地方性材料，我们还可以延伸出空间与阅读的关系。在近代中国这个大语境里，由于不同地区受到的西学影响不一，时人读的书差别也很大。这种情况也可从象征“文明”程度的书店卖书的情况得知：

> 游于城市者，见其书坊即知其士夫之文化。目今扬子江、浙江流域之地，除上海外，若浙江、江苏、安徽、江西、湖北各省城所有书坊，盖亦可以觇国矣！其间以杭州之程度为最高，居然有非夹带、非闱书、非尺牍、非医卜星相之书出售；苏州次之，因至书坊一望，往往作洁白色而无黄黑色，此所以不如也。其安庆、南昌、武昌之书坊，并无白色，皆土灰色尽，并石印新书亦无几，皆其草纸土板所印《了凡纲鉴》《王匣记》《江湖尺牍》之类也，其士人不考，无至书坊者。②

① 连载于《辛亥革命史丛刊》第 10、11、12 辑，湖北人民出版社 1999、2002、2005 年版。该日记目前只载到 1914 年，还没有刊完。

② 《论内地文明之情形》，《中外日报》1903 年 10 月 24 日。

东部地区如此，内地更是如此。1897 年开始担任陕西学政的叶尔恺随后写信给汪康年诉苦："此间（陕西）人士除八股外，直不知有他书，得见《輶轩语》者不过十年。一言以蔽之，陋而已矣！"①直到 20 世纪初年，内地一些省份甚至都无出售新学书籍的书店，比如 1903 年的河南："汴省向无售新书者，去秋有上海友人开设时中书社，所售皆场屋书。"②士子买书也大都是为了应试。影响极大的《时务报》在沿海、沿江一代虽然销量很广，但在江西的一些地方，"士夫僻处乡隅，每以无从购阅为憾，甚至有不知《时务报》之名者"，在此种情况下，《时务报》在这些地方的销量自然有限，"现除吉、赣、九江，外如饶、广及万、载各处，均销报寥寥。"③实际上，即便是在离上海很近、风气很趋新的杭州钱塘一带，许多塾师都未曾读过诸如《绎史》《王船山全集》《王阳明集》《原富》《天演论》之类经史之书与西学新书。这种情形在晚清小说《学究新谈》中就有体现，"这些书改卿（小说中的杭州一办新学堂者）一部也没见过，不知是新是旧。"④在同样离浙江不远的浙江湖州，因为读者不太需要，新书报也不容易输入，如钱玄同的回忆："我在故乡湖州（今吴兴县），那地方离上海很近，坐轮船要不了一日一夜，可是上海的新书报极不容易输入（并非官厅禁止，那时内地的官厅还未曾懂得禁止新书报；实在是因为老百姓不要看它），我

① 叶尔恺函，《汪康年师友书札》(3)，上海古籍出版社 1987 年版，第 2476 页。
② 王维泰：《汴梁卖书记》，第 1 页。
③ 汪立元函，《汪康年师友书札》(1)，第 1028 页。
④ 参看吴蒙：《学究新谈》，吉平平校点，收入《中国近代珍稀本小说》(14)，春风文艺出版社 1997 年版，第 283 页。原书此处标点有错误，笔者这里径改。

们看得到的报纸只有《申报》和《新闻报》……”①

另外，我们还应该考虑当时的交通与邮政状况。以包天笑为例，19世纪末，人在苏州的包天笑阅读通过邮局里“脚划船”飞送的《申报》，“昨天上午所出的报，今天下午三四点钟，苏州已可看到了。”上海与苏州通火车后，则当天下午就能看到《申报》；但如是用“民船”送，就要隔三天才能看到。②其实《申报》当时销量较多，某种程度上正在于其“邮递神速”。③再如当时的邮政状况，亦是应该考虑在内的因素。以梁启超初在横滨创办的《清议报》为例，该报就是因为国内禁令甚严，邮递困难，相比于梁启超主持的《时务报》，影响不大，以致宋恕对《清议报》“期期读、字字读”后，感觉其“胜《时务报》万倍，恨不能销于内地”，④到了晚清新政后，书报邮递的禁令已经不再像以往那样严格，故这时创办的《新民丛报》就能比较多地被国内读者阅读，发生的影响也就远超《清议报》。⑤同样，这时人在广东的黄遵宪二十天即能读到梁启超在日本横滨创办的《新小说》杂志，也跟邮路通畅有关，“《新小说报》初八日已见之，仅二旬余得报，以此为最速，缘汕头之洋务局中每有专人飞递故也。”⑥这时外国人插手中国的邮政事业的程

---

① 参看钱玄同：《三十年来我对于满清的态度的变迁》，收入《钱玄同文集》，中国人民大学出版社1999年版，第2卷，第108页。

② 参看包天笑：《钏影楼回忆录》，第132页。

③ 高凤谦函，《汪康年师友书札》(2)，第1647页。

④ 《致饮冰子书》(1899年9月23日)，胡珠生编：《宋恕集》(上)，中华书局1993年版，第603页。

⑤ 吕思勉：《三十年来之出版界（1894—1923）》，《吕思勉遗文集》(上)，华东师范大学出版社1997年版，第374、375页。

⑥ 陈铮编：《黄遵宪全集》(上)，第441页。

度日益加深，特别是在海关总税务司赫德的督导之下，中国邮政事业“其进步实可惊异，今也全国大小邮政局之实数已达千数”①。自然清廷的一些邮递禁令贯彻起来不再像以往那么顺利，如在1904年5月，袁世凯“通饬各属暨各学堂禁阅新书、新报”，“告邮政局不得邮寄各项违禁报章，而邮局洋人告以‘难于检查’四字，遂作罢论。而由日本寄入中国各报，行所无事，毫无阻碍”。②从中我们可以知道邮局在新书刊的传播中起着重要的作用，而且邮局多有外国势力介入，连当朝政要对之也无可奈何，中国各地知识分子依然能不断阅读到来自日本或上海等地的违禁书刊。随着晚清社会“现代性”程度的深入，书籍、报刊出版总量的增长，邮政事业在中国扩张很快。据时人调查：“光绪二十七年（1901年）时，中国邮局邮送信物计一千万斤，至光绪三十四年（1908年），则增至三万万余斤矣。”③这其中包含的书籍、报刊邮递量同比增长份额肯定不小。④

交通和邮政的便利与否会影响到书报的传递速度与价格，而书刊价格也会对士人的阅读产生影响。对一些爱读新书的人来说，“今日之新书定价虽不能谓之过昂，然我国至今日读书者，实为少数之学生与夫幼稚之新党。此二类者，皆分利而非生利之人，则书

① 《中国邮政之革新》，《时报》1904年8月27日。

② 参看《投函》，《警钟日报》1904年5月28日。

③ 见《中国邮政之进步》，《晋阳公报》1910年8月30日。参看《中国邮政之革新》，《中外日报》1902年6月15日；《中国邮政之调查》，《汉报》1906年5月6日；《去年邮政事务情形论》，《商务官报》己酉第17、18、19、20、21册。

④ 如时在陕西的少年吴宓，所读的新书、新报如《老残游记》《新民丛报》《新小说》等，主要是其叔父从上海邮寄来的。参看吴学昭整理：《吴宓自编年谱》，第53页。一些书籍广告往往也表明购书可以邮寄，如丁福保的“医书——购书之款亦可从邮局汇寄”广告（《民呼日报》1909年6月2日）。

价非极廉，不能销行于各口岸，何况穷乡僻壤乎？”①一般士子并没有多少余钱可以用来购新书、新报，而新学堂之所以在乡村遭到拒斥，很大一部分原因在于入学堂需要购买大量新书、新报，这个花费是平常家庭难以承受的。②在科举时代，士子并不需要购买多少书籍，谋生的手段主要是“可以为童子师，可以得书院之膏火”③。所谓“从前贫苦之家，以数十文购《三字经》《千字文》，即可使持之入塾，今则置备书籍，即各种蒙学课本，价目昂贵，费加十倍、百倍不止，且课本未能尽善，尚须随时变易，而谓贫者力其能逮乎？故曰读书之难，莫难于今日也。”④不少时人曾针对此点提出批评意见，像后来《国风报》上的一篇分析：

---

① 鹤谷：《论中国书报不能发达之故》，《东方杂志》第2年（1905年）第1期，光绪三十一年正月二十五日（1905年2月28日），第10页，上海书店出版社影印本。

② 1905—1906年出版的小说《学究新谈》，作者也假借蒙师夏仰西之口在小说第六回批评当时学堂收费太贵、学生无法承担的问题，认为“照现在的办法，只怕通国中十成识字的人，几年后要减了五成，再过几年，又要减去几成……”吴蒙：《学究新谈》，吉平平校点，收入《中国近代珍稀本小说》（14），第266—268页。

③ 《论中国之上流社会》，《时报》1904年10月14日。后来《时报》上还刊载过另一篇同名但内容不同的文章，下文将引用之。关于清代中国普通教育的花费，可参看 Evelyn Sakakida Rawski, *Education and Popular Literacy in Ch'ing China*, Ann Arbor: The University of Michigan Press, 1979, pp.54-80。

④ 《论中国近日读书之不易》，《申报》1902年2月18日。当然，之前考科举亦需要经济支持，“非中资以上之家不能竟学，寒士劬学能有成就者，史册即传为美谈，即知此等人实居少数。”《论中国今日宜注重普通教育》，《中外日报》1906年1月3日。不过，相比而言，进入新学堂的代价要普遍高很多，如我们可于复旦公学在1905年7月22日《时报》上作的“复旦公学广告”窥豹一斑，进入该校者一年需要至少缴费一百二十元，而当时包天笑一家在上海每月的花费，“家庭开支与个人零用，至多不过五六十元而已”，这样已经“很有余裕”。（《钏影楼回忆录》，第415—416页。）其实包天笑被迫去上海从事新式出版业，主要原因即在于其家不够富裕，不能长期供其参加科考。

> 昔未有学校，则中人以下之产，乃至农商之自食其力者，皆得撙节薄储以遣子弟就学，其子弟稍敏慧，则能有所成，以厕于士君子之林。今以兴学校故，一子弟入小学，最撙节亦岁费百金；中学以上，则递加；盖欲其子弟卒业大学或留学外国，归而弋一第者，非万金莫办。自是人民始以就学为大累矣。①

即使也有个别“家况奇窘，贫不能活”的“好书奇士”，“酷好新书，视同性命，日以所赢之利积成数角，必至知新书室购阅旬报如《江苏》《浙江潮》之类”。②这样的个案并不具有典型性，且此事例之真实性也大可质疑。事实上，在当时很多注重改良教育的人看来，“书价昂贵”为普及教育理想不能实行的一个重要原因。③这种情况自然也会影响到士子的阅读选择与阅读心态。如年轻的武昌士子朱峙三由于家境比较贫穷，“无力购新书”，就经常借阅别的同学购买的新书，“闻郑赤帆购新书多，自己不看，作为装潢之品而已。予拜托袁夏生再借数种，如《政艺通报》之类，心思顿开。”④靠着经常阅读从同学那里借来的时务新书，朱峙三成功地获得了新文化资本，并藉以安身立命。更早一些的是四川人刘光第，他在1883年（光绪九年八月）中进士后告假回省，“取道浮海至沪，再溯江

① 茶圃：《矛盾之政治现象》，《国风报》第1年第15号，宣统二年六月初一日（1910年7月7日），第9页。
② “中外近事”，《大公报》1903年9月17日。
③ 吴江费承禄：《警告书业诸君》，《时报》1907年1月15日。参看补青：《新书之感》，《直隶教育杂志》丁未年第16期，光绪三十三年十月十五日，第10页。
④ 《朱峙三日记》第十册，光绪二十八年壬寅日记，冬月初一日（1902年2月8日），转见《辛亥革命史丛刊》第9辑，湖北人民出版社1999年版，第336页。

西上”，经过上海时与友人曾到书肆买书，刘虽感觉沪上“坊间多有用书，胜吾乡远甚”，书籍价格也较北京为便宜，但刘自觉这些书“亦非寒畯所能多购”。①刘光第且认为这些书价水分太大，“大抵多虚少实”。②

盗版也会对时人的阅读产生影响。就晚清文化市场来言，书籍不畅销，不能获利，一般是不会有盗版书出现的，也不会有多家书商争相出版的。在当时，政府只注重关系政治层面的书籍出版情况，对其他类书籍的出版、销售则往往心有余而力不足。出版商家或作（编）者即或获得了版权保护，对一些盗版现象往往也还是鞭长莫及，出版市场实际还是处于各自为战的无序状态。在缺乏有效监管及制约的情况下，“对书商来说，最好的书是能卖出去的书。”③最大程度的商业化，跟随风气与时势，追求最大限度的利润，自然成为晚清绝大多数出版商家的出版目的，否则商家便很难在竞争日趋激烈的文化市场上站稳脚跟。④故此，书籍的重复出版、

① 刘光第：《南旋记》，八月十八日日记，见《刘光第集》编写组：《刘光第集》，中华书局1986年版，第450、83页。

② 刘光第：《南旋记》，八月十八日日记，见《刘光第集》，第84页。

③ Robert Darnton，“What is the History of books?” Cathy N.Davidson（ed.），*Reading in America：Literature and Social History*，p.33.

④ 像曾大批科举误人的梁启超，他遥控在上海的广智书局，见出版科举书籍有利可图，就印刷了很多科场应用的书籍，但科举废除，这些书籍马上没有销路，积压亏损，造成书局的财政困难。（参看《梁启超年谱长编》，第487页）但亦有像蒯光典资助的金粟斋这样的出版机构例外，不过正因为其不以追求利润而以传播新学为目的，故很难长久维持下去。正像后来舒新城所言：“出版业虽然是一种文化商业，但其本质究属商业，绝不能超出商业的营利法则而专作学术事业；即使出版界有人有志于此，其公司亦将因亏蚀而不能自存，结果仍是不能遂其志愿。”舒新城：《我和教育》（该书原为中华书局1945年版），收入张玉法、张瑞德主编：《中国现代自传丛书》第2辑，台北龙文出版社1990年版，第348页。

翻刻及粗制滥造现象在当时文化市场上大量存在，很多作（编）者（像严复、梁启超）、出版商（如广智书局、文明书局、商务印书馆等）都深受其害。某些有见识者意识到如任由这种情况发生，就会出现“著译之人皆不能食劳心之报，而徒使奸巧之市侩，徒手而获现成之利，既不足以动后来著译之人，使之竭其心力以阐发新理，即不啻自闭其文化，而使之不发荣滋长”①。甚至有人将盗版视作“焚书坑儒之新法”，“数年而后，中国可以无新书，数十年而后，中国可以无新学”。②武汉书坊就曾将当时翻译书籍中译笔较佳者翻刻木版，且因售价较廉，出现“原版遂无人过问”情况。③严复就曾因其所译之《原富》《群学肄言》等书经常被书商盗版，《原富》《群学肄言》两书，在“湘、粤、沪、浙之间”，石印或者木版盗印的有七八副，就算是刚出版的《群己权界论》《社会通诠》，也听说湖南书商正在谋印盗版。④因为盗版书存在，《原富》一书原版 1903 年在文明书局“已数月不销矣”；而各省来上海批发书籍者，“皆乐批翻印之本而不喜原版”。⑤梁启超也曾因其著作在中国内地被大量盗版，“每一册出，内地翻刻本辄数十”⑥，以致自己与广智书局不能多从中获利弥补亏空，故向人抱怨：“每出一书，必被人翻印，

---

① 《论直督请撤销版权之谬》，《中外日报》1904 年 3 月 9 日。

② 《焚书坑儒之新法》，《中外日报》1904 年 7 月 3 日。

③ 参看《湖北卖书记》，《中外日报》1903 年 6 月 12 日。

④ 《严复与熊季廉书》（二十五），收入孙应祥、皮后锋编：《〈严复集〉补编》，第 251 页。

⑤ 《廉泉与严复书》（三），收入孙应祥、皮后锋编：《〈严复集〉补编》，第 375 页。

⑥ 梁启超：《清代学术概论》，见朱维铮校：《梁启超论清学史两种》，复旦大学出版社 1985 年版，第 70 页。

无异自绞心血，替他人赚钱，故愤极不欲著书。”[①]但从另一方面言，内地对梁著（包括《新民丛报》《新小说》以及文明书局、商务印书馆等书局出版的书）的诸多盗版固然危害了梁启超的著作权，影响了其版税收入，但无疑也使梁著在中国内地的流播更为广泛，使得更多读者能阅读到梁的论述并领受其思想魅力，客观上极大加深、加强了梁对中国人思想的影响力。[②]相仿的情况也发生于广学会出版的《泰西新史揽要》一书，由于该书被认为是“述近百年以来，欧美各国变法自强之迹，西史中最佳之书也”[③]，尽管其译笔有些繁冗，但在中国各省行销达三万部，杭州出现了六种翻刻本，在四川甚至出现了十九种的翻刻本，这些盗版本自然也为《泰西新史揽要》的风行贡献了力量。[④]另外，像孙诒让也曾翻印过《民报》上刊登的白话文，将之“作为学生国语教本”，此举无疑也是扩大了革命派的影响。[⑤]而上海著名的卖革命书籍的“野鸡大王”徐敬吾也翻印过一些革命书籍，他翻印的章太炎的《驳康有为论革命书》、邹容的《革命军》被少年钱玄同读到后，使钱“受了一番

---

① 参看《梁启超年谱长编》，第 488 页。

② 如开明书店即曾翻印过梁启超的《新民说》《中国魂》，参看“文明绍介・开明书店”，《中国白话报》第 7 期，甲辰年二月初一日（1904 年 3 月 17 日）；四川成都也有考生将《新小说》中的《槐花谣》刻印多份，贴于乡试考场，以表达对科举制的不满，参看《大公报》1903 年 11 月 16 日。时在重庆府中学堂读书的任鸿隽，就是读到了翻印的梁启超的《灭国新法论》，“因是种种感触”，开始与同学“在校不以校课为满足，而时时作改革运动”。《任鸿隽自述》，胡宗刚整理，见《近代史资料》第 105 号，中国社会科学出版社 2003 年版，第 5 页。

③ 梁启超：《读西学书法》，收入夏晓虹辑：《〈饮冰室合集〉集外文》，北京大学出版社 2005 年版，下册，第 1164 页。

④ 参看邹振环：《影响中国近代社会的一百种译作》，第 103 页。

⑤ 参看《孙衣言、孙诒让父子年谱》，第 333 页。

大刺激”，由之前的“尊清”于反对革命的立场“竟为之根本动摇了”。①

同样，盗版书亦有质量低劣、引起公愤者，于是个别好事者就在报上刊载诸如《购书者鉴》②、《购书宜慎》③ 的广告，告诉读者哪些书是低劣的盗版，哪些书店出版的书籍质量高，以供读者购书时参考。也有人特意写文章揭发“沪上劣书之多”的现象。④当然，盗版书籍也有被人揭发查拿的，如上海经世文社私自翻印《俄文释本》一书，就被该书编者一俄国人登报声明，警告该社，“余本欲告官，复思该社所做书亦不少，别人亦可印得。他既开端于先，余必效尤于后，其曲在彼，非在我也。今将该社之书，一律印行，价钱公道，先印《西史纲目》《险要图志》，余书一月内出书。若不如此办法，视俄人太轻也。必将余俄文本利二千余元赚出，放（方）肯了事。”⑤文明书局也曾指控简青斋印局的毕春宝翻印该局出版的《蒙学初级修身教科书》，后因毕“自知悔过，情愿罚款免究”，文明书局见好就收，罚款 500 元了事，并将罚金充作苏北赈捐。⑥文明书局出版的《改良再版女学唱歌集》也曾被科学书局冒印，为此文明书局专门登出“文明书局声明科学书局冒牌发行”广告，来揭

---

① 参看钱玄同：《三十年来我对于满清的态度的变迁》，收入《钱玄同文集》，第 2 卷，第 108—110 页。

② 参看《中外日报》1901 年 11 月 3 日等期发布的一则“购书者鉴”告白，发布人自称是“务实斋主人”。

③ 参看《中外日报》1902 年 8 月 22 日等期发布的两则“购书宜慎”告白，发布人分别自称是“我亦读书人”、“柯家书传主人”。

④ 《论沪上劣书之多》，《中外日报》1902 年 8 月 29 日。

⑤ 《翻印译书声明》，《中外日报》1902 年 9 月 6 日。

⑥ 《惩罚翻版》，《中外日报》1907 年 2 月 28 日。

发科学书局的盗版行径。[①]业务繁多的商务印书馆也查获过别的书商如扬州文枢堂售卖翻印其书籍，报官解决，扬州知县“出示严禁”后，商务还特意在报纸上刊发“翻版者看”的广告，希望能以儆效尤。[②]因租界更重视版权保护的关系，此类书籍盗版被查拿事件在上海租界更形普遍。[③]而官方也往往对书局版权出具保护。[④]

对于强调读者角色的阅读史研究来说，相同的书籍对于不同读者，其意义是不一样的，甚至还可能完全会是相扞格的。比如在晚清科举改革后，《新民丛报》《中国魂》之类呼吁维新与批评清廷的激昂文体，却被士子视为“科举利器，今科各省中举卷，多仿此文体者。”[⑤]《时务报汇编》《清议报汇编》也被作为“乡试必携”书，在报刊上大做广告。[⑥]这些书刊被这样使用，显然完全偏离了原著者的本意。当时出版的一些“卫生”书籍多被晚清人士作为“淫书”来观（详第四章）。如此种瓜得豆、张冠李戴，误会乃至于滥用新书的现象，比比皆是、不胜枚举。郑孝胥曾想编一本《苟日

① 《中外日报》1907 年 4 月 22 日。

② 《翻版者看》，《神州日报》1907 年 7 月 22 日。

③ 参看《会讯翻印书籍》，《中外日报》1906 年 1 月 6 日。

④ 《查禁翻版》，《神州日报》1907 年 6 月 18 日。

⑤ 《朱峙三日记》第十册，光绪二十八年壬寅日记，十二月初十日（1903 年 1 月 8 日），转见《辛亥革命史丛刊》第 10 辑，第 337 页。王理孚也言：“其时清廷科举未废，一般学子多携此册（指《新民丛报》）入场，藉以获隽者，不乏其人。”见张禹等编注：《王理孚集》，上海社会科学院出版社 2006 年版，第 146 页。舒新城说他小时候私塾的老师张先生，也曾选《新民丛报》上的论文让学生学习作策论的本事。参看舒新城：《我和教育》，第 36—37 页。与此形成辉映的是，当时的趋新青年马叙伦通过课外看《天演论》《法意》《黄书》《明夷待访录》等书，其考试文体也“大变了色彩”。马叙伦：《我在六十岁以前》，生活·读书·新知三联书店 1983 年版，第 11 页。

⑥ 《乡试必携》，《中外日报》1903 年 8 月 17 日。

新》的小说，来调侃“近年各省诸色人等日趋新风气之状态”。①其他时人对此等不伦不类的现象也有很多讽刺，下面这段颇为夸大的概括与挖苦就是一个好的证明：

> 你看现今这班草头志士，平日铮铮自命救国救民，问他孝字、弟字，在古文上是甚么样写法，他还不知道；读一篇斯宾沙尔《平权论》，他便把父母看得比狗一样贱；念两句边沁乐利主义的学说，他便暴戾放恣，无所不为……现在新学家的金字大招牌，已经被这班混账东西弄得个不像样子，不将这班人死尽灭尽，同胞那里能救？中国那里会强呢？而且他们，动不动便招出自由、平等些新名词，来做他的护身符、遮战牌。这种恶俗传染起来，比那瘟疫流行，还要快几十倍！稍一大意，便终身不能做人，禽兽关头，在此一线……②

拓展晚清书籍史/阅读史研究，还可以从书籍本身的具体内容来入手。前人研究中有关注国民读本的，有关注《圣谕广训》这类皇朝宣讲书的③，有关注科举考试中的策问书籍的④，有关注乡土志的⑤，

---

① 劳祖德整理：《郑孝胥日记》，中华书局1993年版，第2册，1905年4月28日日记，第989页。

② 天僇生：《中国人没有道德》，《国民白话日报》光绪三十四年七月二十日（1908年8月16日）。

③ 参看周振鹤：《〈圣谕广训〉：集解与研究》，上海书店出版社2006年版。

④ 如章清：《“策问”中的“历史”》，《复旦学报（社会科学版）》2005年第5期，第53—62页。

⑤ 如程美宝：《由爱乡而爱国：清末广东乡土教材的国家话语》，《历史研究》2003年第4期，第68—84页；王兴亮：《清末民初乡土志书的编纂和乡土教育》，《中国地方志》2004年第2期，第43—48页。

有关注汉译地理学方面的著译书籍的①，有关注教科书的②，有关注日用类书的，有关注翻译书籍及其版本等问题的③，有关注中国近代对西方医学书籍的翻译的④，有研究晚清出版的百科全书的⑤，有

---

① 如邹振环：《晚清西方地理学在中国——以1815年至1911年西方地理学译著的传播与影响为中心》，上海古籍出版社2000年版；倪文君：《近代学科形成过程中的晚清地理教科书述论》，《华东师范大学学报（哲学社会科学版）》，2006年第5期，第107—112页。

② 此类著述太多，较有代表性的成果，可参看阮真：《几种现行初中国文教科书的分析研究》，《岭南学报》第1卷第1期，1929年，第101—113页；彭明辉：《晚清的经世史学》，台北麦田出版社2002年版；《台湾史学的中国缠结》，台北麦田出版社2002年版；台湾历史学会编辑委员会：《历史意识与历史教科书论文集》，台北稻乡出版社2003年版；杨景尧：《两岸国初中历史教科书比较观》，《淡江史学》第14期，2003年12月，第59—70页；王建军：《中国近代教科书发展研究》，广东教育出版社1996年版；毕苑：《中国近代教科书研究》，北京师范大学历史系博士论文，2004年5月，未刊稿；杨慧慧：《晚清学部编审教科书的活动》，吉林大学文学院博士论文，2006年6月，未刊稿；韩立萍：《伪满洲国时期历史教科书研究》，辽宁大学历史系博士论文，2006年5月，未刊稿；孙江：《连续性与断裂——清末民初历史教科书中的黄帝叙述》；等等。

③ 如巴斯蒂（Marianne Bastid）：《中国近代国家观念溯源——关于伯伦知理〈国家论〉的翻译》，《近代史研究》1997年第4期，第221—232页；王开玺：《1864年清廷翻译〈万国公法〉所据版本问题考异》，《北京师范大学学报（社会科学版）》2005年第6期，第138—139页；张用心：《〈万国公法〉的几个问题》，《北京大学学报（哲学社会科学版）》2005年第3期，第76—84页；刘人鹏：《"中国的"女权、翻译的欲望与马君武女权说译介》，收入氏著《近代中国女权论述——国族、翻译与性别政治》，台北台湾学生书局2000年版，第75—126页；梁台根：《近代西方知识在东亚的传播及其共同文本之探索——以〈佐治刍言〉为例》，《汉学研究》第24卷第2期，2006年12月，第323—349页；等等。

④ 如邹振环：《西医译著与近代中医界的反省》，《华东师范大学学报》1986年第1期，第76—80页。

⑤ 米列娜（Milena Dolezelova）：《一部近代中国的百科全书：未完成的中西文化之桥》，《北京大学学报（哲学社会科学版）》2007年第2期，第75—84页。

研究善书的，[1]有注意中国书籍在外国的翻译传播情况[2]，有对一些近代中国重要典籍的版本进行比照的[3]。我们还可以关注晚清出版的那些心理学、记忆学、生理卫生、西方哲学、西医学、警察学、监狱学、实业、社会主义等方面的书籍。据笔者所知，这些类别的书籍目前都缺乏系统的梳理工作，即便是相关学科史、学术史的研究者都还没有充分注意和利用晚清出版的这些书籍。

另外，我们还可以关注那些外语书籍（包括字典）在中国文化市场上的情况。[4]如在清末十年，中日交流频繁，一些敏感的中国士人在中国也开始学习日语，目的自然是，“一半是为了留学日本的基础，一半是为了可以看日本的书籍”[5]。报刊上还有东文学社招收学习日文学生的广告[6]，许多日文书籍在上海都有销售，日本书肆的书目在中国也能得到，像孙宝瑄、宋恕、包天笑等人都购阅

---

① 游子安：《劝化金箴：清代善书研究》，天津人民出版社1999年版；等等。

② 陈受颐：《十八世纪欧洲文学里的〈赵氏孤儿〉》，《岭南学报》第1卷第1期，1929年，第114—146页；陈受颐：《〈好逑传〉之最早的欧译》，《岭南学报》第1卷第4期，1930年，第120—153页。

③ 如汤志钧：《近代史研究和版本校勘、档案求索——〈戊戌政变记〉最早刊发的两种期刊》，《历史档案》2006年第2期，第30—35页；朱维铮：《〈訄书〉发微》，收入氏著《求索真文明——晚清学术史论》，上海古籍出版社1997年版，第259—283页；等等。

④ 如少年叶圣陶1911年3月曾托人到上海给他购买严复的《英文汉诂》，希望该书能引导他将英文学好。参看商金林：《叶圣陶年谱长编》（第1卷），人民教育出版社2004年版，第49页。日本编的辞典当时也很受留日学生欢迎，“苟附有辞典之名，无不易售者。”《辞典发行之盛》，《教育世界》第139号，丙午十一月上旬第23期，“杂纂”，第5页。

⑤ 参看包天笑：《钏影楼回忆录》，第197页。

⑥ 参看《招收专修东文学生启》，《中外日报》1901年4月18日。

过不少日文书籍。除去那些留日学生外，有些东渡日本的人也曾在日本亲自购买过日文书，如盛宣怀 1908 年在日本养病时的购书以及所得赠书目录便是一例①；也有些人是托朋友在日本代为购买，像温州名士宋恕，他喜欢阅读日文中翻译的西洋小说，曾经托一名叫沈幼沂的人在日本“代为询购最风行者二三种”，他尤其喜欢读日文本的侦探小说，“专要日文本，汉文及西文本皆不要”。②推而广之，当时的英文本书籍以及其他外语书籍被中国士人阅读的情况我们亦应该注意，当时有许多英文学社打出招生广告③，招收学生学习英文，故此，当时报刊上即有发卖美国教科书的广告④。上海美生书馆、伊文思书馆等外国人开办的机构则代销英美出版的新书，曾在《时报》《神州日报》《天铎报》《民立报》等报刊上大做广告；⑤商务印书馆也代销欧美英文教科书⑥，自编中外文词典，甚至代售大英百科全书，在《申报》《时报》《中外日报》《神州日报》《汉口中西报》等报刊上做了大量广告，还打折出售，可惜销售效果不佳，但亦有像王云五、宋教仁、熊希龄这样的读者

① 参看王宏整理：《盛宣怀戊申在日购书清单》，收入《历史文献》第 5 辑，上海科学技术文献出版社 2001 年版，第 340—349 页。

② 致沈幼沂书，见胡珠生编：《宋恕集》（上），第 632 页。

③ 像 1901 年 3 月 20 日《中外日报》上即有三个英文学社——英文夜馆、英文夜社、中英学社招收学生的广告。

④ 《新到美国教科书》，《中外日报》1903 年 2 月 18 日。

⑤ 《美生书馆广告》，《神州日报》1907 年 5 月 5 日；《伊文思书馆广告》，《时报》1909 年 8 月 1 日；《伊文思书馆广告》，《天铎报》1911 年 5 月 28 日；《伊文思书馆奉赠华英文学堂教科书籍目录》，《民立报》1911 年 9 月 6 日。

⑥ 《新到欧美英文教科书》，《神州日报》1907 年 8 月 30 日。

去购阅[①]；北京公慎书局也代销洋文初级、高等政艺图书及各项报章[②]。诸如此类，这些书籍也是构成时人思想资源与诱发其概念工具（conceptual tools）改变、思维方式变化的重要媒介，应该被置于书籍史/阅读史研究者的视野之内。

人永远是历史活动的主角，是文化消费和文化创造的主体，自然更是书籍史和阅读史研究关注的主要对象。因是，我们亦应该关注个人的阅读史，尤其是当时社会的阅读风气、阅读心态、阅读方式、书刊的获得途径、读后的反应等内容。比如我们可以依靠留存下来的报刊订阅记录[③]、书刊的赠送记录[④]、书刊的借阅

---

① 王云五是通过商务印书馆西书部购得该书，“共三十五巨册，系采分期付款办法。由于该书内容无所不包，我平素爱书成癖，对于任何一项新科目，在入门之际，都不感什么困难。因而自该书购到之日起，接连约三年内，几乎每日都把该书翻读二三小时，除按各条顺序阅读大概外，通常系从索引方面，将某一题材与其相关题材，作较有系统的阅读”。王云五：《岫庐八十自述》，上海人民出版社 2007 年版，第 32 页。

② 《北京公慎书局》广告，《中外日报》1901 年 12 月 18 日。

③ 如孙诒让即曾先后订有《国闻报》《国闻汇报》《知新报》《实学报》《译书公会报》《教育世界》《外交报》《杭州白话报》《政艺通报》《东方杂志》《国粹学报》《图书月报》《国粹丛编》等杂志；1907 年，孙诒让以 60 岁高龄还亲自往上海考察学务，并访问了上海的几个著名书局，“采购新书三百六十四册”。参看孙延钊：《孙衣言、孙诒让父子年谱》，第 284、300、305、310、316、321、342、352 页。

④ 像孙诒让，就曾不断收到各地友人包括梁启超、汪康年在内赠送的《蒙学报》《经世报》《湘报》《湘学新报》《新民丛报》《革命军》《攘书》《中国民族志》《京报》等诸多新学书报。周作人在南京江南水师学堂求学时，也不断收到其胞兄鲁迅（周树人）等人寄送来的书籍，其中既有《三国志》《前汉书》《癸巳类稿》《汉魏丛书》《徐霞客游记》《板桥诗集》这样的古籍，也有《物竞论》《波兰衰亡战史》《原富》《新小说》《权利竞争论》《浙江潮》《清议报》《世界十女杰》《西力东侵史》《译书汇编》以及林译小说这样的新学书刊，还收到有鲁迅劝其购阅新书如严译《名学》的建议。（参看张菊香、张铁荣编：《周作人年谱》，天津人民出版社 2000 年版，第 42、46、51、52、55 页。）旋即，周作人自己也（转下页）

记录①，当时的购书记录②、藏书目录③、捐书目录④，再充分使用时人日记、回忆录或书信或年谱中记载的自述、交游情况、摘抄记录与读书体会⑤，当时所编书目和书目提要⑥，来关注某些人物

（接上页）开始写评论、写小说向杂志投稿，还开始从事办报、翻译等文化活动。宋恕也曾不断给其内弟孙仲恺寄送新书、新报，并给他开列建议购阅书单。参看宋恕致孙仲恺，胡珠生编：《宋恕集》（下），中华书局 1993 年版，第 699—703 页。

① 如在南京求学时，周作人阅读梁启超的著作上瘾，不断向人借阅《新民丛报》《饮冰室自由书》等书，还托人购买梁启超所著的《饮冰室自由书》《中国魂》等书，并对《新罗马传奇》《新民说》《中国魂》进行了摘录。在读了《中国魂》一书后，周作人还记下感受："美不胜收，令人气壮。"（参看《周作人年谱》，第 47 页）20 世纪初年在武昌的小士子朱峙三由于家贫，也经常借别人"所购时务新书，如《中国魂》《新民丛报》之类"，他读后感觉"精神为快，可以开文派又一格矣"。参看《朱峙三日记》第十册，光绪二十八年壬寅日记，十月十六日（1902 年 11 月 15 日），转见《辛亥革命史丛刊》第 10 辑，第 336、337 页。

② 像《忘山庐日记》《宋教仁日记》《郑孝胥日记》等类似材料里都有作者的许多购书记录。

③ 如清末溆浦县立高等小学的阅报室中，就藏有《时报》《新民丛报》《国粹学报》《安徽俗话报》《猛回头》《黄帝魂》《中国魂》《西学丛书》《时务通考》等新学、西学书籍。参看舒新城：《我和教育》，第 55 页。

④ 如《湘报》上就不断刊出谭嗣同等人所捐书籍目录，但在谭嗣同所捐出书籍中，从其书目看，并无一本新学书籍。像《中外日报》《新闻报》等报刊也不断刊出"惠书致谢""赠书致谢"之类的小报道，当然这种情况多是书商的一种广告手法。

⑤ 吴汝纶、孙宝瑄、宋教仁等人的日记里就有许多他们摘抄、购阅新书、新报的记录，此不多述。文廷式在《纯常子枝语》（江苏广陵古籍刻印社 1990 年影印本）及他别的著作里，也大量阅读与使用过当时出版的西书（新书）。《孙衣言、孙诒让父子年谱》里也记录孙诒让曾阅读过诸多新书，如他曾阅读严复所译《天演论》《原富》《法意》《群己权界论》《群学肄言》《社会通诠》等书，"在诸书中各有朱笔圈出之语多处"。见《孙衣言、孙诒让父子年谱》，第 331 页。柏文蔚也曾回忆，他与"邑人三五知己"，只能阅读印刷甚劣的《申报》《湘学报》等，但"皆视之为金科玉律。此外有郑观应之《盛世危言》，吾人皆作为屺上天书"。（柏文蔚：《五十年经历》，《近代史资料》总 40 号，中华书局 1979 年版，第 6 页。）诸如此类，不胜枚举。而从当时诸多此类的记载里，我们也能管窥当时出版市场、文化市场上阅读品的变化情况。

⑥ 如梁启超的《西学书目表》、康有为的《日本书目志》、徐维则等的（转下页）

的阅读史。像李仁渊对包天笑的阅读史的研究，同样，我们也可以考察诸如朱峙三这样的中下层知识分子的阅读史，关注诸如宋教仁这样的“巨型知识分子”的阅读史，像黄遵宪对梁启超著述的阅读①，并可以与同一时段不同身份的吴汝纶、严复、孙宝瑄、蒋梦麟、包天笑、周作人、邹韬奋、顾颉刚、舒新城、陈衡哲等人对梁启超的阅读情况，乃至对比日本留学生、革命党人对梁启超的批评，结合起来进行综合研究，就可以更细致地勾画梁启超的言论在当时产生的多面影响。当然亦可从中发现，身为作者的梁启超亦不断受到如黄遵宪、严复这样的读者的影响。如此就使我们能对梁启超的行绩，以及他从事的宣传活动、文化事业有更形深入的理解。

就中国下层民众的阅读史研究来言，如何重构庶民百姓在历史

（接上页）《东西学书录》与《增版〈东西学书录〉》、顾燮光撰的《译书经眼录》、上海“通雅宅同人”的《新学书目提要》（分法制类、历史类、文学类、舆地类四种）（通雅书局 1903 年版，已收入熊月之主编：《晚清新学书目提要》，上海书店出版社 2007 年版），等等，都是非常有价值的资料。如十一岁时的顾颉刚曾根据《湖北官书局书目》，在苏州新书店东来书社买了本《西洋文明史要》回来读；小顾在苏州经常买运来的上海书店滞销书，“逐渐地对书目发生了兴趣”，商务印书馆每月出版的《图书目录》他每期必看，小顾颉刚甚至还把报纸上刊登的各家书店出版的新书目录剪下来保留。参看顾潮编著：《顾颉刚年谱》，中国社会科学出版社 1993 年版，第 14、16 页。

① 黄遵宪在写给梁启超的一封信里曾说：“以公之才识，无论著何书，必能风靡一世。吾有一三十年故友，谓公之文有大吸力，今日作此语，吾之脑丝筋随之而去；明日翻此案，吾之脑丝筋又随之而转，盖如牵傀儡之丝，左之右之，惟公言是听。吾极赞其言。”见陈铮编：《黄遵宪全集》（上），中华书局 2005 年版，第 457 页；该段话又见《梁启超年谱长编》，第 350 页。黄、梁之间的通信，在“戊戌以后六七年内”，合计“有十万言以上”。见《梁启超年谱长编》，第 289 页。

上的阅读状况，靠传统地使用旧材料自然难以做到。①这就必须转换视角，具体的情况笔者另有专文讨论，兹不赘述。②

诗无达诂，同样，历史亦可以被无穷无尽地解释，其魅力也正在于此，盖棺论定永远都是个不可企及的海市蜃楼。自然，晚清书籍史/阅读史中可以拓展的视角还有很多。如我们还可以利用书店的进书和售书记录③，乃至报刊上刊载的书籍广告④、读

---

① 关于中国前现代下层民众阅读情况的研究，笔者尚没有见到专文考察，惟一些主旨并不在此的研究曾涉及这一问题，如翁衍桢的《古代儿童读物概观》（《图书馆学季刊》第10卷第1期，1936年3月，第91—146页）一文，对古代中国儿童及妇女所读的正经读物进行了考察。张履谦的《民众读物调查》（北方印书局1934年版）是作者在1934年对开封中下层民众所读书、书店所卖书的一个社会调查。王尔敏的论文集《近代文化生态及其变迁》（岳麓书社2002年版）中的若干章节曾涉及一些下层民众的阅读情况，吴蕙芳的《万宝全书：明清时期的民间生活实录》第39—58页亦讨论了下层百姓的阅读品问题，其他一些研究善书的著作也有谈及此问题的。另外，关于女性的阅读情况，一些妇女史研究著作也多有涉及。

② 可参看拙文《清季启蒙人士改造民众阅读习惯的论述》，《“中研院”近代史研究所集刊》第68期，2010年6月，第51—96页。

③ 如《钏影楼回忆录》《金陵卖书记》《汴梁卖书记》里就有很多类似记载；一些晚清新小说如《文明小史》《最新女界鬼域记》等书里也有很多这种刻画。宋教仁曾请在上海的日本书商新智社代售《民报》，被其社长拒绝，原因是《民报》“内容太激进，甚危险”。参看宋教仁《我之历史》，收入陈旭麓主编：《宋教仁集》（下册），中华书局1981年版，第564页。

④ 如顾颉刚即是在1906年的报刊上刊载的《国粹学报》广告中看到其目录的，感觉“里面有许多新奇可喜的文题，惜未能在苏买到”。直到1907年，顾颉刚才读到父亲买回的两册《国粹学报》，且“看不释手”；1908年进了中学的顾还“托人到上海购买前三年的一个全份，在校翻阅，竟忘记了考试……”见《顾颉刚年谱》，第19、20、22页。当时诸多杂志甚至是书籍都在报刊上刊登广告宣示其目录的，《国粹学报》的目录当时就不断在《神州日报》《时报》《中外日报》《醒狮》等报刊上刊登，故经常阅读《时报》《复报》等报刊的小顾得以知晓。而宋教仁在日本读到天津《津报》上的“广告募文”，就把自己写就的（转下页）

后感①、书店的出版信息，包括书评②、读者来信③、书边的批注④等方方面面的资料，结合当时中国大众的识字率水平，研究晚清来自上海、日本包括欧美的书刊如何输送到内地、内地的书刊如

(接上页)《清俄谈判》文一篇“拟寄登该报，并拟以函订，以后有所译著皆常寄稿焉”。参看宋教仁：《我之历史》，《宋教仁集》(下册)，第605页。一新书局的《蒙学镜》一书未经学部允许，擅自在书名前加“学部审定”字样在《时报》(丙午年三月十三日附张)上作广告，遭到学部通电批评，“饬一新书局将冒名学部审定之处速行登报，申明改正，以杜伪托……”(《学部咨两江总督查禁冒名审定教科书文》，《学务杂志》第4期，光绪三十二年六月二十五日。)梁启超自己还曾写信给汪康年兄弟，希望他们能捐弃旧嫌，在《中外日报》中宣传他新创办之《新民丛报》：“赐评骘，并能将第一号所载本报章程、本报特色两段登入报中。”见丁文江、赵丰田编：《梁启超年谱长编》，第285页；又见《汪康年师友书札》(2)，第1871页。有意思的是，像宋教仁也曾写信给当时尚为梁启超派所控制的《时报》馆，“托其登印《二十世纪之支那》广告”。参看宋教仁《我之历史》，《宋教仁集》(下册)，第550页。

① 当时报刊上经常刊载这类文章，如《汉口中西报》1909年11月13日即有《书商务印书馆新书后》这样的文章。

② 如吴樵即曾写信给汪康年，建议他在报刊上刊载新出各书的书评，“各处时务书、新译书，揭其纲领，大凡价值，何处可购，登报最好”。吴樵函，《汪康年师友书札》(1)，第521页。

③ 如《新民丛报》即发表过黄遵宪的许多来函，以及他与梁启超的唱和诗文。而《汪康年师友书札》里则包含大量读者阅读《时务报》等汪康年所主持之报刊后的反应信件，潘光哲主要利用这些信件写就的《〈时务报〉和它的读者》一文，颇足效法。

④ 如清末出版的《普通教育学要义》一书，该书第1页即粘有夏曾佑的一个批评意见：“《普通教育学要义》五编，日本中岛半次郎箸，田吴炤译。原书为采辑泰西明哲之论而成，故见理颇深，而卢骚之学、自由之说，亦所不免。惟非其本谊，不过胪陈及之而已。译笔‘不佳’，所用日本名词太多，可不必用，而用者几半，虚字聱牙，殆不可读。大约此编为主教育者所宜知，而不必悬以为法。教育学者必与其国之宗教、政体、现情相为表里，外国之书，终无当也。此上廉访大人。部吏夏曾佑上言。”日本中岛半次郎：《普通教育学要义》，田吴炤移山堂1903年自印本，复旦大学图书馆藏。此则材料蒙复旦大学历史系金菊园同学惠示。

何输送到日本等海外各地,①各地报刊的发行渠道、传播方式，书籍广告与读者及作者、作者与读者、作者与评论者、读者与评论者的关系，不同书目对同一本书是如何表述的，书目中的这些表述与书籍广告的关系，以及书刊有可能被哪些读者阅读、被他们如何阅读；等等问题，似都可作为研究的切入点。

以上列举出的这些方面，不过是本人的一孔之见，展现的是笔者的阅读心得与探索体会，或许连抛砖引玉都谈不上。书

---

① 王维泰在《汴梁卖书记》里就详细记载了把书从上海运到开封的路线、花费以及旅途中发生的各种事情。在日本的宋教仁不断能收到来自中国的如《津报》《时报》《南方报》这样的报刊，他还能从“中国书林”书店里，不断购得在上海出版的各种新学书籍。当然，当时在日本的其他书店中，亦有专门代理上海各书局所出版书籍的书店，为中国留日学生提供方便，这从其广告中就可看出来。如《云南》第 10 号（1907 年 11 月 18 日）插页上刊载的东京神田区日华书局的“告白”：“本局专为中国留学诸君之便利起见，特赴上海购办汉文图画书籍，并寄售留学诸君所译著各种崭新图书及月刊杂志等，一切廉价发卖，以赞助诸君子东渡求学之壮志雄图。此敝局区区之微意也。凡留学诸君祈时惠临照顾，则敝局何胜光荣之至。再：留学诸君如有以各种新出版书物之发行见委者，请枉驾面商，本局无不尽受委之责，谨此广告。”日本书店所出书籍亦有被中国书局代销者，像日本富山房书局的书籍就被商务印书馆、科学仪器馆、昌明公司、天津官书局、保定官书局等各地书局代售。（“日本富山房书局告白”，《中外日报》1907 年 3 月 23 日。）其他许多日本书店都在中国各地特别是上海，设立分店或与中国资本合资开书店（参看《记日人设立东亚公司事》，《中外日报》1905 年 3 月 11 日）。而对于欧美出版的“西文书籍，上海所有者以英文为多，法德已少，其余之国，殆皆绝迹。伦敦、纽约之大书业家，皆刊布目录，委托上海之商务印书馆（Commercial Press）、别发（Kely and Walsh）、美华书馆（American Presbyterian Mission Press）、伊文思（Edward Evans）、普鲁华（Brewer & Co.）诸家为之发行，各有详细书目任人取阅。上海之所缺者，其受委托之家皆可代为购致”。（孙毓修：《图书馆》，《教育杂志》第 1 年第 12 期，第 62—63 页。）正是靠这些书店、寄售商、发行商与书目、书刊广告，不同地区的作者、编者、出版者、读者才建立了关系，并藉以互动，完成书刊的“交流循环”，实现了文化资本的生产与流通。

籍史/阅读史研究中的问题层出不穷，读者完全可以根据自己的兴趣和对史料的掌握，在晚清书籍史的研究园地里寻找自己向往的领地。

第一章　卫生与种族关系之建构

> 今日种战之烈，红人、黑人日见澌灭，即使我同胞如常繁殖，而人为主人，我为奴隶，人为圉夫，我为牛马，则吾愿我四万万同胞殄种灭嗣，而不愿长此奴颜婢膝，千秋万岁为虬须碧眼儿之孝子顺孙也。①

一　本书的问题意识与研究方法

《导论》部分说了那么多关于中西书籍史/阅读史的研究情况与研究取向，关键还是为笔者自己这里的研究做铺垫，藉以说明笔者本书的材料来源、问题意识与研究方法。

鉴于既有晚清书籍史研究中的涉及面已经非常之广，笔者这里关注的仅是晚清文化市场上出版的“卫生”（当时对之亦有“医学”

---

① 《论中国之前途及国民应尽之责任》，《广益丛报》1903 年第 12 期，原题为“政议：论中国之前途及国民应尽之责任（录学生界第三期）”。

或“生理门”等的称呼）书籍，并从书籍史/阅读史的角度展开讨论。笔者希望通过这个实证性的研究，至少能为相关的研究者提供一些资料线索与研究信息。

在梁启超1896年发表的《西学书目表》里，像《全体阐微》乃至《化学卫生论》《居宅卫生论》《孩童卫生论》《幼童卫生论》《初学卫生编》《卫生要旨》等书是收录在“医学”类的，①但梁启超在医学里又分出“卫生”类，将《化学卫生论》《居宅卫生论》《孩童卫生论》《幼童卫生论》《初学卫生编》《卫生要旨》列入其中，且将养生类著作《延年益寿论》《治心免病法》也列入“卫生”类中。其他人亦有与梁启超类似的见解：

> 夫卫生之学，本属医学之一。若以或者之言推之，则卫生之学，吾人不容过问，只委之医学者足矣，岂知医学者知之不如自知之切。盖医学只能施之病起之后；病未起之前，其摄生全在各人自身。吾人之不可不知法律，犹不可不知卫生学也。况己身之权利，安可不自知而委之他人哉！吾说至此，可下一定语曰：卫生学之细理，应委之专门医者，其大则应人人皆知之。②

而这里所谓的“生理门”书籍，主要是笔者援用康有为《日本

① 赵惟熙的《西学书目答问》中亦将《化学卫生论》《居宅卫生论》等书归入“医学”类，参看赵惟熙：《西学书目答问》，收入熊月之主编：《晚清新学书目提要》，第598页。

② 冯邦幹：《法律平谈》，《新民丛报》第4号，光绪二十八年二月十五日（1902年3月24日），第73页。

书目志》里的称呼，它并不是一个严格的学科术语。实际上，在康有为的《日本书目志》里，“生理门”都是一个游移不定的所指，包含面相当广泛，既包括“生理学”“生理学学校用”“生理学通俗”“解剖学组织学附”“卫生学”“药物学”“药局方”“处方”“调剂”“药用”“药用动植物”“医用化学及分析书”“病理学”“诊断学”“内科学”“治疗书”“诸病说”“外科学”“齿科学”“产科学”等二十四个属类。但这二十四个类别，按现在的标准看，问题实在多多，如康有为这里在“生理学通俗十一种”里收录有讨论孕产的书籍《造化怀妊论》，但后来有专门设立“产科学”；一些属于生殖医学的东西康有为将其归入生理学，诸如此类的问题均存在不少。根据沈国威教授的研究，《日本书目志》里的分类可能是康有为直接袭用日本书肆里卖书时的图书分类目录，加以己意划分的结果。①因此康有为这里的分类不具有太强的通用性，并不比梁启超的分类合理多少。

当时别的言说也同样存在不少混乱，不同的人会都有不同的分类原则。如有人把生理卫生书籍讲述的内容归为“卫生学”，与医学不一样，这与上述梁启超等人的分类法刚好相冲突：

> 世人有以卫生学为医学之一部者，是又坐井观天之失也。推其所以，盖以医学为疗病之学，而卫生学亦为去疾之一端也。医学以保全躯体为主，而卫生学亦以不害健康为目的也。

① 参看沈国威：《康有为及其〈日本书目志〉》，《或问》（WAKUMON）51，No.5（2003），pp.51-68。

> 不知医学者治已发之疾病；卫生学者防未来之疾病者也。医学者，务保固有之健康；卫生学者，且增未有之健康者也。是卫生学者不得属于医学也，明矣。①

但亦有人持相反观点，认为卫生学可以概括医学：

> 虽然自方法言之，卫生学与医学固不相同；自宗旨言之，卫生学实足以括医学也。……故无医学不得谓完全之卫生学，医学者，实补卫生学之不足，直谓之属于卫生学可也。②

《湖北学生界》第5期上的《国民卫生学》一文，则将“卫生”归入“医学”栏目，与梁启超的分类法又相同。而陈垣的《孔子之卫生学》一文，则基本上是将“卫生”当作养生与医疗的合体来看待的。③

总之，这种种的情况正说明卫生与医学有不可分割的关系。无怪乎当时的论述里往往将卫生与医学建立关系。④但后世医学史的研

---

① 普澄：《卫生学概论》，《江苏》第3期，黄帝纪元四千三百九十四年闰五月一日（1903年6月25日），第82页。时人姚光亦认为，“卫生防疾病于未形，医药治疾病于已形。”《女子宜注重医学说》（1909年），姚昆群等编：《姚光全集》，社会科学文献出版社2007年版，第23页。

② 普澄：《卫生学概论》，《江苏》第3期，第82—83页。

③ 参看陈援庵：《孔子之卫生学》，《医学卫生报》第2期（1908年），转见陈垣：《陈垣早年文集》，台北“中研院”文哲所1992年版，第173—177页。

④ 民国时期亦有人不断探讨医学与卫生的关系，都趋向认为卫生与医学“有密切而不可离的关系”，“研究医学也必须要研究卫生学，两者互究，始得其全”。英美等国所以强大，即由于其“医学与卫生”发达，中国之所以被世人称之为“东亚病夫”，正在于没有“发展医学与卫生”。张藉：《医学与卫生》，《文医半月刊》第1卷第4期，1936年2月16日，第3页。

究者鲜有注意及这些“卫生”书籍，即或有人注意到，也只有寥寥几语而已，对于这些生理学、生理卫生教科书则根本没有谈及。①

又比如同为生理学教科书，在《译书经眼录》里有时被归为“生理”类，有的则被归为“博物”，如廖世襄译《生理学教科书》就是被归入“博物”，这大概跟书之实际内容有关系。②相仿分类法亦见《增版〈东西学书录〉》等书目。为表达的方便，笔者这里将当时出版的这些宣传普通生理及卫生知识的书籍一并归为“生理卫生”书籍，以区别于那些专门的医学书籍及动植物、养生学类书籍。

再如后世习称的“生殖医学”类书籍，如依照当时人的分类法，这些书籍有时被归入“生理”类，有时被归入“卫生”类，有时则两者兼有，有时也被归为“全体”类或“体学”类，有时被归为“医学”类或“博物”类，有时还被归为“性学”或“教育”类。对这类书，在当时并没有一个大家都认可和接受的分类标准，即使是在《增版〈东西学书录〉》及《译书经眼录》里也是如此，如《译书经眼录》就曾将医学、药品、方书归入“卫生学”。③以上这些复杂的分类情况，自然源于当时尚无成熟的分科体系，更主要还是与概念本身的难以界定有关，生理学与卫生学才纠缠不清。不过笔者这里并非要作学科史或观念史的研究，概念在当时的严谨与

① 参看陈邦贤：《中国医学史》，中华书局 1937 年版，第 185—199 页；赵璞珊：《西洋医学在中国的传播》，《历史研究》1980 年第 2 期，第 37—48 页；姒元翼主编：《中国医学史》，人民卫生出版社 1984 年版，第 115—116 页；赵洪钧：《近代中西医论争史》，安徽科技出版社 1989 年版，第 54—60 页；李经纬：《中外医学交流史》，湖南教育出版社 1998 年版，第 273—300 页。

② 参看《近代译书目》，北京图书馆出版社 2003 年版，第 564 页。

③ 参看《近代译书目》，第 567 页。

否对于笔者而言并非最关键的因素。当然，假若因为难以下定义就不去研究或者必须要加以清楚定义才能去研究它们，这未免有些吹毛求疵和作茧自缚了。实际上，在当今新文化史脉络下的概念史研究中，研究者已经越来越强调概念的模糊性和混杂性，以及使用者在使用过程中存在的主体性、目的性、利益导向和差异性。

其实，历史上包括现实生活中的许多概念、词汇都是处在长期变化中的，我们很难加以定义的，尤其是那些在潜意识里我们早已经习以为常的词汇，比如“卫生”“医学”、比如“文化”“传统”、比如“中国”“西方”、比如“后现代”等等。这些词汇不定义它我们倒可能还清楚，越定义它可能就越糊涂了。定义它，某种程度上也是在限制它，也是在增加关于它的不确定性，特别是在近代中国西学东渐的大环境里，许多来自西方、日本或者是那些“出口转内销”的词汇，其在“概念旅行”过程中已经完全开放化和变异化了，近代中国人都是在以自己的理解对之进行不同的使用与解释。在此状况下，这些词汇如今已经很难复其原来脉络里的本义，我们也不应该再强求对它作一个清楚明白的定义或判断。据此，笔者在有关的概念问题上选择了回避或者尽可能地依据当时的具体脉络来处理的方式，以“生理卫生”书籍指代那些主要讨论普通生理、卫生知识的书籍，以“生殖医学”书籍指代当时文化市场上出版的讨论性、生殖、养育乃至婚姻的书籍。这样的分类，或许未必妥帖，仅为便于研究的展开，也是笔者试图突破瓶颈的无奈之举，祈读者鉴之、谅之。

由于笔者这里只考察后世习称的“生理卫生”和“生殖医学”书籍，这两类书籍在当时或被归入“生理门”或被收入“卫生门”

两个大门类，言人人殊。为行文与研究的方便，笔者将统一名之为“卫生”书籍这个大门类，这样的称呼在当时也存在，如《东方杂志》转载《汉口日报》上的一篇文章就号召，“广布卫生书籍以强种类”，认为这些书籍“其于强种保国之道，庶不无微补”。①又如一位晚清士人尹克昌也曾写信给汪康年，向其抱怨自家的处境：“弟到此真不堪设想，日来聊以卫生书自遣，藉日抑其忧愤而已。”②应该提醒的是，“卫生”书籍在当时包含的种类很多，笔者没有能力将之全部纳入研究视野，这里只考察我们现在通常说的“生理卫生”和“生殖医学”两类书籍，对于养生类书籍特别是比较专门的医学书籍，则几乎不涉及。

之所以关注此类“卫生书籍”，是因为晚近学术界对近代卫生史、疾病史、医疗史、身体史、性文化史、种族论述的关注虽然越来越多，但遗憾的是，几乎所有探讨近代中国人身体、种族观念的著述，都没有充分利用到晚清出版的这些“卫生书籍”。即便是关注近代卫生观念的传播与影响的著述，如罗芙芸（Ruth Rogaski）的《卫生的现代性》一书也只是关注了晚清出版的《化学卫生论》《孩童卫生编》《居宅卫生论》《中外卫生要旨》等书，③其他像熊秉真的《中国近世士人笔下的儿童健康问题》④、朱德明的《上海租

---

① 《广布卫生书籍以强种类说》（录六月二十二日《汉口日报》），《东方杂志》第1年第8期，光绪三十年八月二十五日（1904年10月4日），第178页。

② 尹克昌函，《汪康年师友书札》（1），第16页。

③ 参看Ruth Rogaski，*Hygienic Modernity*：*Meaning of Health and Disease in Treaty-Port China*，Berkeley：University of California Press，2004。

④ 《“中研院”近代史研究所集刊》第23期（上册），1994年6月，第1—30页。

界卫生史略》①、余新忠的《清代江南的卫生观念与行为及其近代变迁初探》②、冯志阳的《媒体、瘟疫与清末的健康卫生观念》③、胡成的《“不卫生”的华人形象：中外间的不同讲述——以上海公共卫生为中心的观察（1860—1911）》④、何小莲的《论中国公共卫生事业近代化之滥觞》⑤、彭善民的《公共卫生与上海都市文明（1898—1949）》⑥ 等等。不过余新忠在其稍后发表的《晚清“卫生”概念演变探略》⑦ 一文里，使用了丁福保编的《卫生学问答》及当时出版的传教士翻译的几本卫生书，余文这里吸收了罗芙芸的研究成果，也对“卫生”在近代的含义进行了许多梳理，认为到近代时“卫生”的现代性概念已经确立。

但就笔者看到的材料而言，“卫生”在当时并没有一个明确的直线演变情况，也就是说，“卫生”概念没有出现一个“近代化”，由“保卫生命”的传统意义演变到现代性的“卫生”。⑧实际上，

① 《中华医史杂志》1996 年第 1 期，第 14—18 页。

② 《清史研究》2006 年第 2 期，第 12—26 页。

③ 《史林》2006 年第 6 期，第 96—103 页。

④ 《“中研院”近代史研究所集刊》第 56 期，2007 年 6 月，第 1—37 页。

⑤ 《学术月刊》2003 年第 2 期，第 61—67 页。

⑥ 上海人民出版社 2007 年版。

⑦ 《“西学与清代文化”国际学术研讨会论文集》（下册），中国人民大学清史研究所，2006 年 8 月，第 915—950 页。

⑧ 关于“卫生”的意义及其在 20 世纪以前中国的概念演变，包括其与养生的关系，可参看 Ruth Rogaski，*Hygienic Modernity*：*Meaning of Health and Disease in Treaty—Port China*，pp.22-47。罗芙芸该书还特别探讨了西方及日本的卫生观念与卫生制度对中国的影响。又可参看雷祥麟：《卫生为何不是保卫生命？民国时期另类的卫生、自我与疾病》，《台湾社会研究季刊》第 54 期，2004 年 6 月，第 18—60 页；该文重点根据民国时期的有关文献，试图勾勒“卫生”与“Hygiene”在 20 世纪上半期中国的互相争议与界定的过程，想厘清与“Hygiene”对应的含义。

“卫生”一词从1880年代开始流行，逐渐为晚清各界广泛使用，这体现在从报刊论述到日记、书信、教科书、竹枝词、小说、广告中，而且不同的人对之都有不同的用法，其中很多人使用的一直是其“保卫生命”之意。①不过，当时也有人试图去梳理“卫生”复杂的涵盖，如《知新报》第39册上刊出的刘桢麟撰的《富强始于卫生论》一文，对卫生如此看待：

> 卫生之术，西人言之详矣，而其大端，实不外起居、饮食数事。盖此数事者，人生之所最相切，亦人情之所最易忽。②

---

① 仅以1893年—1894年为例，这一时期的《新闻报》《申报》中有大量像“戒烟卫生丸”“参茸卫生丸”“兰台戒烟卫生丸”等药品广告的刊载，不过这里的“卫生”是名词，如《新闻报》1893年4月22日上刊载的“戒烟卫生丸——戒烟捷径七日断瘾”的戒烟药广告：此丸倍加卫生等药，而养生机，且价廉功速，灵效非常，包戒一切新老烟瘾，百病不生，每瘾一钱，吞丸五粒，瘾重者照数递加，每粒大钱四文。广东杏林轩精制，分设上洋大马路抛球场。又如《国民白话日报》光绪三十四七月廿二日（1908年8月18日）上刊登的《奉告上海城内同胞速保生命》一文，这里使用的“卫生”依然是保卫生命的意思。再如《安徽白话报》上刊登的王立才的《演说卫生大意》一文，在说到“卫生”的意义时也认为：“原来这卫生二字的意思，是说令人生病的东西狠多，人要保存性命，想个好法子，去抵御那生病的东西。因其有护卫自己，抵御外物的意思，所以下个‘卫’字；大家果能照这样实行，永保康健，就不致夭折生命，所以下个‘生’字。这就叫做卫生。”（《安徽白话报》戊申第1期，戊申九月上旬。）同时《盛京时报》等处刊载的许多论述也是大致意思。实际上，直到1930年代，还有人把“卫生”视为“保卫生命”，“公共卫生四个字的解说，就是多数人共同保卫生命的原则……”方清原：《公共卫生的解说》，上海档案馆藏红卍字会资料，Q120-4-143，第70页。

② 《知新报》第39册，光绪二十三年十月二十一日（1897年11月15日），《知新报》（1），澳门基金会、上海社会科学院出版社1996年联合影印本，第459页。

又如后来《江苏》杂志上一篇《卫生学概论》的文章，区分“卫生学”更为详细：

> 且所谓卫生学者，其义又有广狭之别。自狭义之卫生学言之，……凡保全躯体、利益躯体者是也。自广义之卫生学言之，凡一切人事，莫非保全人生、利益人生而来者也，皆谓之卫生学可也。虽然同是卫生也，有保卫生理、生计之别，即有直接、间接之别焉。养生者，直接之卫生也；道德、学术、农工商业，间接之卫生也；卫生制度，直接之卫生也；法律、教育、军事，间接之卫生也。当瘟疫流行之际，舍一身为一家一国求治疗之方者，直接之卫生也；当祸害勃兴之际，捐其躯为一家一国谋补救之道者，间接之卫生也。世所谓卫生学者，仅直接之卫生，非间接之卫生也。①

其实，就算是有这样一些区分和定义，在实际的使用中，“卫生”的含义也是变动不居的，并非稳固、静止的同质称谓，时人关于“卫生”与“卫生学”，众说纷纭，并没有被他们一致接受或认同的概念。这种情况延续到民初时期亦是如此，体现于一些民国学人对“卫生”一词进行的梳理中。他们一般都认为“卫生”是一出口转内销的词汇，其近代含义来自日本，对应于西方的“Hygiene”，不是“保卫生命”那么简单，至少应包括两个层面——“个人卫生”

① 普澄：《卫生学概论》，《江苏》第3期，第83页。

和“公共卫生”;① 但至于“卫生”和“卫生学”具体涉及哪些方面、如何才能卫生、卫生学与医学的关系等问题，也是仁者见仁、智者见智，莫衷一是。②

不过，卫生的实际所指究竟为何并非晚清人士的关注焦点，重要的是时人赋予它的意义。在时人看来，卫生关系于国家富强，关系于人口的繁殖、智愚、个人身体的强弱、商务的兴衰、医学的发达与否等多个层面。对于屡受列强入侵和歧视的 20 世纪中国来言，“卫生”事实上已经化为一个符号和“区隔”（distinction），成为当时人人可以利用甚至滥用的符号资源与标准，既可以用来指谓与个人身体、个人形象有关的问题，亦可以与公共行政、社会文明、国家强弱相联系。如罗芙芸之言：“卫生成为展览中国贫弱（deficiency）的

① 清末不少人即已认为“卫生之大别，有个人卫生及公众卫生。卫生之学统，有学校卫生、工业卫生、监狱卫生、军阵卫生；此外又有热带地卫生、警察卫生、船舶卫生、铁道卫生，乃至小儿卫生、妇人卫生、齿之卫生、眼之卫生说等，亦繁赜极矣。”陈垣：《〈卫生之真相〉跋》，《陈垣早年文集》，第 353 页。梁慎余也认为“卫生者，合个人、公众两方面言也……”梁慎余：《〈医学卫生报〉发刊意见书》，转见《陈垣早年文集》，第 411 页。

② 参看俞风宾：《五十年来中国之卫生》，载《最近之五十年》，上海申报馆 1922 年版，上海书店出版社 1987 年影印本，第二编第三十一，第 1—10 页；俞风宾、程瀚章：《卫生要义》，上海商务印书馆 1930 年版，第 1—2 页；胡鸿基：《公共卫生概论》（注：该书是被列入“医学小丛书”出版的），上海商务印书馆 1929 年版，第 4 页；马允清：《中国卫生制度变迁史》，天津益世报馆 1934 年版，第 127—152 页；赖斗岩：《公共卫生概要》（上），上海中华书局 1936 年版，第 1—14 页；章颐年：《心理卫生概论》，上海商务印书馆 1936 年版，第 1—2 页；俞松筠：《卫生行政的意义》，《社会卫生》第 2 卷第 3 期，1946 年 5 月 1 日，第 1—4 页；等等；其中讨论公共卫生概念的著作尤多不胜数。另外，还可参看雷祥麟：《卫生为何不是保卫生命？民国时期另类的卫生、自我与疾病》，《台湾社会研究季刊》第 54 期，2004 年 6 月，第 18—60 页。

一种论述，是衡量中国与外国主导下的现代性之间差距的尺度。”①

就是专门研究中国近代生理学史的较专业著作，如王志均、陈孟勤主编的《中国生理学史》②、马伯英、高晞、洪中立合著的《中外医学文化交流史——中外医学跨文化传通》③ 等书，对本书要讨论的这类“卫生”书籍也几乎没有涉及，此两著关注的多是民国时期生理卫生著作的情况，对晚清的情况则是寥寥几语带过。熊月之教授讨论西学东渐的名著《西学东渐与晚清社会》亦仅提到几种 1880 年代出版的“卫生”书籍，至于其他更多“卫生”书籍的出版情况，则没有讨论。其他一些研究近代中外文化交流、科学翻译的著作，除其中偶有涉及个别书外，对这些书并未多加注意。④

对于晚清出版的生殖医学书籍，除有人从性学角度偶有涉及之外，⑤包括研究性学、性文化史、性教育的学者如刘达临的《20 世纪中国性文化》⑥、冯客的《性、文化与现代化》⑦、王雪峰的《教

① Ruth Rogaski, *Hygienic Modernity: Meaning of Health and Disease in Treaty-Port China*, p.5.

② 北京医科大学、中国协和医科大学联合出版社 1993 年版。

③ 上海文汇出版社 1993 年版。

④ 参看实藤惠秀：《中国人留学日本史》，谭汝谦、林启彦译，生活·读书·新知三联书店 1983 年版；李亚舒、黎难秋主编：《中国科学翻译史》，湖南教育出版社 2000 年版；等等。

⑤ 参看闵杰：《性学禁区初破》，见刘志琴主编、闵杰著：《近代中国社会文化变迁录》（第 2 卷），浙江人民出版社 1998 年版，第 263—265 页；李仁渊：《新式出版业与知识分子：以包天笑的早期生涯为例》，《思与言》第 43 卷第 3 期，2005 年 9 月，第 88—89 页。

⑥ 上海三联书店 2000 年版。

⑦ Frank Dikötter, *Sex, Culture, and Modernity in China: Medical Science and the Construction of Sexual Identities in the Early Republican Period*, Honolulu: University of Hawaii University, 1995.冯客在此书里对 350 种民国时期的书籍和报（转下页）

育转型之镜——20 世纪上半叶中国的性教育思想与实践》① 等著，则根本没有注意到晚清出版的此类书籍，樊友平等主编的《中华性学观止》② 也没有收录此类书籍，这两著甚至根本都没有提及当时出版的这类书籍。其他研究种族观念、身体史、医疗史、性教育史的著作也没有注意到晚清出版的这些书籍，这些著作大都由民国讲起，对晚清情况要么忽略不提，要么一笔带过。③像那些专门研究

（接上页）刊进行了分析，认为近代中国的性解放发生在民国成立后不久，一些文化精英在医疗科学的伪装下，开始向公众公开传达他们个人的性体验，一些年轻的知识分子呼吁性平等，教育家则试图给年轻人开设关于性指导的课程，改革家也努力去改革社会的性习惯。这些现象实际在晚清已经出现。而且冯客这里太步武傅柯（Michel Foucault），太强调国家对性与生育的控制，不符合近代中国的实际，当下主义的意味太过明显。冯客的类似研究取向也招到一些学者的批评，参看孙隆基：《论中国史之傅柯化——评冯客》，《“中研院”近代史所集刊》第 44 期，2004 年 6 月，第 155—168 页；孙隆基：《答复冯客先生》，《“中研院”近代史所集刊》第 46 期，2004 年 12 月，第 223—226 页；黄宇和：《读史札记——论冯客的鸦片赞歌及其他》，《“中研院”近代史所集刊》第 47 期，2005 年 3 月，第 225—232 页；关于冯客的反批评，参看冯客：《对孙隆基先生〈论中国史之傅柯化〉的回应》，《“中研院”近代史所集刊》第 45 期，2004 年 9 月，第 195—198 页。

① 社会科学文献出版社 2006 年版。

② 广东人民出版社 1997 年版。

③ 参看冯客（Frank Dikötter）：《个人身体与群体命运——近代中国之人种繁衍和社会纪律》，周逊译，收入黄克武、张哲嘉主编：《公与私：近代中国个体与群体之重建》，台北“中研院”近代史所 2000 年版，第 203—222 页；黄金麟：《历史、身体、国家：近代中国的身体形成》，台北联经出版公司 2001 年版；黄金麟：《近代中国的军事身体建构，1895—1943》，《“中研院”近代史研究所集刊》第 43 期，2004 年 3 月，第 173—220 页；杨瑞松：《想象民族耻辱：近代中国思想文化史上的“东亚病夫”》；Frank Dikötter, *The Discourse of Race in Modern China*, Stanford: Stanford University Press, 1992; Peter Zarrow（沙培德），“Liang Qichao and the Conceptualization of ‘Race’ in Late Qing China,”《“中研院”近代史研究所集刊》第 52 期，2006 年 6 月，第 113—164 页；蔡勇美、江吉芳：《中国近代性教育文献述略》，收入两人合著：《性的社会观》，台北巨流图书公司 1987 年版，第 253—265 页；陈永生：《清末民初我国学校性教育述略》，《中华医史杂志》1993 年第 1 期，第 6—11 页；等等。

优生学的著作，更是忽略了晚清出版的这些生殖医学乃至“卫生”书籍，这不能不是一个很大的缺憾。①

从出版商的角度来说，晚清文化市场上出版的这些“卫生”书籍，自然是一种商业操作，是商家攀附知识精英卫生论述的结果，但正是仰赖于商家的包装、宣传、经销，“卫生”书籍才能成为时人新的知识资源与文化武器，但不止于此，它们同时也鲜明体现了出版与文化政治的勾连情形，出版商乃至编译者的活动只有利用当时强国、强种的大语境，他们才能更好获得利润和更好发挥影响。

转言之，即使是从大众接受的角度，从当时公共舆论场域里阐发的卫生与个人、与国家的关系来看，在研究近代卫生史、身体史、体育史、医疗史、疾病史、生理学史乃至种族观念时，也非常有必要参考利用晚清文化市场上出版的这些“卫生”书籍。这些书籍是承载“卫生”论述的重要载体，亦是建构“卫生”与宣扬“卫生”的重要文本；而读者对这些文本的阅读与使用，则显示着在不同脉络下，“卫生”这一符号具有的多种象征意义与“区隔”效果。

进一步来说，这些论述针对的读者多是普通大众乃至蒙养学堂、中小学堂学生，立说都比较浅显，易为大众明白和接受，或许在某种程度上，它们更能反映当时社会对国家、种族、身体的认知、理解程度，也更能表现社会大众的接受与认同程度和由此呈现

① 参看 Frank Dikötter, *Imperfect Conceptions: Medical Knowledge, Birth Defects and Eugenics in China*, New York: Columbia University Press, 1998；Yuehtsen Juliette Chung, *Struggle for National Survival: Eugenics in Sino-Japanese Contexts, 1896—1945*, New York and London: Routledge, 2002；坂元弘子：《近代中国的优生话语》，阎小妹译，收入王笛主编：《时间·空间·书写》，第 186—207 页。

的“心态环境”（mental environment）。自然，这些情况亦昭示了晚清社会讲求“卫生”的关怀和追求“卫生现代性”（Hygienic Modernity）的努力，与近代中国民族国家的建构以及殖民主义者的影响密不可分，属于当时知识精英挪用来自西方的知识资源进行的制度模仿与知识转换。

在研究方法上，笔者主要吸收中国书籍史研究及西方阅读史研究中的一些做法，借鉴西方新文化史的研究典范，注意从文化建构的角度着眼，因为不管是任何人，如新文化史的研究者所言，我们“都是在文化的束缚下从事活动，一如我们全都共享同样的口语成规”①。“所有的实践都是‘文化的’，不管是经济的或是社会的，只要它们被人们赋予其意义并以这样的方式转化为行动。”②作为语境的文化是人们编织的意义之网，它无所不在，仪式、事件、信仰体系等文本，都可被视为文化的再现形式，可以经由精心的“厚描”（thick description）再现。同时，笔者会结合西方心态史研究，分析这些“卫生书籍”对于不同读者的意义及被读者如何表达，还会考察由此呈现出来的社会影响与集体心态的变化，特别会将其与当时的消费文化与政治文化建构情形结合起来考察。

在史料利用上，笔者主要使用自己发掘的书籍史资料，包括晚清报刊上刊登的大量书籍广告与商业广告。根据笔者在晚清报章杂志上的书籍广告中辑出的生理卫生书籍书目与其广告词句（主要是生理卫生类教科书），加以各类书目中所收晚清年间出版的此类书

---

① 《猫大屠杀：法国文化史钩沉》，第 xiii 页。

② Roger Chartier，*The Culture Uses of Print in Early Modern France*，p.11.

籍书目，如梁启超的《西学书目表》①，后来收入《近代译书目》的王韬的《泰西著述考》，徐维则辑、顾燮光补的《增版〈东西学书录〉》，顾燮光的《译书经眼录》，《广学会译著新书总目》，《上海制造局译印图书目录》五种书目，参考宋树基、蔡光照、闵檝、黄熙1902年合辑的《中外时务新书叙录》②，以及黄庆澄的《中西普通书目录》③ 等中西合璧的目录著作，再加上后人所辑的《近百年来中译西书目录》④、《中国译日本书综合目录》等书目。综合这些报刊上的相关论述及有关书目，笔者拟将生理卫生类书籍在晚清书籍市场上的大概情形和与之相关的文类描述出来，详情可参看第二章。

晚清出版市场上不只有这类普及卫生知识的书籍及报刊出现，还出版有一些关于生殖、性、养育类学问的卫生书籍。这些书籍的内容大都是宣传来自日本或欧美的生殖医学知识，且多附有插图，与传统的中医书籍、房中书、色情书画在学理依据及讨论思路上明显不同。不过，这些生殖医学类书籍的批量生产的背景与旨趣，大致与上述普通生理卫生书籍相同，但其自身标榜的意义更为明显。因这些书籍大都将自己的出现同种族、国家联系起来，宣称自己的终极关怀在于改良传种、“优生优育”，提高人口的身体素质，使中国人文弱的身体得到强壮，以在与西方人、日本人的竞争中胜出；它们亦不讳言性及生殖等内容，且堂皇讨论之。笔者这里关心的

① 收入夏晓虹辑：《〈饮冰室合集〉集外文》（下），第1121—1158页。

② 上海会文学社光绪二十八年（1902）版。

③ 光绪戊戌（1898年）七月算学报馆自刻本。

④ 台北中华文化事业委员会1958年版。

是：这些书籍是如何建构其与种族及国家的关系？其出版情况如何？其内容怎样？当时的新学书目是如何看待这些书籍的？等等问题，都是笔者这里重点关心的。参考笔者阅读到的这些书中的内容，同时结合其他相关史料，来重建当时文化市场上这类书籍的大概情形。具体的论证可参看本书第三章，这部分同时还是拙作讨论的重点所在。

本书第二章、第三章是一个史实重建的工作，在这个基础上，笔者进入到对这些“卫生”书籍做阅读史分析的层面，主要关注读者的阅读、使用情况。其实，对于本书主要讨论的问题：不管是晚清文化市场上的生理卫生书籍，或是生殖医学书籍，包括其广告，关注的事实上都是晚清人士爱谈的“鼓民力”问题。按照时人见解，“卫生之学，中人素不讲求，因而体魄羸弱。”①而如果中国人身体衰弱，则很难生存于这个优胜劣汰、弱肉强食的世界，“健康之国家，寄于健康之国民，保护健康，卫生尚矣！”②故必须对之进行身体改造，“强国必先强种，则国民卫生尤为教育之原。”③文化市场上生理卫生书籍、生殖医学书籍的大量出版，正可表明清季这种关于强种与民族国家的“文化想象”（cultural imagery）之趋势以及此种“文化政治”（cultural politics）之运作效果，也可展现出清季以来这类追求“卫生现代性”的努力。想象足以创造现实，对知识的看法势必要影响到对知识的挪用与生产。因而，时人如何看

① 梁兆南：《上粤督陶制军禀稿》，《清议报》第89册，第14页。

② 《中国国民卫生会叙文》，《南方报》1907年6月7日。

③ 《卫生论》（录己巳五月初八日《汉口日报》），《东方杂志》第2年第8期，光绪三十一年8月25日（1905年9月23日），第157页。

待这些“卫生”书籍？这些书籍产生的影响如何？以及这些“卫生”书籍被当时人阅读与使用的情况，包括这种“文化想象”带来的影响，就是本书第四章要解决的问题。

由以上四章的讨论，我们都可以发现晚清社会中文化泛国家化、泛政治化现象的突出。然而不止于此，在当时，商家也跟风而上，挪用了趋新人士的“强种”论述和“文化想象”，并将之体现在商业广告中，以消费广告来承载国家、种族意识，吸引趋新、仿新、赶时髦的消费者，企图建构这些人以种族振兴、后代康健为导向的消费认同（在实际心态与效果上或未必然）。这种广告策略实具有一箭双雕的效应，既为自己获得了直接的经济利益，也为自己的商家形象增加了不少“符号资本”。从书籍、书籍广告到阅读、到消费，乃至规训大众文化，类似的现象都在展示着一种关于身体、种族、国家的宏大表达以及现代性和文化政治的威力，这样的情形或可反映了一种新政治文化（A New Political Culture）在中国的兴起？这种新政治文化的含义、它在近代中国的表现，与由此引发的思考，将是本书最后一章要讨论的。

不过，在讨论这些“卫生”书籍之前，笔者有必要先交代晚清“卫生”书籍出版的时代脉络与文化脉络，特别是关于“卫生”的讨论如何化身为民族主义与种族观念的“派生论述”（derivative discourse）①，以及“卫生”和种族是如何勾连起来的情形。

---

① 关于派生论述，参看 Partha Chatterjee, *Nationalist Thought and the Colonial World: A Derivative Discourse?* London: Zed Books for the United Nations University, 1986。该书中文译本为查特吉（Partha Chatterjee）：《民族主义思想与殖民地世界：一种衍生的话语?》，范慕尤等译，译林出版社 2007 年版。

二　作为问题的种族与作为象征的卫生

身体是我们的物质存在形式，也是我们从事各种活动最基本的资源，但它却非一个自然的生成物，它有一个历史发展过程，是被社会逐渐建构起来的结果。①在不同的时期，人们对身体都有着不同的看法、对身体的使用情况也各不相同。在近代以前，中国人对自己身体的看法比较乐观，尽管个别时候如南宋、明朝灭亡之时，也曾出现一些动摇，但大体上他们似乎并不认为自己的身体与所在的种族出现了问题，因为从根本上说，周边入主中原的少数民族其文化实力都不如华夏族，即使他们能凭借一时的武力优势占据中原，像鲜卑与蒙古做到的那样，最终却又被华夏族的“先进文化”所征服，华夏族崇尚的“华夷之辨”以及坚守的文化观并未受到真正冲击。但是，当近代白种人叩关而来，局势已经与前近代不可同日语，前所未有的危机已经“黑云压城”，原来天下居然还有“声名文物倍胜于我之国”。②一如时人之言：

---

① 关于“身体”在政治文化中的意味以及现代西方学者对其含义的探讨，可参看 Dorinda Outram, *The Body and the French Revolution*: *Sex*, *Class and Political Culture*, New Haven and London: Yale University Press, 1989, pp.1-40。至于在中国历史上“身体”的意义，可参看 Shigehisa Kurigama, “The Imagination Winds and the Development of the Chinese Conception of the Body,” Angela Zito and T.E.Barlow (eds), *Body*, *Subject & Power in China*, Chicago and London: The University of Chicago Press, 1994, pp.23-41。关于身体史研究与中国问题关系的一些探讨，可参看费侠莉（Charlotte Furth）:《再现与感知——身体史研究的两种取向》，蒋竹山译，《新史学》第10卷第4期，1999年12月，第129—144页。

② 孙宝瑄：《忘山庐日记》（上），第699页。

来源：《时报》1910 年 3 月 23 日

> 惟汉种已过之历史，不过仅亚洲中之汉种。亚洲中之汉种，其四环皆水草游牧之族，文明程度皆远出其下，其制胜也固宜。今既进世界中之汉种之历史范围中，四面强敌，武力与文明力皆与蒙古、匈奴种绝异悬殊，汉种历史之光彩其能永保？其不日趋澌灭乎？未敢信也！①

特别是在 1894 年中日战争后，积贫积弱的中国愈发成为列强角逐武力、肆意掠夺的场所，一时之间，“瓜分之说日腾于士大夫之口”，②时人不免担心西人会“视我为无教之人，而夷之于非奥之土族。”③一些敏感的士大夫在心态上甚至已经出现“失序”（anomie）情况，所谓“今日时局之危，黄种儒教岌乎有不能自保之虑，寰宇通人自言以保种、保教为第一要事。”④

在西方人对当时中国的认知里，亦有“夫中国一东方之病夫者也”的观察，认为其“麻木不仁”“病根之深”

① 《说汉种》，收入杨凤藻编：《皇朝经世文新编续集》，收入沈云龙主编：《近代中国史料丛刊》正编第 79 辑第 781 种，台北文海出版社 1972 年影印本，卷十八《民政》，第 1336—1337 页。

② 《瓜分赘语》，《中外日报》1901 年 5 月 24 日。

③ 严复：《保教余义》，王栻主编：《严复集》（第 1 册），中华书局 1986 年版，第 84 页。

④ 孙诒让函，《汪康年师友书札》（2），第 1470 页。

情况，为“地球各国始悉其虚实”。①关于中国形象的同类负面表述，在西方也开始流行。在西方人建构的中国形象里，许多的认识是基于西方诸国本身的现实与需要得来的，有一些则是通过来华传教士的描述形成的；②西方的这种“中国形象”，自然存在不少想象与误导的成分。③晚清以降，外国人关于中国人身体衰弱、种族不强的描述也影响了中国人对于自己的见解和想象，“此虽外族痛诋之言，然以吾族现在之形式与天演之公例相证实，亦未见其过也。”④也如严

① 《中国实情》（译上海《字林西报》），《时务报》第10册，光绪二十二年十月一日（1896年10月26日），沈云龙主编：《近代中国史料丛刊》第3编第33辑第323种，台北文海出版社影印本，第650页。

② 参看李尚仁：《腐物与肮脏感：十九世纪西方人对中国环境的体验》，收入余舜德主编：《体物入微：物与身体感的研究》，新竹清华大学出版社2010年版，第45—82页。

③ 关于西方的中国印象，参看《西洋列国对于中国之新态度》（译日本《法学志林》），《南方报》1906年1月13、14、15、16日；罗伯茨（J.A.G.Roberts）编著：《19世纪西方人眼中的中国》，蒋重跃、刘林海译，时事出版社1999年版；Gregory Blue：《“中国”与近代西方社会思想》，宋家复译，Timothy Brook，Gregory Blue主编：《中国与历史资本主义》，古伟瀛等译，台北巨流图书公司2004年版，第79—146页；史景迁（Jonathan Spence）：《文化类同与文化利用》，廖世奇等译，北京大学出版社1997年版；艾田蒲（Rene Etiemble）：《中国之欧洲》，许钧等译，广西师范大学出版社2008年版；等等。还可参看夏伯嘉：《从天儒合一到东西分歧——欧洲中国观的演变》，《新史学》第12卷第3期，2001年9月，第1—18页。关于近代欧洲对非欧世界的看法，可参看柯能（Victor Kiernan）：《人类的主人——欧洲帝国时期对其他文化的态度》，陈正国译，台北麦田出版社2001年版；萨义德（Edward W.Said）：《文化与帝国主义》（李琨译，生活·读书·新知三联书店2003年版）、《东方学》（王宇根译，生活·读书·新知三联书店1999年版）；C.A.Bayly，“The Orient：British Historical Writing about Asia since 1890，” Peter Burke（ed.），*History and Historians in the Twentieth Century*，Oxford：Oxford University Press，2002，pp.88-119.

④ 《国民卫生学》，《湖北学生界》第5期，光绪二十九年五月朔日（1903年5月27日），第79页。参看杨瑞松：《想象民族耻辱：近代中国思想文化史上的“东亚病夫”》。

复之言："中国者，固病夫也。"①这样的表述在晚清趋新知识界非常盛行：

> 我以病夫闻于世界，手足痿痪，已尽失防护机能。东西诸国，莫不磨刀霍霍，内向而鱼肉我矣。②

还有人更夸张地说："今中国无人非病夫，无在非病院。"③

类似"病夫"这样的自我东方主义化（self-orientalization）表述在晚清社会大量生产，时人期望从这种表述中获取使己自强、振兴的符号资源。④他们相信黄种将来大有前途，甚至可以"突越白种而过之"；⑤"支那立国数千年，今虽不及欧美之盛，然亦非生番

---

① 严复：《原强》，王栻主编：《严复集》（第1册），第13页。有意思的是，当严复批评中国人为"病夫"时，他自己却从1890年起就开始抽食鸦片，这种情况可从他写给其夫人朱明丽的信中明显看出来，当然他给别人的信中也有意无意地透露了他吸食鸦片上瘾的情况。严复抽鸦片的事情，还遭到时人在报刊上公开的讥讽："侯官大士，船政学生，自称宾塞门徒，又见子陵再世。改良物质，全凭莺粟三钱；淘汰天然，空逐槐花五次。呜呼！迟迟钟鼓初长夜，耿耿星河欲曙天。如是等众生、渺渺烟魂，乘此良宵，来受甘露味。"参看《新焰口经·严几道》，见《安徽白话报》戊申第3期，戊申年九月下旬（1908年10月）。

② 《新民说·论尚武》，《饮冰室合集·专集之四》，中华书局1996年影印本，第115页。关于梁启超的种族思想及其影响，可参看Peter Zarrow, "Liang Qichao and the Conceptualization of 'Race' in Late Qing China,"《"中研院"近代史研究所集刊》第52期，2006年6月，第113—164页。

③ 僇：《病夫国之病夫》，《神州日报》1907年12月18日。

④ Arif Dirlik, "Chinese history and the question of Orientalism," *History and Theory*, Vol.35, No.4 (Dec., 1996), p.114; Robert Young, *White Mythologies: Writing History and the West*, London and New York: Routledge, 2004, pp.158-180.

⑤ 《论黄种生齿繁殖》，《盛京时报》光绪三十四年三月二十九日（1908年4月29日）。

黑人也”。[1]“凡黑色、红色、棕色之种人，其血管中之微生物，与其脑之角度，皆视白人相去悬绝。惟黄之与白，殆不甚远！”[2]这样的表达既是传统的“夷夏之辨”“文野之分”观念在新脉络下的延续，又反映了近代中国人对列强“羡恨交加”的吊诡心态：一方面否认自己“野蛮”，“思西人鄙我为生番，谓我为无教，则我可耻；思瓜分之论，昌言无忌，病夫之喻，丑诋难堪，则我可耻。”[3]另一方面，又被迫承认技不如人，“乃近今衰弱之形，几如江河之日下。”[4]反躬自省、自我批判之余，知识精英如严复、康有为、谭嗣同、梁启超、唐才常等人利用舶来的西方种族知识，杂以传统知识资源中的相关见解，开始建构和宣扬种族主义论述，提倡尚武精神，来唤醒与强化人们关于身体衰弱、种族衰败的现实刺激，激励国人知耻而后勇，以与列强竞争。[5]于是，主张强种的表达颇有论述的“嘉年华会”（carnival）之势：“今中国士夫，动曰强种。”[6]如何强种乃至“通种”以与列强竞争，成为盘旋于晚清知识界上空历

---

① 严复：《论中国分党》，收入《国闻报汇编》，沈云龙主编，近代中国史料丛刊3编第33辑第321种，台北文海出版社影印本，第22页。亦被收入王栻主编：《严复集》（第2册），第488页。

② 梁启超：《论中国之将强》，收入《饮冰室合集·文集之二》，影印本第1册，第13页。

③ 宗室富寿：《知耻学会后叙》，收入麦孟华主编：《皇朝经世文新编》卷十七，台北文海出版社1972年影印本，第1427页。

④ 王延龄函，《汪康年师友书札》（第1册），第59页。

⑤ 有关情况可参看 Frank Dikötter, *The Discourse of Race in Modern China*, pp.31-190；陈平原：《中国现代学术之建立》，北京大学出版社1998年版，第275—319页；黄金麟：《历史、身体、国家：近代中国的身体形成》；黄金麟：《近代中国的军事身体建构，1895—1943》，第173—220页。

⑥ 孙宝瑄：《忘山庐日记》（上），第147页。

久弥新的话题：

> 彼白种人，勇悍长大，德彗术智兼而有之，以其争存之心，行其殖民之策；既鞭笞红种人、黑种人，而奴隶之矣；又以其术，施诸我，如万马之饮泉，如万弩之射的。所谓民族竞争者，非耶？我黄帝子孙，与之相遇于舞台之上，绝之不可、避之不能，孤单限于重围，宜如何励我智、新我德、强我体，以与之竞争哉？①

传统以文化区分的“华夷之辨”和“怀柔远人”的“华夏中心论”，逐渐被黄、白种相竞争的“种战”观念与进化论思维取代，而黄色人种（主要指中国人）不如白种的认知也被中外人士共同表述为中国的民族性。其实，晚清这些以达尔文主义（Darwinism）为理据的种族论述，在今天看来都是缺乏学理依据的，甚至带有严重的种族歧视与自我贬损色彩，但在晚清却得到很多人的响应，成为时人对抗西方列强及激励自身崛起的文化武器。②可以说，种族论述在建构近代中国人的认同方面、在对世界形成“科学”的理解方面，的确发挥了很重大的作用。③

---

① 陈毅：《胎内教育》，“序”，广智书局 1902 年版，第 2 页。

② 于此亦可看出，所谓“东方主义”（Orientalism），不单是西方文化霸权和意识形态的产物，在有关“东方主义”的建构中，东方人也自始就参与其中，特别是他们生产了大量有意无意的“自我东方主义化”表述。

③ 参看 Peter Zarrow, “Liang Qichao and the Conceptualization of ‘Race’ in Late Qing China,”《“中研院”近代史研究所集刊》第 52 期，2006 年 6 月，第 158 页。

毋庸置疑，“卫生”一词在中国虽是古已有之。①但作为一个在近代被赋予新意义的词汇，“卫生”与帝国主义的影响密不可分。只是其殖民性与文化帝国主义的性质经常被某些研究者有意无意地忽视或化约了，②殖民主义及其赋予卫生的现代性和文明含义，乃至其建构的卫生标准与关于卫生的种种愿景，经过层层环节的本土化（localization）和想象化，成为殖民地、半殖民地国家追求与向往的卫生现代性，尤其是在大家理所当然地将之视为民族国家建构的必然产物之时，卫生自然成为界定身体观念、文化形态、消费实践、行为模式、公共行政、集体心态与种族认同的标准。在这个过程中，随“卫生”而来的种族优越论、殖民性、文化帝国主义被以“现代化”或“文明”的名义遮蔽了，卫生的“先进性”被前所未有地彰显，中国人不讲卫生的认知也被顺理成章地建构成为中国民族的劣根性。可以说，“卫生”在这个过程中实际是“殖民化”了中国。像李尚仁在以台湾医疗史研究为对象指出的那样：若是我们太在意帝国主义、殖民主义在殖民地、半殖民地的统治所带来的现

① 参看苦书生：《中国旧日卫生学之辑述》，《汉口中西报》1908年3月26、27日；俞松筠：《卫生行政的意义》，《社会卫生》第2卷第3期，1946年5月1日，第1页。

② 近二十年来，有关中国近代卫生史的研究成果很多，但总体上有一个鲜明差别：受后殖民理论影响，近来某些学者在研究中国特别是在研究台湾、上海的卫生史、医疗史时，一般都会注意到卫生与医疗此时不仅代表现代性与文明的方面，同样也会强调其背后的“殖民现代性”（Colonial Modernity）因素；中国大陆的许多研究者，则多强调西方的“卫生”及“医疗”带来的现代化与文明特质，基本不提或很少提及“卫生”和“医疗”的殖民现代性色彩（胡成教授等少数学者的研究例外），这种情况在关于上海公共卫生史的研究中表现得尤为突出。这可能跟长期以来困扰大陆史学界的现代化情结与文明关怀有关，可参看拙文《解构中国民族历史叙述的反思》，《历史研究》2006年第5期，第185页。

代化结果，以及独立或光复后“今不如昔”，出现脏乱差等“返祖”现象，就片面地为殖民者歌功颂德，“这样的历史研究不只无助于了解帝国、殖民社会与现代医学的复杂关系，更参与了偏见与刻板印象的复制。若把‘帝国’纳入考虑，我们就不会陷入常见的以现代医学、卫生作为‘现代化’的评价标杆，却忽略相关历史脉络，进而做出偏狭的史学论证和价值评断。”①这样的提醒也值得我们在研究近代中国卫生史时听取。

的确，如上所言，在当时的“全球帝国主义新世界中”，中国的“卫生”问题涉及的已经不仅是个人或地方团体的层面，而是不可避免地与国家、民族和种族联系起来。②在晚清知识精英看来，“为学之次第，当以卫生学为首务”③。卫生有关于国家富强，关系于人口的繁殖、智愚、商务、个人身体强弱，“今之欲强其国者，一则曰殖民之政，一则曰强种之法。”④要强国、强种必须要讲卫生，“一个人不论男女，要讲究卫生的功夫，卫生乃是强种之本。”⑤他们还介绍西方列强的“卫生强种”方法，⑥并从西方与日本的富强中总结经验，认为卫生不仅关系到个人身体的健康与否，还影响到个人与国

① 李尚仁：《医学、帝国主义与现代性：专题导言》，《台湾社会研究》第54期，2004年6月，第12页。

② Ruth Rogaski，*Hygienic Modernity*：*Meaning of Health and Disease in Treaty-Port China*，p.75.

③ 姚光：《女子宜注重医学说》，姚昆群等编：《姚光全集》，第23页。

④ 刘桢麟：《富强始于卫生论》，《知新报》第39册，《知新报》（1），影印本第459—460页。

⑤ 颐琐：《黄绣球》，收入吴组湘等主编：《中国近代文学大系·小说集》（5），上海书店出版社1992年版，第423页。

⑥ 《卫生强种说》，《知新报》第67册，光绪二十四年八月二十一日（1898年10月6日），《知新报》（1），第927页。

家的“文明”形象，“卫生之事，为人类之至要。今文明各国，卫生之事日益发达。”①他们对那时中国内地“道路之秽恶、饮食之不洁”情形，②对于外国人批评中国不讲卫生的论述，印象极为深刻，所谓“中国者，以不洁闻于世者也。观外人游历所记，莫不曰其街道则暗黑阴泾；一入其市，秽气冲鼻，行片刻，不觉头岑岑而痛矣”③。

当时更有不少将卫生上升到国家兴衰存亡高度的论述，认为中国人不讲卫生的危害甚至大于其迷信怪力乱神的程度，“迷信与不洁”，“虽同为亡国灭种之大端，而就二者之中，较其轻重，则似乎迷信尚可，而不洁必不可”。因为：

> 不洁之习，为害至大，而其故最无以自解。其最可怪者，观其人秽净之程度，即可得其兴亡盛衰之概。白种人极洁净，其国力亦最盛；黄黑红之人，均不洁净，其国力均最衰。日本人处黄人之中，独其好洁，与他黄人大异，而其振兴亦遂与他黄人大异。④

在这样的表达中，不讲卫生已经被建构成为一种“殖民性格”和区隔标准，国家强弱、种族优劣均可藉此划分位阶。类此，反思批判中国人不讲卫生的论述充斥于诸多趋新人士之口。与强种联系在一起，关系匪浅的卫生作为一种象征，变为“卫生帝国主义”（Hygienic

① 观云：《养心用心论续》（《养心用心论续》第六十九号附《中国古代之定学考异》），《新民丛报》第 70 号，光绪三十一年十一月十五日（1905 年 12 月 11 日），第 1 页。

② 《论内地文明之情形》，《中外日报》1903 年 10 月 24 日。

③ 《卫生学概论》，《江苏》第 3 期，第 78 页。

④ 《论中国人之不洁》，《中外日报》1904 年 10 月 31 日。

Imperialism）乃至文化政治操作工具，使卫生不但成为指导人们生活、消费的指南，而且化为一种意识形态，成为区分文明、野蛮的标准，经由印刷媒体、公共行政、西式教育、医疗体系、商业运作等途径大张其军，渗透到晚清人士的思维方式与日常生活中。

布尔迪厄曾透过对文化场域（cultural field）的分析，来讨论社会实践（social practices）的建构与影响。在其中，布尔迪厄将资本分为“经济资本”“文化资本”与“社会资本”（social capital），认为三者可以互相转化。对于文化资本来说，假如它的再生产结果在公共场域中能被合法地认知，那么它就会很快转化为社会资本或经济资本发挥效力，其意义也就会变为“符号资本”（symbolic capital，又被译为“象征资本”）。如声誉、威信、人情等都可以被称为“符号资本”，人们对于“符号资本”的积累，实质上也不过是一种迂回式的追求经济资本的方式，是一种在特定脉络下的理性行为。由于这种资本并非实在的可见物，它完全可以使别人想象或相信甚至误会而造成，也可以通过弄虚作假、长袖善舞而获得，中国的四个成语很能说明这种“符号资本”的实质——“众口铄金，积毁销骨”，“三人成虎”，“人言可畏”，“逢人说项”。因此，这种积累资本方式某种程度上还可能是一种最有效、最快捷、最方便的资本积累方式。①

---

① 关于布尔迪厄的“品味”（tastes）、“文化资本”、“经济资本”、“社会资本”、“习性”（habitus）以及相关的“符号资本”等概念，可参看 Pierre Bourdieu, *Distinction: A Social Critique of the Judgement of Taste*, Translated by Richard Nice, Cambridge: Harvard University Press, 1984; Pierre Bourdieu, *Outline of A Theory of Practice*, Translated by Richard Nice, Cambridge: Harvard University Press, 1977, pp.171-183。布尔迪厄：《布尔迪厄访谈录：文化资本与社会炼金术》，包亚明译，上海人民出版社 1997 年版，第 162—211 页；布尔迪厄：《实践感》，蒋梓骅译，译林出版社 2003 年版，第 177—215 页。

根据布尔迪厄对“符号资本”的定义与提示，我们可以从中获得启发，像晚清文化场域里的诸多公开表达，虽然往往只是在论述层面，但这些表达一旦被读者阅读和使用，就会转变为“符号资本”来发挥效力。晚清文化场域里的关于身体、种族、卫生的种种派生论述，在实践中就被商家特别是书商迅速挪用，成为他们便捷易得的符号资本，并表现在他们的经营活动中，影响和塑造着晚清关于卫生与种族关系的表达以及当时的文化生产、阅读行为、消费心态与集体想象。

第二章　晚清出版的生理卫生书籍

在一定意义上，是大革命“成就”了书籍，而非相反。正是法国大革命赋予了某些特定著述具有先见之明和示来者以规则的意义，在事情发生之后将其精心结撰，追认为大革命的源头。①

一　生理卫生书籍的广告

明末清初之际，西洋的生理学、医学书籍如《泰西人身说概》《人身图说》之类在来华传教士的介绍下，即已传入中国，这些书籍虽然给中国人提供了一些西方医学关于身体、生理方面的认知，但它们表现出来的关怀更主要还是在宗教方面，传教士希望藉这些

---

① Roger Chartier, *The Cultural Origins of the French Revolution*, Translated by Lydia G.Cochrane, Cambridge: Polity Press, 1999, p.89.原书此处英文“programatic”有误，应为“programmatic”。

知识来向世人传达天主的意旨，以更好传教。①总体上看，这些著作以及相关论说都是夹杂着宗教传入的，其实用价值并没有产生如由西方同时传入的天文历算、舆地那些知识一样的影响。且由于当时的中国文化自信尚在，传统的思想资源与中医的实用价值还能继续地发挥作用，相比起来，西方的生理学、医学知识也不比中国高明多少。即或有不少知识精英如徐光启等人也表现出对西学的兴趣与注意力，并将之整合于自己的学术思考之中，但在整体上言，这时的中国传统并没有发生一个“知识论危机”（Epistemological crisis）②，知识精英并无必要提出新的架构及理论，也不必“借助另一个有生命力的传统来帮助它度过这个危机”③。只是在鸦片战争之后，中国颇面临时人爱说的“近三千年未有之大变局”，④西学

① 关于西洋生理学、医学在明末以后中国的传播情况，参看赵璞珊：《西洋医学在中国的传播》，《历史研究》1980年第2期，第37—48页；祝平一：《身体、灵魂与天主：明末清初西学中的人体生理知识》，《新史学》第7卷第2期，1996年6月，第47—95页。又可参看曹育：《从西方生理学知识的传入到中国近代生理学的建立》，收入王志均、陈孟勤主编：《中国生理学史》，第21—33页；马伯英、高晞、洪中立：《中外医学文化交流史——中外医学跨文化传通》，第273—316页；陈邦贤：《中国医学史》，第185—194页；赵洪钧：《近代中西医论争史》，第37—43页；李经纬：《中外医学交流史》，第250—272页。

② 所谓“知识论危机”，是石元康借用哲学家麦金太尔（Alasdair MacIntyre）的概念，“对一个传统而言，知识论的危机的产生所表示的是这个传统遇到太多它所无法克服的困难以及解决的问题，整个传统不光是停滞了，而且更可能会崩溃。传统中的人对自己的传统的解决问题的能力不再有那么强的信心，甚至有些人想干脆完全放弃这个传统。”参看石元康：《从中国文化到现代性：典范转移》，生活·读书·新知三联书店2000年版，第16—20页。

③ 石元康：《从中国文化到现代性：典范转移》，第18—19页。

④ 尽管对西方带来的冲击是否导致近代中国进入“近三千年未有之大变局”存在争议，如晚清士人劳乃宣就不这样认为，他针对当时人爱说“千古未有之创局”的情况，就说“自有生民以来，无日非创局也，岂特今日而然哉！”（转下页）

“挟天子之威以令诸侯”，在中国各通商口岸大规模地不请自来。作为西学的一部分，有关西方的生理卫生、医学等书籍也开始再度被传教士译介到中国。今非昔比的是，19 世纪中期以后的西方生理卫生学、医学知识在技术层面都已远驾于中国之上，而中国的传统思想资源在中西交锋中已是每况愈下了。

其中，就有关生理卫生书籍而言，它们在 19 世纪 70 年代后由传教士率先编译出版。这时出版的书籍如《孩童卫生论》《幼童卫生编》《初学卫生论》《居宅卫生论》《居处卫生论》《化学卫生论》《卫生要旨》等，讲述的都是来源于西方的实验医学、科学知识，主要是关注个人身体健康问题或是介绍西方医学、养生、卫生知识。如梁启超之言：

> 西人近以格致之理，推求养生所应得之事，饮食居处，事事讲求。近译如《卫生要旨》《化学卫生论》《初学卫生论》《居宅卫生论》《幼童卫生论》等书，凡自爱之君子，不可以不讲也。①

（接上页）参看劳乃宣：《桐乡劳先生遗稿》（第 1 册），沈云龙主编，近代中国史料丛刊正编第 36 辑第 357 种，台北文海出版社影印，第 97 页。但就西力所带来的效果来看，实在是名副其实的“三千年未有之大变局”，正如一个局外人传教士谢卫楼所说：“知中国此番之更变，实为大更变，于国政民风、郊际往来，皆当弃旧换新。”谢卫楼：《论基督教于中国学术更变之关系》，原载《万国公报》166 册，转见李天纲编选：《〈万国公报〉文选》，生活·读书·新知三联书店 1998 年版，第 166 页。

① 梁启超：《读西学书法》，收入夏晓虹辑：《〈饮冰室合集〉集外文》（下），第 1162—1163 页。

这种情况从《广学会译著新书总目》中对各书的介绍可以看出来。如对《孩童卫生论》的简介：

> 近来中西各国考求卫生之道，多载医书，童子入塾，罕见之。欧洲近出卫生书，不一而足，大小学塾习读者多与他学并重，择其合宜者一册。价洋二角五分。①

再比如对《化学卫生论》的简介：

> 人所常呼吸之气名曰空气，为养生最要之物，无空气即不能呼吸，无呼吸即立即难生活。夫卫生者，最切于人身者也。计四本价一元。②

《化学卫生论》书影

这种情形到了1894年后，逐渐发生改变，越来越多的中国士大夫开始涉足于传播西学的行列之中，传教士在其中扮演的中介作用开始式微，并逐

---

① 《近代译书目》，第680页。

② 《近代译书目》，第712页。

渐被边缘化。①在诸多士大夫的鼓吹下，加之日益紧迫的内忧外患，卫生开始与国家、种族联系起来，梁启超就是其中的“始作俑者”。②只是，这种变化不是一个自然的过程，而是晚清人士有意识的选择结果。在这时的文化市场上，社会进化论学说盛行，中国人的“病夫”形象深入人心，一种改造国民身体乃至改造种族的呼吁流行开来——从报刊论述到私密日记、书信，再到普通读本、大众小说，从知识精英到一般知识分子，晚清中国的文化论述里弥漫着这种讲求卫生、强身救国的主张，即使是面向一般读者的书籍也多有这种表达。如朱树人的《普通新知识读本》（卷上）：“他国之民少而强，中国之民多而弱，其故非一端，而卫生之不讲，亦其一也。”③著名小说《孽海花》在 1905 年出版时，其出书广告就云：“吴江金一原著，病国之病夫续成。”④在正式出版的该书里，曾朴即以“东亚病夫编述”称代自己。实际上，在大约在 20 世纪初年，已经可以清楚看出，卫生追求不仅显示了一种思考个人健康的新方式，它也业已将贫弱的个体与全球新秩序下民族的生存联系起来。⑤此时晚清书籍市场上涌现的大量生理卫生书籍，既是这种现象及呼吁的表现，也是文化场域里的公共论述转变为“符号资本”

---

① 罗志田：《学战：传教士与近代中西文化竞争》，收入氏著《民族主义与近代中国思想》，台北东大图书公司 1998 年版，第 142 页。

② Ruth Rogaski，*Hygienic Modernity*：*Meaning of Health and Disease in Treaty-Port China*，pp.125-127.

③ 文明书局 1905 年版，第 29 页。

④ 转见时萌：《曾朴研究》，上海古籍出版社 1982 年版，第 27 页。

⑤ Ruth Rogaski，*Hygienic Modernity*：*Meaning of Health and Disease in Treaty-Port China*，p.190.

的结果。这些主要由中国人自己编译、书写的生理卫生书籍，与前述传教士出版的此类书籍大大不同，虽然此时还有人专门写作普及生理卫生知识的书籍来出版，但从趋势上看，生理卫生书籍的出版目的已经明显地不再停留于关注个人身体的层面。

仅从这些生理卫生书籍的出版广告来看，大多数书籍都宣称生理卫生对于个人和国家的重要性，认为中国近来所以衰弱，正由于不重视卫生；并强调泰西、日本的兴盛与其对生理卫生学的重视有密切之关系，还表示译者或作者翻译（或撰写）此类书的目的即在希望种族强盛上，人们若能将此类书“家置一编”，则庶几身体强健有望，传种也可改良，国家于此也可减少颓势，免去亡国之忧：“欲强其国，务强其民；欲强其民，务强其身；欲强其身，请自卫生始。”①这也是这类生理卫生书籍大致相同的出版关怀与自我建构。由于当时各书局争相出版这类生理卫生书籍，此类书籍的出版广告在晚清报章杂志上比比皆是，有的还在广告中对书籍内容和出版目的有比较详细的介绍。聊举几例如下。

首先，晚清文化市场上出版有大量生理卫生教科书，这些教科书也往往在当时的报章杂志上刊登广告，其广告内容多侧重于普通生理卫生知识，多宣称书中附有插图，以方便读者更好理解。如上海会文堂书庄的“《绘图新译中学生理书》出版”广告词云：

> 是书为日本医士坪井次郎所著，专述人体之生理为主。其体裁殊用意于全篇之系统，及各篇各章之连络。说述之间，务

① 吴究：《卫生新论》，中国图书公司1907年版，第45页。

使不知不觉而理解人体之解剖生理及卫生矣。山阴何君阆仙取其书而译之，每章系之以图，尤为教授学习两者之便益。现已出版，每部实洋八角，有志讲求生理者其急购是书而读之。发行所：上海棋盘街会文堂书庄、会文编译社启。①

又如上海明权社的《教科生理学》一书广告词：

教育者不可不知生理学，教科中不可不用生理学，人知之矣。斯宾赛曰：生理学为人生最急最要之知识。至哉言乎！此书为教科最良之本，精审明备，参以画图，于学校卫生上三致意焉。复经译者将原书物质名称改从吾国旧译习用之字，不若他种生理理化书满纸酸素、窒素，使读者茫然，不知为熟知之养气、淡气也。原书间有未明晰处，复加以诠释，可谓生理教科第一善本矣。现已付印，不日出书。②

还有的生理卫生教科书对书籍内容有比较详细的介绍，并特别强调生理卫生对于个人、学校、社会以及国家的意义。如文明书局出版

---

① 《中外日报》1902 年 7 月 16 日。后来该书在《警钟日报》（台北中国国民党党史会 1968 年影印本）1904 年 4 月 25 日等期上刊登广告——“新译《中学生理书》广告”时，词句与启者都发生了不少变化：“是书为日本医学博士坪井次郎著，山阴何君伯间译。书中论人体生理最为详晰，而逐段插图，更便批阅。研究卫生术者是当家置一编也。每部一厚册，定价大洋八角。上洋棋盘街会文政记书庄启。”该广告更突出了作者日本人坪井次郎“医学博士”的身份，译者改为另一种称呼，广告内容则没有《中外日报》上的详细。

② 《江苏》第 3 期，黄帝纪元四千三百九十四年闰五月一日（1903 年 6 月 25 日），台北中国国民党党史会 1968 年影印本。

的教科新书《高等小学卫生教科书》的广告即言：

美国项尔构著，乌程章乃炜译。书分十八篇，为课二百。有奇备载，身体上之要需，以及空气、日光、运动休息，而补之以治伤、避毒，是卫生科最新之书也。痛吾民之素不知卫生为何事，故夭折，不终其天年，比之老病而死，不啻倍蓰之于什百。循是不知防护，吾恐今日侈为四百兆者，不转瞬而尽以恣惩菌物之啖食耳。今亟译此类之书，以饷吾国民。凡有保种之责，而知亡国之忧者，盍令青年子弟日肄习之。每部售洋三角半。①

作新社的《新编生理学教科书》的广告词亦如此：

夫人之生也，莫不有此身。然此身之所以生及此生之所由来，莫不有其理。欲明其理，非于生理学研究之不可，故生理学亦教科中之要点也。同人感此，特编成生理学教科书一册，以饷有志者之研究焉。是书分前后二大篇。前篇述人体之骨骼、筋肉、血脉、皮肤、神经、五感等种种之构造作用。后篇述人生所需之空、氧、水、食物、衣服、房屋等。与卫生有种种之关系，条分缕析，阐发详明。复绘以精致之图画，务使深奥学理一目了然，学者浏览一通，微特知生理之道，抑且明卫生之法，诚善本也。现经出版，所印无多，兴学诸公亟宜购

---

① “文明书局出版新书”，《中外日报》1903年7月19日。

阅。定价大洋五角正。上海四马路老巡捕房隔壁作新社告白。①

上海商务印书馆的《中学生理卫生新教科书》广告词则强调该书对于个人和学校的意义：

本馆既出版《中学生理学》，用为中学教科，殆无遗憾。今复印行此书，盖前书系统明了，以谨严胜，而其范围则仅以生理为断。此理（或为此书之误）则理论较多，范围较广，于叙述生理学学理时，即联续而及于其应用。就各系统器官，而分述其卫生之道，并泛论一己卫生、公众卫生之法。盖卫生之学为国民所不可不知，而尤为学校中所不可不注意者，则此生理卫生教科书诚为当世所需求最切要者矣。②

晚清的书籍出版情况与政治形势、社会风气的变化有密切关系，如时人概括之言："上海一隅，非所谓文明发轫之邦而新学输入之孔道乎？此邦书业之盛衰，十年已来，大抵可分为三大时期。方其始也，颇有云立波谲之观，而最受一般少年新进所欢迎者，则为革命变政之历史，与夫侦探言情之小说，此在新机甫启之初，人情大抵厌中庸而乐道奇侠，固无足异。及乎立宪召下，而一切法政律令之书乃起而代之，洛阳纸贵、不胫而走，盖此时普通人士之心

① 《时报》1906年11月8日。
② 《神州日报》1907年10月21日。

理，已无复当时之激烈轩举，而惟以官职利禄为蕲向矣。久之，而厌倦之意旋生，病其言之不文，枯寂而干燥也。穷而思返，而文学辞章家之旧著，则又兴之，代兴至今岁，而词章文学之旧著亦复有声沉影臭之朕。而目之所触，乃无非委巷不经之琐谈、滑稽笑艺之脞录，改头换面，侈矜新著，鄙俚讹谬，不可究讦。盖书业之销沉，至今日而遂达极点矣。”①上述说法虽过于简略，但大致说出了上海出版市场的变化与时局和大众阅读心态的关系。这种情况在生理卫生教科书的出版中也有反映，当 1906 年后，清末社会掀起立宪运动，地方自治思潮也兴起，出版市场跟风而上，书商在出版生理卫生教科书时，亦将其与立宪、地方自治建立了关系，以迎合与引导世风。如上海棋盘街点石斋的新书《最近生理卫生教科书》广告：

> 今欲预备立宪国民之资格，个人自治为最要矣。卫生学亦个人自治之一端也。欲知卫生学之原理，不可不知切身体之构造，故生理学尤为紧要。是书为日本小松定市所著，于解剖之形、组合之理，保卫之法，无不精详确先，孝感刘君晓译，笔亦明达雅洁，诚教科最善之本也。西装一册大洋八角。②

除了这些面向新学堂学生的生理教科书有大量出版外，晚清文化市场上还有面向一般社会大众的普及性生理卫生读物出版，这些

---

① 惜诵：《论上海书业之变迁》，《时报》1911 年 7 月 31 日。

② 《申报》1907 年 1 月 6 日，上海书店 1984 年影印本。该广告亦见《图书月报》第 2 期广告插页。

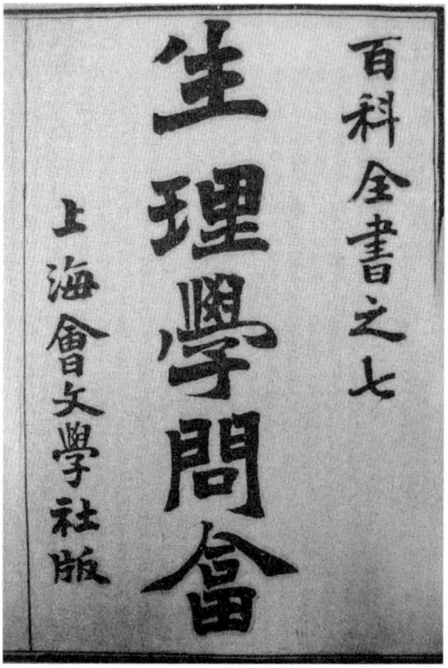

《生理学问答》书影

书籍同样强调生理卫生知识的作用，并点出其潜在的读者为何。如商务印书馆所出新书《生理学问答》的广告词：

> 有精神然后有事业，精神寓乎形体，形体发乎生理，故泰西各邦莫不以生理学为研究之切要、为卫生之鼻祖。是编讨论营卫，出显入微，尤便推阐，允宜家置一编，以为强固形体之助。价洋二角半。①

昌明公司的《生理卫生学挈要》的广告词也同样，并言及该书附有插图：

> 本书明人体构造之机关、示各部解剖之大要，兼采各巨子生理上之学说与卫生之秘钥，意义周到，解说简明。其插图之精，尤为罕见。从事教育及有志生理卫生者，于是书可得其概矣！定价五角。上海、汉口、武昌昌明公司启。②

---

① 《商务印书馆五月份出版新书》，《中外日报》1903年6月18日。
② 《时报》1906年12月15日。《新译界》第1号（光绪三十二年九月廿八日）插页中该书之广告词略有不同。

通社图书发行所的“最新《生理学粹》出版”广告，介绍该书内容更详细，还对相关卫生名词注出英文原文：

> 世界最切身之学问莫生理学若，负此七尺而不知官骸配置之状，神经运动之理，野蛮孰甚。此书采辑东西新著，运以精思，凡关于人身之构造、生理之学说，卫生之要旨，罔不备载，插图有二十余幅，精致鲜明。更有全体、筋肉、血脉、消化、肠胃等五彩新图，以醒眉目。至书中所有名辞，概注英文原字，尤足资专门之参考。而文笔详明、装订美丽犹余事也，有志强种卫生者不可不亟读之。①

而广智书局的新书《卫生工事新论》一书广告词则注重于表达卫生与种族、国家之关系，然后借机凸显此书之意义：

> 一国之强弱专视乎种族，而种族之盛衰端赖于卫生，故卫生之事于国家为最重要者也，吾国人民孱弱不振正坐是弊。虽然卫生之道不一，而工事其最重要矣！盖无工事，则卫生亦不可得而言。译者有慨于此，特取日本南部常次郎所著，译成问世，于卫生书中可谓博而能详、精而得要者矣。有关心种族问题者乎，盖亟取研究之。全一册，定价二角。②

有的生理卫生书籍还标明不仅学堂可以使用，就是社会一般民

① 《中外日报》1903年7月30日。
② 《广智书局新书广告》，《中外日报》1903年9月27日。

众也可以阅读。如教科书辑译社的《中学生理教科书》：

美国斯起尔著，暨阳何燏时译。是书共分九编，前八编分论骨骼、筋肉、皮肤、呼吸、循环、消化、神经、五官，皆合解剖生理卫生而并论之。颇与中学程度相宜。末编专论卫生，而附以看病摘要，于人生生理上之普通知识，已胪举无遗。译笔亦颇修洁，于中学教授用或家庭自修用，皆极相宜。①

还有书籍非常强调读者阅读之后获得的收益，以此来吸引读者购阅。如广智书局新书《最近卫生学》的广告词：

读《最近卫生学》者，可保寿康而享无上之幸福；读《最近卫生学》者，可免疾病而去人身之痛苦；读《最近卫生学》者，可得防疫之良法而免传染；读《最近卫生学》者，可识饮食起居之养生要道。夫欲保国，必先强种，而强种之术，舍人人自解卫生、自能卫生，其道无由。吾国自医学失传，卫生一事，阙而不讲，此国民体格所以日趋于文弱也。本局鉴此，特选东籍中言卫生学之最崭新、最切要者，以平易之文为之译出。读此一

① 《教育杂志》第1年第2期，宣统元年二月二十五日（1909年3月16日），附录第13页。该广告又见《教科书辑译社刊行书目》，《江苏》第1期，光绪二十九年四月初一日（1903年4月27日）；《浙江潮》第5期，光绪二十九年五月二十日（1903年6月15日）。但在这两个杂志上刊登的该书广告词与稍晚《教育杂志》上刊出的不太相同，后者作：是书为美国斯起尔原著，暨阳何燏时译补。说理既精，考证尤确。每篇悉附试验方法，以供临时参考。插图数十幅，用最精铜板，明细可爱，洵中等生理教科之善本。前此得未曾有者也。

过，则于免病之法、养生之道思过半矣！诚自爱以爱国者必读之要书也。每部售洋二角五分。上海棋盘街中广智书局发行。①

在晚清趋新人士眼里，家庭为“教育最初之地位，大有影响于国民”②。是故，有的生理卫生书籍就专门谈家庭卫生的内容与注意事项，提醒人们家庭卫生的重要性，以养成国民的自制力与公共心。如“《最新家庭教育卫生要义》出现”的广告词：

是书为日本桥本凤山君编。关于卫生、衣食、居住三大纲领，精理名言，条分缕析，发明实行之秘诀，兼纂医学博士之说，引证种种病原防患疗治诸法，以医者之实验，显卫生之真价。译者于段例末尾，凡有心得，窃附私见，按物理而发挥之。又于卷末附录长寿者之卫生法及所收之效果，列表以为他山之助，备研究者之采择。我国人士类多轻忽卫生，因体魄渐流文弱。是书所载，注重家庭教育，故妇人之卫生尤为备述精详。维冀进种改良，发达青年爱身好洁之习惯，为强种之基础，实著者之本旨，抑亦译者之苦心也。洋装全一册，定价大洋三角。总发行所上海英大马路鸿仁里昌记，寄售处：有正、新民、广益、飞鸿书局及新学会等。吴县郑诚元谨白。③

---

① 《广智局新书出版》，《时报》1904年8月26日。《最近卫生学》稍早在1904年7月15日《警钟日报》上的广告词略有不同，是从“夫欲保国，必先强种”句开始，之前的内容还没有。

② 《论家庭教育》，《汉声》（即《湖北学生界》的改名）第6期，光绪二十九年六月朔日（1903年7月24日），第43页。

③ 《中外日报》1905年8月6日。

文明书局的新书《家庭卫生书》广告词，不仅如是标榜其撰写旨趣，还详细介绍了该书大纲与简要内容：

华阳曾君科进夙有改良医学之志，曾著有《豳肉经》及《家庭卫生书》，待梓。但医疾治病于已发，而卫生防病于未然，今朋好诸君以借抄之劳，劝之付梓。已将《家庭卫生书》先行排印竣功。窃以卫生之事，非□个人，实为公众。然公众之卫生滥觞于家庭，家庭卫生之事，实又关系于公众。曾君此著，乃萃东西各家卫生诸书，撷精弃粕，务实戒虚。凡关于人生日常至要之事件，且能适于实行者，悉编入之。事简易明，理简易效，诚今日卫生书中之绝无仅有者也。家置一编，洵是为国民造生命，非独医学界改革而已。书分上下二卷，凡十四章。一曰解剖生理之必要，二曰空气，三曰饮食物，四曰衣服，五曰居室，六曰运动，七曰睡眠，八曰入浴，九曰妇人卫生，十曰小儿卫生，十一曰家庭看护法，十二曰急病救助法，十三曰传染病豫防心得，十四曰卫生余论。共计三百余页，插图五十有三，列表四十有奇，详明简易，足为最善之本，有志卫生者幸勿忽诸。精美洋装一厚册，欲购者似宜从速，否则一出即销，俟诸再版，必当需费时日也。文明书局启。①

还有的生理卫生书籍广告故意设置悬念，吊读者的阅读胃口，引发读者的联想，颇有“诱敌深入”“欲擒故纵”之意。如《实用

① 《〈家庭卫生书〉出版》，《时报》1905年9月15日。

卫生自强法》一书的广告词即如此：

> 此书为日本医学得业生所著，其友陆军一等军医某君常誉之为“思虑周密，出入学理”，是则是书之价值可想而知，故亟译之，以饷我国之卫生界。①

仅有卫生观念还不够，还需要有相关的卫生制度与执行人，于是一些关于卫生行政类的翻译书籍也应运而生，以供给有关专门的需求人，特别是教育者、卫生行政的执行者警察，担负保家卫国的军人，以使他们具备卫生知识，更好履行自己职责。《新民丛报》上刊出的《学校卫生学》一书就是宣称其专为学校的教育者而出版，其广告云：

> 学校所以养人才，而身体者所以代表此才而施行之者也。故卫生为学校之要素，惟必通医学、光学、化学、建置科，始可言卫生。此书著者为日本有名医士，深通德国学校制度，且曾任调查日本学校卫生之事者，其规则全从德国大教育家所出，故所言皆详密精当，可师可法，诚今日中国言教育者所当人手一编矣！②

---

① 《新民丛报》第27号，光绪二十九年二月十四日（1903年3月12日），第7页。

② 《新民丛报》第30号，光绪二十九年三月二十九日（1903年4月26日），第5页。该广告亦刊在《中外日报》1903年4月10日上，词句略有差异：学校所以养人才，而身体者所以代表此才而施行之者也。故卫生为学校之要素，惟必通医学、光学、化学建制等科，始可言卫生。此编为日本有名医学士所著，详密匀正，可师可法，其规则全从德国大教育家所出，盖著者深通德国学校者也。今译笔亦晓畅明达，足餍阅者，言教育者所刻不可少之书也。全一册，定价大洋二角。

再如《最新学校卫生书》：

是书系日本坪井次郎原著，所诠卫生诸事，极为透澈精详。附列有图，本局特倩名手译出，以供卫生家之研究。每部二册，大洋四角。①

昌明公司启的《卫生行政法》一书的广告词声称其主要是“警察之要书”，对于其执行日常任务，维护大众健康，意义匪浅：

社会卫生，地方之要务，国家之责任也，故文明国卫生行政为警政之一部分。我国素不注意于此，行政尤缺，故疾疫时作，死亡相继。害国民之健康，即害国家之强盛。本书为日本法学士广中佐兵卫著，专研究警察执行卫生事务，而豫防之说尤为精妙，皆可实行，诚警察之要书，而国民性命之救星也。洋装一册，价银六角。上海四马路、汉口黄陂街昌明公司启。②

这时，还有热心卫生事业的人写作书籍《卫生丛录》，当作慈善事业，类似送善书一样，赠送别人阅读，并在《竞业旬报》等报刊上作广告，希望大家索阅，寄来邮资六分就送，以扩大该书影响力：

---

① 《新闻报》1906年8月19日。
② 《时报》1906年12月3日。

此书系余姚徐君猷程，一片热诚济世之心，有鉴于今年水旱天灾，又加以疫病种种，恶劫次第降及我同胞，几有浸没孑遗之惨，故出私囊刻是书奉送。世界各热心君子伟鉴，专为救种、保国为主义，此诚功德无量也。其所选录各急症良方，内多屡试效验之药品，不特医学界不可不看，即士农工商诸君亦不可不阅。须知徐君素具公益热肠，种种善举，无不尽力实行，殊非好名者比比耳。欲看是书者，可向余姚图书公司……取阅不误。①

从以上所举各书的广告词可以看出，这些普及性的生理卫生读物多是翻译书籍，其中许多还是学堂的教科书。这些书籍的内容涉及面很广，从个人身体，到家庭卫生，到学校管理、军队训练，几乎是面面俱到。其中除了个别书籍是以身体与普及生理卫生知识为关怀外，其他书籍广告一般都先表明中国人素不注重卫生的危害，落到近来种弱、国弱，受列强欺负的结果；而西方和日本所以强盛，其原因则在于其重视卫生，所以能凌驾于中国之上。通过这种大写叙述，卫生的重要性及其对于个人、对于民族、对于中国当时的意义就呼之欲出了，广告的修辞策略中体现的政治化、国家化意味非常浓厚。

同样，有必要注意的是，书籍广告的宣称与书籍的实际内容一般都是存在差距的，书籍广告并不能完全代替书籍的实际内容。从

① 《〈卫生丛录〉出现》，《竞业旬报》第29期，戊申九月十一日（1908年10月5日），第6页。

笔者读到的晚清出版的这些生理卫生书籍来看，若仅就部分书籍的著译目的来说，生理卫生书籍广告中表达的出版目的与著译者在书中表达的撰述目的，是基本一致的，如前引《卫生新论》一书，再如商务印书馆出版的《学校卫生学》之《绪论》中的表达："儿童者，未来国民也。国民者，国家基础也。故儿童之健康与否，实关于国民之强弱，而国民之强弱，又关于国家之强弱。"该《绪论》接着认为，若学校教育没有"卫生家为之干预"，"则其国民必大半为病废之人。"①又如沈王桢所译坪井次郎的《新编中学生理学教科书》，该译本序言的作者海宁蒋寿钱强调该书对"我四万万病夫读之"的意义，"夫强国之道，必先强种，生理学之研究，诚于进种改良有密切关系。"②译者在《自序》中也认为，"救国之策不一，要必依赖乎学，学之最显著、最急需者，莫兵学、医学。"接着译者又认为，"种族竞争之世，不有兵，无以致强；不以医，无以自卫。原夫吾国之强弱于国民不武，国民之弱，弱于卫生失术……"③但也有一些生理卫生书籍并没有突出显示卫生与种族、国家关系之重要，它们表达更多的仍是卫生之于个人的意义，目的在于普及生理卫生知识以及引导人们意识到卫生的重要性，并树立"文明"的卫生观念。如华文祺译补的《最新初等生理卫生教科书》的例言之言：

① 瀬川昌耆：《学校卫生学》，商务印书馆编译所译，1907 年初版，1914 年 8 月第 6 版，第 1 页。

② 坪井次郎：《新编中学生理教科书》，沈王桢译，东京同文印刷舍 1906 年版，第 1 页。

③ 坪井次郎：《新编中学生理教科书》，第 2 页。

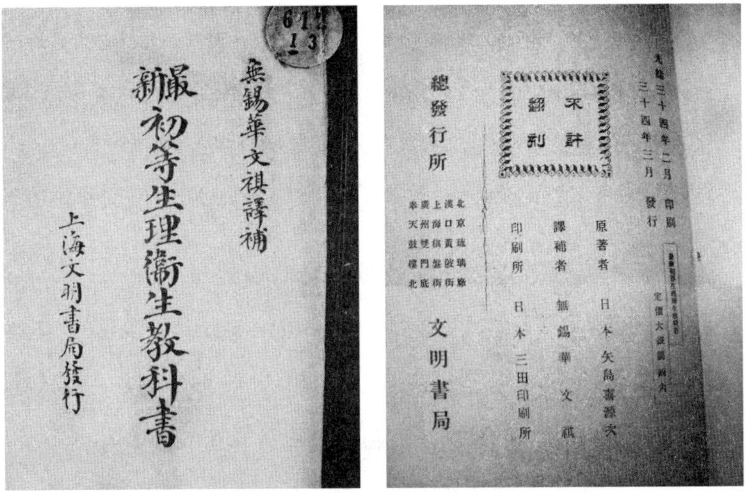

《最新初等生理卫生教科书》书影

本书之编辑，专在使初学得人身生理及卫生上普通之知识，条理明晰，繁简得宜，务使适于生徒之脑力，留教师发挥之余地。①

有的书籍还主张用深入浅出的描述将生理卫生知识传授给普通大众，如《生理学粹》一书《例言》就说：

是书为研究体育兼备教科书之参考用而辑，故行文务求平易，期于人尽了解艰深之学说，模棱之语句不敢滥入，以滋阅

① 日本矢岛喜源次：《最新初等生理卫生教科书》，华文祺译补，上海文明书局1908年版。

者之惑。①

有的生理卫生书籍中还引证黄帝、彭祖长寿之原因，正在于其讲卫生，以此来增加说服力。②

二　生理卫生书籍的出版数量

就书籍史研究来论，如导论中所言，计量法不能滥用，但适当的使用可以更具体地说明书籍的出版或发售情况。故此，统计晚清文化市场上生理卫生书籍的出版数量就很有必要，它不但可以使我们对有关生理卫生书籍的总体出版情况有比较清晰的了解，也在某种程度上可表明这类书籍的流行情况。

估算当时文化市场上生理卫生类书籍的种类，有许多资料可以利用，这里主要根据笔者在晚清一百多种报章杂志上的书籍广告中辑出的生理卫生书籍（很多是生理卫生类教科书）书目，另外，笔者又根据《增版〈东西学书录〉》《译书经眼录》《近百年来中译西书目录》《中国译日本书综合目录》等书目作了补充，发现晚清出版的普通生理卫生书籍约有一百一十种之多（参看表一，其中或许有重复，也包括了1880年—1890年传教士编译出版的生理卫生书籍），这百多种书籍固然不是那时出版的生理卫生书籍的全部，但相信这个数量不会差别太大。

---

① 孙海寰：《生理学粹》，上海通社久记，光绪三十四年（1908）二月四版，第1页。

② 参看吴究：《卫生新论》，第44页。

表一　晚清出版的生理卫生书籍书目

书　名	编（译）者	价　格	出版或广告商	备　注
《中学生理教科书》	杜亚泉译	四角	商务印书馆	
《最新中学教科书·生理学》	谢洪赉译	一元	商务印书馆1908年八版	
《生理卫生新教科书》	三岛渔良著，孙佐译	四角五分	商务印书馆	
《最新解剖生理卫生学》*	宫岛满志郎著，商务印书馆编译所编辑	一元六角	商务印书馆，该书初版于1910年，1927年再版	
《学校卫生学》	赖川昌耆著	三角	商务印书馆，该书1914年曾再版	师范学堂用书
《最新初等生理卫生教科书》	［日］矢岛喜源次著，华文祺译补	银圆四角	文明书局	
《生理卫生学》*	齐田功太郎著，田伏侯译		汉川刘氏六吉轩藏本，北洋官报局排印本	目录页署梁廷芬鉴定
《中学生理教科书》	［美］斯起尔原著，何燏时编	八角	教科书辑译社	
《应用卫生初学》		二角	益智书会	
《初等小学生理教科书》		一角	南洋官书局	
《简明生理学》*	岩崎铁次郎编，吴治恭译	一角半	上海商学会洋装本	
《中学生理学教科书》	坪井次太郎，盐官沈王桢译	八角	东京同文印刷舍	

（续表）

书　名	编（译）者	价　格	出版或广告商	备　注
《生理教科书》		一角五分		学务大臣审定
《最新学校卫生书》*	［日］坪井次郎著	每部二册，大洋四角		
《绘图蒙学卫生实在易》		一角五分	彪蒙书室	学部审定用书
《蒙学卫生教科书》	丁福保	一角	文明书局	
《生理卫生学》		三角	昌明公司	
《中等生理教科书》		三角五分	文明书局	
《蒙学生理教科书》	丁福保	一角	文明书局	
《高等小学生理卫生教科书》*	齐田功太郎著，丁福保译	四角	文明书局	
《高等小学卫生教科书》		三角五分	文明书局	
《生理学粹》	孙海環编	特制一元六角，并制一元四角	上海通社发行，中新书局印刷	
《中学生理教科书》		六角	启文社	
《中学生理书》		八角	会文堂	
《蒙学卫生教科书》	黄英叔		同文社	
《生理学教科书》	平泽著，吴氏译	三角五分	文明书局	
《最新家庭教育卫生要义》	［日］桥本凤山编、郑诚元译	三角	鸿仁里昌记	
《卫生学答问》		五角	群学社	
《人体内外全图》	高桥屯	一元	日商东亚公司新书局	

（续表）

书　名	编（译）者	价　格	出版或广告商	备　注
《初等小学生理卫生教科书》	王兰仲编	二角五分	会文编译社	
《最近生理卫生教科书》		七角	昌明公司	
《军队卫生学》		二角	新学界图书社	
《中学生理教科书》		七角	昌明公司	
《生理卫生学挈要》	程浩编译	五角		观澜社丛书
《卫生行政法》	日本法学士广中佐兵卫著	洋装一册，洋六角	昌明公司	
《卫生行政法》		四册，洋七角	震东学社	
《最新中等生理学教科书》		四角	上海南洋官书局	
《人体解剖生理图》		二元四角	博物教材集成馆	
《卫生教育初阶》		一角五分	震东学社	
《学校卫生书》		四角	上海南洋官书局	
《中学生理教科书》		二册，洋三角五分	震东学社	
《疾病卫生书》		三角	文明书局	
《生理卫生教科书》	杜亚泉校订	一角五分	商务印书馆	
《生理卫生教授法》		三角	乐群书局	
《生理教科书》		上制八角，并制六角	启文社	

（续表）

书　名	编（译）者	价　格	出版或广告商	备　注
《生理卫生教科书》	高桥吉本、山内繁雄著，丁福保译	三角	文明书局	
《高等小学卫生教科书》		三角	文明书局	
《卫生学问答》	丁福保编	五角	文明书局	
《初等小学生理卫生教科书》	王季烈编定	八分	文明书局	学部审定图书
《生理卫生学讲义》	丁福保	五角	文明书局	
《中等博物教科·生理卫生学》	陈用光编	大洋九角	科学会编译部	
《陆军卫生学》		三角	上海群益书社	
《生理及卫生教科书》	三宅秀讲述	二角半	东亚公司书药局	
《中学生理卫生教科书》	［日］吴秀三一著，华申祺、华文祺译	八角	文明书局	学部采用为部定教科书
《卫生新论》	吴兖编，沈恩孚校订	三角	中国图书公司	
《最近中学生理教科书》		七角	昌明公司	
《生理卫生教科书》		一角半	泰记乐群书局	
《新世纪教科中等教育生理学》	铃木龟寿	八角	新学会社	
《最近卫生学》*	桥本善次郎著，海天独啸士译	二角五分	广智书局	

（续表）

书　名	编（译）者	价　格	出版或广告商	备　注
《普通生理学教科书》	曾科进著	一元二角	文明书局	
《普通生理学教授上之试验法》	曾科进著	四角		
《解剖生理及卫生》	宫岛满志		图书集成社	
《最近生理卫生教科书》	小松定市著，刘晓译	八角	点石斋书局	
《新编简明生理学》	瞿庆同编	五角		
《卫生学》	富山房编纂		东新译社	
《人身生理学》	吴秀三一编			
《人身生理学纲领》	周廓、葛培合著			
《家庭卫生书》	曾科进	洋装一册	文明书局	
《新编生理学教科书》		大洋五角正	作新社	
《卫生工事新论》	南部常次郎	定价二角	广智书局	
《孩童卫生论》	傅兰雅辑译	一角五分	益智书会本	
《幼童卫生编》	傅兰雅辑译		益智书会本	
《初学卫生论》	［英］乐格著，傅兰雅译	洋三角	益智书会本	即《初学卫生编》
《居宅卫生论》	傅兰雅辑译	一角五分	《格致汇编》本	
《居处卫生论》	［英］夫兰考尔著，蓝寅译		《蒙学报》本	
《学校卫生学》*	［日］三岛通良著，汪有龄译		《教育世界》本	

（续表）

书　名	编（译）者	价　格	出版或广告商	备　注
《化学卫生论》	［英］真司腾著，傅兰雅译	五百七十文	广学会本四册，《格致汇编》本二册	
《卫生要旨》	［美］嘉约翰译，海琴氏校正	一角	益智书会本	
《身理卫生论》	王季烈		《蒙学报》本	
《卫生浅言》			《中国旬报》本	
《卫生汇编》	邹凌沅		通学斋丛书本	
《新编中学生理书》*	坪井次郎著，何琪译，与前举沈王桢所译的《新编中学生理学教科书》系同一原本		绍兴通艺学堂石印本	《中国译日本书综合目录》题作《新撰中学生理书》
《生理学教科书》	［法］色尔培著，廖世襄译	一角五分	商务印书馆1903年版	
《实用卫生自强法》*	堀儆宗一著，赵必振译		上海广智书局	
《卫生粹言》	同志学社		上海竞化书局	
《卫生保寿术》	许翥屏		广智书局本	
《汉译卫生一夕话》*	桥本善次郎著，富山房编辑部译	八角	东京富山房书局上海支店	
《实用卫生学讲本》*	山田良书编，丁福保译	一元二角	上海医学	
《生理学问答》*	富山房编，范迪吉等译		会文学社	收入普通百科全书

（续表）

书　名	编（译）者	价　格	出版或广告商	备　注
《生理学讲义》*	宫入庆之助著，孙祖烈译		上海医学	
《饮食卫生学》*	［美］爱母爱尔好而布尔苦著，日山田幸太郎译，罗振常重译		上海《教育世界》出版所1903年本	收入科学丛书
《教科生理学》	平泽金之助著，吴治恭译		上海明权社	
《生理学教科书》		布面一元三角、半纸面八角	直隶学务公所	
《普通生理学教科书》	休宁程瑶笙校订，吴江叶与仁编辑	大洋八角	商务印书馆	
《生理卫生教科书》	［日］吴秀三一著，邓毓伯译		河北译书社	
《保全生命论》	［英］古兰肥勒著，西儒秀耀春口译，赵静涵笔述	大洋二角	江南制造局光绪二十七年刊	
《生理卫生教授法》		二角	乐群书局	
《生理卫生学》	日本人山内雄繁、高桥本吉所著，无锡朱士杰译述	一角五分	商务印书馆	
《小学体操生理》	邓莹诗		新学会社	
《实验生理学》	易文士译		广学会	
《通俗卫生法防疫法之部》*	川田德次郎著		北京《顺天时报》1905年	

（续表）

书　名	编（译）者	价　格	出版或广告商	备　注
《普通卫生救急治疗法》*	金泽岩著，卢预甫译		上海医学	
《生理教本》		四角	上海普及书局	
《生理教科书》		一册一角	南洋官书局	
《生理学教科书》		二册四角	南洋官书局	
《中学生理教科书》		九角	文明书局	
《人体生理图》		五张一元	中国教育器械馆	
《生理解剖图》		二十张四元	中国教育器械馆	
《最近生理卫生》		七角	集成图书公司	
《最新生理学及卫生学》		一元三角	东京富山房书局上海支店	
《中学生理卫生新教科书》		洋装一册，四角五分	商务印书馆	
《生理学》	［美］史砥尔著	洋一元	商务印书馆	
《生理学教科书》	［日］丘浅治郎著，西师意译，许默斋校定	每部大洋三角五分	山西大学堂译书处	
《卫生丛录》	余姚徐猷程	赠书		
《生理卫生学》		四角	直隶学务公所	
《生理学教科书》			京师译学馆	
《白话生理学》		一册二角	彪蒙书室	

（续表）

书　名	编（译）者	价　格	出版或广告商	备　注
《哲学提纲·生理学》	李杕译，原文无署原作者		土山湾印书馆光绪三十三年版	
《中外卫生要旨》	郑观应			《郑观应集》（下）

资料来源：主要是笔者辑录的晚清报章杂志上书籍广告，以及参考了《广学会译著新书总目》《西学书目表》《中西普通书目录》《增版〈东西学书录〉》《译书经眼录》《近百年来中译西书目录》《中国译日本书综合目录》《教科书之发刊概况（1868—1918）》（收入李桂林、戚名秀、钱曼倩编：《中国近代教育史资料汇编·普通教育》，上海教育出版社1995年版，第165—181页）等所收相关书目。再者，对于上表中书名相同的书籍，尽管经销的书局不同，但很可能也是同一本书，这从其书籍价格中可以看出来，书籍价格实际上也是我们区分书籍是否重复的一个标记，但笔者还是在表中列出，以防出现“冤假错案”。另外，由于《近百年来中译西书目录》收录译书多未注明出版时间，从其所收书目来看，晚清出版的生理卫生书几乎没有。表中书名后加 * 表示的是《中国译日本书综合目录》已收录书籍。

由上表，我们可以发现虽然《中国译日本书综合目录》收录了上表中译自日本的许多生理卫生书籍，但还是漏收了如山西大学堂译书处的《新译生理学教科书》、商务印书馆的《生理卫生学》《学校卫生学》和《最新解剖生理卫生学》、河北译书社的《生理卫生教科书》、上海明权社的《教科生理学》、广智书局的《卫生工事新论》、吴秀三一编的《人身生理学》、点石斋书局的《最近生理卫生教科书》、图书集成社的《解剖生理及卫生》、新学会社的《新世纪教科中等教育生理学》、昌明公司的《卫生行政法》、文明书局的《中学生理卫生教科书》、《生理学教科书》和《最新初等生理卫生教科书》、《生理卫生新教科书》、东亚公司书药局的《生理及卫生教科书》、东亚公司新书局的《人体内外全图》、鸿仁里昌记的《最新家庭教育卫生要义》、开明书店的《中学生理学教科书》等至少二十种书籍。还有，上表中丁福保译的《实验卫生学读本》、商务印书馆的三种书——《中学生理教科书》《最新中学教科书·生理学》《生理卫生教科书》，这四种书我们虽然不知道著者，但很可能也是译自日本，因为丁福保翻译过许多日文书籍，商务印书馆则是一直在翻译日本书籍，后来还邀日本人入股。如果将这四种书籍也算在内，那么上表就可以为《中国译日本书综合目录》补充至少二十四种新书目了。至于表中未列著译者的书籍，其中有一些还可能是翻译自日本的书籍，可惜我们暂时还无法确知具体信息，只好存疑了。

从上表中我们还可看出，这约百种书主要是中小学堂的教科用书或教员讲义，也有一些普及性的读物与卫生法规，内容涉及各个方面。这些书籍多是译自日本与欧美，也有部分中国人自著或编著的书籍，绝大部分都是在当时中国的出版中心上海出版。商务印书馆、文明书局，传教士的出版机构益智书会以及丁福保主持的上海医学社，出版这些书籍较多，这跟它们的经济基础、做书经验以及具有新学人才关系很大。官方的学部、官书局也介入了此类书籍的出版、销售。

再者，我们也可以从上表中发现，传教士在早期生理卫生书籍的编译中占据了主导地位，他们编辑的书籍大多是在 19 世纪 80 年代到 19 世纪末出版的。到了 20 世纪，生理卫生书籍的编译出版的主要任务就几乎全部由中国人自己承担了。晚清的一些知识精英如杜亚泉、丁福保、吴治恭、何琪、王季烈、曾科进、华文祺、沈恩孚、何燏时等人都参与了晚清生理卫生教科书的编译工作，像杜亚泉、丁福保、曾科进、华文祺等人还编辑了多种此类教科书；当然他们中的不少人如杜亚泉、王季烈还编纂了不少别的种类的教科书；晚清名流郑观应则早已编辑过《中外卫生要旨》这样的养生书籍，该书还曾重版。①即便当时被认为是守旧的、“政界学界一大蟊贼”，②像梁鼎芬（梁节庵）这样的人，亦曾参与到生理卫生书籍的出版中。笔者就看到一本标为汉川刘氏六吉轩藏本、日本齐田功太郎著、田伏侯译、梁节庵鉴定的《生理卫生学》一书，或许这里梁鼎芬并未参与该书的实际译印，该书的译者只是想借助于他的名号，但若是没有梁鼎芬的首肯，按照一般的常识，《生理卫生学》是不会将“梁节庵”的名字署上的。

由于出现不少一个人编著多种生理卫生书籍的情况，在其编著的书中不可避免就会出现内容重复现象。一些专业人士就对之进行评点，以引导读者，不作无必要的购买。如《教育杂志》上刊载的一则对文明书局出版的《普通生理学教科书》的小书评所言：

> 教科书者，学生之备忘录也。故其取材不求备而宜当，理论不求深而宜精。是书分为二篇，第一篇为总论，第二篇为各论。体裁不异他书，而其取材之当，理论之精，洵不愧良善之教科书矣。末附实验之要领，皆著者对生徒教授之心得，简便

---

① 参看郑观应：《〈中外卫生要旨〉序》，夏东元编：《郑观应集》（下），上海人民出版社1988年版，第1167—1168页。关于郑观应的有关思想与《中外卫生要旨》，可参看 Ruth Rogaski，*Hygienic Modernity*：*Meaning of Health and Disease in Treaty-Port China*，pp.127-130。

② 《梁鼎芬出现》，《警钟日报》1904年11月28日。

> 易行，教员得之颇极便利，尤为本书之特色。惟此书与曾君所著《普通教育生理学教科书》全部相同处殆十之八九，只卷末多实验之要领十章耳。然则读者既有此书，可勿再购《普通教育生理学教科书》矣。①

相比于整个晚清文化市场上书籍的出版种类、出版总数来说，这约百种的生理卫生书籍所占份额自是很小。②但诸多书局长时间的争先出版此类书籍，一方面说明这些书籍多是学堂教材，所以需要量大的情况外；另一方面也说明，出版这些书籍实际上是有利可图的，作为一种文化产品，“每一本书，都是一件商品；印制它们

① 《绍介批评》，《教育杂志》第 1 年第 5 期，宣统元年四月二十五日（1909 年 6 月 12 日），第 15—16 页。当然，有的书评实际是变相的广告，如陈奂播在《读〈卫生学问答〉》文中即夸奖该书及其作者丁福保：“奇香字字理圆融，逴砾古今轶中外，务去秕糠不苟同，著作等身正未艾，寿人寿世祝华嵩”。《中西医学报》第 15 期（第 16 期），宣统三年七月出版，社友来稿汇录，第 4 页。需要说明的是，该杂志是丁福保创办的，而丁福保是非常善于做广告和做卖书生意的。

② 时人曾有言，清末新政后，“十年以来，译著之书，几及五千种。”孙毓修：《图书馆（续）》，《教育杂志》第 1 年第 12 期，宣统元年十一月二十五日（1910 年 1 月 6 日），第 61 页。不知道孙毓修此语有多大可靠性，假设如其所言，则晚清出版的这些书中，商务印书馆所占出版份额应该不下于五分之一，因为早在 1907 年 6 月 30 日《神州日报》上刊登的“著作家鉴”广告中，商务印书馆自谓：“数年以来，印行图书都一千二百册。”但后来商务印书馆在其“敬赠书目提要”广告中亦声称，“本馆创办十余年，编译书籍将及千种。”（《大公报》1910 年 5 月 6 日）后来陆费逵回忆晚清书业的营业额，“商务印书馆约占三分之一”。陆费逵：《六十年来中国之出版业与印刷业》，张静庐辑注：《中国出版史料补编》，上海书店出版社 2003 年版，第 279 页。关于商务印书馆出版图书的目录，可参看《商务印书馆图书目录（1897—1949）》（商务印书馆 1981 年版），唯该目录未标明所收书籍之出版时间，为大遗憾。

的人，首要目的是营利。”①假使这些生理卫生书籍不畅销，当时诸多为谋生存、不得不唯利是图的诸书局，是不会热衷于这个出版点的。正在于这类书籍比较畅销，此类书籍的重版速度就比较快，书商也就容易获利，此种情况从这些书的广告中也不难看出，因为广告中往往言及某些生理卫生书籍的重版状况。如《卫生学问答》一书，笔者就看到丁福保编纂的《增订第四版卫生学问答九章》（辛丑九月无锡畴隐庐重印本），书中也附有广告：

> 是书共九章，讲保养身体之法颇详备，可为学堂内中等教科书体学类之善本。一刻于山西武备学堂，再刻于无锡竢实学堂，三刻于苏州中西学堂，第四次石印本已增至六万余字。每部实价三百文，零趸一律，翻印必究。无锡丁氏重印本。

后来在《中外日报》的广告上，广告商又表示该书已经出到第六版，变为《增图卫生学问答》，广告词也略有增删：

> 是书共九章，讲保养身体之法最为详备。一刻于山西武备学堂，再刻于无锡竢实学堂，三刻于苏州中西学堂。今第六次石印本已增至六万余字，卷首新增全体图，与旧本不同。每部大洋四角。②

---

① 费夫贺、马尔坦：《印刷书的诞生》，第101页。
② 《中外日报》1903年2月18日。

不但此《卫生学问答》一书，在笔者看到的其他生理卫生类书籍中，其版权页也多说明该书重版的版次与时间。如文明书局出版、晚清名士丁福保编译的《蒙学生理教科书》，最早在光绪二十九年八月出版，光绪三十年正月修正再版，同年五月修正三版，同年八月四版，十月五版，三十一年二月六版。短短三年间该书居然重版五次，由此可见当时该书的热销程度。上海文明书局出版、王季烈编著的供初等小学堂使用《生理卫生教科书》，重版速度更快，其版权页言该书在“光绪三十二年三月初版，三十三年九月六版”，一年半的时间居然重版六次，显见该书也非常受读者欢迎。有的生理卫生书籍大概是质量不错，还曾在民国时期重版，如日本人山内雄繁、高桥本吉所著、无锡朱士杰译述、商务印书馆出版的师范学校教科书《生理卫生学》，笔者看到其版权页上注明该书“戊申年（1908）

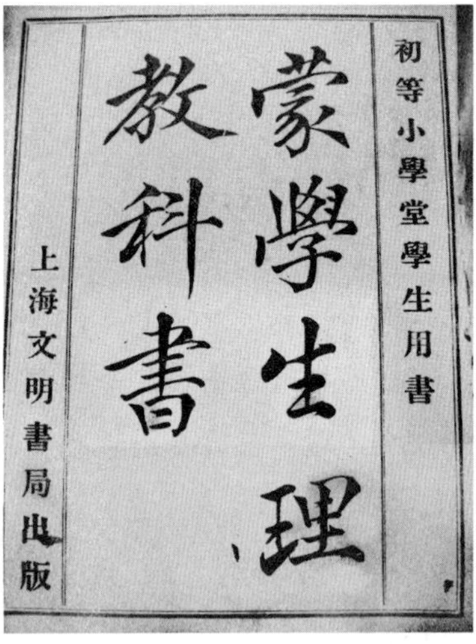

《蒙学生理教科书》书影

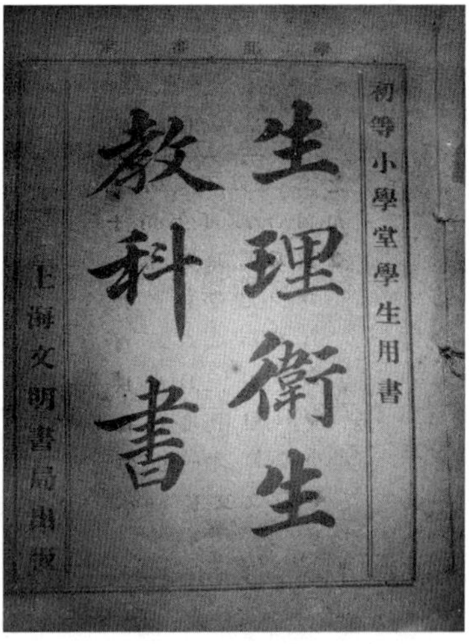

《生理卫生教科书》书影

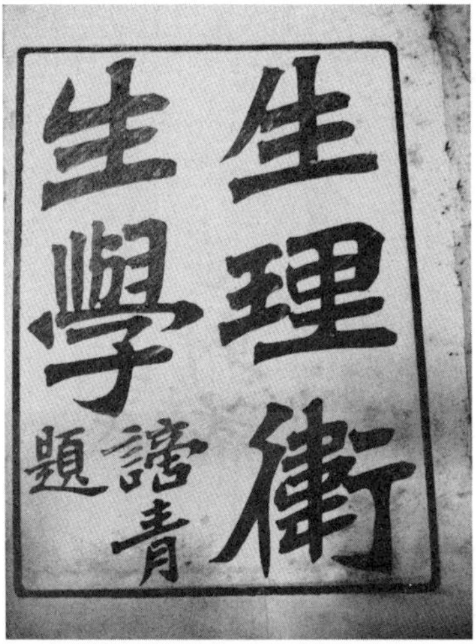

《生理卫生学》书影

《初等小学生理卫生教科书》书影

七月初版，中华民国五年（1916）五月十版”字样，在八年内该书出到第十版，似可说明该书内容应该是比较适合当时学校需求的。再如商务的《学校卫生学》一书，其版权页列“丁未年（1907）十一月出版，中华民国三年八月六版”，该书也几乎平均每年重版一次。

当然也有的生理卫生教科书编辑质量不符合学部要求，就会被驳回，如邓莹诗编的《小学体操生理》，被清学部认为“辞不达意”，不能成为学部审定的教科书；又如瞿庆同编的《新编简明生理学》一书，也被学部认为是“既无图说，繁简又不适宜”，自然难以成为部定生理卫生教科书。①按照学部的标准，像翻译日人吴

① 《教科书之发刊概况（1868—1918）》，李桂林、戚名秀、钱曼倩编：《中国近代教育史资料汇编·普通教育》，上海教育出版社1995年版，第175、180页。

秀三一的新著《中学生理卫生教科书》这样的书才适宜作为“学部采择宣讲用书”：

> 书为日本医学博士吴秀三一新著，详论生理之系统，条理极善，而注重卫生，多言病理，最合吾国中学校、师范学校之用，译文亦畅达明显。①

以上这些情况自然与晚清学堂广泛开办须大量采办教科书的现实有关，但也表明这类生理卫生书籍应该进入中小学甚至是蒙学堂、学堂教员应该懂得生理卫生知识、学堂课程应该有卫生一科的倡议，在晚清年间已经得到了在位者及趋新人士乃至旧派的一致认同。②许多新兴的中小学堂乃至蒙养学堂的课程也的确是如此设置的，这种情形在晚清新小说里即曾有意无意地透露，如《学究新谈》中就有这样的场景，老八股文士夏仰西在参观“强华”新学堂时，看到其中有“生理学课堂”，就走进去看，“里面挂的图画不少，尽是肖人身体上肢骸脏腑的形状。一位教习在那里说，一二十个学生在那里写，一般说的洋话，一句也听不出”。③

---

① “文明书局广告”，《神州日报》1907 年 4 月 2 日。其实学部所定之教科书，问题也多多，但一旦成为“部定”教科书，则对书商出版与销售该书非常有利。有关的批评可参看陈朝爵：《近年通行小学各教科书评议（选载）》，《直隶教育官报》庚戌年第 11 期，宣统二年八月初一日出版，第 11—22 页。

② 《小学课程宜加卫生一科说》，《舆论时事报》1910 年 7 月 7 日。

③ 吴蒙：《学究新谈》，吉平平校点，收入《中国近代珍稀本小说》（14），第 244 页。

三　其他有关的生理卫生文类

当然，晚清出版的生理卫生书籍不过是整个文化市场上普及生理卫生知识的一个方面。事实上，匪独这类生理卫生书籍在承担此类使命，那时出版的此类生理卫生类杂志也持相仿立场，像《卫生开新报》《卫生世界》《卫生白话报》《卫生学报》等。我们从它们刊载在《新闻报》《时报》上的广告词也可对其内容略知一二。如《卫生开新报》的广告词将其创办的来龙去脉、意义、创办地点等情况交代无余：

> 医学为斯民富强之本，泰西政治列入实学，与经济、文学并重，即日本亦设卫生专门学堂。盖卫生之道，本我《大学》。自天子至于庶人一是，皆以修身为本之义。中国以医为小道……同人于戊戌春，悯实学沦亡，民病积弱，仿东西洋成礼，设医学会及治疗医学堂于海上。迨八月政变，因而中辍。方今政府颁行经济之科，嗣后百度维新，则医学一门尤富强基础，事必举行。有志之士于此进阶，显扬实学，步武东西洋善政，若不讲求于平日，何能收效乎临场？此卫生学会之设有万不容缓者也。爰集同人，考订章程，重兴医学会，特于三马路官善书局内设立卫生开新医学会报馆。络绎广征同志，添设学堂，定于五月二十日先出《卫生开新报》……①

① “《卫生开新报》启”，《新闻报》1901 年 6 月 9 日。

《卫生世界》这本杂志，广告中还有其第1期的目录，并表示会请专门学者在杂志里讲普通知识，以便读者领会接受：

本杂志系中国国民卫生会刊行，一切撰述均专门学者担任，精深之理出于浅近，务使人人易解，而讲求卫生者亦不病其肤庸。至文辞之简洁，采择之精当，其余事也。月刊一册，首号已出。目录如下：发刊词，军队卫生概论，育儿之模范，传染病之豫防法，青年用脑之注意，人体之寄生虫，酒之研究，饮水之标准及清净法，通俗简易疗法，中外记事，卫生丛谈数则。二号将次出板，售例每册大洋二角，一时购三十份以上，照价八折，五十份以上六折。总发行所：上海西门外宁康里健行公学。①

后来《卫生世界》第1期曾重版，在其第6期的出版广告里又申明其宗旨："为科学树赤帜，普及卫生智识"，该期有王立才等人关于医界改革、传染病预防等多篇文章，还有"通俗简易疗法""卫生顾问""卫生丛谈"等内容。②

相较起来，《卫生白话报》的广告词则比较简单，只列出定价、邮资和发行所：

每册大洋一角二分，邮费二分。总发行所：上海静安寺路

---

① 《神州日报》1907年7月11日。

② "《卫生世界》"，《国民白话日报》光绪三十四年八月廿四日（1908年9月19日）。

> 廿一号《卫生白话报》社，分发行四马路廿五号新智社及各大书坊。①

可能是由于销量不错，《卫生白话报》旋即作了“《卫生白话报》再版出”的广告，并说该报“第2期已付印，不日出版”。②

《卫生学报》则为卫生学会会刊，为新安孙瑞（即晚清上海著名药商孙镜湖）所创，“月出一册”，其宗旨于《卫生学报》每期封面宣布：“本社以卫生保种强族为宗旨，务求雅俗共赏、一切尽美尽善。”孙并将“卫生学会说略并附章程”、《卫生学报》的“专章”“简章”“售例”与第1期目录等事项在《南方报》1906年1—3月间上先后公布，丙午正月十五日第1期《卫生学报》还有盛宣怀题签。与以上文类鼓吹卫生观念来自西方的影响不同，《卫生学报》则宣称“卫生”中国“古已有之”，在丙午正月十五日第1期《卫生学会报序》中，孙瑞言：“古人于卫生特重，征之经训犹可想见焉。”只是到后来，国势日凌，世风日下，“古昔所谓卫生之道，均置不顾……而让泰西东以善于卫生特闻。”该期杂志上也有作者认为，近来中国日益遭受外患，根源于中国人不讲卫生，“世事益非矣。衅端交迫矣。追维祸始，类由我人事事畏葸之故，其畏葸不前也，类由不自振作之故，其不自振作也，类由不先卫生，精力颓惫之故。”③

---

① “《卫生白话报》第一期出现广告”，《时报》1908年7月7日。

② 《神州日报》1907年7月23日。

③ 《丙午纪卫生学会告成并出阅报事》，《卫生学报》光绪三十二年（1906）丙午正月朔第1册，第10页。

在何亮标写的《卫生学报》第5期的《序》中，他亦认为中国古代亦讲卫生，“《周官·医师》掌医之政令，岁终稽其得失，以制其食，旁至食医疾、医伤替之属……”这样做的目的就是在于“所以厚民生而慎其疾也”，只可惜后来养生家、士君子对此摈而不道，致使此学在中国不兴，“至今日而我中国民益羸弱，未必非卫生一事缺于讲求也!”卫生一事不仅对个人来说意义重大，即使是对于国家来说，其重要性更是不言而喻，西人之所以胜于中国胜于黄种，正在于其“于体育一道，精研深究，故其人咸博硕充厚，多智虑，耐劳苦”，其国势日强，黄种则积弱日甚，身体衰弱，自不能与之相角逐，从而不得不处于弱势地位，受其欺凌。何序还希望《卫生学报》的内容能够被家喻户晓，最终达到“振国力而张民气，保群生而合大同”。《卫生学报》中的类似鼓吹，比比皆是，不具列。

在晚清，如第一章中所言，生理卫生知识往往是夹杂在医学知识中，许多的医学书籍、医学杂志中均包含有生理卫生的内容，特别是当时一些比较专业的杂志，如《医学世界》《医药学报》《绍兴医药学报》《医学报》《医学卫生报》《中西医学报》《上海医报》《医学杂志》《中西药学报》等，这些杂志都刊发有不少生理卫生知识的内容，还有介绍欧美、日本的卫生经验、政策、医学发展等方面的论述，这种情况从它们的广告词中也可略知一二。如《医学世界》的广告词：

官绅商学军警医药各界人物，购阅本报，则于卫生疗病强种报国上，必取绝大之善良效果；女子有看护之义务，尤宜购阅研究一切，免临事张皇之弊，而他日之贤妇贤母，亦莫不基于此矣！①

《医学世界》社并将第一、二、三期该刊先后印制一万八千份，免费发送给读者。②该杂志还一直延续到民国年间，其影响时人的程度应该不浅。

《医药学报》的广告词则比较详细，将其创办者、栏目、大致内容等方面情况都作了介绍：

本报由留学日本千叶医学专门学校同人所组织，取材宏富，议论精确，诚刀圭世界之好伴侣，空前绝后之大著作也。内分论文、学说、杂录、通俗讲话、通信卫生、顾问六门。学说则分医、药学二部。医学部凡二十二门，为解剖学、组织学、局所解剖学、比较解剖学、胎生学、生理学、病理学、药物学、诊断学、内科学、精神病学、儿科学、皮肤病学、花柳病学、眼科学、外科学、军队外科学、妇人科学、产医学、卫生学、细菌学、法医学。药学部凡八门，化学药用、植物学、分析化学、卫生化学、裁判化学、生药学、调剂学、制药化学。隔月一回，朔日发行，每册大洋三角。日邮一分，内地邮四分，半年一元六角，全年三元。总发行，上海三马路普及书局、棋盘街文明书局。③

① “二十世纪之《医学世界》出现”，《时报》1909年7月2日。
② “续赠《医学世界》”，《神州日报》1908年7月31日。
③ 《时报》1907年4月24日。

《绍兴医药学报》的广告词则刊载在《医学世界》上，也表明了其创办人、创办宗旨、出版发行情况：

《绍兴医药学报》为绍兴医士何廉臣君等所创办，新学、国粹并蓄兼收，实足以融贯中西、开通风气。自去年六月刊行以来，风行一时。现由该处医药学研究社邮寄若干份，嘱为代派，本社甚愿绍介，想阅报诸君定必以先睹为快也。每月一册，大洋六分，全年十二册，大洋五角，外埠邮费另加。①

流风所及，不止有专门普及宣传卫生、生理、医学等方面的专业或白话刊物，还有人专门写作卫生小说，希望借着小说之于人们的吸引力，以更好向一般民众灌输与普及有关生理卫生知识。如当时一本题为“最新卫生小说”，作者署名为“上海红十字会医员郁闻尧著，殷铭甫、沙念勤校订”的《医界现形记》，即宣称是因为吾国“医道之腐败，卫生之不讲”，写作此书，作者希望于“卫生、治病之道”，“不无小补”。②

《医界现形记》后来还被郁闻尧改编为《医界镜》，在《时报》上大作广告——“廿世纪新创卫生小说《医界镜》出版”，其广告词声言：

迩来各种小说皆备，惟关于卫生，医界者尚付缺如。如儒

---

① 《绍介医报》，《医学世界》第 11 册，宣统元年三月二十日（1909 年 5 月 9 日）。

② 参看郁闻尧：《医界现形记》，收入《生财有道》，中国文联出版公司 1999 年版，第 119 页。

> 林医隐为儒医两界名手，竭数年之力，易五次之稿，著成小说，以冀医界改良。且中有许多妙方，搜罗完备，于消闲之中兼得卫生之益。凡官商学界，欲讲求卫生者不可不看。五彩洋装，精本两册，定价一元。门售批发，格外从廉，书出无多，购者幸勿错过。代发行所：上海棋盘街中国图书公司；发行所：商务印书馆、文明书局、改良小说社、南洋官书局。各省大书坊均有寄售。①

该书序言亦称："近世以来各种小说风行一时，几乎无美不备，然有关卫生及医界者尚付阙如。今儒林医隐主人有鉴于吾国同胞，大多数不知卫生，且悯医道颓败，有江河日下之势……"作者希望读者阅读该书后，"于卫生之道尤时时致意焉"。②

除此之外，当时各种的报章杂志中特别是一些白话报刊，也发表有不少关于生理卫生知识的论述，许多报章杂志还专门开辟诸如"生理""卫生"类的板块③，来刊载有关生理卫生方面的内容，向大众普及有关生理卫生的知识，希望能促进老百姓的身体健康，养成卫生的生活习惯。如包天笑回忆他们 20 世纪初年创办的《苏州白话报》：

---

① 《时报》1909 年 2 月 10 日。

② 儒林医隐：《医界镜》（初版为 1908 年嘉兴同源祥书庄铅印本），收入金成浦、启明主编：《私家秘藏小说百部》第 76 卷，远方出版社、内蒙古大学出版社 2001 年版，第 119 页。

③ 我们从上海图书馆编的《中国近代期刊篇目汇录》（1、2、3、4）（上海人民出版社 1980、1981、1982 年版）中所收各报刊之具体文章目录，可以发现这种情况存在的广泛性。

> 《苏州白话报》是旬刊性质，每十天出一册，每册只有八页。内容是首先一篇短短的白话论说……此外是世界新闻、中国新闻、本地新闻都演成白话。真是“麻雀虽小，五脏俱全”。关于社会的事，特别注重，如戒烟、放脚、破除迷信、讲求卫生等等，有时还编一点有趣而使人猛省的故事，或编几只山歌，令妇女孩童们都喜欢看。①

又比如《智群白话报》：

> 本报以开通中下等社会为宗旨，略分论说、教育、生理、历史、舆地、时事、杂录、小说等门……并将全体生理及世界人杰名胜等图逐期附入。②

自然，绝不限于以上这些文类，就是当时没有打着生理卫生旗号的书籍，如普通读本、女子教科书、修身读本、国民读本、国文教科书中，其内容也多有关于生理卫生的论述，它们一般都设有“卫生”或“清洁”或“整洁”等章节，并结合中外著名事例对学生进行教育。如由中国图书公司编辑印行，署为初等小学校用的《新国民修身读本》，其第三册第三课就是“洁净”篇，第四册第八课是“尚洁”篇。再如由上海会文学社出版的《初等小学女子国文

① 包天笑：《钏影楼回忆录》，第 213 页。

② “《智群白话报》广告”，《江苏》第 4 期，黄帝纪元四千三百九十四年闰五月一日（1903 年 6 月 25 日），《江苏》第 4 期与第 3 期出版日期相同，原文所列日期如此。

教科书》第十三课，内容就是：学卫生，净身体，洗衣服、去泥垢。①

清季报章杂志上宣称日常卫生的论述也非常之多，1902 年 7 月 29 日《申报》上就发表了一篇《卫生浅说》的文章，针对当时上海“喉痧盛行，染者十不治一，然惟小儿居多”的情况，提出染病原因——“疾病之来，半由于卫生之失当”，以及病症的表现情况，提出预防措施、治疗办法与注意事项，“劝世人未病之先，宜加意防范，不幸而有疾，尤宜镇静，非但不可崇信虚无，即医药亦不可乱投”。面对各省每至夏秋之际，经常发生的时疫，一些鼓吹预防疫病、讲究家庭卫生的论述也纷纷出现。如《申报》上一篇《论家庭卫生宜注意》的文章，于日常生活中的居住、衣服、饮食、起卧、唾涕、作息、保胎、育儿、看护、医药各方面的情况列出了相关注意事项。该文还希望“研究卫生之学者，发宏愿、立大志，或仿日本设立《卫生学报》，或设卫生演说社，分赴各处演说，尽力提倡，以冀一班会皆知家庭卫生之必要，则其有益于国家非浅鲜矣”②。附带说明的是，该文作者显然没有看到新出版的上海《卫生学报》，该学报在 1906 年 2 月事实上即已经出版第 1 期，为“中国国民卫生会”会刊，在该会的章程里，还说其宗旨在于：“讲究国民康健方法，普牖卫生智识，辅翼卫生施设，筹备卫生事业。”③

夏天热，是疫病多发季节，一些报刊论述就提醒人们注意夏季

① 何琪编：《初等女子国文教科书》第 1 册，上海会文学社 1906 年版，第 7 页。
② 《论家庭卫生宜注意》，《申报》1906 年 6 月 20 日。
③ 《中国国民卫生会叙文》，《南方报》1907 年 6 月 7 日。

的个人卫生。①有的报刊还刊登防疫的方法。《华字汇报》上还转载了来自《岭东日报》上翻译自日本的一篇译文《夏季卫生》，讲述夏季需要注意的卫生情况，提醒人们警惕。②还有人认为，夏季举行考试，让各地士子长途跋涉，不利于卫生，就建议考试改期，避开炎热夏季举行。③亦有管理者注意改进监狱里的卫生，以防天热囚犯出现疫疠。④《安徽俗话报》上还多期连载《保养身体的法子》一文，向读者宣传身体的重要性及如何保养身体，还特别主张，“要想讲究卫生的法子，第一不要信服运命鬼神的邪说”。有病去找医生，不要认为是“运命所定”，或认为是“妖魔缠身”，治病靠烧香画符、算命卜卦是无效的。⑤名医丁福保也在《东方杂志》上发表文章《卫生要语十则》，告诉人们日常卫生应该注意的事项，他还翻译日本人的长寿法要领，来普及卫生知识。⑥后来成为著名学者的陈垣，清末时期也在《医学卫生报》《光华医事卫生杂志》等报章上发表了大量关于“卫生”的文章，推崇西医，提倡卫生的生活方式。⑦此类论述，在当时不胜枚举。

戏曲一直广受人们欢迎，而晚清社会改良戏曲的风气很盛，一

① 《论夏季宜注意于公共卫生》，《盛京时报》光绪三十四年五月初七日（1908年6月5日）。

② 《华字汇报》1906年7月14日。

③ 《优拔试期宜改秋日，以重卫生论》，《时报》1905年4月26日。

④ 《注重卫生》，《天铎报》1910年6月3日。

⑤ 铁郎：《保养身体的法子》，《安徽俗话报》第8期，甲辰六月十五日（1904年7月27日），第19—21页，人民出版社1983年影印本。

⑥ 《卫生要语十则》《长寿法要项三十二条》，《东方杂志》第6年第3期，宣统元年闰二月二十五日（1909年4月15日），第26—30页。

⑦ 可参看《陈垣早年文集》中的有关论述。

些医生就借机编出“医事新戏”，这些新戏的内容“描写时下产婆之误人，西医起死回生之手段，配搭角色，插以绝妙之科。”并用“外洋新制之女人模型，并真人骨骼一付逐件拆卸，详细指示，演说生理之原因，卫生之方法，能使人人知医，共登仁寿之域”①。

报刊上同时还大量刊登关于疫病、疫情、提醒人们注意公共卫生等事件的论述与报道，1902 年天津、北京、张家口等地出现流行性的疫病，新成立的《大公报》刊发了大量相关报道，刊载关于时疫发生原因、治疗办法的报道，提醒人们警惕疫病，注意预防和卫生，呼吁人们放弃靠神符、烧香拜佛驱疫的迷信做法。1908 年，江南许多地方暴发了瘟疫，“要算安徽、汉口、镇江等地最厉害。”这些地方所以发生瘟疫，除了水灾的影响外，根据时人的分析，“就是不肯讲究卫生的祸由，只晓得求神送鬼，闹一个不开交，不知道有病就医的”②。特别是在 1910 年东北发生鼠疫之际，《盛京时报》《大公报》等诸多报刊都进行追踪报道，献计献策，在公共卫生与私人卫生方面寻找预防及治疗办法，并提出扩充卫生行政，进一步向老百姓宣讲卫生的重要性。《东方杂志》等报刊还不断刊登外国的卫生情况报道，以资时人借鉴。

其外，一些新小说中也有宣传卫生知识的内容。如《闺中剑》就言：“是书旨在强种，强种之道在兴学。兴学又贵于普及，以成大同之化。”③在书中还有“胎教”一章，目的在于：“胎教即性命

---

① 《请看医事新戏》，《神州日报》1908 年 5 月 22 日。

② 《奉告上海城内同胞速保生命》，《国民白话日报》光绪三十四七月廿二日（1908 年 8 月 18 日）。

③ 破佛：《闺中剑·弁言》，小说林社，光绪三十二年（1906）腊月初版，三十三年（1907）正月，第 1 页。

之学之起点，其道亦与卫生之理相辅并行。因又附及卫生之学。”①对生理卫生知识重要性的认识，使写作新小说的人也把生理卫生知识纳入其中，因此有人就宣称，“无生理学不可以读吾新小说。”②

这时文化市场上还有一些关于体育的论述出现，如《云南》杂志上就将体育看作“竞争之利器，文明进步随之以判迟速者也”③。自然，文化市场上也有一些体育类书籍的出版，其著译宗旨亦与上述生理卫生书籍相仿。如《新民丛报》第30号上刊出的书目广告《德育及体育》（洋装全一册，定价二角五分）一书的广告词宣称的：

> 物竞酷烈，若公德缺乏，终为天演界所蚀。生当二十世纪以后之人类，固不可不慎也。即生理卫生，亦为助此生存之要素，否则，育智感情意志三者，欲发达而有所未逮。此篇论议之基础，专属此点，意深微而显露，非寻常泛义可比，言长养自然者，亟宜宝之。④

又如《体育学》一书的广告词：

> 今日世界文明教育，分德育、智育、体育三大纲面。吾国救时之要，尤以体育为急。是书系嘱秦君岱源辑译，采集各种

① 破佛：《闺中剑·弁言》，小说林社，第1—2页。

② 《读新小说法》，《新世界小说月报》第6、7期，转见陈平原、夏晓虹编：《二十世纪中国小说理论资料》（第1卷），北京大学出版社1989年版，第273—279页。

③ 伯林：《体育》，《云南》第1号，丙午年八月二十八日（1906年10月15日），第37页。

④ 《新民丛报》第30号，光绪二十九年三月二十九日（1903年4月26日），第5页。

体育新说，加以图绘，明白晓畅，妇孺易解。凡有志强种保国者，不可不家置一编也。①

再如《普通体操法》的宣示："博采各国体育学家之说，尤为吾国强种之源。"②一些针对学生课余娱乐、锻炼的"游戏"类书籍也如是宣称：

体操为各科学之本原，而游戏又为体操之阶梯。盖儿童性质好动，常多游戏竞争，因势利导，使之习惯尚武之精神，即以培成强国之基础。……③

在当时人有关体育的论述里，亦有着类似看法：

体育者竞争之利器，文明进步随之以判迟速者也。立此优胜劣败、竞争剧烈之天演旋中，苟不于此三注意，而欲使文明神胄发扬蹈历，得高视阔步，以徜徉于浑圆球上，敢决其为大谬不然者。④

可以看出，上述这些体育类书籍的广告，其修辞策略与上述生理卫

① 《国学社出版书目广告》，《浙江潮》第 7 期，光绪二十九年七月二十日（1903 年 9 月 11 日），台北中国国民党党史会 1968 年影印本。

② 《作新社图书局广告》，《苏报》1903 年 5 月 6 日，台北中国国民党党史会 1968 年影印本。

③ 《新出〈游戏萃编〉》，《天铎报》1910 年 6 月 20 日。

④ 伯林：《体育》，《云南》第 1 号，丙午年八月二十八日（1906 年 10 月 15 日），第 37 页。

生书籍的修辞策略是完全一致的，一样先由种族与卫生说起，再结合当前形势，突出其书之重大意义。

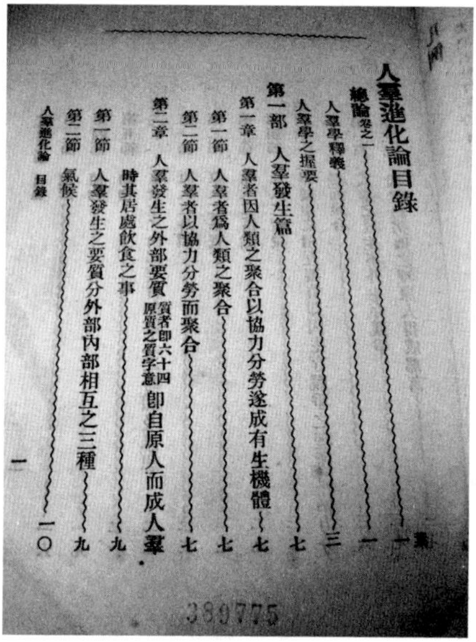
人羣進化論目錄
總論卷之一 一
人羣學釋義 一
人羣學之握要 三
第一部 人羣發生篇 七
第一章 人羣者因人類之聚合以協力分勞遂成有生機體 七
第一節 人羣者爲人類之聚合 七
第二節 人羣者以協力分勞而聚合 七
第二章 人羣發生之外部要質 質者即六十四原質之質字意 卽自原人而成人羣
時其居處飲食之事 九
第一節 人羣發生之要質分外部內部相互之三種 九
第二節 氣候 一〇
人羣進化論 目錄 一

《人群进化论》书影

除掉以上这些涉及生理卫生的诸多文类之外，当时书籍市场上还出版不少专门讲人类起源或种族以及进化论的翻译书籍（大概的书目，参看本书附录一），这些书籍亦与生理卫生书籍有大致相仿的出版、著译宗旨。如1902年8月27日《中外日报》上“广智书局新书出版”中关于《族制进化论》一书的广告：

> 此书日本硕学有贺长雄所著，所据为英国鸿哲斯宾赛尔原本，而多张引东方之例以证之，其言进化之理最为透辟。有志哲理者其可舍旃？全一册，定价三角。

再比如“严著《进化要论》”的广告词：

> 此书为严君锦荣所著，与寻常译本不同，共分三编：曰生之进化，家之进化，国之进化，哲理与历史，议论与事实，兼

举并包，一线贯串。体裁既极简赅，行文又最明畅，且揆时立论，专为我国前途指迷，精光四射，意味无穷，诚为独一无二之良著，极有关系之巨文。海内志士，或究心人伦道德，政治社会，教育历史，经济哲理之学，以筹谋夫缮生保家救国之方。展读是书，获益匪浅，真黑暗世界之朝日，迷茫沧海之南针也。严君今肄业美国大学校政治科。开明书店代白。①

再比如《新世界学报》封底的“《各国种类考》出版广告”：

诸暨赵氏丛刻本，首五洲总考；次亚细亚洲，曰日本、曰印度、曰波斯，次小亚细亚，曰巴勒士登、曰阿剌伯、曰朝鲜、曰南洋滨海各国、曰南洋群岛，次欧洲……凡三十二篇。附通种、强种说，二篇析种类生灭之微，演万国大同之理。有恃旧种而不修实学，抚贵种而不竞自存者，亟宜取是书而读之也。西装本实银两角五分，邮税四分，趸购酌减。上海四马路惠福里上海编译局白。②

一些书籍如《社会进化论》书后也附有这类广告——其中有《社会进化论》《人种志》的简介。《社会进化论》（侯官萨端译）：

社会状态何日不在进化之中，眩于目前之文明，不知所以

① 《中外日报》1903年2月20日。

② 《新世界学报》第1期，光绪二十八年八月一日（1902年9月2日）。

变迁之理，则识见之谫陋，自不待言。是书为日本硕学有贺长雄所著，分为三篇。前二篇多据斯宾赛尔之说，后一编全出著者研究之心得。其于人事之变迁、国势之消长，论之綦详，译之以饷国民。

《人种志》的广告为：

侯官林楷青译，定价大洋二角。现今为人种竞争时代，中国学者少有究心斯学者，浏阳唐氏始著《各国种类考》一书。然当时考据之书甚缺，出于理想者多，征诸实验者少，未足餍讲求是学者之望。此书为日本理科大学讲师乌居龙藏编纂，励学博士坪井正五郎校阅，考证精确，诚考求历史地理学者之根本也。

在内容上，这些书大多都开门见山，显示其著译宗旨。如《物竞论》（杨荫杭译本）的《凡例》即说：

是书所言，皆生存竞争、优胜劣败之理，其义富、其词危，务使人发愤自强，以图进取，此其本旨也。

总起来看，这些书籍都在宣传一种优胜劣汰的社会达尔文主义思想，[①]并提示中国人不自强、不强种的后果，激励时人知耻而后

① 关于进化论在近代中国的传播情况，可参看马自毅：《进化论在中国的早期传播与影响——19 世纪 70 年代至 1898 年》，收入《中国文化研究集刊》第 5 辑，第 262—325 页。

勇，看清形势，发愤图强。如孙宝瑄在读到杨荫杭译的《物竞论》后，感叹说："天下无公理，惟有强权。"①穆藕初也在1902年了解了赫胥黎天演学后，"知淘汰之可畏，争存之必要"②。类似表达，均可管窥当时进化论书籍及观念对于时人思想的影响力。

凡此种种现象，均说明这些进化论书籍的出版旨趣与著译关怀所在，"天演之公理，曰优胜劣败，曰生存竞争。世间万物，皆莫能外。国家之立，进退存亡，难逃此例。"③这样的理念在晚清已经广被接受，成为时人自强图存的思想资源。

对卫生的讲究，更具体言之，就上升到生殖方面，像时人之谓："如今我们中国的文弱，到了极处啦，卫生更是要紧的一回事啦。再要往这卫生的极处说，还是根乎胎教哪。"④这时，配合晚清舆论场里提倡卫生、改造身体和种族的论述，晚清文化市场上就出现了一批生殖医学书籍，这些书籍采取了与上述生理卫生书籍同样的出版策略及文化政治操作，又因为比上述书籍更注重细节和可行性，且进一步与种族和国家建构了大写的联系，非常能凸显晚清文化空间的政治化现象和展现时人对于强种的集体焦虑和文化想象。下一章就侧重于这种书籍在当时文化市场上的状况与其大致的内容，以及它们在时人所编书目中的一些呈现。

---

① 《忘山庐日记》，第365页。

② 穆家修、柳和城、穆伟杰编：《穆藕初先生年谱》，上海古籍出版社2006年版，第20页。

③ 《广劝学篇》（再续），《津报》1907年6月2日。

④ 《说卫生》（录《烟台白话报》），《盛京时报》光绪三十三年七月二十八日（1907年9月5日）。该文被改名为《演说卫生》，收入《奉天通俗白话报》第3年（光绪三十三年第10、11、12合期，第251—253页）。

第三章　晚清文化市场上的生殖医学书籍

世之毁誉莫能得实，审形者少，随声者多。

——应劭《风俗通义·正失》

一　回　顾

先秦时期，古人并不讳言性，所谓："食、色，性也。""饮食男女，人之大欲存焉。"一些典籍如《诗经》《史记》亦有不少相关的记载与表达，《汉书·艺文志》《隋书·经籍志》都收有不少与性有关的养生学书目。中国古代性文化及养生学之发达，从相关的出土遗物、留下的关于房中术的记载，以及存留的大量医学书籍、所谓淫词小说、春宫画等方面，均可窥豹一斑。①

① 可参看樊友平等主编：《中华性学观止》；段成功、刘亚柱主编：《中国古代房中养生秘笈》（上、中、下），中医古籍出版社2001年版。又可参看高罗佩（R. H. van Gulik）：《中国古代房内考》，李零等译，上海人民出版社1990年版；高罗佩：《秘戏图考》，杨权译，广东人民出版社1992年版；张国星编、茅盾等著：《中国古代小说中的性描写》，百花文艺出版社1993年版；马克梦（Keith McMahon）：《吝啬鬼、泼妇、一夫多妻者——18世纪中国小说中的（转下页）

尤值得我们注意的是，在中国古代医学中，很早就开始注重优生及胎教，长沙马王堆汉墓出土的竹简中就有不少的医书，里面就有不少内容如《杂疗方》《胎产书》《合阴阳》等涉及优生、胎教及房中术的①。考虑到马王堆汉墓的下葬时间为汉文帝十二年（168年），那么这些医书至少应该早于这个时间，其部分医书的成书年代可能要早及先秦，且这些书籍均为刘向、歆父子未及见，在《汉书·艺文志》中也未存目的著作。

在其后的中国历代医学典籍中，从葛洪《抱朴子·内篇》，到巢元方等《诸病源候论》、孙思邈的《千金要方·房中补益》，以及日本人丹波康赖收集中国隋唐以前医书整理汇编而成的《医心方》，该书卷二十八中的《房内》②（特别是其中的《求子》篇），再到南宋陈自明撰的《妇人大全良方》，其后的《三元延寿参赞书》《万氏家传养生四要》《景岳全书》等，都有不少关于优生、胎教及男女房事的记载和分析。③这些论说固然夹杂着不少荒唐和淫靡的见解，但亦反映着中国传统中医学在性及生殖、养育问题上的一些观念。④

饶是如此，对“性”进行公开的学理探讨，除了医疗需要，一

（接上页）性与男女关系》，王维东、杨彩霞译，人民文学出版社 2001 年版；刘达临：《中国古代性文化》，宁夏人民出版社 2003 年版；王强：《遮蔽的文明：性欲观念与古中国文化》，台北文津出版社 2003 年版；等等。

① 参看魏启鹏等：《马王堆汉墓医书校释》（2），成都出版社 1992 年版。

② 丹波康赖：《医心方》，人民卫生出版社 1955 年影印本，第 633—657 页。

③ 参看樊友平等主编：《中华性学观止》。

④ 可参看 Charlotte Furth，*A Flourishing Yin*：*Gender in China's Medical History* (*960—1665*)，Berkeley：University of California Press，1999。

般情况下人们都对之讳莫如深或存而不论。尽管在实际的生活消费中，此种关于“房中术”的书籍、情色图画依旧在社会上广泛流行，屡禁不止，甚至渗透至皇宫之内。一些所谓的淫书、淫画以及春药，则更是许多有钱家庭的常备品，《金瓶梅》以及遗留下的明清时期生产的大量色情文学、图画里的记载足为明证。这对宋以后一直流行的“存天理，灭人欲”的意识形态教条，无疑是莫大的讽刺。无怪乎明清两代的统治者及一些卫道者不断颁布法令、说教，要查禁淫书、淫画、淫戏，表面上是担心这些文类可能诲淫、伤风败俗，“遂使青年逸少，色夺魂摇，忽兴怀赠芍；闺阁名姝，神迷意乱，早致慨于摽梅。旷夫怨女，欲火滋生，顿起旁私之念；尼姑孀妇，死灰更炽，每多丧节之羞。是教一世之人，裂节堕行”①，实则是担心伦理纲常由此受到威胁，老百姓不再尊君亲上，某些“愚民”甚或“转相慕效，纠伙结盟，肆行淫暴”②，危及宰制者的统治秩序。相反，统治者自身则是骄奢淫逸、荒淫无度、两面派、假正经，禁令说教仅是用来训导老百姓的规范，而非他们自身需要恪守的教条。

但上有政策，下有对策，禁者自禁，阅者自阅，“功令虽有严禁之条，而奉行者多以为具文。”③防民之口，甚于防川。防民之“眼”，则更等而“上”之了。可以说，这些“诲淫”文类与有关的

---

① 吴兆元：《劝孝戒淫录》，转见王利器辑录：《元明清三代禁毁小说戏曲史料》（增订本），上海古籍出版社 1981 年版，第 285 页。

② 见“嘉庆十年禁毁小说”，转见王利器辑录：《元明清三代禁毁小说戏曲史料》（增订本），第 56 页。

③ 余治：《删改淫书小说议》，见《重订得一录：各项善堂义举规章》“卷五”，上海人文印书馆 1934 年版，第 46 页。

性文化，从民间到朝廷，一直在暗中流行着、传播着，即便是在清代程朱理学极为盛行的情况下也未能例外。①所谓“防淫愈严，而淫风愈盛”②，到了晚清，这些性文化更是假西学之名堂而皇之浮出水面。

这时的中国面对“三千年未有之大变局”，为适应形势，探索国富民强之道，西方的新学理被大量引入中国，一时之间，诸多新说杂陈。其中一些关于性及相应的生殖构造之类学说开始被引入中国，个别趋新人士如谭嗣同甚至主动接触这类话题。谭嗣同结合“中国国情”，打破沉默，直言不讳地在《仁学》中指出：

> 男女构精，名之曰“淫”，此淫名也。淫名亦生民以来沿习既久，名之不改，故皆习谓淫为恶耳。向使生民之初，即相习以淫为朝聘宴飨之巨典，行之于朝庙，行之于都市，行之于稠人广众，如中国之长揖跪拜，西国之抱腰接吻，沿习至今，亦孰知其恶名？乍名为恶，即从而恶之矣。或谓男女之具，生于幽隐，人不恒见，非如世之行礼者光明昭著，为人易闻易睹，故易谓淫为恶耳。是礼与淫，但有幽显之辨，果无善恶之辨矣。③

在谭嗣同看来，所谓淫之类认识，皆为后天人们的建构，由积

---

① 有关情况，可参看李孝悌：《18世纪中国社会中的情欲与身体——礼教世界外的嘉年华会》，《“中研院”历史语言研究所集刊》，第72本第3分，2001年9月，第543—590页。

② 康有为：《大同书》，收入钱锺书主编、朱维铮编校：《康有为大同论两种》，生活·读书·新知三联书店1998年版，第223页。

③ 蔡尚思、方行主编：《谭嗣同全集》（下），中华书局1981年版，第301页。

习而成，非其本来之面目：“向使生民之初，天不生其具于幽隐，而生于面额之上，举目即见，将以淫为相见礼矣，又何由知为恶哉？”①因而，谭嗣同认为，在中国，“若夫世之防淫，抑又过矣，而适以召人丁淫。”即或是采取“立淫律”“禁淫书”“耻淫语”“锢妇女使之不出”“严男女之际使不相见”等措施，也难以达到“防淫”的目的。因为，男女交往、“构精”，实为人之天性，“男女构精，特两机之动，毫无可羞丑，而至予人间隙也”。②如违反人性，效果只会适得其反：“今锢之，严之，隔绝之，若鬼物，若仇雠，是重视此数寸之牝牡，翘之以示人，使知可贵可爱，以艳羡乎淫。然则特偶不相见而已，一旦瞥见，其心必大动不可止……”③只会愈发增加其诱惑力。谭又云：“今悬为厉禁，引为深耻，沿为忌讳，是明诲人此中之有至甘焉，故为吝之秘之，使不可即得，而迫以诱之。”④随后，谭嗣同又补充言之，防淫如“逆水而防，防愈厚，水力亦愈猛，终必一溃决，泛滥之患，遂不可收拾矣”⑤。

较之傅柯（Michel Foucault）在其巨著《古典时代疯狂史》一书里对“疯狂”的研究⑥，我们不难发现谭嗣同的建构论观点与60年之后的傅柯颇有隔代相挈之处。在《古典时代疯狂史》里，傅柯揭示的疯狂史告诉我们，疯狂有其历史，它不是自然面的事实，而是一个文化面的事实。疯狂在古典时代被认为是与神圣相关的，是

① 蔡尚思、方行主编：《谭嗣同全集》（下），第301—302页。
② 蔡尚思、方行主编：《谭嗣同全集》（下），第305页。
③ 蔡尚思、方行主编：《谭嗣同全集》（下），第303—304页。
④⑤ 蔡尚思、方行主编：《谭嗣同全集》（下），第304页。
⑥ 傅柯：《古典时代疯狂史》，林志明译，生活·读书·新知三联书店2005年版。

疯人寻求的善，疯人在此被当作神圣的人物。但到了 17 世纪，特别是从笛卡儿以来，疯狂被化约为心智疾病的年代，疯狂开始被启蒙理性视为是对正常行为规范的一种背离，具有危害性和危险性，应该受到放逐，疯狂病人也要被特殊管理、甚或被监禁。到了 18 世纪末以来，随医学的发达，人们逐渐认识到疯狂是一种病，疯人或精神病人需要在疗养院被隔离治疗，疯狂者将在疗养院接受医生的治疗与惩罚。这样疯狂者也就彻底失去了它曾经在古典时代享受的自由以及发现人之最终真相的特权，而不得不接受外在的、来自理性和“真理”的规训。有鉴于此，我们或可说社会对“淫”的看法，也是一个历史建构的过程，而非自然的发展，在这个过程中，不同时代的人们逐渐对其加以限制、束缚，以及种种的戒律，以保证人心风俗的净化与社会的安定。谭嗣同对“淫”的看法实可与傅柯关于疯狂、疾病、性等的论述相发明。

谭嗣同还对社会上关于男女犯淫的不同看法表示了批判：“男则姬妾罗侍，纵淫无忌；女一淫即罪至死。”①而男女“同为天地之菁英，同有无量之盛德大业”，本应该“平等相均”，为何厚此薄彼？对男性要求宽松，对女性则严格控制。只是这样也不能消除“淫”的现象，为了消除“淫”的存在，则应该采取宽容多接触的方法，让男女“导之使相见，纵之使相习，油然自得，澹然相忘，不觉有男女之异”，然后才可能“淫然后及今可止也”。②

进而，谭嗣同又探讨了男女交媾的医学基础：“若更得西医之精化学者，详考交媾时筋络肌肉如何动法，涎液质点如何情状，绘

---

①② 蔡尚思、方行主编：《谭嗣同全集》（下），第 304 页。

图列说，毕尽无馀，兼范蜡肖人形体，可拆卸谛辨，多开考察淫学之馆，广布阐明淫理之书，使人人皆悉其所以然。”①在这种情况下，人们会觉得男女交媾了无神秘之处，“其事乃不过如此如此”，自然容易“断淫”，而西国“淫俗”之少于中国，正在于其“西人男女相亲，了不忌避，其接生至以男医为之。”②因之：“遏之适以流之，通之适以塞之，凡事盖莫不然，况本所无有而强致之，以苦恼一切众生哉。”③

上引谭嗣同在性问题上的看法，不仅在当时属于空谷足音，发中国人前所未发，即便在当下，亦属激进之论，用“冲决网罗”来形容，实不为过。不过谭嗣同这里还只是就事论事，他批评较多的是当时的道德习俗，特别是其中虚伪的禁欲说教，并没有将性与种族、与民族国家联系起来。

就目前的材料看，清季趋新士人中能够踵续谭嗣同在性问题上的看法，且又有所发展而不走向极端的人，可能要推孙宝瑄（1874—1924）了。

在《忘山庐日记》中，孙宝瑄留下了诸多关于他阅读《仁学》及一些新出生殖医学书籍的记载与评论。从这些记载和评论来看，因其能购买和读到许多谭嗣同时代没有翻译出版的新书，特别是有关的性生理学书籍，并结合佛学、传统伦理道德等资源大加发挥，故孙宝瑄的见识较谭嗣同又有许多差别。

比如孙宝瑄就认为谭嗣同在《仁学》（孙初称之为《仁说》）中这样的说法：“向使生民之初，天不生其具于幽隐，而生于面额

①②③　《谭嗣同全集》（下），第305页。

之上，举目即见，将以淫为相见礼矣”，是“此好为新说，而未潜思夫理也”。[①]孙宝瑄认为男女媾合是由于“爱力”，而“爱力”来自男女相处产生的“两情相悦”，没有感情，男女之间就会产生“拒”，程度加深还可能会导致“杀”，只有感情深厚了才会产生交合。“拒之极至于相杀，爱之极至于相淫。”这种“杀”和“淫”的感情必须得到发泄，即便是圣人亦不能禁止，所做的只能是为之提供出路与告诫，“圣人不能遽禁其淫且杀，以返于无对待之境。于是为之节制，许烹杀禽兽，以泄其杀之机；许娶妻置妾，以泄其淫之机”。只有如此，个人的欲望及能量才能得到满足和释放，再加之以“仁”“礼”的约束，世界才能逐渐进化到“公理日明”“民智大进”的阶段，“杀”“淫”现象才可能消除，“有所泄，斯有所止，乃能有所不杀不淫者，以仁相接，以礼相限，而世界可少安。然由斯渐进，公理日明，必期于淫杀尽去，爱拒悉化，返于无对待而后已”。[②]所以，“杀”“淫”、娶妻等人类生活中的正常现象不是出于人类之本意，是来自条件反射，实乃不得不然，“故知肉食娶妻，实据乱不得已之法，而非天理中本有也。是故闻声于庖厨者恻然，男女结褵而色觍然，皆天理微发露者”[③]。

假如真如谭嗣同（甫生，即复生）之言：“媾合之具若生颀顶则不足羞。”孙宝瑄反驳道：

如是岂尽人可以淫乎？而淫遂足为天理乎？尽人可淫，则

①②③　孙宝瑄：《忘山庐日记》（上），第235页。

> 亦尽人可杀矣。且淫者，秽垢之事也，性体贵净，故非所当有，岂交合于顶颇者遂不秽亵耶？以口相交，谓之接吻，西人惟夫妇行之，不避人，亦不施于他人也。中国人犹视为秽亵，而讥之曰夷礼。可知即生颇顶，而终以为秽垢事，亦不可行于广众间也。①

这里，区别于谭嗣同在“淫”问题上的“建构论”立场，孙宝瑄的观点显然是一种自然进化论。在孙稍早的日记中，就有这样的记载：

> 二十四日，晴。……览《植物图说》论结子法。花子房口有松，小珠间有粘性者，花须头所放花精粉，与此小珠相遇，则感而生子云云。
>
> 忽记过津时游医学堂观假人体具，医师指示：女人子宫旁有膛贮小珠，云交媾时此珠出，与男精遇，则成孕。观此，可知动物、植物有同理也，特植物自为雌雄耳。②

孙宝瑄又认为：

> 目之好色也，耳之悦声也，口之嗜味也，身之喜安逸也，皆人欲也，吾以为天。好色而不淫于色，悦声而不溺于声，嗜

---

① 《忘山庐日记》(上)，第235页。
② 《忘山庐日记》(上)，第133—134页。

> 味而不耽于味，喜安逸而不贪著安逸，皆天理也，吾以为人。盖天者顺其自然也，人者知有当然也。顺自然之性，所谓任天行也；法当然之理，所谓尽人事也。①

比较起来看，谭嗣同在“淫”问题上的意见一反当时社会风气，剑走偏锋，有好为惊人之论之嫌，不如孙宝瑄持论平和折中。但无可否认，人们关于“淫”的看法的确是逐步被建构起来的，不同的社会和族类都有其对“淫”的不同见解，这同一个地方、一个社区或一个族类的文化习俗有关，并不会有一个统一的标尺。一些行为在某些社会或群体看来是天经地义、理所当然之事，但在别处的社会或群体看来或许会是非圣无法、天理难容。人类学研究通过描述文化多样性及差异性早已在这方面为我们提供了诸多的范例，如吉尔兹之语：“用别人的眼光看我们自己可启悟出很多瞠目的事实。承认他人也具有和我们一样的本性则是一种最起码的态度。但是，在别的文化中间发现我们自己，作为一种人类生活中生活形式地方化的地方性的例子，作为众多个案中的一个个案，作为众多世界中的一个世界来看待，这将会是一个十分难能可贵的成就。只有这样，宏阔的胸怀，不带自吹自擂的假冒的宽容的那种客观化的胸襟才会出现。”②以今日的“后见之明”看，谭嗣同对“淫”的看法确实是一针见血，揭示了在传统中国“淫”的社会面向，对比当时理学的禁欲说教，无疑是一个大的反叛。

---

① 《忘山庐日记》（上），第280页。

② Clifford Greetz：《地方性知识——阐释人类学论文集》，第19页。

不过，谭嗣同、孙宝瑄两人也有所见略同之处，他们都承认男女之别只在其生殖器官之不同。谭嗣同言：“夫男女之异，非有他，在牝牡数寸间耳。”孙宝瑄则说：男女天生之形貌，自头、面、耳、目、发、齿、鼻、舌，以至于手、足、臂、指、腰、胺、项、肩，一一皆相同，所异者，胯间之一物耳。①进而，孙又认为，是衣服让男女区别明显起来，也使女子看起来更充满诱惑一些：“有衣以蔽覆之，其物不可见，则男与女之外状有何殊别耶？乃女环其耳，缠其足，粉其面，脂其口，矫揉造作，种种与男子作分别相，使人一见，即觉其女子，吾不知其居何心？”②若是这样，则效果会适得其反，女子的这种妆饰倒会产生“诱淫”，“我国女子种种装饰，无一非导淫之具”。③只有变改男女之间服制装束上的区别，男女穿戴相同，“则男女相见，彼此相忘，阴阳二电不易感动，则淫风庶几少息”④。但“淫欲”也并非全是害处，其利害全在乎人们的把握，“淫欲者，人皆视为至乐之境，又莫不视为至恶之事。然用之不得其宜，至乐可变为至苦；用之得其宜，至恶可变为至善。何也？戕身败家，非至苦耶？传种保家，非至善耶？”⑤故此不必对“淫”一味谴责，“饮食所以养生，男女所以传种，于世界动物类有极大关系，不可一日无者也。”⑥从此角度看，人们对淫欲不必过于敏感，只要有节制，淫欲还是男女得以传种的基础。当然，没有节度，淫

① 《忘山庐日记》（上），第701—702页。
② 《忘山庐日记》（上），第702页。
③④ 《忘山庐日记》（上），第701页。
⑤ 《忘山庐日记》（上），第592页。
⑥ 《忘山庐日记》（上），第305页。

欲就会导致淫乱，但亦不能因噎废食，“不能以淫乱而废男女也”①。孙宝瑄还自我批评、自我检讨，他通过阅读佛学书籍也认识到：佛云：淫火炽盛，便能焚烧诸善之本。②于此语，孙宝瑄领悟到佛家善果之所由成的原因。他希望效法佛家的禁欲修行来控制自己的“淫意”：“余自检生平过恶，于淫杀二字，去杀净尽，未能去淫。身淫不犯，意淫难除。今欲致力佛行，必自扫荡意淫始。余前未觉也，今日觉矣，请自今日始。”③

二　生殖医学书籍的广告

综合起来看，谭嗣同、孙宝瑄都吸纳了传统医学及佛学关于性、色的见解，并融会了晚清传入的西方新学、西方医学的某些观点。不过，由于谭嗣同的早逝，在接受西方包括来自日本的学说方面，孙宝瑄有更大的优势。在谭嗣同不及见的20世纪初年，根据目前看到的材料而言，特别是在1901—1903年间，中国的书籍市场上有大量的生殖医学书籍出版，其中多是翻译自日本。这时，这些书籍已不再藏头露尾，而是堂而皇之地进入文化市场，并成为许多读书人的阅读选择。下面就从这些书籍的广告谈起，笔者先根据这些广告来展现当时这些生殖医学书籍的出版关怀与主要内容。

20世纪初，当时文化市场上这类书籍广告主要有以下多种（广告词内容完全重复者不录）：

① 《忘山庐日记》（上），第506页。
② 《忘山庐日记》（上），第454页。
③ 《忘山庐日记》（上），第378页。

> 新译东洋原本《戒淫养身种子男女交合新论》：是书专门考验养身要法，莫当淫词误观。读者不但益于胎产，且能延寿长生。故译成华文，半为劝世，以供众览。定价八角。托上海四马路第一楼后理文轩书会、三马路朝宗坊口日清书馆，香港、新加坡均有代售。美国法乌罗、日本神田彦太郎。①

这则有书籍简介的广告词是笔者在《中外日报》上看到的第一则此类书籍的专门广告。稍后，这则广告曾略微增加，继续刊登在《中外日报》上：

> 《戒淫养身种子男女交合新论》：是书专门考验养身秘法，莫当淫词误观。读者不但益于胎产，且能延寿长生，并附搜胎图，分绘十四种。故译成华文，半为劝世，以供众览。定价八角。托上海四马路第一楼后理文轩书会、三马路朝宗坊口日清书馆，香港、新加坡均有代售。美国法乌罗、日本神田彦太郎。②

后则广告词多了“并附搜胎图，分绘十四种”等字，该广告词每日刊登，一直到 7 月 10 日。之后，该广告停了一段时间，直到 7 月 20 日复又出现在《中外日报》上，但广告词又回到 7 月 1 日那个，此后再刊登就一直没有更改了。

---

① 《中外日报》1901 年 7 月 1 日，2 日广告词与之相同。
② 《中外日报》1901 年 7 月 3 日。

不过，在上面这则有比较详细介绍的广告词之前，“上海一马路弟一楼后理文轩中外书会”也曾刊出书目广告①，只是只有书名而无书籍简介，该广告列举有诸如《各国五彩地图》《英文东文读本》《碑帖》及各种实学书目，还包括《太上感应篇》《关圣帝君觉世真经》等善书和一些字典。最重要的，里面有些关于生殖医学的书目，这也是笔者发现的最早关于此类书的广告。其中云：《生植器新书》（“生植”原文如此，下同）一元五角，《普通妊娠论附小儿养育法》一元三角，《通俗造化机论》六角，《男女交合机论》五角，《无上之快乐》四角，《男女交合新论》五角，《男女造化机论》七角，《男女交合秘诀》五角。从上述这些书名，除《通俗造化机论》不能确定其是否与性和生殖有关，其余各书都应该和生殖及性有关。大概这些书的内容太过露骨，加之有人怀疑理文轩出售《今古奇观》等“淫书”，为此，一自称为“上海理文轩主人”的人还专门在《中外日报》上刊登广告，为自己辩诬：“予虽托书业，不忘庭训。……余必不至出售著名极淫之书，致被获办而入下贱。”②

根据理文轩的背景推测，这些书应该来自或译自日本（当然一些书也是日本翻译自欧美的），因为该广告后署名“东洋、香港、上海理文轩中外五彩书会告白”，其在广告词起始处亦自表身份，自称：

① 《中外日报》1901 年 6 月 25 日，此广告词其后还不断重复在《中外日报》上刊登。不过，理文轩在《新闻报》上的广告如“理文轩中外书会新书地图卖捌所”广告却并无此类书籍。参看《新闻报》1902 年 5 月 4 日。此广告在《新闻报》上也多日有刊登。

② 《中外日报》1901 年 9 月 12 日。

> 总会在东京，官绅赐顾，赞美四远驰名，今分会设上海，仍用头等机器，照东京本会章程。更价目较上海各局从廉，更加工精物美，推广招徕。赐顾者请临本会面议。外埠函议均可。①

此后，该广告时断时续，经常出现在《中外日报》上。

《新闻报》上此类广告的出现则稍晚，笔者看到的最早的广告刊登在1901年11月17日，在会文堂的“新译各种出版”的书籍广告里，笔者发现了《男女交合新论》《传种改良问答》《小儿养育法》《卫生学问答》等书的广告，而且这些书目后都没有标注价格。该广告后来连续三天刊载在《新闻报》上。在1901年12月24日的《新闻报》上，又刊登出一则“上海会文堂新译书出版”广告，其中《传种改良问答》《小儿养育法》《卫生学问答》三书都标注了价格，分别是二角、二角、钱三百，但没有了《男女交合新论》的书目，大概是因为广告词中已说了“新译各书不及细载，另有本店书目一本附送”吧。

有意思的是，理文轩这里的《生植器新书》已经出版，但还有别人也在翻译此书。《中外日报》1901年10月30日（即农历九月十九日）在“来函”栏刊出了一批“汇录各译书处嘱登新译书目”，其中就有《生殖器新书》的书名，署宝山仇光裕译，上海王建善笔，美国花立克著。这则消息刊出十天后，1901年11月10日（即农历九月三十日）的《中外日报》上，就有读者来函出现：

---

① 1905年9月11日《南方报》上有《上海法商理文轩书会广告》，大概理文轩在此期间曾经易主。

读贵报九月十九日（即1901年10月30日）来函门内登宝山仇光裕、上海王建善所译《生殖器新书》，美国花立克著。此书同人正在翻译，未稔仇、王二君是否将全书尽译？抑就《生殖器》一种节译？仇、王二君之住址贵报馆当有所闻，望即开示，以便彼此知照为感。①

第二天，马上就有原译者回应：

读九月三十日（即1901年11月10日）贵报来函门，登某君书所询《生殖器》译本。此书系弟等照美国花立克所著原书全译，现已付印，俟出书当即奉呈。弟建善，住育材书塾；弟光裕，住在嘉定普通学社。特此布复。②

很明显，这则回应不提读昨日贵报，却言“读九月三十日贵报”，与所询函语气如出一辙，显示此则回应系早已写就，很可能是译者及报纸编者合伙演出的双簧戏，故意借此吸引读者眼球，来为将出版的《生殖器新书》制造舆论效应。到1902年7月9日，《中外日报》上正式刊登了《生殖器新书》的广告，其词云：

是书一名《婚姻之领港》，美国霍立克著，宝山西学医士仇蓉秋、上海儒医王立才合译。分前后两编，附图三十四幅，

① 《中外日报》1901年11月10日。
② 《来函》，《中外日报》1901年11月11日。

发明男女生育之理至详且备，较现行各种生理学书多至四五倍。读之可以广嗣续、少残废、救羸弱、免夭折、开智慧，诚男女卫生进种要书也。洋纸洋装，前编已出，定价一元，后编即出。①

此后，该广告曾连续刊登在《中外日报》上。

1901年10月，会文堂书庄的“上海会文堂新译书籍”广告，开始有《传种改良问答》一书的名字②。在该广告里，该书定价大洋二角半，是和其他书如《俄国新志》《法国新志》《保全生命论》《卫生问答》、新译《小儿养育法》等一起作广告的。在《新闻报》上，则有会文堂新译《小儿养育法》的介绍广告：

此书论调理产妇养育小儿、选择乳母等法。说简而赅，理新而确，当为小儿科中第一奇书。每部大洋两角。③

但1901年11月8日的《中外日报》上关于此书的广告词略有不同：

《小儿养育法》为日本大医院通行本，论调理产妇养育小儿、选择乳母，考察牛乳等法。语简而赅，理新而确，皆可试

---

① 《中外日报》1902年7月9日。该广告也出现在1902年6月16日的《新闻报》上，作广告的主儿是“日新书所发行所”。

② 《中外日报》1901年10月13日。

③ 《新闻报》1901年10月27日。

> 诸已用，诚宜家置一编，以备查检。每部大洋两角。零趸一律，寄售处在上海棋盘街广学会、会文堂、理文轩、无锡两利利宝、日升山房。

后来，《传种改良问答》一书也被单列在《中外日报》上作广告，其词曰：

《传种改良问答》书影

> 是书森田峻太郎编纂，共七章。第一章总论，第二章论男女生育期，第三章论婚姻，第四章论交媾，第五章论妊娠，第六章论产，第七章论小儿期。为生理学中第一奇书，诚男女之所必读。每部大洋两角，零售一律，翻印必究。①

而在《新闻报》上会文堂“新译各种出版”的广告里，亦有《男女交合新论》《传种改良问答》《小儿养育法》《卫生学问答》等书目出现，惟此处并没有标定价。②在 1901 年 12 月 24 日《新闻报》“上海会文堂新译书出版”的广告里，其中依然有《卫生学问答》

---

① 《中外日报》1901 年 11 月 8 日。该书同样内容的广告亦出现在《增订第四版卫生学问答九章》的插页，辛丑（1901 年）九月无锡畴隐庐重印本。

② 《新闻报》1901 年 11 月 18 日。

（三百）、《传种改良问答》（二角）、《小儿养育法》（二角）等书的书目。在《新闻报》1902 年初的“会文堂新译书出版”广告里也有《卫生学问答》（三百）、《传种改良问答》（二角）、《小儿养育法》（二角）等书。①此后在 1901 年年底和 1902 年年初的一段时间，在《中外日报》上偶尔刊出的“会文堂发兑书籍”的广告里②，继续有《俄国新志》《法国新志》《保全生命论》《卫生问答》《新译小儿养育法》等书目，但已经不见《传种改良问答》，大概此时该书已经售完，新版还没有印刷。到 1902 年 3 月 13 日，《中外日报》开始刊登会文堂政记书局的“新书出版绍介”广告，其中才有《订正传种改良问答》的书名，并标其定价为二角。此后，这则广告不断出现。后来则以“会文堂政记最新各书出版”名字作广告，里面又有《传种改良问答》（定价二角）出，同时还有《卫生学问答》（钱三百文）、《小儿养育法》（二角）等书目。③而大约同时在《新闻报》会文堂政记书局的“新书出版绍介”广告里，也看到《订正传种改良问答》（二角）、《增订卫生学问答》（三百）、《小儿养育法》（二角）等书目的出现。④稍后，《新闻报》自 1902 年 3 月 20 日起，连续刊登了“上海宝善斋书庄发兑新印各种时务书籍”广告，其中也有《男女交和论》《男女育儿新法》等书（两书无定价）的书目广告。随即，在《新闻报》上又出现了一本新书《普通

① 《新闻报》1902 年 1 月 17 日。
② 《中外日报》1901 年 2 月 20 日、2 月 24 日、26 日、28 日、3 月 1 日、2 日、4 日等。
③ 《中外日报》1902 年 4 月 29 日。
④ 《新闻报》1902 年 3 月 8 日。

男女交合造化机新论》的广告词：

> 日本帝国医科大学卒业生细野顺先生纂译，专门考验生殖之宗旨，绘图论说精确明鲜。第一图论睾丸；第二图论睾丸内部；第三图论男子生殖器侧面；第四图论男子尿道内部；第五图论男子生殖器纵断；第六图论子宫卵巢；第七图论卵巢截断；第八图论未婚女卵巢截断；第九论女子外阴部图；第十图女子阴部纵断；第十一论精虫之图；第十二论胚卵之图；第十三论卵囊纵断图；第十四论男子骨盘图；第十五论女子骨盘图；第十六论妊娠胎位图，从一个月起至十个月止；第十七(原文即缺)；第十八论双胎，第十九图论初生儿温拥图，是图说论最为精详。凡世界老幼男女，生殖之始终为第一，必从此书考查，家置一编，长者教授，幼徒受益良多也，切莫以男女交合之名为邪书者。收工料大洋五角，托四马路第一楼后理文轩、中外书会、三马路朝宗坊口日清书馆、香港理文轩书局、苏州开智书室、新加坡、新金山均有出售。①

到1903年2月19日，《新闻报》又出现了《西医绘图保产理

① 《新闻报》1902年5月16日。《外交报》插页上也刊载有商务印书馆的《造化机新论》一书的广告词："生存竞争，天演公例，然非先强其种，则不能肆其竞争。盖乖造化之机，失卫生之要，影响个人、贻害社会，关系甚巨也。日本细野顺君，精生理学，著为是书，俾利婚姻、严保卫，读者深知其旨，于强种之道思过半矣！"《外交报》癸卯第14号，光绪二十九年闰五月初五日（1903年6月29日）。由上可知，两个广告所言书为一人所著无疑，只是译作的出版者与译者不同。

法》一书的广告词：

> 英国名医薛巨卿先生，深惜我国于生产重事，不独茫然，亦且疏忽。每将两命只争须臾之大事，付诸不知不识之稳婆。先生恻然怜之，特著是书。共分二十章，自胎盘、产路、成胎，以及临产、产后断乳等法，阐析详明，一睹了如指掌。又恐妇女难明，特汇西医考证图画二十幅，实保产母婴儿同登春域之宝册，故不但产母稳婆宜知，一应老幼男妇，皆当熟读，不可轻视。每部售洋二角半，总发行所上海商务印书馆、美华书馆胡楹卿代售。

《新民丛报》社一开始就发售及代售书籍，特别是代售与其有密切关系的广智书局的书籍①。而广智书局的广告在《新民丛报》一创刊就在其上刊登了，在《新民丛报》第1号、第6号、第7号、第12号、第13号封底的书目广告里，其中就赫然列有《男女交合新论》（全一册，三角五分）、《男女婚姻卫生学》（全一册，七角）、《育儿新法》（全一册，二角五分）等书的书目。《新民丛报》第2号封底则只有《男女交合新论》（全一册，三角五分）一书的广告。在《新民丛报》第3号、第4号、第5号、第8号、第9号、

① 关于广智书局及其与梁启超之关系，可参看《广智书局历史》，《国民日日报》1903年8月17日、《广智书局之更正》，《国民日日报》8月19日；张朋园：《广智书局（1901—1915）——维新派文化事业机构之一》，《"中研院"近代史研究所集刊》第2期，1971年，第397—416页；叶再生：《中国近代现代出版通史》，第946—950页。

第10号、第11号、第14号、第15号、第16号、第17号、第18号、第19号、第20号多次刊出的“上海广智书局出版图书广告”里，其中亦有《胎内教育》（全一册，定价三角）的广告。在第6号、第7号、第12号、第13号、第14号的“新书出版广告”中还刊出了《胎内教育》的广告词：

> 中国古有胎教之义，但不过空谈。近世学理日明，此事乃可以实践。此书发明人身生生之理，形魂相感之说，以为进种改良之第一着。首（原文为“手”）为人父母者不可不家置一编也。欲为一家求亢宗之子弟，不可不读此书；欲为一国养善良之国民，不可不读此书。①

在《新民丛报》第21号上海广智书局的新书广告里，又有了《男女生殖器病秘书》（现已印成，即日出书）、《处女卫生论》（现已印成，即日出书）二书的广告词。其中《男女生殖器病秘书》的广告词为：

> 自人种问题出，世益致力于理卫生诸事，以为传种改良之具，中国学士以生理学未明，多闇于身体构造之理，兹书言简意赅，读之于男女卫生，其受益为不浅也。②

而《处女卫生论》的广告词则为：

---

① 参见《新民丛报》第12号目录后插页，第13号第7页，第14号第9页。

② 《新民丛报》第21号，光绪二十八年十一月一日（1902年11月30日），第8页。

天下最名贵之人格莫过于处女。处女者，一切人类所同敬爱而尤宜矜持自爱者也。自爱之道不一，而卫生其一端。妇女之卫生既与男子异，处女之卫生又与寻常妇女异。本书以最新颖之名理，写最切实之体段，其滋味之浓富、学理之精确，实有非俗子所能梦见者。吾愿天下之处女皆读之，吾愿天下之敬爱处女者皆读之。①

该两书的广告词随后又在《新民丛报》第22号、第23号、第24号上出现。随后，在《新民丛报》第25号上“广智书局出版书目”里继续有《胎内教育》（全一册，定价三角）、《男女生殖器病秘书》（全一册，定价二角五分）、《处女卫生论》（洋装全一册，定价四角）等书的广告词。《新民丛报》第26号广智书局的广告里还有《男女生殖器病秘书》《处女卫生论》两书的广告，不过却少了《胎内教育》一书，而且《处女卫生论》的广告词也改变为：

保种之事，必先加意于女子，而女子尤以卫生为要，种类强弱胥关乎此。世间女子不可不奉此为宝筏乎！②

此前广智书局曾在《新民丛报》刊出告白，声明其书暂时由上海《新民丛报》支店代售，在《新民丛报》第29号的“上海新民丛报支店发兑各书”的广告里，其中又出现了《男女婚姻卫生学》

① 《新民丛报》第21号，光绪二十八年十一月一日（1902年11月30日），第9页。
② 《新民丛报》第26号，光绪二十九年正月二十九日（1903年2月26日），第7页。

（六角）、《卫生学问答》（四角）的书目广告。在《新民丛报》第31号、第32号、第33号、第34号、第35号的“上海广智书局发行书目（二）”中，里面亦有《胎内教育》（全一册，定价三角）、《处女卫生》（全一册，定价三角五分）、《男女生殖器病秘书》（全一册，定价二角五分）等书的广告。后来《新民丛报》直至停刊，也没有再出现过这类书目的广告了。

广智书局的广告在《中外日报》中最早出现在1902年4月2日[①]，里面只有涉及养育的一书——《男女育儿新法》（定价二角六分）。[②]旋即《中外日报》1902年4月8日有一则名为“广益书室最新书出版”的广告，书目都没有标注定价，其中有《男女交合新论》一书，该广告下署“广智书局启”，后来连续刊出，且与“广智书局各书出版广告”同时出现。这时其他书局广告里也开始有《男女交合新论》（定价三角半）一书名[③]，并且也是连续刊登。1902年5月6日，一直在连载的“广智书局各书出版广告”里悄悄增加了《男女婚姻卫生学》（一名《少年男女须知》）（定价七角）的书名，此后增加后的这则广告又继续连载。接着，《中外日报》上出现了关于《男女婚姻卫生学》的详细介绍广告：

> 是书为日本女医士松本安子所著，议论精新、包罗广阔。

---

① 《广智书局各书出版广告》最早出现在1902年4月2日的《新闻报》上，广告中有《男女育儿新法》（每本洋二角六分）、《卫生学问答》（每本洋二角五分）等书目，后来该广告中又增加了《男女婚姻卫生学》（一名《少年男女须知》）（七角）一书。见《新闻报》1902年5月28日。

② 《广智书局各书出版广告》，《中外日报》1902年4月11日。

③ 《图书公司广告》，《中外日报》1902年4月2日。

全书共分八卷。第一卷言男子生殖器，第二卷言女子生殖器，第三卷言婚姻，第四卷言杂论，第五卷言花柳病，第六卷言妊娠，第七卷言产子，第八卷言养育。吾人一读之，当知如何结婚、如何生子、如何卫生、如何养育，诚渡世之宝筏也。外加精细图绘三十余个，洋装活字，辉煌夺目，零售每卷七角，批发另议。代售处在英界南京路广智书局大东门内王氏育才书塾。世中君子，欲享家庭繁昌、婚姻和乐之大幸福者，请向该处购取。是书已由日本文部省存案，并照会中国官吏，严杜翻印，倘有擅敢翻印渔利者，定当追究也。横滨启智书会启。①

1902 年 6 月 2 日以后，该广告曾多次出现。一时之间，此类性书类书籍的广告，包括广智书局、“会文堂政记最新各书出版”、“广益书室最新书出版”与“图书公司广告”等，经常出现在《中外日报》，甚至是同日的《中外日报》上。

1902 年 6 月 21 日，《中外日报》报名下的显要位置上又刊登了《吾妻镜》一书的简介广告：

是书海门大思想家杨凌霄先生所著，细讲夫妇合欢失欢之理，子女贤不肖之由，及得胎、避胎、保胎之术并养育之方，欲我黄种转弱为强，变其昏伪浮佻之气。全书分三十八章，辞简意赅，惟求妇竖共晓，毫不炫文耀博，有志之士不可不读者

① 《中外日报》1902 年 5 月 31 日。

也。每部定价大洋二角五分。杭州图书公司发售。①

其后，该广告又连续刊登。与“广智书局各书出版广告”，经常同时出现。6月26日，该书和梁启超著的《康南海》一书又一起作广告，且《康南海》一书广告词在前，不知道是偶然的巧合，或是书商的促销策略，抑或是其他特意的安排，大概是企图让《康南海》与《吾妻镜》互搭便车，来增加双方的销量及知名度吧。其后，这两书的广告就经常同时出现在《中外日报》上了。在《中外日报》1902年9月8日广智书局的“续出新书介绍”里，又多了《胎内教育》一书，其广告词与前述《新民丛报》上刊登的该书广告词有所不同：

是书为日本伊东琴次郎先生所著。于择婚法、交合法、胎养法、育儿法，与夫衣服饮食、住居、选乳母、选牛乳诸法皆详之，集料精审，断论确当。欲为一家求亢长子弟，为一国养完全国民者宜家置一编。②

在《中外日报》1902年11月26日“广智书局新书出版广告”里，其中有《男女生殖器病秘书附图》的广告词，与前述其在《新

① 此《吾妻镜》非日本古代史书《吾妻镜》，关于日本古代史书《吾妻镜》及其在中国的流传情况，可参看冯佐哲、王晓秋：《〈吾妻镜〉与〈吾妻镜补〉》，收入北京市中日文化交流史研究会编：《中日文化交流史论文集》，人民出版社1982年版，第208—217页。

② 此广告亦同样刊登在同一时期的《新闻报》上，如1902年9月22日、24日等期《新闻报》都有。

民丛报》第21号刊登此书的广告词句一样，只多了“每本二角半”的价格。同时还有《处女卫生》一书的广告词，与该书先前在《新民丛报》第26号刊登出的广告词完全一样。

晚清著名书店“开明书店”字样的广告最早出现在《中外日报》1902年6月28日，该广告仅说明该店地址、宗旨、经营范围：

> 本店开设上海四高（应为“马”，原文错）路老巡捕房东首辰字第十五号，专代各省官绅、海内志士购运书籍，凡各译局之新书、各学堂之课本，以及东文、英文之书，均可代寄。又代各省学堂配购中英、东文教科读本等书，并发行《译书汇编》社各书、中学教科辑译社各书、泰东时务译印书局各书、东洋留学生等所译书、育材学堂教科书。如蒙赐顾，请即开单寄交本店，无不悉心酌配，妥速代办。如各地志士有新译新著之书，本店可代印代销，格外克己。特此布告。①

该广告连续刊登了一段时间后，开明书店于1902年7月7日又推出了自己的书目广告——“开明书店发行最新书籍”，其中既包括像《财政四纲》（定价六角）、《国法学》（定价六五分角）、《欧美政体通览》（二角）、《物竞论》（四角）、《清史揽要》（四角）、《那特径政治学》（二角）、《波兰衰亡战史》（二角五分）、《饮冰室自由书》

① 后来该广告又经过些微小修改，去掉了“格外克己”字样，增加了“力为推广，以副众望。本店零趸批发，无不格外从廉，庶几新书盛行，而人人易于购读，特此广告。诸希良鉴”。《中外日报》1902年7月8日。后来此广告又反复刊登。

（五角）、《李鸿章》（四角）① 等诸多时务新书，也包括《吾妻镜》（二角五分）、《葆精大论》（五分）这样的书籍，并且预告《普通妊娠论》等书在续印中，“约七月初出版”。但在 1902 年 8 月 2 日“开明书店发行最新书籍”广告里，《普通妊娠论》一书依然没有按照之前所言出版。在 1902 年 8 月 4 日刊出的“开明书店发行新书初次广告”里，我们依然没有看到《普通妊娠论》，但却看到了《生殖器新书》（一元）、《男女交合新论》（三角五分）、《传种改良问答》（二角）等书。在 8 月 5 日“开明书店发行新书第二次广告”里，又有《男女婚姻卫生学》（七角）一书。在 8 月 6 日“开明书店发行新书第三次广告”里，又有《男女育儿新法》（二角五分）。在 8 月 7 日“开明书店发行新书第四次广告”里，又有《小儿养育法》（二角）。在 8 月 8 日“开明书店编译新书预告”仍然在说《普通妊娠论》《泰西胎产新论》等书“俱已译成付印，俟出版时再行布告”。直到 1902 年 12 月 2 日“开明书店十、十一月出版新书”的广告里，才看到《普通妊娠论》的出

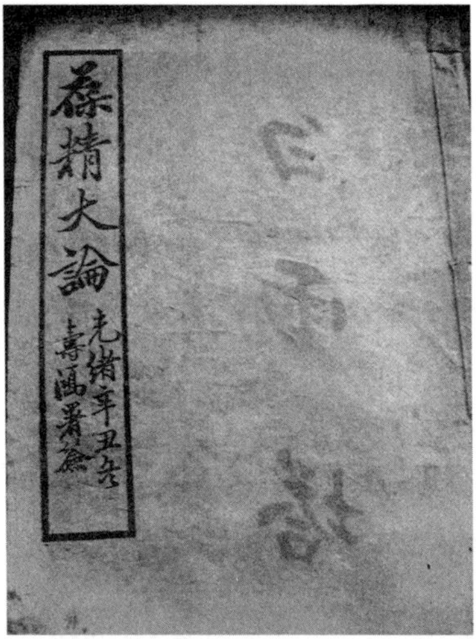

《葆精大论》书影

① 广智书局该书标价为六角五分，其他类似书籍广智书局的价格都比其他书局稍贵，如《男女育儿新法》一书，其标价为二角六分（“广智书局新书出版广告”，《中外日报》1902 年 8 月 9 日），开明书店则为二角五分。

版，其广告词云："传种改良，广嗣延续，海外奇谈不可不读。定价四角。"后来在《中外日报》馆自己刊出的"本馆代售最要书第一次广告"里，亦刊出《妊娠论》的广告，书价标为四角。①

值得注意的是，"开明书店"还用"开明书局"一名作广告，该则"开明书局业行最新书籍"广告最先在《新闻报》1902 年 9 月 21 日上出现（同样的广告也在《中外日报》上出现过），广告上的"开明书局"所在地址与稍早出现的"开明书店"地址完全一样，皆在上海四马路老巡捕房东首辰字第十五号。该广告里也有《男女婚姻卫生学》（七角）、《生殖器新书》（一元）的书目。不过，1902 年 10 月 12 日的《新闻报》也出现了"开明书店代售最要新书"广告，但其中并无生殖医学类书籍的书目。

《中外日报》1902 年 11 月 22 日"开明书店十月份出版新书"的广告书目里，其中有《生殖器新书前后编》的广告词：

> 是书为美国医学博士霍立克君所著，其中采录皆从实验得

① 《中外日报》1902 年 12 月 5 日。此书《大陆报》上刊载有作新社图书局发布的广告词："欲组织文明之国，先制造文明之种；欲制造文明之种，先研究制造文明之种之方：此《妊娠论》一书所以不可不急公诸世也。是书主脑在妊娠，内容之发挥，不言而喻，然其特色则在考验确凿，辨精语微，较之坊间所售之《生殖器》《育儿法》诸书，殆有天渊之隔，诚青年界所必读之要籍也。夫传种一事，本动物之天职，而为人类对于社会之义务。处种竞之世界，而不强其种，能逃天演之淘汰乎？今外人骂支那人曰野蛮种，使支那人而不甘野蛮也，则他日支那文明当以是书出版之日为一大纪念。"参看《大陆报》第 1 期，1902 年 12 月 9 日。《大陆报》上刊载的开明书店的书籍广告里也有《普通妊娠论》《生殖器新书前后编》《葆精大论》等生殖医学书籍的书目广告，但并无广告词，1904 年下半年后各期还载有作新社的《男女交合新论》《妊娠论》、劝学会分社的《男女下体病要鉴》等书籍的广告。

来，其宗旨所以为人民广嗣续、少残疾、救羸弱、免夭折、开智慧，固进种改良之指南车也。西医仇君蓉秋、华医王君立才，前在育材学堂教习中西文，课余之暇，合译是书。以专家而述专门，信达雅三者备矣。定价前编一元，后编七角。上海四马路东首本店启。

在之后1902年年底到1903年年初，《中外日报》上这类广告暂时消失，到《中外日报》1903年5月19日，才又刊出一本新书《婚姻进化论》的广告词：

吾国人种之不竞，固出于体育之不讲，其根源实在于婚姻之失宜。是书共三篇，上篇论文明婚姻之制度，中篇论男女之生理，下篇论婚姻之诸障碍。原本为瑞典医科大学教授里辨平著，日本藤根常吉欲强其种族以改良社会，遂取而编译之。今亟译此编，犹藤根氏志也。定价四角，寄售处文明书局、商务书馆、支那新书局、开明书店。①

在1903年6月18日《中外日报》上刊出的“商务印书馆五月

① 该书文明书局后来独自亦作过广告，措辞略有改动：《婚姻进化论》：是书共三卷。上卷夫妇论，首论婚姻之制度，次色情之谨慎及节制，次交合论，次独身之厉害及房事之影响，次堕落之诱惑者，次婚姻之定义及血族结婚之厉害，次论避妊堕胎及人口之过多。中卷生殖器之解剖及生理。首论解剖，次论生理。下卷因交情而起诸障碍论。首论房事过度及不正之淫行，次花柳病，次卖淫论。每部两册，大洋五角。总发行所上海棋盘街文明书局。该广告见《中外日报》1904年3月23日。

份出版新书”里，里面又多了《造化机论》一书的广告词：

> 生存竞争，天演公例，然非先强其种则不能肆其竞争。盖乖造化之机，失卫生之要，影响个人，贻害社会，关系甚巨也。日本细野顺君精生理学，著为是书，俾利婚姻严保卫，读者深知其旨，于强种之思过半矣。价洋二角半。

《中外日报》1903 年 7 月 30 日又刊出新智社启的《男女卫生新论》（一名《延寿得子法》）一书的广告，其词云：

> 现今坊间所售之《交和论》《妊娠论》《生殖器论》诸书，不为诱惑淫奔之媒者，殆鲜矣！本社有慨于此，特依嘱精通华情之日本良医数名合力编撰，有一定之宗旨与特色焉，欲延寿得子者及为医生者请一读，判其言真伪。

之后一段时间，《中外日报》上就没有此类新书的广告出现了，到 1903 年 9 月 5 日，在《新智社建设之趣意》广告中，还有《男女卫生新论》的书目出现，其词云：“插图五十三幅，内容二百六十叶，精工西装订银一元七角，常式西装订。银一元五角。”同期报纸广告上还有再版《妊娠论》的书目广告，此广告并未署名。此后一段时间，《中外日报》上再刊出的此类书籍主要是新智社署名的《男女卫生新论》一书，这时宝善斋书庄、开明书店、广智书局、竞今书局、国学社、时中书局、有正书局、南昌普益书局、海虞文社、昌明公司等的广告里都没有此类书目的出现。直到 1904

年 1 月 20 日，《中外日报》上才出现一本新书《既婚未婚男女必读婚姻指南》的广告，其词为：

《婚姻指南》，是书为美国医学博士荷历所著。荷历为生殖器专门大家，雷名轰于一时，是书之内容，其美绝、快绝不能笔述，唯观此。原书一出，不数年板重五百余次。美国之公子小姐等争以黄金笔、金宝星、金表、写字台等物赏赠著者，即此可窥其一斑矣。是书之精详，欧美识者已推为斯学之绝唱，加以译笔流畅，图绘精妙，则又其余事也。每本定价九角，代售处四马路新民丛报支店、棋盘街广智书局。此书取有版权，翻刻必究。

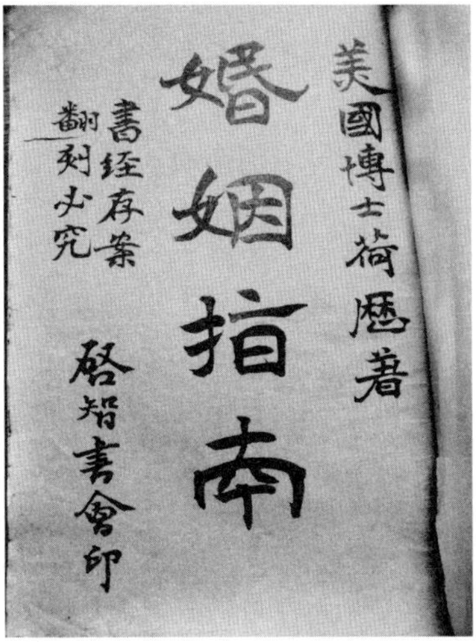

《婚姻指南》书影

1904 年 3 月 9 日，《中外日报》上又刊出文明书局的新书《育儿与卫生》广告：

欲知国力强盛、种学进步，必使全国士庶尽知育儿卫生之大要。是书为日本大桥又太郎著，无锡徐勤业译，共四篇：前两篇讲育儿备述、妊娠分娩心得之理，以及婴孩种种教养之道；后两篇讲卫生备述、人身发达之能事，以及治病预防之要诀，诚竞争世界之宝笈也。每部大洋四角五分，总发行所文明书局，各大书坊均有寄售。

1904年5月1日，《中外日报》上又有了新书“《男女下体病要鉴》出版”的广告词：

是书为日本唯一专门下体病院主丸山万经多年之试验而编成者。其论男女生殖器病如遗精、淋毒、萎缩、脱漏、痔带、疥癞、经闭、囊肿及久婚不育等症，无不究其原因，著其症候，尽其治法。凡既患病而耻就医者，此一册即可反求诸己。近来此种书出版者虽多，不过藉词卫生而叙丑猥之言，其能由医术之积验而编述如此书之精者，殆无睹焉！洋装每册定价四角五分。总发行所上海棋盘街通社、劝学会、新学会社广告。

以后，《中外日报》上再刊出的此类书籍广告主要是《婚姻指南》《婚姻进化论》和《男女卫生新论》，以及文明书局的“文明告白”中出现的《传种改良问答》（每部三角）等书①，新智社所作的《男女卫生新论》（后来的广告上又作《男女卫生新编》）② 一书的广告出现次数尤其多。但在1906年4月—8月间，并无任何一

① “文明告白”，《中外日报》1904年8月23日。

② 《中外日报》1907年12月22日。

本该类书籍的广告出现在《中外日报》上，直到 1906 年 8 月 22 日，新智社的《男女卫生新论》书目才重新出现，到 9 月 10 日，在“昌明公司发行新书”的广告里，又有了《婚姻指南》（八角）的书目，此广告也不定期出现在《中外日报》上。1907 年 3 月 5 日，在“震东学社新书出版广告”里，有《男女之研究》（二册）的书目，但并无标价钱，直到后来刊出的“震东学社新书出版广告”里①，才标明价钱二册洋三角。在 1905 年 3 月 31 日刊出的“本馆（指的是《中外日报》馆）寄售各种新书目录”的广告里，有了《育儿与卫生》（四角五分）、《婚姻进化新论》（四角）的书目，在 1908 年 2 月 11 日有“中国图书公司出版书目”的广告，其中有《幼儿教育法》（全一册，定价银二角五分，金匮顾倬编，吴县沈恩孚校订）、《卫生新论》（全一册，定价银三角，金山吴究编，吴县沈恩孚校订）两书书目，这些书目在此前出现的《中外日报》馆“发兑要书”的广告里却没有，后来这则广告在 1908 年还曾多次出现。到 1908 年 6 月 23 日，《中外日报》刊出了个《附列新译书目表》，其中有《生殖器新书》的书名，后列有“日本岸田寿雄著，平湖朱曾善译”的说明，但并没有介绍是哪个书局出版的以及价格是什么。除此之外，并没有什么别的新生殖医学书籍广告出现在《中外日报》上，即使是同时在《中外日报》上做广告的会文堂、理文轩、文明书局等以前销售此类书籍的书商的广告书目里，也不再有此类书目的出现。大约在 1908 年 6 月—7 月间，《中外日报》就脱离了汪氏兄弟之手，“《中外日报》早于前月归于蔡大业堂

① 《中外日报》1907 年 6 月 7 日。

接办，鄙人等均即辞出"①。不过，《中外日报》1908 年 8 月 18 日也有一个"《胎产秘书》出现"的广告词：

> 是书陈勿庵先生家传秘本，内分胎前、临产、产后，三门后附保婴要诀。其别类也详，其论症也确，其立方也精，较之达生篇更为尽善尽美。乡居僻地，延医不易，若能家置一编，临时翻阅，验症引方，则安者不至于危，危者可转为安，诚治产之宝鉴，济世之良方。本庄从友人处觅得原书，精妙详校，付之石印，分计两大厚本，价洋二角。寄售处：集成图书公司、中国图书公司、南洋官书局、扫叶山房各大书庄。总发行所：新闸酱园弄朝记书庄。

从广告内容提及的"家传秘本"句看，该书应该是一本中医书籍，不是来自日本或欧美的翻译书籍，亦非是根据这些西方、日本传来的生理卫生知识的新作，故笔者未将其列入下文表二中。

在 1909 年 4 月以后，《中外日报》残缺得比较厉害，直到能看到的该报最后一期 1910 年 10 月 23 日，此类书目如《男女生殖器新论》（大洋四角五分）仍会偶尔出现在"上海普及书局出版"的书目广告里，别的书局广告里则已经没有此类书目。

然而《新闻报》上也有很长一段时间（约为 1902 年底到 1903 年 8 月）没有此类书籍的广告，包括曾销售此类书的会文政记的书

① "汪穰卿、颂阁启事"，《神州日报》1908 年 9 月 1 日。该启事又见同期《时报》《申报》等报纸上。

目广告里也没有。直到1903年8月11日，该报上才有新智社作的《男女卫生新论》（一名《延寿得子法》）的广告，而此则广告在《中外日报》1903年7月30日即已刊出，广告词且完全一样，此广告曾连续在《新闻报》上刊载了一段时间。此后，尽管《新闻报》上偶尔还有广智书局及开明书店的书目广告刊出，特别是商务印书馆的书目广告，但已经没有此类关于性和生殖类书籍的广告了。延续上述《中外日报》《新闻报》《新民丛报》等各报上此类书籍广告的，是后来创刊的《时报》以及1907年创刊的《神州日报》。

《时报》甫创刊，广智书局及《新民丛报》支店的书籍广告就频频出现在其上，而在以后《中外日报》上出现的频率则大为降低，只偶尔刊出。《时报》1904年6月12日的创刊号里，就有"《新民丛报》支店发兑各种书籍"的广告，里面有男女必读《婚姻指南》（九角）、《男女婚姻卫生学》（六角）两书的广告。《时报》创刊号"通社图书发行所"的广告里，也有《男女下体病要鉴》（四角五分）、《人体生理图》的书目，且有《特制生理学粹》（一元六角）、《并制生理学粹》（一元四角）的书目，在该日报纸上还有广智书局、有正书局的《生殖器秘病书》广告词，与以前在《中外日报》上刊出的广告词句完全一样，该广告此后在《时报》上曾连续刊载。而同期出现的"广智书局编译新书目录""文明书局新书出版"等书局的广告里却暂时没有这类书籍。在《时报》1904年6月14日，又有了开明书店的广告，但也没有此类书目，到《时报》1904年11月7日刊登的"开明书店第一次新书广告"里，才有了《生殖器新书》（一元七角）的书名。在同日"作新社发行各种新书"的广告里，其中也有《妊娠论》（四角）、《男女交合新论》（三角五分）的书目。稍早，在1904年10月18日《时报》的“昌明公司批发图书仪器”的广告里，有《婚姻指南》（八角）的书目。稍后，在1908年2月14日《时报》上的“震东学社新书出版广告”里，也有《男女之研究》（二册洋二角）的书目。

从总体上看，这些书籍广告中虽然频频有关于性和生殖类书籍广告出现，只是这些广告书目多是上文已经列举的，如《男女卫生新论》①、《男女生殖器秘病书》、《男女育儿新法》、《处女卫生论》、《男女生殖器病秘书附图》②、《胎内教育》③等，而且这些书目的广告者多是广智书局、开明书店、支那新书局和昌明公司等。不过这些书的广告词上已经说是“再版”“三版”，或甚至是“五版”了，如《时报》1904年7月13日就刊出了《新民丛报》支店、广智书局合作的三版《男女婚姻卫生学》（大减价）的广告，只是广告词与前述《中外日报》上刊出的略有差异，此处为：

> 此书为日本女医士松本安子所著，出版未数月，已风行海内，足可证此书功用之广矣！分八卷。第一编言男子生殖器，第二编女子生殖器，第三婚姻，第四杂论，第五生殖器病，第六妊娠，第七产子，第八养育。议论宏达，图绘精妙，世中男女有欲享家庭繁昌、婚姻和乐者，不可不一读。兹第三版出版，特别减价，收回工料，大洋四角。上海四马路诸《新民丛报》支店、棋盘街广智书局均有出售。

① 《时报》1905年8月29日。
② 《时报》1907年6月11日。
③ 《时报》1907年4月17日。

此广告此后在《时报》上曾连续刊载。而《时报》1906年2月27日刊出的“上海《新民丛报》支店新书”广告里，则列举有五版《男女婚姻卫生学》（减价四角）、《男女交合新论》（三角）、再版《婚姻指南》（七角）等书的广告。

另外，《时报》1904年9月4日的书籍广告里还有《新民丛报》支店的《婚姻指南》一书广告，其广告词与上述前引《中外日报》上的广告词略有差异：

> 《婚姻指南》，一名《既婚未婚男女必读》，是书之内容，其美艳、快绝不能笔述，唯观此原书，一出不数年版重五百余次。美国之公子、小姐等争以黄金笔、金赏牌、金表、写字台等物赏赠著者，即此可窥其一斑矣。是书言论之精详，欧美识者已推为斯学之绝唱，用是译印此书，饷我国民，想男女大雅诸君子，必争先睹之快。定价大洋八角，批发从廉。

不过，此书在《新民丛报》支店的广告中价格为八角。在1905年8月24日《时报》的“汉口、上海昌明公司发行书籍广告”中，其中《婚姻指南》一书的广告价则为九角。结合1904—1908年《时报》上的生殖医学书籍书目广告，刊登次数最多的是《生殖器秘病书》《男女婚姻卫生学》《婚姻指南》三书的广告。《时报》1908年3月2日也发布了震东学社的《男女之研究》（二册洋三角）一书的书目广告。

当然，《时报》上也并非全无此类书籍的新书广告。《时报》1904年7月10日支那新书局的“近出新书广告”里，就有了以前未作过广告的新书《男女情交》（洋一角五分）的书目广告，隔段时间，此则广告8月11日再刊出时，广告的启者栏里增加了“越社书庄”。在1907年3月16日的《时报》上，还刊出了海新马路胜业里仁仁社白的“新书出版预告”，其中有《实用问答生殖器篇》一册（佐藤原著）的新书目。同年7月16日的该报上，还发布了“中国图书公司最新出版书籍”的广告，其中有《幼儿保育法》一书，广告词云：

> 根据幼稚园保育法之原理，酌量社会之程度，适于女学校及家庭之用。所列事项虽乡曲亦易实行。文义浅显，句读分明，识字之女子即能通解。家有幼儿而地方无幼稚园者，阅之可改良家庭教育，业经婚配之男女均宜预为研究。每册二角五分。

1908年10月19日《时报》上还发布了上海普及书局的《男女生殖器新论》（四角五分）一书的书目广告。11月16日则发布了上海鸿文书局、南洋书局以及一些上海各书坊、外地书局寄售的《男女之秘密》《女子卫生学》的书目广告，广告中说《男女之秘密》是：“美国医学博士霍克立原著，日本春梦楼主人、中国鹅湖少年合译，现已出版。”此两书在11月25日的广告中略有改变，改为：“最新小说社出版，上海鸿文书局、南洋书局各书局寄售。并言：《男女之秘密》附彩色精图八幅，洋装一册，价洋六角，合购二册七折。《女子卫生学》洋装一册，价洋六角，合购者七折。存书无多，幸速购取。”此广告以后在《时报》上曾多次刊出。这些书目都是前述《中外日报》《新闻报》《新民丛报》等报纸广告上没有的书目。

1909年9月5日，一些各地书局联合起来又在《时报》上刊载了“《男女之研究》二册出版，《生殖器之研究》‘男子之部’‘女子之部’付印合购半价广告”：

> 两书系日本最近出版者，本局特遣名手译成，内容极有趣味，图画数十幅，俱用五彩电镀，颇新颖可观。自日本出版以来，未及两月，销行万部，则是书之价值可知。诸君欲究卫生之新理，求种子之良方，不可不阅。《男女之研究》，现已出版，分订二册，定价洋一元。《生殖器之研究》，分男女两部，计四册，定价洋二元六角，本局为便利公益起见，特设半价券五百张，减收，半价洋一元八角，预定者照半价交齐，当付《男女之研究》二册、《生殖器之研究》四册，十月初印齐，凭券取书。存书只有一千部，售完决不再印。诸君欲先睹为快，请速电购。外埠邮资加一。北京官书局、龙文阁等各地书局，上海广益书局、点石斋、南洋官书局、改良小说社、鸿文书局。

伴随以上各书的，同时还有著名狎邪小说《九尾龟》以及言情小说《海上繁华梦》的广告词。这则广告以后多次出现在《时报》上。可令人不解的是，以前震东学社早在1907年3月5日《中外日报》上的“震东学社新书出版广告”里，已经有《男女之研究》（二册）的广告书目，这里上述书局又拿出来说是新译，明显存在问题。不过也可从中看出晚清各书商对出版甚至重版此类书籍的热衷程度，另一方面，自然也说明此类书在当时应该是比较畅销的。

到1909年11月3日起，《时报》上又连续登出了上述各书正式出版要预约者取书的广告。到1910年3月17日起，《时报》又多次刊登广益书局和鸿文书局所出上述各书的广告——“最新最详之生殖器卫生书四种”，其中书目均表明是多次出版——第三版《男女之研究》、第四版《生殖器之研究》、第五版《男女之秘密》、第五版《最新女子卫生学》。其广告词言：

> 四书为日人最新之著（原文“著”为“疗”，系误，笔者根据1910年3月11日《天铎报》上的该广告词修改），在彼国中已叠无数版。去年经本社译出，已叠版数次。原本阐述周详，译笔又复明白。如话于生殖器卫生之理由、花柳疗治之方法，剖析入微，确系经验有得之言，与坊间之泛论交合者有霄壤之别。本社不惜工本，悉照原本精图印以铜版，绚以五彩，每种不下数十图，其新奇精美亦非他本所有。如能家置一编，细细研究，凡我同胞自不至因色而戕其天年，本社或不无微功矣。

1911年3月2日，《时报》上又刊出了一本新书——“《改良男女传种秘书》出版”的广告词：

> 是书为陶铸国民、改良种族起见，凡关于胎育之方、遗传之性、男女交接之爱情、闺房种子之妙法，以及婚姻自由之大利、敦伦适度之益处，无不一一研究，发明新理，加以生殖器、胎儿之彩图，使人了然于构造之法，诚家庭必备之要书也。每部二册，价洋八角。分发行所，上海棋盘街鸿文书局及各大书坊。发明书社启。

该书是笔者在晚清年间（截至 1911 年底）在《时报》上看到的最后一本此类新书籍的广告。

1907 年 4 月 2 日创办的《神州日报》上也有诸多书商的书目广告，所谓“敝业所有一切广告，于《神州日报》均有登载，愿诸君阅《神州日报》特加注意，不胜盼祷”①。在 1907 年 5 月 4 日该报刊出的“新民支店新书目列”的广告里，里面依然有《婚姻卫生学》（四角）、《男女交合新论》（三角）、《婚姻指南》（七角）、《男女育儿新法》（二角五分）等书的书目。同期报纸上还有“新智社发行新书纲目”的广告，里面还有在《中外日报》《时报》等报纸上屡屡出现的《男女卫生新论》（一名《延寿得子法》，一元七角，又一元五角整）的广告，此广告后来在《神州日报》上曾多次不定期出现，不过广告名字有时改为“日商新智社出版书目”罢了，书目内容则没有改变。在后来“上海昌明公司出版之书”的广告里②，同样有《婚姻指南》（八角）的书目。在 1907 年 10 月 8 日“上海普及书局出版”的广告里，内容与在同时刊载在《中外日报》上的相同，也有《男女生殖器新论》（大洋四角五分）的广告书目。同年 10 月 17 日刊出的“上海群益书社发行之书”的广告里，也出现了一本新书《实用问答生殖器篇》的书目预告。以上这些书商的书目广告都经常出现在《神州日报》上。

在 1908 年 5 月 11 日《神州日报》的书目广告里，有“新译《竹氏产婆学》”的广告词：

---

① “海内阅图书广告诸君鉴”，《中外日报》1907 年 8 月 28 日；此广告亦刊登在《申报》1907 年 8 月 28 日等期。

② 《神州日报》1907 年 7 月 3 日。

凡妊妇之摄生、分娩时，行事之秩序，产妇之摄生，初生儿之养育法，小儿之营养，产妇及初生儿之疾病，难产及手术等，皆言之綦详，为人普通知识中所不可缺者，中国所缺者。中国之有产婆学，当推此书为鼻祖矣！洋装精本每部六角。

稍后《神州日报》1908 年 8 月 15 日文明书局的“新医书”广告里，其中有《育儿谈》的广告词：

无锡丁福保译述，共八章，曰婴儿之发育及看护者，曰婴儿之母乳养育，曰乳母，曰牛乳，曰乳儿营养法之谬误，曰自襁褓时至七岁之养育法，曰病儿看护法，及诸病豫防法，曰智育。每部四角。

这则广告还有《竹氏产婆学》的广告词，字句同 1908 年 5 月 11 日《神州日报》。

到了 1909 年 6 月 17 日《神州日报》的广告版，刊出了昌明合资公司（后来与汉口昌明公司合并，改称为昌明合资公司）①另一本新书的广告——“二十世纪新著述《最新胎产研究书》”：

本书为留学日本医学专科毕业生郭德裕所著，就胎儿发展之起源，以迄分娩之结果，专以二十世纪之新学理说明其状况，并附图三十余幅。无微不显，无理不达。虽愚夫愚妇，亦

① 参看“昌明合资公司”广告，《神州日报》1908 年 11 月 18 日。

可与知。俾不能生育与苦于生育者得明晰其理由，以破除从来宗教上之迷信。其最特色者，在就妊妇、产妇一般之疾病，说明其原因症状，并附豫防法及治疗法，俾未病者可防患于未然，既病者得补救于临时。振聋起聩，于斯为始，诚家庭中不可不读之良书也。一册大洋八角。总发行所上海、汉口昌明合资公司谨启。

1909年8月10日，《神州日报》的广告上又刊出了另一本讨论育儿新书的广告词——“家庭必备《育儿全书》”，其广告词言：

世俗妇人多患小产与早产，产儿又每苦疾病与夭殇，甚有分娩十余次而卒无后者，皆（不明育儿法）所致也。本书详论婚姻选择法、妊妇养生法、产妇养生法、分娩处置法、初生儿处置法、哺乳法、离乳法、人乳养法、牛乳养法、双乳养法、离乳后养法、乳妇养生法、乳母选择法、牛乳检查法、健儿保护法、精神教育法、病儿看护法，以及小儿常发诸病预防法、治疗法，无不毕载，而于我国恶习尤力加矫正，以图改良。不但为医生、医学生、女学堂、保姆学堂、产婆学堂之师生所必需，凡欲子孙繁殖者，不可不家置一编也。定价大洋六角。发行所：上海棋盘街新学会社（北京、汉口、广东、宁波分社）。

1909年9月6日，一些各地书局联合起来又在《神州日报》上刊载了“《男女之研究》二册出版，《生殖器之研究》‘男子之部’‘女子之部’付印合购半价广告”，广告内容与在1909年9月5日

《时报》上刊登的一样，此广告后来也是多次出现在《神州日报》上。之后，上海科学书局也在1910年6月19日《神州日报》上作出了“少年男女须知《婚姻卫生进化新论》再版广告”，广告词同上引《男女婚姻卫生学》一样，该书应该是《男女婚姻卫生学》改换名字的再版或盗版，该广告同时还附带有“《传种改良问答》（三角）、《育儿与卫生》（四角）”的广告书目。稍后，科学书局又作了一本关于育儿新书的广告“家庭必备《育儿与卫生》”①，该广告词采取的叙述策略与上述育儿类各书如出一辙：

> 有子万事足，无病一身轻，诚哉此言也！子之有无，岂可委之于数？亦人事有未尽焉。试观西人种族繁衍，体魄雄伟，实由其国家维新之时早，循强种良法，日本大侨又太郎有鉴于此，曾师其意，故著此书。为家庭研究之必备。今我国民，渐知保种之新理，期奋尚武之精神，则于其书允宜家置一编。俾知嫁娶、妊娠、胎教、出产、坐蓐及生儿、养育、哺乳、卫生、疾病、防护、家庭教育等法。由是则种族始强、国势膨胀，未始非此书之功也。《传种改良问答》三角，《家事教科书》七角，《人体局所诊断解剖图》二元二角，《人体生理图》五幅八角，《中外国名对照录》一元，《男女婚姻卫生进化新论》四角。上海科学书局、广东科学分局仝启。

创刊于1905年8月23日的《南方报》上也有大量的新学书籍

---

① 《神州日报》1910年6月25日。

的广告，其中就包括有一些生殖医学书籍的广告。该报第二日即刊登了新智社在《时报》等报上多次多处刊登的《男女卫生新论》广告。在8月26日的上海一新书局广告里的“生理”部分，中有《吾妻镜》（一角）、《交合论》（三角）两书的书目广告。这两个广告都是多次刊载在《南方报》上，特别是新智社的《男女卫生新论》广告。不过，据笔者所见，《南方报》上的书籍广告虽然很多，但就生殖医学书籍来说，也只有以上这三本书的广告，并无其他新的生殖医学书籍的广告。

在香港创办、发行的《中国日报》也有个别此类书籍的广告，不过这些书籍的广告都在《中外日报》《时报》等报刊广告上出现过。如《中国日报》1904年3月15日曾刊出“新书公告”，介绍《姻婚指南》一书，从广告词及后来再在《中国日报》上刊载出的该书广告来看，该书实际就是前引的《婚姻指南》一书，不过在这里刊出的广告词与《中外日报》和《时报》等报纸上的字句略有不同：

> 美国医学博士荷历加著。是书之内容，其美绝、快绝不能笔述，唯观此。原书一出，不数年版重五百余次。美国之公子小姐等争以黄金笔、金宝星、金表、写字台等物赏赠著者，即此可窥其一斑矣。是书之精详，欧美识者已推为斯学之绝唱，用是译印此书，饱我国民。且凡原书名词要旨，均注以英文，使阅者一目了然。世中男女有欲享家庭昌繁、婚姻和乐者，不可不一读。定价九毫。香港上环文咸街永利源内。

1904年4月14日《中国日报》上启智书会“新书广告”里，也有

《婚姻指南》（七毫）、《原版洋装男女婚姻卫生学》（五毫）、《男女交合新论》（三毫）、《男女育儿新法》（一毫半）等书。并注明“购书到香港上环文咸街永利源内”，可以看出，该广告与前引 1904 年 3 月 15 日的广告系出自同一商家。故更可以断定《姻婚指南》就是《婚姻指南》一书。

晚清时影响很大的老牌报纸《申报》上也有此类书籍的广告，不过相比《中外日报》《时报》《神州日报》等报纸，这类书籍的广告在《申报》上出现的时间比较晚，出现的次数和种类也非常少，刊载的广告也大都在上述报纸上刊登过。笔者见到的主要有：1908 年 8 月 19 日《申报》刊出的“《胎产秘书》出现”的广告词，该广告词与刊载在 1908 年 8 月 18 日《中外日报》上的广告词完全一样。1908 年 9 月 25 日《申报》还刊出了“最新出版《女子卫生学》”的广告：

> 此编于女子卫生之事研究详尽，融会中西各书而区其异点，去其弊病。凡他本所已见者，概不叙入。女界中苟家置一编，于体育之道，思过半矣！附精细各图，尤为此书之特色，洋装一册，定洋六角。总发行所：上海棋盘街中国图书公司、集成图书公司、南洋官书局（二马路）、千顷堂、江左书林、著易堂、扫叶山房、日新书庄、均益公司、文瑞楼、乐群书局均有发售。

该书与前引在《时报》的广告书目应为一书，不过此处广告刊登日期稍早。1909 年 1 月 2 日《申报》上也刊出了《男女之秘密》《婚姻卫生学》的广告，与前引1908年11月25日《时报》上的两书广告，内容完全一样。1909年11月4日，《申报》上又刊出了"《生殖器之研究》'男子之部'两册、'女子之部'两册，《男女之研究》两册出版"的广告，敦促以前购预约券的人速去购买，与前引《神州日报》上的广告词也完全一样。

1904年2月26日《警钟日报》创刊号也有《育儿与卫生》一书的广告①，该书广告词比稍后刊登在《中外日报》上的以及更晚载在《神州日报》上的略详细②。《民吁日报》上也有《男女之研究》《生殖器之研究》等生殖医学书籍的广告。后来的《民立报》上亦曾刊登过《男女婚姻进化新论》（一名《少年须知》）的广告。1910年3月11日《天铎报》创刊号即有"最新最详之生殖器卫生书四种"的广告，其词句与前举《时报》上的该广告完全一样；该广告一直刊到4月初。在《天铎报》1910年3月13日丁福保的

---

① 影印本《警钟日报》把该报最后四个版面的广告页省略了，故在国民党党史会影印本的《警钟日报》上看不到这些书籍的广告。笔者是根据《早期中文报纸创刊号汇编》(2)（全国图书馆文献缩微复制中心2003年版）所收录之《警钟日报》创刊号知道这个情况的。

② 该处广告词为：是书为日本大侨又太郎所著，为无锡徐勤业所译。夫保种之道得，国步于以进，国力于以强；保种之道不知，□乎□化日退，国权日堕。保种之义大矣哉！欲知保种之道，第一当原始于育儿，第二当讲求夫卫生。是书分育儿、卫生，前后各两篇。育儿前篇，凡七章：一论嫁娶，二论妊娠之症候，三论妊娠中之摄生，四论胎教，五论出产之准备，六论出产，七论产蓐□之注意。育儿后篇，凡七章：一论生儿养育法，二论哺育，三论人工养育，四及五论婴儿卫生，六论小儿疾病防护法，七论家庭教育。卫生前篇曰各自卫生法，卫生后篇曰公众卫生法。全旧所□，皆切实有用之至理。小儿乳生之法（此处疑有误），言之綦详矣！人苟循其所宜，因其所法，则强种之道庶乎得之。而强国力振国□，亦于是编基之。文极浅显，妇稚可解。读是书者，当无不珍赏之也。出书无多，□购之。每部两册，价洋四角五分。发行所文明书局。

“医学家鉴”广告，有《育儿谈》《子之有无法》的广告①，后来还有丁福保所译《生殖谭》的广告。1911 年 3 月 22 日《时事报》上也曾刊出丁福保编辑之“丁氏医学丛书”的广告，其中也有《生殖谭》（六角）的广告书目。由以上广告书目可知，这些报刊上刊登的广告大都是别的报刊上已经刊登过的。

除上述这些以出售为目的的书籍广告外，当时同样也有个别此类书籍的赠送书出现，当然这种赠送的书其目的是在为自己的药物做广告，但在客观上无疑是有利于生殖医学知识的传播的。如在《时报》上即可看到这样的书籍广告——“《妇人卫生书》不取分文奉送”：

> 启者：敝公司此次因欲拯救女界诸病起见，特请日本医界泰斗医学博士绪方先生，将数载经验，见闻丰富，妇女患病之起原、症候之变化，及一切治疗法，无论何人，容易知其底蕴，编译汉文成书一册。天下有妻妾子女因病困苦之人者，不取分文奉送。倘蒙需阅此良书，请向上海河南路工部局隔壁东亚公司书药局取阅可也。如在外埠，将邮票二分封在信封内，即当奉送不误。②

---

① 其《子之有无法》广告词云：日本医学士田村氏原著，无锡丁福保译。首论无子之罪果在男抑女；次论石男石女；次论极简单之得子法；次论半月同居、半月异居法；次论治愈妇人科病而得子法；次论人工妊娠法；次论阴萎不足忧；次论流产（豫防）法；次论无子法。其附录论男女之种种不同及月经，论男人之无子为精虫，女人之无子为子宫病论，花柳病与无子相关之理。该广告又见《神州日报》1910 年 1 月 4 日等期。

② 《时报》1911 年 8 月 10 日。

诸如此类的书籍广告，在晚清许多报刊上皆有登载，且往往一个广告还同时刊载在不同报刊上，上文所引仅是九牛一毛。可以肯定的是，绝对不是只有上述报刊上曾刊登过此类书籍的广告，①笔者没有看到的（包括只看到影印本没有看到原版的）或者某些已经失传的报章杂志上，都可能刊载过生殖医学书籍的广告。

综合以上各种报刊上刊载的广告及刊出时间，可知此类书籍主要是来自日本（当然其中一些著作也是日本人译自欧美）的译述之作，其中不乏重复译袭之作，也有个别中国人结合有关新的生殖和卫生知识的创作。这些书籍在 1901 年开始出现在上海的书籍市场上，书中大都附有插图以吸引读者②。这类书籍的广告最初主要刊登在《中外日报》《新民丛报》及《新闻报》《大陆报》《外交报》等报纸上，1904 年后刊出的广告则主要集中在《时报》与《中外

---

① 如《经世文潮》第 4 期（光绪二十九年六月望日［1903 年 8 月 8 日］）的广告插页上就有新智社的广告，其中就有《男女卫生新论》的广告词。词句与前引该书广告词一样，只是广告词前多了以下几句：纸数二百五十余页；插图中东西妇人之图及说明图共计五十三；定价精工洋装订大洋一元七角，通常洋装订洋一元五角。《图书月报》第 1、2、3 期的广告插页也有“新智社出版新书广告”，其中有《男女卫生新论》的书目；《图书月报》第 1 期的广告插页“广智书局出版新书目录”中有《处女卫生论》；《图书月报》第 2 期（光绪三十二年六月十五日）的广告插页有“上海四马路《新民丛报》支店”的书籍广告，其中有《婚姻指南》《男女婚姻卫生学》的广告词，广告词与《时报》上所刊基本相同，唯价格稍有变化。

② 这类书中是否附有插图，对一些读者言，意义颇重大。如叶瀚即曾致信给汪康年，“承代买各书，《全体通考》最切要，但无图（见来函小注），可诧，想是图与说单行离开。失图书即不全，何以须七元之价？西书无图，便为废物，似不值得，且缓之。然请代询是否原书阙图？抑系向无图者？（记前有图一本在书内，此定是不全。）如无图是原本未刊者，请照价作八五折即买之，以其中讲胎原最详，他书所无也。”《汪康年师友书札》(3)，第 2559 页。

日报》《神州日报》上，《南方报》《申报》《警钟日报》《民立报》《民吁日报》《中国日报》《天铎报》《时事报》等报刊上也有一些。而在当时另一个大报——《大公报》，以及《国粹学报》《教育杂志》《津报》《盛京时报》《卫生学报》《同文沪报》《国民日日报》《通俗日报》《国风报》《舆论时事报》《教育杂志》等笔者读到的七十多种晚清报章杂志，除有一些广义上的生理卫生书籍广告外，这些报刊基本没有刊登此类生殖医学书籍的广告。当然也不能排除其他一些情况：就是笔者看到的某些报章杂志是影印本或重印本，影印本或重印本没有复印原本中的广告页；还可能因这其中的许多报刊残缺不全，没有完整保留下来，笔者看到的只是保留下来的部分广告，没有保留下来的报刊实际上是刊登了。

三　生殖医学书籍的具体出版书目

依据笔者看到的以上这些广告资料及有关书籍内所附此类书籍的广告，如《胎内教育》《婚姻指南》等书即附有此类书籍的广告①，《金陵卖书记》《汴梁卖书记》的附录也有此类书目的广告，当时保存下来的一些营业书目，②再结合顾燮光撰的《译书经眼录》，

① 《胎内教育》一书的为：《胎内教育》《男女育儿新法》《男女婚姻卫生学》；《婚姻指南》一书的为：再版《男女育儿新法》、再版《男女婚姻卫生学》。

② 在周振鹤教授编的《晚清营业书目》里，也有个别此类书籍，如广智书局的书目里有《男女生殖器秘病书》（一角）书名（第558页），支那新书局书目里有《男女情交新论》（无定价）（第638页）。总体上看，《晚清营业书目》收录的此类书籍的书目数量很少，这主要因为该书所收书目只是当时上海一少部分书局的书目，其总量比当时刊登在诸多报纸上的书目少很多，而且收入的（转下页）

以及后人谭汝谦主编的《中国译日本书综合目录》①，可以大概估算出当时出版的此类生殖医学书籍主要有以下五十多种（有些可能是重复或修订版或盗版，也可能由于不同出版商所定的书名不一样），可能还会有漏网之鱼，但总体上的数量差别应该不会很大，参看表二。

表二 晚清出版的生殖医学书籍书目

书 名	作者或译者以及出版者或广告商	定 价	备 注
《婚姻进化论》	瑞典罫里平著，日本藤根常吉编译	每部两册，四角	
《婚姻进化新论》#	瑞典罫里平著，日本藤根常吉编译，丁福同译，译书局代印，上海文明书局编，光绪癸卯（1903）三月版	一册四角	或为《婚姻进化论》的修订版

（接上页）书局数目也很少。仅笔者在《申报》《中外日报》《新闻报》《时报》《神州日报》《南方报》《同文沪报》《民立报》《世界繁华报》《时事报》《舆论时事报》上所见到的，曾在这11种报纸上单独登过书籍广告的上海书局，初步统计就有300多个，加上别处统计中的不重复部分，晚清上海书局数目有420个之多。如时人之言："数年来，上海书局之设立较粪厕尤多，林立于棋盘街、四马路之两旁，莫不借输入文明之美名，而造出总总新名目、新样式、新装订、新纸张之书。"（《新书评骘》，《国民日日报》1903年8月15日）这些书局所作书籍广告更是数不胜数，且多有书之简介。如蔡元培在《增版〈东西学书录〉序》里所言："方今士气大动，争研新学，已译未印之书，存目报纸者已不可偻指数。自是以往，益将汗牛而未已。"见《近代译书目》第26页。当然，笔者这里丝毫没有贬低周振鹤教授工作价值的意思，他的工作有筚路蓝缕之功，为我们提供了方便可用的资料。而当时报刊上书籍广告之多，凭一人之力也实难竟全功。

① 此处所举列晚清出版各书，《中国译日本书综合目录》收录的很少，当然，《中国译日本书综合目录》中收录的部分书笔者也没有在报刊广告中看到。另外，《中国译日本书综合目录》把《造化机新论》归为化学门类，也值得商榷。

（续表）

书　名	作者或译者以及出版者或广告商	定　价	备　注
《生殖器新书》，一名《婚姻之领港》	［美］霍立克著，仇蓉秋、王立才合译	前编，定价一元	孙宝瑄《忘山庐日记》里曾记载他购买美国佛栗智国著《生植器》，或即此处的《生殖器新书》
《生殖器新书前后编》	霍立克著，宝山仇蓉秋、上海王立才合译，嘉定日新书所洋装本	定价前编一元，后编七角	《生殖器新书》的完整版
《男女交合新论》	［美］法乌罗著，日本神田彦太郎、王立才编辑，忧亚子译	三角五分	
《妊娠论》	渡边光次著，出洋学生编译所编译，癸卯五月再版	四角	
《传种改良问答》# 后还有《订正传种改良问答》	森田峻太郎著，商务印书馆印，光绪二十七年（1901）第一次印本，没有列译（编）者名字	三角，有的书店标价二角半或二角	
《男女婚姻卫生学》，一名《少年男女须知》*	日本女医士松本安子著，横滨启智书会译	七角	
《小儿养育法》*	渡边光次著，周家树译，无锡丁氏畴庐本	二角	
《男女育儿新法》*	［日］中景（井）龙之助著，诱民子译，香港启智书会本	广智书局二角六分，开明二角五分，广智书局后来广告价为一角五分	

（续表）

书　名	作者或译者以及出版者或广告商	定　价	备　注
《处女卫生》*	［美］来曼波斯撇利著，日本北岛研三译，冯沛重译，广智书局洋装本	广智书局标洋装每本四角，开明书店标三角五分	
《处女卫生论》		三角五分	或即《处女卫生》
《无上快乐》		一角五分	
《男女交合无上之快乐》		四角	或即《无上快乐》
《戒淫养身男女种子交合新论》		八角	
《日本小儿养育法》		二角	
《婚姻指南》，一名《既婚未婚男女必读》#	［美］荷历（T. Holliek）著，诱民子译，横滨启智书会印，癸卯十月初一日发行	广智书局标价为八角，昌明图书仪器公司广告价为九角，书后标价九角	
《胎内教育》#	伊东琴次郎著，陈毅译，广智书局印刷，光绪二十八年七月发行	三角	
《葆精大论》#	王建善著，育材书塾排印本	五分	
《男女生殖器新论》		四角五分	
《男女之秘密》#	笔者所见版本署名为美国医博士霍克立著，春梦楼主人译，卫生研究社发行，1922 年 7 月订正四版。此版本应该为晚清版的再版本。	六角	霍克立应该即前述之霍立克

（续表）

书　名	作者或译者以及出版者或广告商	定　价	备　注
《女子卫生学》	最新小说社	六角	
《普通妊娠论附小儿养育法》		一元三角	估计是《妊娠论》和《小儿养育法》的合成本
《吾妻镜》#	杨凌霄著，杭州图书公司 1901 年版	二角五分	
《男女造化机论》		七角	《忘山庐日记》里曾记载孙购买武藤忠夫著的《男女造化新论》，或即汉译的《男女造化机论》
《造化机新论》	[日] 细野顺著，商务印书馆	二角半	或即《男女造化机论》
《普通男女交合造化机新论》	[日] 细野顺著，出洋学生编译所译	五角	或即《男女造化机论》
《男女卫生新论》，一名《延寿得子法》		精工洋装一元七角，常式洋装一元五角	
《男女下体病要鉴》*	丸山万著，金柯译，上海《国民日日报》社洋装本一册	四角五分	
《男女情交》		洋一角五分	
《男女生殖器病秘书》*	[日] 山崎荣三郎著，浩然生译，广智书局	二角，亦标一角五分	或即《生殖器病秘书》

（续表）

书　名	作者或译者以及出版者或广告商	定　价	备　注
《男女生殖器病秘书附图》		二角半	或即《男女生殖器秘病书》的附图版
《男女交合秘诀》		五角	
《男女之研究》	震东学社	两册洋三角	
《实用问答生殖器篇》	上海群益书社		
《生殖器全书》	岸田寿雄著，朱曾善译		
《最新胎产研究书》	郭德裕，昌明公司	八角	
《育儿全书》	新学会社	六角	
《生殖器之研究》“男子之部”“女子之部”		计四册，定价洋二元六角	
《育儿与卫生》	［日］大桥又太郎著，无锡徐勤业译	四角五分	
《改良男女传种秘书》	发明书社	每部二册，洋八角	
《生殖谭》	渡边光远著，华文祺、丁福保译	六角	丁氏医学丛书之一
《产科学初步》*	伊庭秀荣著，丁福保译，丁氏医学丛书之一，医书总发行所	七角	
《幼儿保育法》	中国图书公司	二角五分	
《产科新法》	刘廷桢译，上海排印本		

（续表）

书　名	作者或译者以及出版者或广告商	定　价	备　注
《育儿谈》	丁福保译述，文明书局版	四角	
《竹氏产婆学》	［日］竹中成宪著，丁福保译，医学书局1908年版	洋装六角	收入丁氏医学丛书
《子之有无法》*	田村化山郎著，丁福保译，上海医学	三角	
《全体通考》	英医德贞著	五元	
《产科》	［英］密尔著，江南制造总局1905年版		
《妇科》	［美］汤麦斯著，舒高第、郑昌棪译，江南制造总局版		
《育儿新法》	朱润深译，商务印书馆	二角五分	据《近百年来中译西书目录》第86页
《生殖器病学》	佐藤进著，李祥麟译，东京版	五角	据《中国译日本书综合目录》第137页
《胎生学》	大泽岳太郎著，丁福保译，上海版	一元	同上书126页
《妊娠生理学》	今渊恒寿著，华文祺、丁福保译，上海版	七角	同上书147页
《妇女卫生学白话》	山根正次著，吴启、孙节译		同上书155页

（续表）

书　名	作者或译者以及出版者或广告商	定　价	备　注
《新纂儿科学》	伊藤龟治郎著，丁福保译，上海医学	一元二角	同上书167页
《妇人卫生书》	［日］绪方著，东亚公司书药局	赠送	见《时报》1911年8月10日

资料来源：主要是笔者辑录的晚清报章杂志上的书籍广告，以及参考了《增版〈东西学书录〉》《译书经眼录》《近百年来中译西书目录》《中国译日本书综合目录》等所收相关书目，但不包括当时出版的此类中医学书目。笔者从报章杂志上辑录下来的这些生殖医学书目，上述书目汇编很多都未收。表中书名后加 * 表示的是《中国译日本书综合目录》已收录书籍；表中书名后加 # 的表示作者看到了该书。

由上表可知，像表中所列《婚姻进化论》（《婚姻进化新论》）《男女交合新论》《妊娠论》《传种改良问答》（《订正传种改良问答》）、《胎内教育》《男女之秘密》《普通男女交合造化机新论》《生殖器全书》《育儿与卫生》《妇人卫生书》《竹氏产婆学》等十一种书都是《中国译日本书综合目录》，包括《近百年来中译西书目录》在内未收的（日本译自欧美的书籍、中国又翻译自日本的书籍也算在内）。表二中其他未有列出著译者的书籍，也应该有一部分是译自日本的，目前还不能确定究竟是哪些，姑俟以后有条件时查证。

根据当时如此之多、持续时间如此之长的广告来看，这五十多种书籍大都是由晚清著名书局出版、经销，它们在当时书籍市场上的流通是比较广泛的①，应该有许多的读者。也许正因为太多，司

① 《金陵卖书记》里作者列表言在南京考市曾卖“生理学”书5种96本，在考市的总销书数为3 012册；“生理学”书中，以《婚姻卫生学》一书最（转下页）

空见惯，习焉不察，倒没有多少人注意保存了。当然，或许是因为其“诲淫”，图书馆最初的工作人员不愿意收录，所以许多书现在已经看不到了，笔者多方搜求，只看到其中寥寥的七种。实际上，不止是此类书籍流传稀少，就是晚清其他内容的译著，相比其产生时的数量，历经劫乱，保存到现在的也无多。故而早在民国时期顾燮光在撰《译书经眼录·自序》时，已经感叹晚清出版的众多译著，“迄今求诸坊间，湮没怠将半矣！”①

不过，上表中的一些书籍在民国时期可能还重版过，除了上述《男女之秘密》外，《男女卫生新论》也可能再版过，因为根据《民国时期总书目·自然科学、医药卫生》卷里所收书目，其中即有卫生研究社著的《男女婚姻卫生宝鉴》，标为1922年10月再版，又说该书“卷首书名为《家庭必备男女婚姻卫生宝鉴》”，根据这些情况来推测，该书很可能就是晚清版的《男女婚姻卫生学》的再版本。而类似介绍性及养育、卫生等方面的书，在民国时期更是大量出现。②这无疑是延续了晚清以来出版此类书籍的热潮。

此外，除这类直接的生殖医学书籍，还有某些相关书籍中也有

（接上页）为畅销。参看公奴：《金陵卖书记》，第5、9页。科学图书社社员在安徽庐州书市所做的“调查”，也表明“卫生”类书籍销量不错，共销出15种44本，和小说类书籍销售额相当，约占全部售出书总量的4%，只比教科书、历史、地理类书籍销量低，历史、地理销量大是科举考试的需要，教科书销量最大是因为购者或购者儿子读新学堂的需要。参看《安徽俗话报》第14期，甲辰年九月十五日（1904年10月23日）。

① 《近代译书目》，第402页。

② 有关此类书籍的书目可参看北京图书馆编：《民国时期总书目（1911—1949）》“自然科学·医药卫生”卷，书目文献出版社1995年版，第377—388页。当然该书目亦有不少遗漏，但大体上可反映民国时期出版之此类书籍的情况。

一些关于性和生殖的内容。1905 年 10 月 27 日《中外日报》上刊出的“科学会社新书出版”广告书目，里面有“中学教科《全体通考》”的广告，从其广告词里我们也可知道《全体通考》的大致内容：

来源：《神州日报》1909 年 8 月 23 日

> 十八卷，此书为英医德贞子固君所著。君幼习西医，壮游东国，考求医术垂二十年，尤精于剖验之学，悯华人于此事绝少经意，乃著为此帙，以为学者研究之资。计图三册，自全体至一骨节、一血管，靡不具备。全书十八卷，一二论骨，三骨节，四肌及夹膜，五脉管，六回管，七津液管，八脑，九脊骨、脑筋，十五官具，十一消化之具，十二论胸，十三声音呼吸之具，十四溺具，十五阳生具，十六女生子之具，十七腋窝疝气外科之解剖，十八会阴与坐直肠部外科之解剖。条理细确，展卷了如，冗讲生理学至精至备之书也。全函十二册，外加布套，价洋五元。广益书局、科学会社启。①

① 该广告又刊于《南方报》1905 年 11 月 19 日等期。

《神州日报》上亦有涉及生殖内容书籍的广告词，如《普通生理学教科书》《普通生理学教授上之试验法》，两书的广告即言：

《教科书》为曾君科进近著。曾君，今中国生理学专家也，热心学界而尤精教授法。是著即本数年来实地教授之经验而纂述者。书分上下二篇，上篇记人体构造及关于生理之总说；下篇就各系统以合述，其解剖生理及卫生之法，则文简义赅，体制极严，故能按各校所规定、生理学教授时间之短长，而就其文义或直演或发挥，详略缓急，各得其宜。且其中凡有用之术语，皆特别用别体方字，以唤起阅者之注意。插图七十有奇，多为曾君自绘，精确详备，彩色鲜明，诚他书中之所无，而为此书之最特色者。但解剖生理，皆基于实验之学科，若无实验，则不足以助生徒之兴味，而坚其信心。曾君不惮琐，复萃数年对于中学生徒所行之简明试验及教授之略，则另成一篇，则曰《普通生理学教授上之试验法》，是种为中外之所绝无，而为曾君之创著。凡担任是科者，能持一卷以实行，则不独备此便利之教材，以充实验之资料，且使生徒得充分之理解，而证其实验之心得也。二书出版甫二月，而售去将半，亦可以知是书之价值矣！上海英租界四马路惠福里普及书局启。①

在 8 月 27 日，上引该广告又加上价格，"《生理学教科书》定价大

① 《神州日报》1909 年 8 月 23 日。

洋（原文漏“洋”字）一元，教授法定价大洋四角”，其他内容则未变。

有的生理卫生著作则鉴于已有的生殖医学书籍中已经多言及这些性与生殖的内容，故只作普及性的介绍，更深入的探讨则请读者参看有关专门书籍。如光绪三十四年（1908）由奉化孙海環编辑、中欣书局印刷的《生理学粹》“例言”中直说：

> 男女生殖器论，近亦稍见诸世，则此等学问不必讳言可知也。兹编注重卫生，故特详其构造。若夫深奥之理解、繁博之援证，有专书在，姑不备述。

有的体育类书籍亦包含这些生殖医学书籍里面的内容，如日本人西川政宪著、无锡杨寿桐译，文明编译印书局1902年印行的《国民体育学》，该书共六章。首章“论结婚”，内容包括“结婚之年龄”、“配偶者之选择法”、“血族结婚”之厉害；第二章是“婴儿体育”，内容主要谈婴儿之体育及保育方法、注意事项；其余几章讨论的是如少年、少女的体育锻炼问题。如此等等，均可从这些表达中管窥当时此类书籍的出版与著译旨趣。

四　晚清所编书目中的生殖医学书籍

以上这类生殖医学书籍的部分书目，实际上早在康有为于戊戌变法时期写就的《日本书目志》里就有出现。康有为的《日本书目志》首先列举的就是“生理门”书目，共三十六类三百六十六种。[①]康有为认为这些新书包含先圣之理，泰西、日本皆有专门之学，中国应该向其仿效学习，并翻译这些书。“今日欲自强，惟有译书而已。”译书就是要翻译“泰西诸学之要书”，而“泰西诸学之书，其精要者，日人已略译之矣!”中国因为选译日人的翻译书，“吾因其成功而用之”，花费少、费时短，就能方便快捷地摄取泰西学术之精华，“开四万万人之智”，实现自强。[②]

在康有为这里列举的书目中，其中有“生理学通俗十一种”书目，里面就有《造化妊娠论》（一册，四分，价格不知道是否是按中国大洋计算的，下同）、《造化机论》（一册，七分）、《订正增补造化机论》（一册，岩本吾一辑，三角五分）、《通俗男女造化机论》（小本）（一册，岩本吾一辑，八分）、《通俗生殖器论》（一册，长谷川竹叶译，七角五分）、《男女交合新论》（一册，桥爪贯一译，一角）等书目；在“卫生学三十八种”书目里，还有《妇人卫生（附育儿要诀）》（一册，大井谦吉译，三角）、《子育必携产育造化机论》（一册，浅利保正著，一角）、《男女交合论》（一册，六分）等，在这些书目后的按语里，康有为还认为“男女媾精，万物化生”；另外相关书目还有“产科学”书目十一种、“产婆学五种”“妇人科学五种”“小儿科学四种”“育儿法三种”等书目。正是在《日本书目志》里，康有为最先提出了利用日本书引入西学的策略，而大规模实践康有为主张的，则留给20世纪初年留日的

---

① 姜义华主编：《康有为全集》(3)，上海古籍出版社1992年版，第583—621页。
② 参看《康有为全集》(3)，第583—586页。

中国学生了。[①]

虽然如此，考虑到康有为实际的日语水平及西学知识，再考察康有为写的按语，对康有为《日本书目志》一书产生的社会影响，不能作过高的估计。[②]根据沈国威教授的研究，《日本书目志》中的部分书目可能康有为购阅了，有些可能没有读懂，很可能是“康有为的书目志直接取材于日本书肆的图书目录”，而就《日本书目志》列举的书目来说，有些书目没有标明价格或作者（译者），有些却标明了，没有标明的可能就是康有为没有看到或读过原书。有些书目后面有按语，有的没有；有的按语精当，有的则武断曲解。有按语的或按语写得精当的，表示康有为或许购阅过这些书，反之，则没有购阅过。再者，康有为本身就不太尊重“学术规范”，他直接袭用日本书肆的图书目录也是完全可能的。

再进一步说，笔者从晚清报刊上的书籍广告里，也没有看到过《日本书目志》发售的广告（笔者看到过康有为别的著作如《康南海官制议》《十一国游记》《康南海最近政见书》等书的广告）。笔者这里大致同意沈国威的判断。不过，从另一方面言，考虑到梁启超曾亲自撰写了《读〈日本书目志〉书后》[③]的颂扬词，发表在发

① 如孙宝瑄所言：“自东国游学途辟，东学之输入我国者不少，新书新报年出无穷，几于目不暇给，支那人脑界于是不能复闭矣。”参看《忘山庐日记》，第739页。也如蔡元培后来在《译书经眼录·序》中所言：“日本文之译本遂充斥于市肆，推行于学校，几使一时之学术寖成风尚，而我国文体亦遂因之稍稍变矣！”参看《近代译书目》，第399页。

② 参看沈国威：《康有为及其〈日本书目志〉》，《或问》（WAKUMON）51，No. 5（2003），pp. 51-68。

③ 梁启超：《饮冰室合集·文集之二》，第51—55页。

行量极大的《时务报》上，①以梁启超文笔的感染力，加之稍早的另一本书目——梁启超的《西学书目表》的示范作用，②当时还是应该有一些人阅读过《日本书目志》的。饶是这样，我们目前还缺乏资料证明后来出版的那些生殖医学类书籍的译者和作者看过《日本书目志》。因此，我们无法断定20世纪初年出版的这些译自日本

---

① 《时务报》第45册，光绪二十三年十月二十一日（1897年11月15日）。《时务报》销量最高时可能达到一万四千册，因为裘廷梁在致汪康年信中说，《时务报》每期销售“至万四千册，可谓多矣，然犹不逮中国民数万分之一”（裘廷梁函，《汪康年师友书札》（3），第2625页）。关于《时务报》的发行情况，可参看Roswell S. Britton（白瑞华），*The Chinese Peridical Press*，Shai：Kelly and Walsh，1933，pp. 92-94；廖梅：《汪康年：从民权论到文化保守主义》，第66—78页；潘光哲：《〈时务报〉和它的读者》，《历史研究》2005年第5期，第60—83页。

② 当时即有人向梁启超写信言：“兹迳启者，日来屡闻友人称述卓兄大著《西学书目表》《读西学书法》，于西学源流，条分缕晰，择精语详，为谈新学者不可不读之书。惜各代派《时务报》处，均无售本，欲购无由，深以为恨。”《汪康年师友书札》（1），第27页。又有信亦言：“大著《西学书目表》，晚日前托人赴申售过，此书甚为有用，讲究读书之法，极有次第，必传后世无疑，煌煌乎经世大文章也。与张香帅《书目答问》，可后先辉映矣。”李宗唐函，《汪康年师友书札》（4），第3378页。两信虽不无阿谀成分，但也可反映出《西学书目表》的某些影响。当时有人还曾私自翻印《西学书目表》，惹得叶瀚想要为这书申请专利。（叶瀚函，《汪康年师友书札》（3），第2592页）蔡元培也说《西学书目表》，“区书名、撰译人、刻印处、本数、价值、识语六品，甚便翻检。识语皆质实。读书法则取识语，演简为繁耳。末篇立意本正，而窜入本师康有为悖谬之言，为可恨也。”（王世儒编撰：《蔡元培年谱》（上册），北京大学出版社1998年版，第26页）后来的《东西学书录》《译书经眼录》《古越藏书楼书目》等，即是按照《西学书目表》分类法来对图书进行分类的。关于《西学书目表》的影响，可参看姚名达：《中国目录学史》，商务印书馆1957年版，第315—320页。另，黄庆澄的《中西普通书目表》亦受到《西学书目表》的影响，所谓该书目之“西书多取之新会梁氏《西学表》”（《中西普通书目表》孙诒让序，光绪戊戌七月算学报馆自刻本），黄庆澄在《书目》中亦言：梁启超《西学书目表》《读西学书法》“益人不浅”（第2页）。

的书籍，与康有为有多大关联。进言之，因表二列举的书目许多今天都已经看不到了，故此，也不能断定表二中某些书目的日文原著与康有为的《日本书目志》中某些日文书目，是否为同一版本。不过，仅从书名的雷同度来推测，很可能《男女交合新论》《男女交合论》《造化机论》这类书目是相同的。这在某种程度上似乎可说明康有为《日本书目志》产生的某些效应。①

这类生殖医学书目也进入了其他晚清目录学家的法眼。光绪二十八年（1902），由宋树基、蔡光照、闵檝、黄熙合辑的《中外时务新书叙录》一书，其中该书《卷十》就收录了《胎内教育》的《原叙》及《译者序》。

在徐维则辑、顾燮光补辑1902年出版的《增版〈东西学书录〉》里，也曾有徐维则——“徐补”的《男女交合新论》的按语：

> 《男女交合新论》一册，上海日清书馆印本，（美）法乌罗著，（日本）神田彦太郎、王立才编辑，忧亚子译。首论精神之爱，中论交合之要，终论妊娠之源。其阐发制造儿女之法，可谓透辟。读此书，于强种改良之道，深为有益。②

在《增版〈东西学书录〉》里，还收有光绪十五年（1899）博济医

---

① 如果有心人肯把《日本书目志》与《中国译日本书综合目录》相关书目作一对比，也许会让人能更清楚《日本书目志》的影响。《日本书目志》发挥影响的另一个例子是《中外时务新书叙录》，其《卷三》就收有《日本书目志·叙》，参看宋树基、蔡光照、闵檝、黄熙合辑的《中外时务新书叙录》，《卷三》，第9页。

② 收入《近代译书目》，第233页。

局刊本的《胎产举要》二卷，所加按语为：（美）阿庶顿辑，尹端模译，上卷论胎，下卷论产。皆设问答，以明其理，可谓详备。惜译笔欠显达。《增版〈东西学书录〉》同时还收有《产科新法》《儿科撮要》《妇科精蕴图说》等书。但明显这些书是纯粹的医学著作，书录作者就事论事，并没有将对其的评点上升到强种、强国的高度。且《增版〈东西学书录〉》所收这类生殖医学书的出版日期都早于 1900 年。

《译书经眼录》虽然出版时间晚在 1934 年，但顾燮光的收集工作却早在 1902 年《增版〈东西学书录〉》出版前即已开始，顾燮光《自序》中亦谓延续的是《增版〈东西学书录〉》的工作，“仍踵徐书前例，著为《译书经眼录》”，[1]由此可知，其中许多书籍，事实上早在晚清就已经进入顾燮光视线之内。

在《译书经眼录》卷五《全体学第十四》中，依照“首全体，次心理，次生理”的顺序，顾燮光即收录了《造化机新论》一卷、《妊娠论》一卷、《胎内教育》一卷、《生殖器新书前后编》二册等“全体”类书籍，之后在“生理”目中，又收录了书目《男女育儿新法》一卷，在卷六《卫生学第十六》中，有书目《处女卫生》一卷，在接下来的“方书”中又举出《男女生殖器病秘书》一卷、《男女下体病要鉴》一卷，各书且都加了版本介绍及内容衡评，下面分别列举。

《造化机新论》的是：

---

① 《译书经眼录·自序》，《近代译书目》，第 401 页。

日本细野顺著，出洋学生译所。言生殖各器构造功用，与《生殖器新书》略同。其言胎产、婚配、乳儿各说甚多至理。

《妊娠论》的是：

出洋学生编译。本书以制造妊娠为主义，详论生殖器之生理障害，以及孕胎结婚之合度，花柳病之预防，一切关于男女疾病卫生之事。凡二十三章，插图三十有九。盖传种为改良国民之基础，东西学者列为专门，固未可以诲淫之书例之也。

《胎内教育》的是：

日本伊东琴次郎著，陈毅译。本书以改良种族为竞争根本，于结婚前后、胎产产后三致意焉！凡五章，一、总论，二、结婚前之注意，三、结婚后之注意，四、妊娠时之新得，五、产后之心得。本书无纤毫猥亵之谭，而有进步教育之效。诚姆教中之善本也。

《生殖器新书前后编》的是：

美国霍立克著，仇光裕译、王建善述。书凡二十六章，插图二十四幅。发明男女生殖器之功用、生育之理趣，读之可以广嗣续、少废疾、免夭折、开智慧，诚卫生强种之秘籍也。著者以历年试验而成，此书译者复深明医理，故无诘屈隔膜之谈，所论卵珠精虫各理，足与《交合新论》参观，或以导淫书目之，误矣！

《男女育儿新法》的是：

日本中景龙之助著，诱民子译。全书凡四十九章，于育儿各法言之极为简明，其言血族结婚之害，列表言之，尤有至理。按强国以强种为要，康健小儿即为人类之本，则生理学之宜亟讲也明矣！

《处女卫生》的是：

美来曼波斯撒利著，日本北岛研三译，冯沛重译。书凡二十三章，论处女卫生各节甚详，目今时哲群兴女学，则此书亦所宜读者矣！

《男女生殖器病秘书》的是：

日本山崎荣三郎著，浩然生译。综编男女生殖器构造之理、致病之由、养生之法，措辞简要，另附图二幅于后。

《男女下体病要鉴》的是：

> 日本医学博士丸山万著，金柯译。是书专论男女生殖器致病之由，并言豫防救治各法，分节言之，多由试验，附录常用食物分析表、乳汁分析表、食物消化时间表、牛乳试验法，尤足为卫生之助。广智所译《男女生殖器病秘书》，无此详赡。

在《译书经眼录》卷八《本国人辑著书》“生理第十七”中，还有一书目说明：“《葆精大论》一卷，王建善，育材书塾排印本。”

从《译书经眼录》中列举各书及对以上各书的版本、内容介绍来看，这些书籍大都是在当时报刊上刊登过广告的，书籍的著译者多出自东洋留学生之手，这里的版本也与这些书在报纸上刊登的书目广告中透露的版本是相同的。再从顾燮光对这些书的衡评来看，这些评论与报纸上刊载的及一些商业书目中收录的书籍广告词有颇多雷同之处。很可能，《译书经眼录》中的按语就是顾燮光根据报纸上刊登的相关广告词修改而成，因顾燮光早在《增版〈东西学书录〉》里就言：“旬日各报附印之书，最易散佚，兹择其优者收录，俾便查阅。”①

这些生殖医学书籍在书商那里的销售情况也有一些记载。开明书店主人公奴（夏颂莱）于 1902 年赴金陵赶考兼卖新书，归来后写下《金陵卖书记》一书，比较详细地记录了他卖书时的一些情况。在谈及卖生理学书时，书中记载：

---

① 《近代译书目》，第 33 页。

生理学诸书以《婚姻卫生学》为最销畅。讲此等书者，其意见盖有三等，而确知其所当知之故者，盖无有也。最下者视之若淫书，一见其图，喜跃不自己，然惟恐人之见之也，故来讲必以幕夜，避帅友，屏群从，伺人少时，以支身来。其择取之也，指以手，而口不敢道也。稍高者则目之为闲书，意若谓可有可无，取以销永日耳。其上也者，则视为医书，意若谓医者所当知也，然即非医者，亦不可不知。固彼所未敢信也，即非医者，亦无庸讳言，又彼所未肯许也。①

根据公奴这里惟妙惟肖的刻画，可以想见这类生殖医学书籍在金陵“考市”的热销情况，也可以想象购买此类书籍的士子之心态！1903年去汴梁赶“考市”的开明书店股东王维泰，甚至把此类书籍视为“奇货”，推荐给读者，劝诱赶考士子购买。他在《汴梁卖书记》中记载道：

所带生理科书有《妊娠论》《交和论》及《医科生殖器图》，颇精致。凡客来阅书数十种，尚未得要领者即速出以上书，举图示之，则皆骇笑，视为游戏之作。及告以生理科学及东西各校医科列入大学之义，则容稍庄。更有不耻下问者，或竟购之去，兼及他书。有一客指“交合”二字，以此命名，太不雅。因诘之曰：男女媾精，圣经不讳，试校雅俗如何？客首

① 公奴：《金陵卖书记》，第9—10页。

肯曰：领教，领教！①

《金陵卖书记》《汴梁卖书记》书后分别附有“开明书店出版新书目录”和“开明书店新书目录”，都有一些这类书籍的书目。在《金陵卖书记》附的“开明书店出版新书目录”（此目录不是在金陵卖书时的目录）里，也有《生殖器新书》的简介，其词与上引该书广告词略有不同，但强调的依然是读该书可以“广嗣续、少残废、救羸弱、免夭折、开智慧”：

> 是书一名《婚姻之领港》，为美国著名生殖家霍立克氏所著，发明男女生殖器之功用及生育之理，详备新致，警快绝伦，附图三十四幅。在美国风行已久，板重至数百次。译者宝山仇光裕君熟精西国医理，上海王建善君又覃研中医有年，钩玄抉奥，岁余而成此书，内容之声价不言可喻。大雅男女，欲广嗣续、少残废、救羸弱、免夭折、开智慧者，所宜人手一编，以求卫生进种之诀也。洋装定价前编一元，后编七角。

“开明书店出版新书目录”里还有一些没有简介的书目，如《男女交合新论》（三角五分）、《妊娠论》（四角）、《男女婚姻卫生学》（七角）、《男女育儿新法》（二角五分）、《葆精大论》（五分）、《生殖器新书前后编》（一元七角）、《传种改良问答》（三角）、《小儿养

---

① 王维泰：《汴梁卖书记》，第6—7页。

育法》（二角）、《吾妻镜》（二角五分）、《无上快乐》（一角五分）、《男女生殖器秘病书》（二角五分）、《处女卫生》（四角），这些书目大多是开明书店在《中外日报》和《新闻报》做过广告的。

《汴梁卖书记》书后的"开明书店新书目录"，也同样不是在开封卖书时的目录，是《汴梁卖书记》出版时开明书店的新书目录。该目录是按"教科""教育""历史""地理""政治""法律""经济""文编""哲理""传记""小说""方言""生理""格致"等名目分类列书目的，在"生理"类别中，即有《妊娠论》（四角）、《处女卫生》（三角五分）、《小儿养育法》（二角）、《婚姻进化新论》（四角）、《男女育儿新法》（二角五分）、《传种改良问答》（三角）、《男女交合新论》（三角五分）、《男女婚姻卫生学》（七角）、《男女生殖器秘病书》（一角五分）等书目。与上述《金陵卖书记》所附的"开明书店出版新书目录"里的此类书籍书目相比，这里的分类更加清楚，书目也略有增删，少了《葆精大论》《吾妻镜》，多了《婚姻进化新论》，个别书价有所降低，其余则完全一样。

五　书籍内容

在以上列举的五十余种生殖医学书目中，笔者只看到八种，八种书的内容不乏重复之处，其中的六种书籍都有广告词公开刊登，结合这六本书的内容，笔者认为书籍广告尽管夸大了这些书籍的效用与著译目的，但基本上还是表达了这类书籍的内容。为节约篇幅和便于表达起见，笔者重点分析争议较大的《吾妻镜》一书之内容，而以它书内容作为补充。

在《忘山庐日记》里，孙宝瑄曾记载了不少与杨凌霄的交往情况[①]，包括他阅读《吾妻镜》的一些感受。实际上，关于杨翥个人的信息，到今天为止，我们都知道得很少，我们所能知道他的情况，最主要的就是通过孙宝瑄的《忘山庐日记》，从中才略微了解一点杨翥其人的信息。

从《忘山庐日记》里孙宝瑄关于杨凌霄的描述，以及他们交游情况的记载，我们可以知道杨是浙江海门人；而从孙宝瑄记录的杨凌霄自白——“肝胆撑开颓世界，心肠煎暖冷乾坤”句中，[②]我们可以推知杨是一个很热心世事的人。在1897年时，杨凌霄曾“欲在海门兴议院”，设计议员由官员考取，不是出自民选。[③]杨还让孙宝瑄代拟论议院书，但孙认为议院制度在当下条件下并不可行，因为“乡邑中多一议员，与多一邑长，一也。弄权颠倒，曲直不可禁，无益实事”。[④]杨凌霄也接受了孙宝瑄这样的观点，不再坚持在家乡开设议院的意见。

大约1900年—1901年，杨本人还在杭州的日本学堂学习过两年日语，“凌霄在杭习东国语言文字两年矣”，杨凌霄并劝同样正在学习日语的孙宝瑄购买日本字典《言海》一书备用，因其“检字极便”。[⑤]杨凌霄还经常来往于上海、杭州之间，与孙宝瑄是经常往还

---

① 参看《忘山庐日记》（上），第90、99、273、302、324、325、342、383、384、410页等多处。宋恕1895年日记里也有杨凌霄来访的记载，“十三日，杨凌霄来访，初见面也。”地点是上海东来升客栈。参看宋恕：《乙未日记摘要》，《宋恕集》（下），中华书局1993年版，第934页。

②③ 《忘山庐日记》（上），第90页。

④ 《忘山庐日记》（上），第99页。

⑤ 《忘山庐日记》（上），第324页。

的好友，同时他与当时浙江名士宋恕、章太炎、陈介石亦有不少交往。其中，杨凌霄可能与宋恕认识比较早，杨凌霄能进入孙宝瑄的交往圈，或得益于宋恕的介绍和引见。孙宝瑄非常看重杨凌霄，把杨比喻为鹰，将之与章太炎、宋恕并列，“凌霄如鹰，枚叔如鹤，燕生如雁”①。

孙宝瑄与杨凌霄还非常投契，在互相的交谈中有许多共鸣，特别是在对男女之间关系的看法上。在 1901 年 8 月 22 日日记里，孙宝瑄曾记道：

> 九日，晴。凌霄来谈。男女交合，有肉体之爱，有精神之爱。以肉体之爱而交合者，生子必愚；以精神之爱而交合者，生子必慧。而人自择配偶，有男女为友数年而婚配者，有为友十余年而始婚配者，皆精神之爱也。凌霄云：人生有三乐：一男女之乐，一山水之乐，一读书之乐。②

后来，孙宝瑄在读到杨著《吾妻镜》后，还在日记中追记：

> 夜，观剧，忽厌倦，遂闲步至第一楼品茶。买书二种：曰《吾妻镜》，曰《男女交合无上之快乐》。《吾妻镜》，通州杨凌霄著。凌霄与余旧相识也。其论人生三乐，与余不侔而合。又谓：凡欧洲自古大人物，强半野合而生。盖野合者，必两情相

① 《忘山庐日记》（上），第 273 页。
② 《忘山庐日记》（上），第 382—383 页。

遂，故其种性精良，造成之人往往不凡。我国男女禁自择配偶，其交合皆用勉强，故种性不精良，而人才罕觏。国之不振，非一原因也。①

一部《吾妻镜》，让孙宝瑄这样戚戚于心，其内容究竟如何呢？

《吾妻镜》②一书虽列为三十八章，其实每章字数都很少，多为200字左右，全书大约6 000字，其目录如下：

夫妇恩义为培种第一要事

男女相爱即磁石之理

得交合之道则身强子贤，失交合之道则身弱子愚

受胎之理并得胎之术

种子

绝嗣各病

私奔为动物公理

夫妇异质方成佳偶

淫欲有伤身绝嗣之大患

① 《忘山庐日记》（上），第598页。

② 《吾妻镜》原书内没有附出版信息，根据其《自序》及其在《中外日报》上的广告、孙宝瑄的阅读记载等情况可知，该书是1901年由杭州图书公司出版。另据当时人言，《吾妻镜》系一三十余岁之人与十余岁之人合著，以年龄大者、学过三年日文者（应为杨翥）为主，另外一人似应为“校者王晟”，但根据孙宝瑄的记载，《吾妻镜》为杨凌霄著，这里暂从孙说。参看公人：《与〈新民丛报〉记者书》，《新民丛报》第29号，光绪二十九年三月十四日（1903年4月11日），第103—104页。关于《吾妻镜》的内容，见附录三。

夫妇不和有害家国，宜逼令离婚以培元气
鸦片与酒遗祸后裔
小孩食米粉有害智慧
处女亦有破身
男女不交接为淫祸之根
男女宜同饰同服，可减电力、可消恨海
股淫、手淫、宿娼、强奸、梦遗、留精等同一害身之事
避孕法
一夫数妾之国亦宜一女数夫
申论精神之爱生豪杰，淫欲之爱生豚犬理由
交合适度活气血，过度减气血，独居亦减气血
交合过度之害，男子甚于妇人
生儿强弱与夫妇之爱力相比例
男女贞淫无关品学
聪明人好色之理由
医学家保护子宫即保护家国之根本
女子有外交，父母翁姑无问罪之理
太阳光线为斯人知愚之大原
淫欲能腐败爱情，爱情能消磨淫欲
股淫宜禁
各动物所食之物，各视其齿之所宜，违则伤身
娶妇有时
卧房
禁同姓为婚之非理

不读书脑愚，多读书脑亦受伤而愚
情欲为生天地、生万物之起点
小儿剃发伤脑
女子缠足伤身
一女数夫大近人情，一夫数妾不近人情

参考以上各章的具体内容，以今日的“后见之明”来看，当时人比较难以接受的应该是“私奔为动物公理”“一夫数妾之国亦宜一女数夫”“男女贞淫无关品学”“女子有外交，父母翁姑无问罪之理”“情欲为生天地、生万物之起点”等章。这些章节的内容对于传统的礼教秩序和人们的思维惯性来说，不啻是大逆不道。比如“论私奔为动物公理”章言：

凡动物交合，皆阴阳二电相吸，电止不能自动，电动不能自止。惟人最伪，必告父母，必待媒妁，自贼其本性，不知阴茎与阴道之适合与否，已非亲历其境，且不能知，彼父母媒妁何能越俎代谋？我不解严禁私奔之国，以为两私相合，此固私事乎？抑公事乎？若固私事也，则私奔乃动物之公理，而不得为之邪僻也！

又比如“论一夫数妾之国亦宜一女数夫”章公然宣传“一女数夫”之合理性，其所据理由虽不妥当，但这种观点无疑也是对男权独大社会的一种抨击：

> 华人一妻数妾，大伤公理，为各国所鄙。倘使华女亦可一女数夫，则不独无伤公理，且有大同气象。夫造物聚数百年灵秀之气，生一才子，生一佳人，而使一人得之、千万人失之，使天下爱才爱色者齐抱不平之憾，有伤天地之和，此凡夫之陋见，而非动物之公理也，有志大同者，其三复我言焉可？

在稍后的“论一女数夫大近人情，一夫数妾不近人情”章，杨凌霄更进一步，从生理角度来建构“一女数夫”现象的符合情理，而“一夫数妾”不合人情：

> 夫妇者以合欢为目的也，女子一宵能迎数夫之欢，其数夫，情也。男子一宵不能迎数妾之欢，其数妾，非情也。

再如“男女贞淫无关品学”章，杨凌霄还将“男女贞淫”与否与人品区分开来，一反中国传统的见解：

> 夫男女之相爱，其血液中磁气相感耳。气之所感，物不能自主，浓者易感，淡者难感。米国为五洲最文明之国，且有自配之权，然每年男女逃亡之数尚有五百人。博士查其品学，未尝出于人下，不过一时电气吸力所致，及电气平流之日，又冰消瓦解，而不能自问者矣。

《吾妻镜》还公然鼓吹情欲解放的必要性与自然性，批判礼教纲常禁欲论的虚伪及无知，认为“情欲为生天地、生万物之起点”，社会不当禁欲，否则只会培养出更多道貌岸然的伪君子：

> 太阳与地球无爱力，即无天地；天地无爱力，即不生万物；万物无爱力，即不传种类。爱力作何？情欲而已。今日伪君子讳谈情欲，以淫书为痛恨，当先痛恨其父母，要知其父母亦以一点情欲结成。惟其父母情欲略淡，故其子孙性情中不能无伪气耳。虽然若纵欲无度，则爱情亦败，而种类亦渐衰。试观荡妇与荡子，而恍然矣！自古及今，动植物之古有而今无者，不能以数计，推其灭种之由，非情欲过甚，必情欲过衰，将来灭此人种之起点，非节欲之伪君子，必纵欲之真小人欤？

上述议论，如公开提倡婚前性行为、婚姻自由、情欲解放和共夫共妻，以及主张一女数夫，从自然进化论角度来反对男权独尊，坚持情欲存在的合法性，将人品、学问与个人的性生活区分开来，这些主张无疑是在鼓吹一种新的婚姻观和“性道德”。这些见解即使放在今天，亦是很激进的，遑论晚清社会的接受能力。难怪有人要对《吾妻镜》之作者大相挞伐了（详后）！《吾妻镜》这里的观点实可与康有为在《实理公法全书·夫妇门》中主张的换夫换妻制有得一拼！①

康有为在此根据所谓《实理》：

---

① 康有为：《实理公法全书·夫妇门》，收入钱锺书主编、朱维铮编校：《康有为大同论两种》，第 10—12 页。

今医药家已考明，凡终身一夫一妇，与一夫屡易数妇，一妇屡易数夫，实无所分别。凡魂之与魄，最难久合。相处既久，则相爱之性多变。

由此推出他主张的《公法》：

凡男女如系两相爱悦者，则听其自便，惟不许有立约之事。倘有分毫不相爱悦，即无庸相聚。其有爱恶相攻，则科犯罪者以法焉。

并在《按语》里用进化论观点继续阐释：

此乃几何公理所出之法。盖天既生一男一女，则人道便当有男女之事。既两相爱悦，理宜任其有自主之权，几何公理至此而止。若夫立约，则是增以人立之法，非几何公理所固有者。惟即以不立法为立法，斯为几何公理所出之法也。

但只有如此，却不足使男女个个身体健康，必须有辅助举措，才能使之效果明显：

此法当多设医局以佐之。严限每人或三日或五日即赴医局察验一次，以闻症筒验其血管有亏损否，亏损若干，即其戒节色欲若干日。其有过于亏损者，则勒令其暂住数天，略以药物调养，如此则民无夭札之患矣。然医局之宜多设，岂徒用此法为然哉？

当然，男女之间不能无规则在一起，必须要加以立法保障，所由之法亦要根据几何公理，可也要考虑到特殊性——“而外增以人立之法”：

> 凡男女相悦者，则立约以三月为期，期满之后，任其更与他人立约。若原人欲再立约，则须暂停三月，乃许再立。亦许其屡次立约，至于终身。其有数人同时欲合立一约者，询明果系各相爱悦，则许之，或仍不许。
>
> 凡男女立约久暂，听其自便。约满则可更与他人立约，亦可再与原人换约。其有数人同时欲合立一约者，询明果系各相爱悦，则许之，或仍不许。

而一夫一妻制则主张：

> 凡男女立约，必立终身之约。又有故乃许离异。又一人不得与二人立约。男女各有自主之权。

该制度虽然也是人立之法，揆诸（法国 1891 年的）事实，其不合乎“实理”，“无益于人道，更不及以上诸法”。至于由父母包办婚姻，以及传统纲常规定的男为女纲、夫为妇纲、一男可以有数妇、一妇不能数夫等不公平现象，更与几何公理相悖离，无益人道。为预防此种弊端，所以要“禁人有夫妇之道”，原因即在于夫妇之道与“实理全反，不惟无益人道，且灭绝人道矣。”鉴于资料的匮乏，我们不能确定《吾妻镜》与《实理公法全书》（及《大同书》）之间的关联性，不过两书此处具有的相似性则是毋庸置疑的。

在《吾妻镜》一书里，杨凌霄还结合西方一些粗浅的自然科学知识和社会进化论观念，加之以他掌握的中国传统房中医学，对很多问题都提出了他自己的看法，其中一些观点不乏远见卓识，但也有许多观点有失片面，甚或不乏荒唐之处。如书中“论男女相爱即磁石之理”章：

吸铁石因电气有阴阳而相吸，男女亦因电气有阴阳而相吸。其交合时生电气三种：一磨擦电，即磨擦而生；一酸碱电，即男女精中二味制成；一化合电，即二物化合而生。电气有浓淡，爱力因之而浓淡。电浪有大小，快味因之而大小。电之至数有迟速，呼息因之而迟速，不明电学之理者，不能深知男女相爱之因也。

又比如“论男女宜同饰同服，可减电力，可消恨海”章：

凡光尖等物，最易引动电气。女子媚发华服，男子短发粗服，电浪不均，吸力最大，电生乐，乐生情，情生恨，世间不能无电，即生人不能无恨，消其电力，即填其恨海也。男女同饰、同服，华则同华，朴则同朴，则电气平流，吸力减，则爱力弱，爱力弱，则恨海枯矣。

从以上杨凌霄这些良莠并齐的见解中，我们可以感受出进化论思想对当时中国趋新人士的影响力，而从《吾妻镜》作者在光绪二十七年（1901）写的自序中："治人之学，治心而已。治心之学，培种而已。是书专讲培种之道。"我们也可看出作者赋予该书的目的是"培种"，正是显示出了进化论思想的影响。他在第一章夫妇"恩义为培种第一要事"中又引申此义，认为夫妻恩爱结婚，关系甚大，不可以轻忽看待：

> 夫妇以爱水结成子女，倘恩爱不浓，则爱水自薄，结成之子女其性情才力亦因此而薄。古今大人物，半出于私孩，其父母之爱情浓也。今地球各国，男女不能自择者，国势必弱、人心必坏。君相欲家国之治，而男女无自配之权；父母欲子女之贤，而夫妇无恩爱之实，犹欲西行而东其马首也。有治人之职者，甘自弱其种类，而为强之食焉！哀哉！

杨凌霄该书里还有许多将性、感情、婚姻等与传宗接代、国家兴亡联系起来的论述，还谈及男女乏嗣原因、避孕、怀孕、缠足等多种问题，许多表达都基本符合现在认可的卫生与健康常识。如"论卧房"章：

> 卧房为我人半世栖留之地，为小儿成胎分娩之区，最宜讲求，以防疾病夭亡愚弱诸患。其所宜之事如左：宜三四面皆琉璃大窗，以通风日；宜少置器具，以多养气、多安花草，以吸炭气；宜每人得室内空气一百立方尺，能愈多则愈妙；宜室内干洁，室外近地无腐烂物。

又如“女子缠足伤身”章认为缠足危害性很大，是“戕贼黄种之一大恶习”：

> 运动可增气血，不待智者而后知。女子缠足，步履艰难，运动必少，亦不待智者而后知。欲快男子一时之心目，而灾女子毕生之气血，亦戕贼黄种之一大恶习也。

《吾妻镜》对于社会上流行的禁止同姓为婚的现象也大不以为然。在“论禁同姓为婚之非理”章进对此行了批驳，认为创此说者罪大恶极，“创此说者使同族男女不能亲爱，真涣散伦类之罪大恶极人也”。杨凌霄并援引“米国医学博士也独鸦路笃氏”关于肺病患者的实验，从而推论只要在两三代以后，同族结婚就不再是近亲结婚，“该患者一千人中，同族结婚之儿女不过六人，其事著明，各国遂驰此禁。今东西国法二三服中即可结婚，于是一族中脑力性理非常者，即可维持不败，此第一便利，且益奋发”。甚至还在该章诅咒禁止同姓结婚的人“无后”，“中国腐儒沉昏，不悟伦类多而治理难，亲爱少而争端起。创同姓不婚之说者，其无后乎？其无后乎？”同样，《吾妻镜》的作者还反对同性恋行为，他在“论股淫宜禁”章认为，同性恋伤害身体，中国应该效法西方各国禁止这种现象。

《吾妻镜》中还有一些谈及普通生活常识的内容，如“论鸦片与酒遗祸后裔”章：

> 父母俱食烟酒，其子女必愚。因烟酒之毒混入精血，小孩

之脑全赖精血化成，父母精血既含毒质，小儿脑气安得不伤，此一定不易之理。彼自害而兼害其子孙者，愚可叹也！

又如“论小孩食米粉有害智慧”：

> 华人始生小孩，便食米粉，不知乳汁化血易，而米粉化血较难。血以养脑，脑以生智，血不足即脑不足，脑不足即智不足也。故欧人必待小儿齿牙已出，发育甚迟，而后略食面粉，然仍以各动物之乳为主，不食母乳者，因一年之后于母有损也。故论始生小孩，必食母乳最佳，因月内之乳中有泻汁，小孩腹中有毒，必食母乳以泻之。中土专恃药力，使小儿气血受伤，甚可恶也。保母之乳，不如母乳；牛羊之乳，更不如保母之乳。若米粉等物，更不如牛羊之乳，达矣！为父母者何可不思？

更具有警示意义的则是“论处女亦有破身”章：

> 处女阴具内有薄膜一层，与男子交合则破，故名破身。此膜有细孔，或状如节，或形如半月，最易自破，倘过厚者便有阻经之患，必用指破之，世间男子与新妇交合，见衽席无血，便疑妇有外交，不通甚矣！

《吾妻镜》中还有一些在现在看来是非常想当然的见解，完全属于作者臆想的结果，如“申论精神之爱生豪杰、淫欲之爱生豚犬理由”章：

> 夫妇交合之念即子女之起点也，起点于淫欲即传淫欲于子女，起点于恩爱即传恩爱于子女，故夫妇平日固宜恩爱，而交合之时恩爱宜尤笃，恩爱笃则精神之感动深，呼息紧则血液之循环速，遍体之精神俱注，则传其遍体之精神于子女，有一部之精神不到，其子女即有一部之精神缺乏。今中国之夫妇，本不相识，全凭媒妁而成，苟能动两人之嗜欲，亦已幸矣。精神之爱，何可望哉！以我人一生之心血，天地生民之大事，而尽付于三姑六婆之手、星卜命相之口，而复决之于木雕泥塑之前，真可为痛哭而流涕者也！

尽管此章杨凌霄所据理由有些荒唐，但其批评当时中国夫妇结合“本不相识，全凭媒妁而成”这样危害很大的现象，却是很有针对性。杨凌霄在“论聪明人好色之理由”章，将智愚程度同好色挂钩，并以此作为“天地自然之理由”；在“论太阳光线为斯人知愚之大原”章，把太阳光线作为黄白红黑诸种区分的原因，以及将气温热冷与否作为人种智慧的差别所在；凡此则足见作者之知识之局限。

再从《吾妻镜》的其他内容来看，杨凌霄该书中还提倡讲究交合之道的观点，如“论受胎之理并得胎之术”章，这远早于民国时期张竞生的同类主张①：

① 关于民国时期张竞生的主张，可参看张竞生：《张竞生文集》（上下），广州出版社 1998 年版。

> 夫犬羊鹿豕之交，每年数次，蓄精至厚，得其道也。必待牝者孕蛋成熟之际，得其时也。必舐其阴具，使牝者春心先发，而后子宫膨胀，宫口下垂，阳精易入，得其术也。故男女多淫，子女必少，蓄精未厚也。女子春心未动，而男子泄精必难成胎，宫口未下也。女子孕蛋成熟之时，在经尽一日之后，十四日之前，几经尽七日之内，女子春情多盛于男，故胎易孕女。自七日至十四日，女子之情少衰，男子盛其情以交，合胎易成男。故蜂蛋与鸡卵，初生者必牝，后生者必牡，理可推也。又经前三日孕蛋再熟，亦可成胎。男子尿道既窄，精出无力，不能射入子宫，或年高力弱，泄精太早，不能待女子春情发动者，必在未合之前先用一手挑动女子之春情，然后交合，或泄精于水节，使水节之温度适宜，然后射入，方能得胎。然交合之际，但炽淫情，而无脑筋之爱力，则所生子女必愚蠢无知，或狡诈可鄙。泰西各国故必先亲爱，而后订为夫妇。若先订夫妇，使成亲之夕，先交合而后亲爱者，此禽兽交合之道，为伐贼黄种之莫大恶习也。

《吾妻镜》一书中的这些主张和见解，今天看来自然是卑之无甚高论，但在当时的认知脉络下，此书里的许多论述不可谓是不激进。考虑到该书出版于 1901 年，再参之以孙宝瑄的读书、购书记载以及他与杨凌霄的交往情况，当时书籍市场上生理卫生类书籍、进化论书籍、自然科学类书籍都已出版不少，而且在上海等地还可以方便地购买到日文书籍。杨凌霄《吾妻镜》中的主要思想资源很可能来自这些翻译出版的西学书籍，以及他能阅读到的日文书籍。

如王建善（王立才）在《葆精大论》跋语中云：

> 此书系已亥年（1899）所作，方自命精心独撰，而不知东西各国有此专书也。自去岁译《生殖器新书》后，向来见解为之一变。自视此书，已觉旧说太多。

由王建善之自白，可以想见，大概杨翥的《吾妻镜》也吸取了不少“东西各国”此类“专书”的意见。而杨凌霄在《吾妻镜》中的这些表达，不过是当时这些诸多新思想资源的集中体现罢了。

《吾妻镜》曾在《中外日报》《南方报》等晚清报刊上作了大量的广告；再据《吾妻镜》在《中外日报》上刊登的书籍简介也可知道，该书是由杭州图书公司发售，《中外日报》馆及上海各书坊均有代售。另外，该书也曾被列入开明书店的新书目录附在《金陵卖书记》后，很可能还被开明书店带到了南京、汴梁等地销售。由此可推知，该书在当时的销量应该比较大，也产生了一定的影响，①读者也留下了一些关于此书的评论记录，只可惜它并没有引起后来研究者的注意。在民国时期大力提倡性学的人物张竞生，其主张事实上并没有超出晚清人物杨凌霄太多，只是由于历史有意无意的遗忘，杨凌霄在这方面的主张倒不太被后人所知，幸亏还有《吾妻镜》与孙宝瑄的日记存留了下来，才使我们这里有可能重读《吾妻

① 应该是在《吾妻镜》的影响下，1902年后，一批相继以“镜”为名的书、文章甚至图画不断在晚清文化市场上出现，如《国民内长镜》《现世支那镜》《新孽镜》《襟绅镜》《青年镜》《医界镜》《学界镜》《蒙学镜》《青楼镜》《蒙养镜》《无师自通照相镜》《立宪镜》等等。

镜》这个早被遗忘的文本。

综合来看，《吾妻镜》的作者将西方生理卫生、进化论知识，推广到婚姻和中国人种问题上，揭露讳言性的虚伪与不必要，并凸显中国种族及国民的“羸弱”，颂扬西方的优种，来衬托或对比中国种族在与西方竞争中的不利地位，以建构弱国国民需要强种的急迫现实，进而宣称自己写作此类书籍的目的亦在此。通过这样的修辞策略，杨凌霄水到渠成地为自己获得了写作此书的合法性。

同样，其他一些生殖医学著作的译述者也采取与《吾妻镜》大致相同的叙述方式与修辞策略。如《婚姻指南》一书的《译者自序》就宣称，其译作此“最有益良书”的目的在于公诸同好，传播发源于19世纪欧美的生殖医学知识，“欲普令世中男女得知生殖器之组织、职能、作用，明其生理，知其厉害”①。且能为国人渐趋文明作些贡献，“今特译之以为普通教育之助”。译者“诱民子”还为生殖医学辩护道：

> 婚姻之目的，虽非尽在于交媾，然舍交媾不足以完婚姻之目的，交媾之为神圣事业也，明矣！夫文明之世，知事物之然，而不知其所以然，君子所羞也。生殖器为体中第一重要机关，自有人类以来，世世营生殖之作用，讫今日犹不知其所以然之理。19世纪之中叶，斯学始仅得发一缕之曙光，亦文明世之一惭色也。②

① 《婚姻指南》，第1页。
② 《婚姻指南》，第1—2页。

《男女之秘密》的译者“春梦楼主人”亦与“诱民子”有着相仿的说明，而更为大胆和直言不讳，直接指出：人间之世界，实色情之世界，色情对于人必不可缺少：

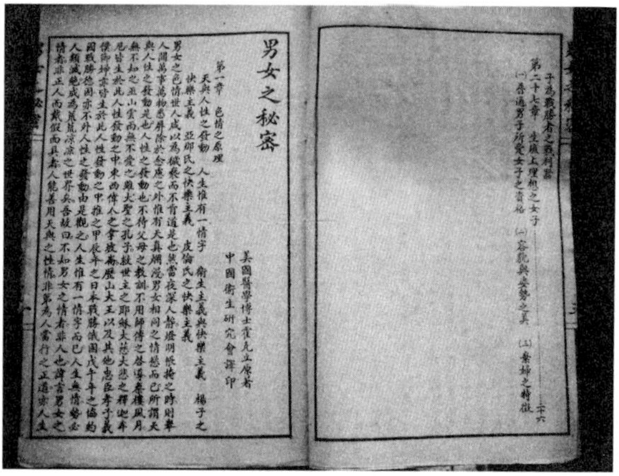
子為戰勝者之戰利品
第二十七章　生殖上理想之女子
(一)吾謂男子所覺女子之資格　(二)容貌與姿勢之美　(三)乘婦之特徵
二十六

男女之秘密
美國醫學博士霍克立原著
中國衛生研究會譯印
第一章　色情之原理
天與人性之發動　人生惟有一情字　衛生主義與快樂主義　楊子之
快樂主義　亞那氏之快樂主義　皮倫氏之快樂主義
男女之色情世人咸以為猥褻而不肯道是也然當夜深人靜燈明帳掩之時則舉
人間萬事萬物悉屏除於念慮之外惟有天真爛漫男女相同之情慾而已所謂天
與人性之發動是也人性之發動也不待父母之教訓不用師傅之啓導春種風月
無不知之巫山雲雨無不覺之雖大聖之孔子救世主之耶穌大慈大悲之釋迦牟
尼皆生於此人性發動之中東西偉人之拿破崙歷山大王以及其他忠臣孝子義
僕節婦亦皆生於此人性發動之中推之甲辰年之日本戰勝俄國戊午年之協約
國戰勝德國亦不外人性之發動由是觀之人生惟有一情字而已人生無情勢必
人類滅絕成為荒荒涼涼之世界矣吾故曰不如男女之情者非人也諱言男女之
情者非正人而戴假面具者人能善用天與之性情非第為人當行之正道實人生

《男女之秘密》书影

男女秘密者，不外乎色情二字。色情二字，虽秘密而其实并非秘密。质言之，人人尽有之秘密也。盖人间之世界，实色情之世界也，如无色情，则人将绝种，又安能有此璨烂华美之社会哉！然则在此璨烂华美社会上之男女，既知色情为人生必不可少之事，则又岂可不研究之乎？当世界未开通时，皆讳言色情二字，以色情为羞耻之事，而不肯公然告人。殊不知，男女之交接，初非徒为快乐主义，在重大之目的在焉。若只取快乐为主义，与禽兽虫鱼何以异乎？重大之目的何在？曰在生殖，而卫生之观念与道义之观念，亦与焉！本书以生殖卫生之说明为重，存男女之正理，而以种种不卫生、不道德之弊害为切戒，俾世间男女，因本书之解释，而知男女之真面、真义务，则本书之效著矣！

《婚姻进化新论》之《绪言》的译者借日本译者之口亦劈头称，人之六欲即使是圣人也难无，“其中之最足动人而最难轻绝者，则莫如色情”①。在《男女婚姻卫生学》起首，译者也认为，“人生第一大幸福”，“莫过于得好婚姻、生育强健宁馨之子，此实为世界中凡百乐事之大本”。②该书在内容上与《男女之秘密》非常相近。

相比于《婚姻指南》《男女之秘密》等书的译者旨趣，《传种改良问答》的编者《弁言》则鲜明表示其批判性：

黄种人之劣败，种种无耻可痛，尤足悲悼。日本之稍能自立，与支那国人之全无心肝者，姑皆勿论。第论在美洲者，所谓中国街，其秽恶悉仍上海城内之风，其人皆长拖发辫，扬扬自得，全不知教育改良等事。

《胎内教育》的译者陈毅《序》起始也言：“弱肉强食，优胜劣败，天理哉！天理哉！”直接表达其书之关怀所在。该序追溯以往中国人种之兴衰存亡史，指出当前面临的现实形势——“今日我国之弱极矣，外旅之逼甚矣！”痛陈当时中国人身体衰弱的现状及讲

① 藤根常吉：《婚姻进化新论》，第1页。
② 《男女婚姻卫生学》，第1页。

求生殖医学的重要性：

体魄者，德慧术智之母，而竞争之利器也。体已弱矣，虽有德慧术智，犹未能必其制胜也，况乎其德其智又不如人也。呜呼！黄白两种人最后之胜负，虽未可知，然而今日则我固着着失败矣！岂天之薄我耶，毋亦自陷于劣败之结果耶。且夫爱种者，动物界之公例也，种弱而强之，种劣而优之，尽我人事，制彼天行，于以光大乃祖乃父之声名，以自立于民族竞争之世界，斯真所谓天下兴亡，匹夫匹妇均有责焉者哉！若是则进种法理之研究，何可缓矣！

王建善在《生殖器新书·序》中也标榜：

泰西生学名家谓："种下者多子，而子夭；种贵者少子，而子寿。是以蚊蚋虫鱼，皆系多子之物，不足贵也；虎豹犀象，生子不多，然所生之子，鲜见夭死。推之人类，亦有然矣。"余初闻是言，未之敢信，继而体察我国之人，大抵羸弱者多，强壮者少。乃知人多之洵不足恃，而早夭之大可寒心也。夫我国人之身多羸弱，无待远征，士子年未二十，患梦遗等病者什八九，此羸弱之的证也。夫国之精华在士，士之学术在身，故欲强其国，先强其人，欲强其人，先强其身。士既羸弱如此，则宜乎外侮日多。①

① 转见《葆精大论》附录，无页码。

这里，王建善直接将中国遭遇外侮的原因归为士人身体之羸弱，并认同“泰西生学名家”（这个“名家”或许是出自杜撰，以增加其论说的“符号”威力）将个别动物的繁殖现象或某些学科知识普遍化并推广于人类社会，其荒唐之处自毋庸置疑，不过，这却是当时诸多趋新人士比较普遍的做法。像维新领袖康有为，他即在其《实理公法全书》中用几何法来解释人类社会，如在该书《凡例》中开宗明义：“凡一门制度，必取其出自几何公理，及最有益于人道者为公法。其余则皆作比例，然亦分别比例之次第焉。其难易分别之处，要皆合众深明公法之人议定之。”①又在《总论·人类门》中言：“人类平等是几何公理”，人立之法都要与几何公理相应。②康有为在其稍后成书却密不示人的《大同书》里甚还宣称：

> 夫欲合人类于平等大同，必自人类之形状体格相同始。苟形状体格既不同，则礼节、事业、亲爱自不能同。夫欲合形状体格绝不同而变之使同，舍男女交合之法，无能变之者矣！③

康有为如此极端地推崇改良“男女交合之法”，认为只有这样才能化除种族之间的界限，淘汰“劣种”。且勿论其中蕴含的种族偏见与无知，仅认为改良“男女交合之法”就能实现同化“劣种”、世

---

① 康有为：《实理公法全书》，收入钱锺书主编、朱维铮编校：《康有为大同论两种》，第3页。

② 康有为：《实理公法全书》，第7—9页。

③ 康有为：《大同书》，第172页。

界大同的乌托邦，实在是一种一厢情愿的妄想，但亦可透视出康有为这样想法的背后关怀所在！而从此处，我们亦可窥视康有为此处的一个思想来源，很可能就是他阅读《日本书目志》中某些日本方面的生殖医学书籍的结果，当然也不能排除他从中国文化市场上出版的生殖医学类书籍中吸取灵感的情况。

其实，不管这些生殖医学著译怎么样鼓吹其著译宗旨，怎么样在书中来揭示这种旨趣，它们也难逃这样一个悖论，就是犹如中国古代的色情小说一样，其内容非常淫秽，但其自序“十九以劝诫为藉口”,①其修辞策略和实际内容与传统的色情著作、房中书还是有某些相像的地方，《葆精大论》一书尤其如此，该书实际宣扬的就是中国传统的滋补术，不过借用了西方卫生学的外衣罢了。

尽管此类书中不乏这些实际是来自中国旧传统的看法，但可以肯定的是，这些书籍对中国传统的关于性、生殖、养育的看法仍是一次大的冲击，当然某种程度上，这些书籍的内容也延续了传统中医关于胎教、养生等问题的看法。毕竟，根据“日新医学及卫生原理”②的此类书中，包含着大量的西方生殖观念与思想主张，基本上是效法日本与欧美列强的结果。③如《胎内教育》劈头即讨论教

---

① 钱锺书：《管锥编》（1），第110页。参看李梦生：《中国古代禁毁小说百话》（增订本），上海书店出版社2006年版。

② 《婚姻进化新论·绪言》，第1页。

③ 冯客也认为：民国时期关于性的现代性论述，不是“中国特色”与“西方属性”类思想的混杂产物，也不能被解释为是“传统的”文化价值余存在“现代的”科学思想下改头换面。参看 Frank Dikötter，*Sex*，*Culture*，*and Modernity in China*：*Medical Science and the Construction of Sexual Identities in the Early Republican Period*，p. 12。

育对于国家、国民的必要性，指出：富强之术，盖在教育耳。①之后该书谈胎前教育之必要："胎内教育所以重要者，在养成健康强壮而富于活动性之婴儿也。"②而"健全婴儿"为"国家百年之重宝也，强盛日本国之根本也"。该书还涉及胎前教育的注意事项，父母的义务，结婚前的注意事项，早婚弊害，父母遗传对于婴儿的影响，怀胎后的注意事项，产后的注意事项以及喂养婴儿的办法，如何教养，等等。这些论述虽然是针对日本情况而发，但对于急于强种、强国的中国人来说，自然"于我心有戚戚焉"：

> 胎教者，中外之达理，贤圣之同心。此义行，则人之托体于父母者，元质既纯，具有宿慧，稍加培植，导其善根，举国士夫皆可以为圣贤豪杰。夫国所恃与立者，民也，未有举国皆圣贤豪杰，而犹患瘠弱者。故胎教实为强种、强国之无上上策也。③

《婚姻进化新论》分上、中、下三篇。上篇起始讨论婚姻制度的演变情况、一夫一妻制，也关注情欲对于身体的影响，避孕之法及其对于女子身体的影响，兼及人口繁殖过快的害处、近亲结婚的坏处，等等。书中指出婚姻制度实际与各地男女比例大小有关，女

---

① 《胎内教育》，第1页。

② 《胎内教育》，第3页。

③ 黎祖健：《弱为六极之一说》，杨凤藻编：《皇朝经世文新编续集》卷一《通论下》，第190页。《弱为六极之一说》原连载于澳门1898年3月13、22日《知新报》第46、47册。

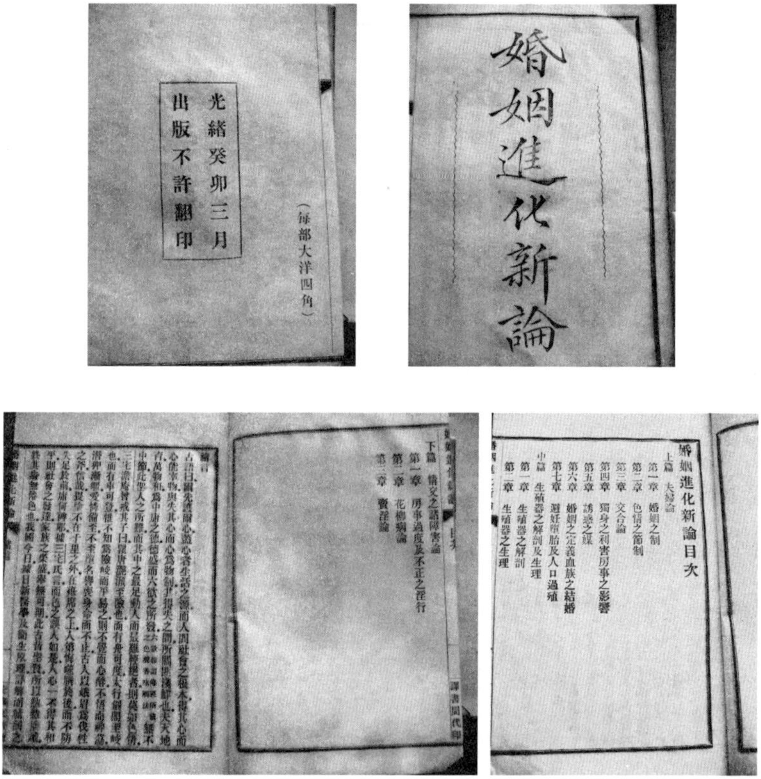

《婚姻进化新论》书影

子数量多于男子，则可能采取一夫多妻制，反之亦然，但总起来看，“婚姻之制，虽有种种，要以一夫一妻为最自然”①。适当的情

① 《婚姻进化新论》，第 22 页。当时中国报刊上亦有关于一夫一妻制与禁止纳妾制的讨论出现，参看心：《论某给谏请定一夫一妻制度》，《申报》1907 年 3 月 23、24 日；心：《再论请禁纳妾事》，《申报》1907 年 4 月 6 日。同时还有关于废婚制的一些论述，有关情况可参看洪喜美：《近代中国废婚主义的讨论（1890—1920）》，《近代中国》总第 150 期，2002 年 8 月号，第 62—87 页。

欲对于夫妻双方均有益，社会不当禁止情欲，但对于色情书籍的害处，读者还是应该警惕。该书还指出血族（近亲）结婚，不仅于道德上不允许，而且其害及于子孙：

> 其儿童罹于腺病、精神病、肺病、畸形、白痴、聋哑等，以及体质薄弱之诸病者，比比而然，不得较出产于他族，结婚者得确认其健康也。①

还指出父母酗酒也影响到后代身心健康。提醒读者早婚有害，对于女性，堕胎的情况也应该尽量避免，因为：

> 堕胎之习，不特于道德上为大罪，并甚害于卫生。人无不好生而恶死，一经痛诫，沉迷或悟。盖堕胎者，甚损其母体也，无有不受毒而得堕者也。②

书中还点出人口生殖过多的害处。该书中篇讨论男女生殖器构造、生理，以及社会调查数据包括月经、结婚年龄等。下篇则主要讨论情欲过度的危害、手淫危害，卖淫问题对社会的影响，花柳病发生的原因、表现等内容。其他如《婚姻指南》《传种改良问答》，包括《男女婚姻卫生学》《男女之秘密》诸书，都有类似鼓吹，一般侧重于生育、情欲、婚姻、妊娠与怀胎、养育小儿方面的知识。

---

① 《婚姻进化新论》，第 27 页。
② 《婚姻进化新论》，第 36 页。

在笔者见到的这八种书中，大概只有《葆精大论》更多是一本体现男权意识的著作，正如《婚姻进化新论》中的批评：

> 盖关于生殖及色欲之文书，坊间行之者甚多，然其说不特全反于道德上，且绝无日新医学之原理，徒凭虚结想，饰为背理之言，以欺世人，实不过有害无益之书。①

确实，综合笔者读到的这八种书的有关内容，它们有些地方在细节描述上的确非常露骨，即使是被目为“淫书”，也毫不为过。无怪乎出版此类书籍会遭遇到一些阻力，“自始译（《婚姻指南》）至今日，约有年余，其间排尽许多阻力，今仅得睹其成。”②不过，除掉一些偶然的批评指责外，这些内容可以“诲淫”的书籍并没有遭遇到官方的查禁。就算是在晚清趋新人士发起的改造大众文化及大众阅读的行动中，这些书籍也没有受到株连，甚至还受到新旧派别比较一致的接受。什么原因呢？

世变之亟，进化论心态盛行，时人认为中西处于“学战”中：

> 今之世界，非兵战之世界，乃学战之世界也。何国之学问程度高，则何国胜；何国之学问程度低，则何国败。不但国与国也，即同在一社会中，何途之学问优，则何途胜；何途之学问劣，则何途败。胜败之理，无可幸免，可不惧哉？③

---

① 《婚姻进化新论》，第13—14页。

② 《婚姻指南》，第2页。

③ 《广劝学篇》，《津报》1907年5月31日。

在此情况下，学或足以存种、保国，“天地间种族之兴衰，悉关诸学问矣。”①新学之作用尤其重要，不少人趋之若鹜，出现所谓“尊西籍若神圣，视西人若帝天”的情况。又由于当时士人正在担心西人“视我为无教之人，而夷之于非奥之土族”，②中国会遭受“灭种灭教、为奴为囚之害”。③在这样的心态作用之下，自然是要强种强国，加强中国人的竞争力，“今者国与国相争、种与种相争、群与群相争，智则存，愚则亡，聚则兴，散者灭”④。生殖医学书籍就是借此东风而来，其背后的符号效力自然非常浓厚。除此之外，这些书籍的著译者、出版者及一些读者所建构的生殖与身体、种族、国家关系的论述，正迎合了当时的危急局势与时人焦虑的集体心态，这恐怕才是它们免受禁书之厄的主要原因。

总言之，这些书籍的大部分内容都比较符合后世新医学的内在要求与社会上的“文明”潮流，也开了以后更大规模讨论的先河。“五四”时期兴起的“新性道德”讨论内容包括婚姻制度、一夫多妻制、性与强种等，还有此时“性学博士”张竞生的许多主张；⑤以后民国时期的节育运动，中国当下的计划生育政策；其内容大多在晚清出版的这些书中有所体现，只可惜这些书籍并没有引起研究者特别是性文化、晚清书籍史研究者的注意。很可能，这些生殖医

① 文廷式：《纯常子枝语》，第181页。
② 严复：《保教余义》，王栻主编：《严复集》（第1册），第84页。
③ 罗珍林函，上海图书馆编：《汪康年师友书札》（3），第3145页。
④ 热心热血生稿：《论自私自利之小结果》，《大公报》1902年9月27日。
⑤ 彭小妍：《五四的“新性道德”——女性情欲论述与建构民族国家》，《近代中国妇女史研究》第3期，1995年8月，第77—96页；彭小妍：《张竞生的〈性史〉：色情还是性学》，《读书》2005年第8期，第156—161页。

学书籍是民国时期乃至今日“新性道德”论述的前奏，它们也许还奠定了以后中国新式婚姻观乃至生殖医学研究的基础。①

就笔者读到的这些译自日文的书籍来说，它们反映的大都是明治维新后日本国内的强种措施与思潮，针对的对象主要是日本国民，援引数据也是以日本为主，兼及中国，并拿欧美作为他山之石。像《胎内教育》中所言，在西洋文明与武力的冲击下：

> 于是我日本之社会，状态一变，卫生上则有衣服、食物、住居之改良论，理学上则有文字改良论，摸效上则有演剧改良论。其远虑者，更恐人种湮灭于优胜劣败之战场，频倡与外人结婚、改良人种之说。②

尽管这些书籍针对的是日本情况，但很明显，日本维新之初的政策和具体操作亦是当时中国人追摩的榜样，如同当时日本对西方书籍的大量译介以及对欧美的学习，日本维新之初的这些情形也被晚清的中国人亦步亦趋的仿效，以上所举被译介到中国的这些生殖医学书籍，不过是当时中国知识分子热切学习日本的一个方面而已。③

---

① 参看冯客：《个人身体与群体命运——近代中国之人种繁衍和社会纪律》，收入黄克武、张哲嘉主编：《公与私：近代中国个体与群体之重建》，第203—222页；坂元弘子：《近代中国的优生话语》，收入王笛主编：《时间·空间·书写》，第186—207页。

② 《胎内教育》，第2页。

③ Yuehtsen Juliette Chung的著作分析了优生学在近代中日的发展情况和民国时期优生学的情况，但他这里几乎没有探讨优生学在晚清中国的情况，以及其与日本关系。参看Yuehtsen Juliette Chung，*Struggle for National Survival*：*Eugenics in Sino-Japanese Contexts*，*1896—1945*。

第四章 “卫生”书籍产生的反响

书籍不仅讲述历史，它们也能塑造历史。①

晚清出版的这些“卫生”书籍产生的影响，表现在多个层面——诸多宣传卫生文类的出现以及卫生书籍的大量出版并被收录在当时的诸多书目中，这本身就意味着卫生书籍和卫生观念的影响。具体就第一、二章分别谈到的生理卫生、生殖医学书籍来说，它们综合作用产生的影响也是多方面的，有诸多互相重合之处，且是与其他有关的“卫生”文类共同发挥作用，难以区分。为了表达的方便与结构上的协调，笔者下面分别缕述之，但以生殖医学书籍为主。

一 生理卫生书籍及相关文类产生的影响

这些生理卫生书籍及相关文类造成的影响，除了上面提到的一

① Robert Darnton, “What is the History of books?” Cathy N. Davidson (ed.), *Reading in America: Literature and Social History*, p. 47.

些情况外，别的一些影响，我们通过以下这些事例也可以略知一二。

所谓“教育之基础，在健全其身体”。①这一时期，受到前述卫生论述的刺激，加之也受到教会学校倡导体育运动的影响，晚清各学堂开运动会之风开始盛行，渐成风气，报刊上也出现诸多对这些运动会的报道，上海尤甚。如健行公学与南洋中学联合举行的运动会，有上海大小学堂四十余处前来观看，男女来宾计约九千人到场；运动会的组织者还希望以后上海所有各中学以上之学堂都来参加，组织一“激烈运动之大联合会”，将上海各小学堂组织一“游戏运动之大联合会”。②上海一个中国体操学校开运动会，到场人士“男女来宾约二千余人”③。有的运动会还在报纸上大做广告，以招徕看客并扩大影响。有人还主张，运动会、体育会不只应该在学堂中、学生社会中普及，各种社会人士都应该仿效。由于当时认为男子身体之弱，其中一个原因就在于“其母之无体育”，女子多愁多病，是故“不兴女子体育，则中国前途甚为危险”。④主张女子也进行体育运动的论述在这时也出现不少。⑤许多论述还点出虽然体育运动不分男女，但女子在体育锻炼时还是应该注意一些事项。⑥有

① 《教育之基础在于身体》，《江苏》第1期，光绪二十九年四月初一日（1903年4月27日），第85页。

② 《记健行公学、南洋中学联合运动会之始末》，《神州日报》1907年5月21日。

③ 《中国体操学校运动会志盛》，《天铎报》1910年5月16日。

④ 《欧米诸国女子之体育》，《江苏》第1期，第92页。

⑤ 参看游鑑明：《近代中国女子体育观初探》，《新史学》第7卷第4期，1996年12月，第119—156页。

⑥ 亚华：《女子简易的体育》，《女子世界》第10期，原刊未列出版时间（1904年），第19—26页。

此提倡，一些女校在趋新女性主持下也仿效召开了运动会。①也有一些地方成立了以“讲求卫生为宗旨”的体育会。②

由于遗传原因，子女身体之强弱与父母身体强弱有莫大关系，年纪尚轻身体未发育成熟就过早结婚，所生子女势必不够强壮，因此需要反对早婚：“中国国民生殖日繁，而体格衰弱，皆通俗早婚贻之忧也。”③早婚不但有害于青年，阻碍教育进步，还危及种族繁衍与社会风气的纯正。④与之出发点相似，禁止缠足的卫生依据也相仿。缠足对妇女身体直接造成损害，使其身体畸形，骨骼发育不良，不仅不利于女子的日常生活，还有害于后代的健康，“盖母健而后儿肥，培其先天而种乃进也”⑤。又有人引申道：

> 国势之强弱系于国民种类之强弱。人种强则国强，人种弱则国弱。然种类强弱造端本女子。盖女子实国民之母，女子体力强则所生子女亦强，女子体力弱则所生子女亦弱。⑥

一些激进的趋新人士还将缠足的妇女视为“贱种”，认为其有辱中

---

① 《女学校开运动会》，《南方报》1907 年 5 月 29 日。

② 《芜湖倡立体育会》，《南方报》1907 年 7 月 11 日。

③ 张佐汉：《上学部意见书》，《华字汇报》1906 年 6 月 23 日。

④ 榆：《论欲求教育之进步，宜禁人民之早婚》，《盛京时报》光绪三十二年七月二十五日（1908 年 8 月 21 日）。吉林省提学使还通饬各属严禁学生早婚，认为早婚“既荒学业，又误青年，实为风俗人心一大隐患”。参看《曹提学使是严禁学生早婚之通饬》，《直隶教育官报》庚戌年第 11 期，宣统二年八月初一日出版，第 114 页。

⑤ 《原强》，《严复集》第 1 册，第 28 页。

⑥ 黄震欧：《女子缠足之害》，《时报》1908 年 9 月 28 日。

国形象，应该不允许她们出国。①还有人认为缠足辱没国体。②这时还涌现出大量反对妇女缠足的文章以及众多不缠足会的成立，如两江总督端方就曾发布告示禁止缠足③。反缠足运动之所以在朝野迅速得到比较普遍的支持，其中最重要的原因就是，时人大都认为缠足伤害妇女身体，不利于生育、传种，是导致国家贫弱的根源，“母之身（原文“生”）体弱，则所生之子女，其身体亦弱。缠足，弱之根也。我国妇女，几无一不缠足，此我国所以弱也”④。为改变这种文弱风气，这时还有论述颂扬、表彰诸如沈云英、秦良玉、梁红玉、花木兰这样的女军人、女英雄。⑤时人撰写的一些讨论放足办法的文章也不断出现在报章杂志中。

兴女学思潮的流行亦出自同样关怀，在当时主张兴女学的人士看来，兴女学是男女平等、“保国”“保种”的前提和强国的基础：

> 女子者，国民之母也，女子之学，尤一切诸学之母也。是

---

① 《贱种辱国》，《东方杂志》第1年第5期，光绪三十年五月二十五日（1904年7月8日），第19—20页。

② 敦：《说缠足是辱没国体》，《南方报》1905年9月14日。

③ 《禁缠足示》，《竞业旬报》第8期，丙午年十一月二十一日（1907年1月5日），第43页。

④ 《妇女读本》（贰编），《南浔通俗报》第9期，乙巳正月十五日（1905年2月18日）。

⑤ 职公：《女军人传》，《女子世界》第1、2期，癸卯腊月朔日（1904年1月17日），第13—23页、甲辰新正元旦日（1904年2月16日），第19—27页；亚庐（柳亚子）：《中国第一女豪杰、女军人花木兰传》，《女子世界》第3期，甲辰二月朔日（1904年3月17日），第25—32页。有关讨论可参看李奇志：《清末民初思想和文学中的“英雌”话语》，湖北教育出版社2006年版；Joan Judge, “Expanding the Feminine/National Imaginary: Social and Martial Heroines in Late Qing Women's Journals,”《近代中国妇女史研究》第15期，2007年12月号，第1—33页。

> 故，女子而贤，则国民应无不肖，女学而发达，则其余一切之学当无不发达。而其关系之最重者，则尤在种学之进步，而争胜于先天之胎教。由是以观，为国计、为家计、为四百兆人计、为将来传种改良计，均不可不兴女学。①

女学假如不兴，就“流传弱种”、“家庭无教育”。②他们还引日本经验为佐证，证明兴女学的实际意义：

> 日本强盛，亚洲之国一时无两，通国志士，近自战胜以后，犹且注意于妇女，亟亟以改良教育、制造贤母良妻为自强扼要之基础。中国不欲存种族则可，听女子之人格日卑，若欲自强以存种族也，固非振兴女学不为功。③

而女学的一个重要内容就是“化学卫生宜知也”④。这种关怀还非常明显地体现在女子教科书里，如许家惺编辑的《最新女子修身教科书》中对“体育”与“身体”的叙述就相似。⑤其实，就连清政府的学部也意识到兴女学的重要性，希望参考各地女学章程制订统一标准，以便颁发全国实行。⑥

---

① 《论学部饬防女学流弊》，《新闻报》1906 年 12 月 26 日。

② 竹庄：《论中国女学不兴之害》，《女子世界》第 3 期，第 3 页。

③ 《论请禁鬻人以强种族》，《新闻报》1905 年 10 月 7 日。

④ 阮肃容：《砭俗论》，《女子世界》第 2 期，甲辰新正元旦日（1904 年 2 月 16 日），第 77 页。

⑤ 许家惺：《最新女子修身教科书》，上海群学社 1906 年版，第 4—5 页。

⑥ 《女学将兴》，《竞业旬报》第 1 期，丙午年九月十一日（1906 年 10 月 28 日），第 43 页。

必须指出的是，这种关于女子身体、女学论述的大量出现，并不足以说明女性在社会地位上的提高，只能说明女性身体之于种族和国家被视为越来越重要，其根本目的还是要把女性培养为“贤妻良母”①，这“显然并不是以妇女的身体权益作为最高考量，而是以国族兴亡作为评判依据”②。根本上，女子身体的工具价值并没有根本改变，只是从依附于男性与家族变为只有依托于国家、民族才有意义。

个别趋新医生如当时上海新女界名流张竹君还成立卫生讲习所，并在报上刊登广告，找人入会和去宣讲卫生知识；为促使人们入会，张竹君还同时打出“赠医广告”，“在卫生讲习所赠医，除星期外，每日自上午十二时至二时半，凡妇孺愿就诊者，请按时来院。男子欲就诊者，由确实人绍介可也”③。这样的措施既为新女性张医生进行了形象宣传，也可以招来更多社会人士如李平书之类沪上名流注意卫生讲习所，可谓是一举两得！卫生讲习所的讲演人先后有汤尔和、张竹君等人，讲演内容也都发表在《警钟日报》上。当然所讲内容无非是一些常识，所谓“卫生学有重大之关系，人不知卫生则体魄必弱”。④后来卫生讲习会的章程也发表在1904

① 舒新城：《近代中国教育思想史》，上海中华书局1929年版，第389—429页。

② 黄金麟：《历史、身体、国家：近代中国的身体形成》，第49页。参看Dikötter, *Sex, Culture, and Modernity in China: Medical Science and the Construction of Sexual Identities in the Early Republican Period*, pp.20-29.

③ “手工讲习所广告”“卫生讲习所广告”“赠医广告”，《警钟日报》1904年5月21日。后来张竹君还在上海开办了一所女子中西医学堂，陈衡哲曾在该校学习，然而她对张氏为人及其教学效果情况印象非常不佳。参看陈衡哲：《陈衡哲早年自传》，冯进译，安徽教育出版社2006年版，第100—111页。

④ 《卫生讲习会演说》，《警钟日报》1904年5月30日。

年5月27日的《警钟日报》上，声称其宗旨：“谋为国民增健康之幸福，立强毅之基础。”其“教材”是：讲习生理卫生及诊病法与体操，其他关于卫生之学科，皆演述其要略。

“欲卫生学之普及，必官府实行于上，绅商协力于下。”①民间提倡卫生的呼吁也被清朝官方认可及配合。如在《巡警道官制并分课办事细则》中，就有设立卫生警察的规定，并明定其责任，“卫生警察，凡清道防疫，检查食物、屠宰，考验医务、医科及官立医院各事项，皆属之”②。相应，各地也都设立了卫生警察的职位，主管地方卫生事务。如成都的巡警道高少农就鉴于成都医生甚多，流品复杂，关系生命匪浅，就出示招考，按其程度高下，分别等级，给以证书，才准其行医。③苏州的巡警局也负责起整理、清洁街道，扫除污秽的职责。④北京还有拟设卫生局的提议，以“专治夏令瘟疫”。⑤

在此时，卫生同样是展示殖民现代性的重要橱窗。1902年，天津在经过八国联军的两年占领后被交还给中国，清政府被迫继续和扩展列强在天津业已开展的卫生工作，因为卫生是占领军在天津实施的一项中心事业，在此帝国主义语境下，个人卫生与公共卫生

① 《广布卫生书籍以强种类说》（录六月二十二日《汉口日报》），《东方杂志》第1年第8期，光绪三十年八月二十五日（1904年10月4日），第177页。

② 刘锦藻：《清（皇）朝续文献通考》，商务印书馆1955年版，卷一百三十四《职官考二十》，第8942页。

③ 《巡警考试医生》，《医学世界》第12册，宣统元年十月二十日（1909年12月2日），第3页。

④ 《清道卫生》，《竞业旬报》第1期，丙午年九月十一日（1906年10月28日），第45页。

⑤ 《议设卫生局》，《警钟日报》1904年6月19日。

的行政机构开始成为中国城市文明与现代性的标记。①上海租界的情况类似，工部局、巡捕房专门负责管理租界内的市容卫生，这自然与此地受西方影响之大与外国人势力之大有关系。但另一方面，外国势力也不断试图扩展租界，其中的一个借口就是租界之外不讲究“警察卫生”，②租界则非常讲究。无怪乎时人抗议道：“只此警察卫生之一语，已足以尽夺吾国土地人民之主权而有余。其果有是理乎？”③以上事例非常明显地体现出卫生的殖民现代性色彩。④

对于军人而言，卫生一样非常重要，“国势之盛衰系于军队，军队之优劣系于士卒，士卒之强弱系于卫生，卫生者诚养兵之要务也。”⑤故而清廷下旨成立红十字会，处理士兵伤病，“饬设红十字会，以恤伤病”；在编练的新军里设立军医、医院，主管、督导检查士兵卫生，收养患病军人，以提高其战斗力与综合素质：

> 今创练新军，亟须考求各国卫生之术，仿而行之。综其大要，约有三端：一曰平时之卫生操练，必时起居，必察屋宇，

---

① Ruth Rogaski, *Hygienic Modernity: Meaning of Health and Disease in Treaty-Port China*, p. 167.

② 错：《这话错吗》，《竞业旬报》第 40 期，乙酉年正月朔日（1909 年 1 月 22 日），第 36 页；《论外人请展上海租界》，《神州日报》1909 年 3 月 13 日；《论上海租界应当更为推广》，《中外日报》1908 年 4 月 1 日；《推广上海租界案近信》，《新闻报》1909 年 10 月 25 日。

③ 《论外人请展上海租界》，《神州日报》1909 年 3 月 13 日。

④ 参看胡成：《“不卫生”的华人形象：中外间的不同讲述——以上海公共卫生为中心的观察（1860—1911）》，《“中研院”近代史研究所集刊》第 56 期，2007 年 6 月，第 33—37 页；胡成：《检疫、种族与租界政治——1910 年上海鼠疫病例发现后的华洋冲突》，《近代史研究》2007 年第 4 期，第 74—90 页。

⑤ 刘锦藻：《清（皇）朝续文献通考》卷二百四《兵考三・兵制》，第 9522 页。

必敞服食，必洁盥沐，必勤灾疫，必防治病，有特室验病，有专员，每营均设养病室，每镇均设养病院，如一事失宜，一夫失所，皆为有军事者之责。①

清政府也在八旗军队里设立“医务股提调一员，委员二员”，规划其职责范围：

其经理稽查各事开列于下：一、各军被服是否适体，粮食是否相宜，驻军处所汲饮之水是否有损，并扫除污秽等事；二、疗治疾病医院，并预防疫疠等事；三、查考各军弁兵是否认真讲求卫生等事；四、征战时分遣医官随营料理卫生，并安置受伤弁兵等事；五、卫生、医学章程随时更改增损等事；六、遴派学校生徒，课习医术，以备他日医官之选；七、设立红十字会等事。②

清政府还在北京成立官医院，为京城居民看病，所需费用由国家负担，民政部按月支付。③有的官员还提倡改良太医院，因为内

① 刘锦藻：《清（皇）朝续文献通考》卷二百四《兵考三·兵制》，第9522页。

② 刘锦藻：《清（皇）朝续文献通考》卷一百三十七《职官考二十三·外武职》，第8979页。

③ 参看王玉辛：《清末的中央卫生行政机构与京城官医院》，《中国科技史料》第15卷第3期，1994年，第62—65页。关于晚清朝野对于西方医学的认识改变情况，可参看高晞：《晚清政府对西医学的认知过程》，《自然辩证法通讯》1994年第5期，第45—53页；郝先中：《晚清中国对西洋医学的社会认同》，《学术月刊》2005年第5期，第73—79页。

中各医官“不解新学者居多，甚至有不知卫生为何物者”①。由此倡导时人还延伸到重视医学与国家的关系：

> 卫生、医学，于民生之关系如此其大。故文明各国，以卫生为要政，设各种官立医院，以防病毒之蔓延；又设医学堂、实验所，以普及卫生思想。是以国民保天然之寿，乡堡少瘟疫之灾，家国享久远之幸福。体强则志强，志强则用以接人持己、读书处事，而皆有一往不可御之气，种类于是乎亦强。文明各国之讲究卫生、整顿医学者，盖为此也。②

故而，他们主张：

> 欲自强，先强兵，欲强兵，先强种，欲强种，必兴医学、设医院，卫生之思想，普及于圆颅方趾之众，冀得强壮国民。③

诸如此类之表达在清季报章杂志上颇多，由对医学的重视进而扩展到批评传统中国医学的弊病鄙视中医，甚至有人认为“汉医之足以亡种”，主张要废除中医或用西医改造中医。④还有人禀请设立医学专科学校，改良全国医士，要其“购备《全体阐微》《万国药方》

① 《力劝改良太医院》，《医学世界》第12册，宣统元年十月二十日（1909年12月2日），第4页。

②③ 《论奉省宜整顿医学，讲究卫生》（续），《盛京时报》光绪三十二年十月二十日（1906年12月15日）。

④ 参看邹振环：《西医译著与近代中医界的反省》，《华东师范大学学报》1986年第1期，第78页。

等书”，从中学习宣讲。①如此等等，可以说都是晚清出现的大量重视卫生、身体、种族论述后的结果。

以上情况在在说明越来越多的中国人开始注意身体和卫生，社会上已经形成了重视“卫生”的氛围，“卫生者，人间万机之要素，一国之休戚、一家之盛衰所由系也。观卫生之程度，则兴替之兆、文野之判，奚待筮卜哉！”②这正是生理卫生文类得以发挥作用与影响的社会接受基础。

晚清“卫生”论述的影响我们从当时的物质文化和消费文化领域塑造也可窥豹一斑，名目繁多的卫生产品广告即其鲜明体现。当时报刊上出现诸多诸如戒烟卫生丸、参茸卫生饼、卫生补元汁、卫生酱油、卫生测喉花、卫生饼、卫生散、卫生衫裤、卫生至宝立命真方、卫生百补玉露精、卫生茗茶、卫生口香丸、卫生保寿电器腰带、卫生宝带、太乙卫生安宁丸、卫生牛乳、卫生果子、卫生果粉、燕窝卫生饼、卫生酒、卫生酿酒、卫生盆汤、卫生食盐、卫生灵膏、卫生灵液、双飞卫生脚踏车、封精固髓保命卫生、卫生开胃润肠散、卫生医术、“普天下卫生第一奇药”、卫生新药社、卫生西法镶牙、封精固髓保命卫生、卫生开胃润肠散、男女卫生胶、精制卫生荷兰水、强乾种子卫生妇人调经坤顺酒、卫生第一奇药、卫生第一妙药、“卫生预防疫病喉症传染药水”、“诚于卫生有益”——咖啡、“卫生者注意——最新发明洗牙特色”、“爱卫生西法镶牙”、卫生药房、卫生新药社等这样名目的广告。甚至还有卫生大药房、

① 《禀请附设医学专科》，《医学世界》第12册，宣统元年十月二十日（1909年12月2日），第3页。

② 《中国国民卫生会叙文》，《南方报》1907年6月7日。

华益大药房“卫生补元汁”广告

“卫生酱油”广告

“卫生果粉——夏季最宜无双饮品”广告

卫生旅馆、卫生水、卫生香烟的广告，如《华字汇报》即曾有“请饮卫生泉水”广告，说所产之水“有益卫生”，与他水不同。①《华字汇报》后来曾刊发专文《饮水清洁法之新发明》，向读者介绍美国人发明的除菌清洁饮水的新方法。②改良小说社为广卖小说，特意推出“奉送夏令卫生新书”广告作噱头，吸引顾客，许愿如有顾客来购书超过一元以上者，即送《荷兰水、冰其林自造法》新书一部。③亦有人鉴于“以衣服一层，切近肌肤，与卫生上最有关系”，特意“发起华界，设立西法洗衣公司”。④还有“老船牌卫生香烟”这样的消费品广告。⑤

清季一些官办学堂的校歌里也包含有“卫生”内容。如张之洞于光绪三十年（1904）在湖广总督任上发行的“学堂歌”，其中就有“教体育，第一桩，卫生先使民强壮”这样的句子。⑥这个“学堂歌”被湖北新学堂中的学生广为传唱。⑦一位女教师在向女学堂演讲时，也标示学堂开设“生理科”的意义：教女子，体育至贵，通医术，晓卫生，却病无忧。⑧这时新学堂中开设体操课、讲究学生卫生、检查学生卫生等现象也逐渐流行。

---

① 《华字汇报》1905 年 7 月 14 日。
② 《华字汇报》1906 年 7 月 20 日。
③ 《神州日报》1909 年 8 月 4 日。
④ 《设立洗衣公司》，《神州日报》1910 年 8 月 20 日。
⑤ 《申报》1906 年 1 月 3 日。
⑥ 刘锦藻：《清（皇）朝续文献通考》，卷一百九十九《乐考十二・乐歌声谱》，第 9482 页。
⑦ 参看《朱峙三日记》第十四册，光绪三十二年四月二十七日日记（1906 年 5 月 20 日），转见《辛亥革命史丛刊》第 11 辑，第 365 页。
⑧ 善化女史余蕙撰：《湖南第一女学堂演说》，《湖南演说通俗报》第 8 期，光绪癸卯年（1903 年）。

以上“卫生”观念造成的影响，我们固不能说全是因为生理卫生书籍的作用，但它们在其中无疑发挥了重要的作用，这通过时人对其的认识和阅读情况即可管中窥豹。不仅如此，即便是在近代中国种族观念的构造与传播中，这些生理卫生书籍都应该占有一席之地，它们在形塑人们当时的强国想象中也发挥了相当的作用。更具体的情形，我们可以通过这些卫生书籍的被阅读情况管中窥豹。下面聊举几例说明之。

目录学为治学门径，不但可以“辨章学术、考镜源流”，还可以指导读者如何买书、如何阅读、为何阅读等。近代以来，西方及日本等地的新学书籍被不断译介到中国，顺应此趋势，晚清学界编纂新学书目非常盛行，这些新学书目不止对读者意义重大，它们同时亦反映了编纂者自身的学术水准与鉴赏趣味，特别可以展示他们是如何看待和阅读这些新学书籍的。对于晚清出版的某些生理卫生书籍，当时编辑的许多新学书目如梁启超的《西学书目表》、徐维则和顾燮光的《增版〈东西学书录〉》、顾燮光的《译书经眼录》等，均曾收录不少，且其中多附加有编者识语。从这些识语中，我们也可看出作为读者的编者，他们怎样看待这些生理卫生书籍的。如《增版〈东西学书录〉》中对《学校卫生学》一书的识语：

> 日本三岛通良著，汪有龄译。是书凡十篇，一总论，二校地，三建筑校舍及教室之构造，四采光法，五换气法，六暖室法，七机椅及学生态度及书籍、黑板，八生徒之疾病及学校医之监督，九体操及游戏，十授业及休业，于学校中有关卫生者备举无遗，任教育者诚熟玩而实行之，庶不至以学校为弱人、

夭人之所矣。(徐补)

徐维则这里对《学校卫生学》的表述比较侧重于该书的内容，以提醒该书针对的对象——教育者如何按之实行，将学校办好。该识语与《学校卫生学》在《新民丛报》第30号上刊登的广告词的旨趣基本相同。再如《译书经眼录》中对《简明生理学》一书的介绍：

> 日本岩崎铁次郎编，吴治恭译。本书凡六章，于生理学阃旨择要设为问答，初学读之易窥门径。

对比《简明生理学》在《江苏》杂志第3期上的广告词，我们发现此识语虽然简单，但亦强调该书作为教授善本的方面。

有的生理卫生书籍在正式出书前，还曾在报纸上连载过，像传教士编译的西书《化学卫生论》《居宅卫生论》，在正式发行前，就曾分期在《格致汇编》中刊载过，可惜限于保存下来的记录，我们不能明确知道多少读者在读、他们如何阅读而已。①但我们也还是可以从既有的一些材料中略知一二的，因为《化学卫生论》《居宅卫生论》都有不少被时人阅读的资料保留下来。如《格致新报》“答问”栏第一百十一曾刊出江苏常熟“夫移馆主人”的问题：

> 中国于河渠向不讲究，居人日饮浊水，难免多生疾病。前

① 如钱念劬即曾托叶翰购买过《格致汇编》，“念老托购西学十六种与七年分《格致汇编》全部。”叶瀚函，《汪康年师友书札》(3)，第2537—2538页。梁启超未成名前也曾购阅过《格致汇编》，参看《梁启超年谱长编》，第28页。

> 阅《居宅卫生论》，有用泥滤清之法，不知此法有无弊病？泥是否用黄土？抑用他种泥亦可？……①

由以上这个读者的提问，我们可以知道他曾读过《居宅卫生论》一书，并希望按照书中传授的净化水质方法来实行，但因不能确切知道此法是否可行，于是就向《格致新报》征询意见，以获指导。又如，吴德潇也曾代人托汪康年给其买《居宅卫生论》和《孩童卫生论》两书。②

清末袁允橚在日记中也多次记载他阅读《卫生要旨》《化学卫生论》和《格致汇编》等书的体会，亦不时记录了他本人对西方医学卫生观念的推崇与对中国古代卫生观念的批评。③如他认为中医的"大病在不知化学以求其原质，而惟以意断定之"④。又如他在读完《化学卫生论》一书比较道："即如养生之道，古经但传其大义，后学但得其皮毛，渤海狂波，无涯可指，甚且附会经言，错识经原……"相反，"西人惟能明于微，故于身之一毛一孔一厘一滴，莫不详求其变化之方，其所称道者，皆屡试屡验者也。由实在而得其不知者，则言明其未试未验，无所隐，脚踏实地，西医有焉！"⑤

---

① 《格致新报》第10册，光绪廿四年四月二十一日（1898年6月9日），沈云龙主编：近代中国史料丛刊第3编第24辑第232种，台北文海出版社影印本。

② 吴德潇函，《汪康年师友书札》(1)，第405页。

③ 参看袁允橚：《积矩斋日记》，不分卷，第二册，上海图书馆藏，第8、31、32、33页。

④ 参看袁允橚：《积矩斋日记》，不分卷，第二册，第8页。

⑤ 参看袁允橚：《积矩斋日记》，不分卷，第二册，第32页。

晚清著名学者、桐城派古文家吴汝纶自谓“性喜以西学引掖时贤”①，他崇尚西医，不信任中医，还建议一个身体羸弱的朋友，“宜略阅西医书，稍明养身之法”②。吴汝纶自己也身体力行，读了许多西医学书籍与卫生书籍，他在劝一个患病朋友无锡廉泉时提醒到，“应就西医”③，“食物之有益身体而易消化者，合信书中曾胪列之，此外略见于《化学卫生论》及《省身指南》，可查阅也”④。从吴答复朋友的信中，我们可知吴汝纶自己曾读过诸如《化学卫生论》这样的“卫生”书籍。从吴汝纶的其他书信中我们还可以知道，吴也读过《居宅卫生论》《孩童卫生论》、严复翻译的著作等。吴汝纶还曾向一学政陆伯奎推荐了一些学堂书目，其中的“西学”书目部分就有《化学卫生论》《孩童卫生论》《居宅卫生论》等传教士编译的“卫生”书籍。⑤而从吴汝纶的日记里，我们也可知道他读过《知新报》《格致新报》《新民丛报》等刊载过卫生内容的趋新报刊，并在日记中对有关内容进行了一些摘录、发挥工作。⑥在东渡考察日本教育时，吴汝纶还特别注意日本学校的卫生管理情况，

① 《与廉惠卿》，吴汝纶：《吴汝纶全集》（3），施培毅、徐寿凯校点，黄山书社 2002 年版，第 122 页。

② 《答何豹丞》，《吴汝纶全集》（3），第 156 页。关于吴汝纶对中西医的态度，可参看《吴汝纶诋斥中医》，收入徐凌霄、徐一士：《凌霄一士随笔》，山西古籍出版社 1997 年版，第 1357—1362 页。

③ 《与廉惠卿》，《吴汝纶全集》（3），第 287 页。

④ 《与廉惠卿》，《吴汝纶全集》（3），第 568 页。所引文标点笔者有更改。

⑤ 《与陆伯奎学使》，《吴汝纶全集》（3），第 377 页。

⑥ 参看吴汝纶：《桐城吴先生日记》（上下），宋开玉整理，河北教育出版社 1999 年版，特别是其中的“西学”内容。

并作了详细记录。①可以说，这些书籍及相关文类肯定会影响到吴汝纶对中西医的看法与其坚持的卫生观念："医学，西人精绝，读过西书，乃知吾国医家殆自古妄说。"②

晚清名士宋恕也是喜欢读新书、谈新学的人物，他在1896年10月，曾写信给内弟孙仲恺，寄赠《延年益寿论》《居宅卫生论》等书，认为这两本书虽然篇幅不大，译笔也不甚雅驯，"然极切于用，又有许多新理，为中国数千年来所未曾有，实世间第一等好书也"③。

在孙宝瑄的《忘山庐日记》中，他也留下了阅读《居宅卫生论》《卫生学答问》等生理卫生书籍的记载，还有对"卫生"观念的评论与引申。如他在1897年11月14、16、17日曾连续读《居宅卫生论》一书，④他在读完后并评论道："观《卫生论》终。西人造屋，虽严寒必通风，欲易新气也。又惧其冷，故进气炉背使温，然后邪达壁板而入。用心深细至此。"⑤孙宝瑄还结合传统思想资源发挥说：

> 《春秋繁露》曰：民皆知爱其衣食，而不爱其天气，天气之于人，重于衣食。斯言也，暗符白种人卫生之学。白种人居室养病，皆以能得空气为主也。余今日闻颐斋自言，其病非难治，惟必多得空气为佳。益信然矣。⑥

---

① 《东游丛录》卷一，《吴汝纶全集》(3)，第670—671页。
② 《答何豹丞》，《吴汝纶全集》(3)，第164页。
③ 致孙仲恺，胡珠生编：《宋恕集》(下)，第689—690页。
④⑤ 孙宝瑄：《忘山庐日记》(上)，第145页。
⑥ 孙宝瑄：《忘山庐日记》(上)，第318页。

孙宝瑄认为卫生还是文明与野蛮国家的区隔，正由于讲求卫生，文明国家如英国人，其寿命才能长久，“野蛮之国，无良法卫生，人多夭折。国既文明，则人寿无不增益者。近时英国有人寿比较数，谓较百年已经增益若干，此信而有征者也!”[①]而不讲求卫生，正是人多病的根源，“不知卫生之学，故人多病。”[②]如果人没有养成卫生习惯，甚至不具备卫生意识，就会如“野蛮人”一样，习非成是，成为人性中自然的一部分。孙宝瑄还摘抄新购书《佐治刍言》中语证明道，“野蛮人处于污浊之地而甘心焉，有人引之清洁世界，则大惊，退视其污浊，不可一朝居焉。然则好洁者，人之本性然也。守旧者不知新之利，及闻新理，退视其旧，亦不可一朝居。然则维新者，亦人之本性然也。”[③]1902年3月中旬，孙宝瑄还读了丁福保所著的《卫生学问答》等书。[④]1906年5月6日，孙宝瑄还在日记里记载，英国将卫生作为绅士的标准之一，“英人称教养完备之男子，曰金德孟者（英语 gentleman），即我国所谓君子也”，“所谓金德孟者，尤贵修洁身体，其涉世应酬，以神气爽适，衣履整洁，须发修理，齿爪雅净为主，不如是不得为完备之金德孟。”反观中国的那些号称名士的人，孙宝瑄论道：“我国名士，以泅首垢面，不自修饰为高，此实大非。盖修洁身体，所以免人憎厌，否则以秽恶当人之前，使人不悦，殊悖于社会之公德也。是故洁也者，

---

① 孙宝瑄：《忘山庐日记》（上），第397页。
② 孙宝瑄：《忘山庐日记》（上），第431页。
③ 孙宝瑄：《忘山庐日记》（上），第340页。
④ 孙宝瑄：《忘山庐日记》（上），第481、482页。

所以为人，非以为己。"①由以上孙宝瑄日记中的诸多记载可知，生理卫生类书籍不仅屡屡出现在孙宝瑄的阅读视野中，是孙宝瑄新学思想资源的构成部分，而且卫生还成为孙宝瑄比较中西、判分文野的一个标准，他希望在此方面也效法文明之国，在中国宣传普及卫生观念，养成"卫生"的生活习惯。可以说，孙的观点正符合近代殖民主义者将卫生同道德、种族优劣联系在一起的惯常操作。

宋教仁的日记《我之历史》中也有宋教仁购阅卫生书籍的记载。如在 1906 年 3 月 5 日日记里，时在日本的宋教仁"购得《卫生新报》一张，所记卫生之理术甚详"。宋教仁阅读之后很受刺激，"阅之懔然"，宋打算以后每月都购阅该杂志。②1906 年 6 月 2 日，宋教仁购买《卫生新报》后，"回而读之"，感觉在读了其中刊载的几篇文章后，"令人毛发悚然"③。宋教仁还曾写信给"仙舫"，并"寄赠《人体生理图》一套，以为其医学之用者也"④。后来宋教仁还曾购阅过《生理卫生学表解》《生理卫生讲话》这些在日本出版的生理卫生书籍。⑤

---

① 孙宝瑄：《忘山庐日记》（下），上海古籍出版社 1983 年版，第 862、863 页。

② 宋教仁《我之历史》，收入陈旭麓主编：《宋教仁集》（下册），第 585 页。

③ 宋教仁《我之历史》，收入《宋教仁集》（下册），第 610 页。

④ 宋教仁《我之历史》，收入《宋教仁集》（下册），第 589 页。

⑤ 盛宣怀 1908 年在日本养病时也购买了日本出版的大量新学书籍，还获得了一些赠送的书籍，共 266 部，其中包括不少的医学、养生与"卫生"书籍。266 部中的"卫生"书籍主要有：《帝国卫生法令》（洋五角五分）、《人身生理》（一册，洋一元五角）、《卫生百科全书》（一册，没有标定价）、《普通妊娠论》（一册，洋三角五分）、《朱氏产婆学》（一册，洋一元五角，该书或即译成汉语的《竹氏产婆学》）、《卫生顾问书》（一册，洋八角）、《医事卫生制度书》（一册，洋四角）、《色情卫生论》（一册，洋四角）、《通俗卫生指针》（一册，洋一元二角）、《生理养生论》（一册，洋一元二角）等。参看《盛宣怀戊申在日购书清单》。

鲁迅在其《呐喊·自序》里也“夫子自道”，他在当时的洋务学堂中通过阅读一些卫生书籍及医学书籍，知道了一些生理学、医学的知识：

> 在这学堂里，我才知道世上还有所谓格致，算学，地理，历史，绘图和体操。生理学并不教，但我们却看到些木版的《全体新论》和《化学卫生论》之类了。①

在这里，鲁迅还“从译出的历史上，又知道了日本维新是大半发端于西方医学的事实”。鲁迅还曾给时在南京的其弟周作人寄大量新学书报，在1904年5月间周作人收到的书中，就包含《生理学萃》一书。②鲁迅后来（1909年）在任浙江两级师范学堂教员时，还编写了生理学讲义《人生象斆》一书，供学生使用。③

1902年天津发生瘟疫传播，新创刊的《大公报》立即刊登了大量论述进行卫生知识的宣传，其中在一篇《讲卫生学当知》的文章中④，作者举自身作为证据，夫子自道：“西洋讲养生的书多的狠，我狠信服《治心免病法》这一部，到底世上人，整天名缰利锁，意马心猿的，不能领会这书的滋味。”⑤作者在文章最后还推荐

---

① 《呐喊·自序》，《鲁迅全集》第1卷，人民文学出版社1981年版，第139页。

② 张菊香、张铁荣编：《周作人年谱》，第55页。

③ 参看刘运峰编：《鲁迅全集补遗》，天津人民出版社2006年版，第75—225页。

④ 《大公报》1902年7月12日。

⑤ 该文很可能是出自《大公报》的创办者英敛之之手，因为在其日记里，就有英敛之劝患病朋友采用《治心免病法》治病的记载。参看方豪编录：《英敛之先生日记遗稿》，沈云龙主编：《近代中国史料丛刊》续编第3辑第21种，台北文海出版社影印本，第300页。

了一些西洋讲卫生的书，请“大家可以随意买点看看”，其中有《全体通考》《全体阐微》《医理略述》《延年益寿论》《治心免病法》《居宅卫生论》《化学卫生论》《幼童卫生论》等医学、卫生书籍，也包括第二章谈到的《小儿养育法》这本生殖医学书籍。这些推荐书目，涵盖的都是普通的医学、卫生知识，一些书目也曾被吴汝纶推荐过，在当时屡屡提倡“卫生”和暴发疾病的环境下，我们不难想象这些书籍应该会被《大公报》的一些读者购阅。

上面这些被吴汝纶、孙宝瑄、《大公报》的读者所阅读过的“卫生”书籍，大概是比较容易理解与易得，它们中的一些还被人推荐给蒙养学堂的蒙师阅读。《南浔通俗报》上有篇《敬告蒙师》的长文，在说及蒙师该读的书很多，其中“生理卫生学书，吾人自有其身，而不知身之构造若何，养生之法若何，岂非吾人之耻，故生理卫生书不可不读也”①。接着该文还推荐了几本该读的生理卫生书——《全体通考》《生理卫生学》《化学卫生论》《卫生学问答》《孩童卫生论》，这些皆是基本的宣传、普及卫生观念的书籍。

吴虞1905年在日本写成的家训里，也希望家人多读书，“大抵历史、地理、教育、政治、理科、格致、生理、卫生、民种、进化，皆宜择一二种佳书常习之”②。吴虞这里还认为商务印书馆出版的《生理学》一书，“尤佳”。从蒋维乔的日记记载中，我们也可知他读过《生理学粹》等卫生著作。③

---

① 《南浔通俗报》第9期，乙巳正月十五日（1905年2月18日）。

② 吴虞：《游学琐言》，收入赵清、郑城编：《吴虞集》，四川人民出版社1985年版，第9页。

③ 汪家熔选注：《蒋维乔日记选》，《出版史料》，1992年第2期，第50页。

这时出版的一些专门的“卫生”教科书，也经常被拿来推荐给中小学堂、蒙养学堂，甚至是被写在家训里。《安徽俗话报》上有一篇连载文章《蒙学应用各书的说》，在“第四门卫生各书表”时，也推荐了几本“浅近的”卫生书籍：文明书局的《蒙学卫生教科书》、《蒙学生理教科书》，供蒙师“拿着教小孩子”。①

另一方面，由上述各个生理卫生书籍读者的不同情况也可看出，从国家与种族层面来接受的类如孙宝瑄这样的读者很少，这也正与书籍广告与内容之间有落差的事实相符合，但这并不能说明著译者以及出版者（在报刊上作广告者）建构的卫生与种族和国家的关系没有发挥作用。事实上，生理卫生书籍（也包括其他类似的新学书籍）的著译宗旨及广告宣传中不断地呈现其与种族、国家的关系，或已说明人们在实际的阅读中已经认同了这样的“常识”性观念，生理卫生书籍超越于技术层面的文化与政治意蕴业已被实现。

相辅相成，卫生观念的流行还导致一些人不顾及中国实际情况，处处以西方的卫生标准来要求中国，“苟有责之，则曰不适于卫生也”②。特别对于在新学堂学习新学的学生来说，他们甚至以饮食不卫生，不符合想象中的西方标准，“藉口卫生而滋閧于饮食”③，罢课闹事。故时人就评论此等现象道：

近来卫生之书，多半译自西籍，未尝不足资采取，然西人

① 饬武：《蒙学应用各书的说（续）》，《安徽俗话报》第5期，光绪三十年五月初一日（1904年6月14日），第18—19页。

② 《今日新党之利用新名词》，《东方杂志》第1年第11期，光绪三十年十一月二十五日（1904年12月31日），第76页。

③ 刘锦藻：《清（皇）朝续文献通考》卷一百三《学校考十·学堂总务》，第8613页。

> 正由富饶之极，民力有余，乃能注意及此。若中国，则官民之财力，学生之程度，较之西人，相去不可以道里计，何独于饮食一端，必以西人为标准?①

于此亦可见“卫生”流行的深度及其造成的负面效应。当然，这种对新学（西学）的滥用及误解在当时是比较广泛存在的，许多趋新者都是将这些道听途说、耳食肤受来的新东西运用于自己的日常生活中，新的不到位，旧的还留恋：“夫旧时之礼俗废，而新开之礼俗未成。则旧道德废，而新道德未成。”②新旧处理不当，就会出现邯郸学步、画虎不成反类犬的结果。像时人之讥评：

> 分明是恣横，误认为自由；分明是虚骄，误认为高尚；分明是欺诈，误认为权术；分明是哄骗，误认为运动；分明是嫉妒，误认为竞争；分明是专制，误认为决断；分明是懒惰，误认为从容；分明是怙过，误认为坚定；分明是暧昧，误认为秘密；分明是暴动，误认为进取；分明是怯懦，误认为忍耐；分明是卤莽，误认为勇往。③

二 生殖医学书籍产生的影响

依据笔者看到的这些生殖医学书籍的内容来言，这些生殖医学

---

① 《谨告各学堂之学生》，《中外日报》1905年7月14日。

② 《论中国旧有之礼俗不可轻废》，《时报》1909年6月18日。

③ 嗟予：《新党现形记》，《新新小说》第2号，光绪三十年十月二十日（1904年11月26日），上海书店出版社1980年影印本，第3—4页。

书籍中的诸多见解，与传统中国关于婚姻、情欲、性、养育等方面的看法显然不同，自然会给国人以冲击或启蒙作用，孙宝瑄从中受到的影响就是一个很好的例证（详下文）。

再如，金天翮有本在后来的中国近代妇女运动史上地位极高的书——《女界钟》，在该书里就有一章“婚姻进化论”[①]，这章很可能是金天翮受到晚清1903年前出版的生殖医学书籍如《吾妻镜》《婚姻进化论》或《婚姻进化新论》影响所致。在这里的“婚姻进化论”中，金天翮先谈“爱力”的重要性，“爱力之于世界大矣！一切诸天、行星、地球、生物、无机物、有机物所运行、所簸荡、所生灭而结集构造，而胚胎，而孳乳，而成立，而悲欢离合……”[②]对比《吾妻镜》关于“爱力”的描绘，“太阳与地球无爱力，即无天地；天地无爱力，即不生万物；万物无爱力，即不传种类”，颇多相似之处。金天翮的“婚姻进化论”说及婚姻制度的变化，从远古说到近代，从婚姻以前之历史，谈到婚姻逐步进化的历史及其表现形态由“多夫”“多妻”的群婚终于进化到“一夫一妻”，都与《婚姻进化新论》中的第一章“婚姻之制度”的内容相仿，不过具体的例证由欧洲换成中国和日本了，很可能“婚姻进化论”这章，就是金天翮在参考当时出版的这些生殖医学书籍（包括日文的相关书籍）基础上发挥创造出来的。

晚清文化市场上这类书籍产生的影响情况，或许于下面这个征文也可见微知著。《同文沪报附张·消闲录》上一段时间为吸引读者参与，不断在报纸第一版报名旁边留下特定空间，刊出某些主

---

① 金天翮：《女界钟》，陈雁编校，上海古籍出版社2003年版，第67—80页。

② 金天翮：《女界钟》，第67页。

题，来征诗征文，应征的读者必须要“命题作文”。根据残存的《同文沪报·消闲录》看，该征文持续时间为一个月，参与征文者的文章若能被评为优秀的话，还可被发表于下个月的《同文沪报附张·消闲录》报首。该报以光绪三十年七月初一（1904年8月11日）刊出的“消闲诗钟第十九课”为发轫，在该期刊出的征文题目是“生殖器”，公开征“诗钟联语”。该征文大概也持续了一个月，因为该月的《同文沪报附张·消闲录》笔者只看到寥寥数期，七月八日之后的报纸就没有看到，但在看过的这八期中，每期都有该征文。更遗憾的是，笔者也没有看到八月份的《同文沪报附张·消闲录》，这些期的报纸大概是没有保留下来，因此笔者这里对于读者所撰的“诗钟联语”为何，不得而知。①考虑到《同文沪报附张·消闲录》为当时上海一份很有影响的消闲报纸，“我国无知之少年（女子亦在内）皆欢迎之”，②这个以“生殖器”为标题的征文应该能得到不少回应。而《同文沪报附张·消闲录》之所以出这样一个题目，很可能也是受到当时文化市场上出版的这类生殖医学书籍的影响。③

进言之，《同文沪报附张·消闲录》刊出这样一个标题征文，

---

① 时人李伯元的《南亭四话》曾记载：“浙江某文社，多课诗钟。一日有滑稽子，以某相及妇人生殖器为题，其拔居首选者一联云：‘一国尽称和事老，大家俱是过来人。’”见薛正兴主编：《李伯元全集》(4)，第219页。此诗钟与《同文沪报》上的诗钟不知是否有关系。

② 长沙孤愤子：《日报缺点之大问题——所望于上海日报大主笔诸君》，《新民丛报》第42、43号，光绪二十九年十月十四日（1903年12月2日），第165页。

③ 当然，出现这种情况亦可能是受到当时流行的“新名辞”的影响，如1903年10月9日《大公报》上一个《大见开通》的报道所言：署成绵道凤福堂观察近日大见开通，颇嗜新学，尤好新名辞，素来近于粗暴，今则一口新名辞矣！如骂家人云“你像生殖器坏矣”云云。凤公在官尽心民事，仕蜀有声，一毫不取，案无留牍，为荆口驻防人。

在某种程度上也表明当时一般社会特别是上海社会对于这类观念并非讳莫如深。后来，在《医学世界》杂志上也刊载有广东人梁慎余所著之《论今日宜办速成产婆讲习所》。①或许是响应梁慎余的号召，或许是不谋而合，江亢虎在北京率先成立了“产科讲习所”，并邀请名流、医生来作演说等，听讲的学生颇多，且有女学生。②《医学世界》杂志中还刊登有如何照顾初生儿、预防和治疗花柳病，外阴解剖、血族结婚的坏处之类宣传有关生殖知识的论述。陈独秀等人主持的《安徽俗话报》上也曾刊出《交合权》一文，借英国妇女的例子来说明交合过程中女子感受的重要性，以此来鼓吹女权。③北京的白话报《京话日报》在一百零二号刊出的《论中国人的劣性》一文中，也指出遗传的作用，提醒读者也重视胎教，不要将父母的劣性传给胎儿。1910 年 10 月 1 日的《神州日报》上则刊出了一则答疑《新婚小产之疑问》，来分析一女子小产的症状，文中还援引别国医生对于小产的看法来增强说服力，最后还点出小产之女子并非婚前不贞，更重要的是，这种诊断“为将来人民之生命起见，亦不无重大之关系”。东北的《盛京时报》上也刊出过介绍意大利动物学者关于生男生女原因的研究。④《东方杂志》1911 年第 7 号也刊出一篇译文，介绍外国关于生男生女原因的研究情

---

① 《医学世界》第 10 册，宣统元年闰二月二十日（1909 年 4 月 10 日），第 1—6 页。

② 《产科讲习所开课》，《医学世界》第 13 册，宣统元年五月二十日（1909 年 7 月 7 日），第 6 页；《江绍铨为创设京师产科学堂事上民政部呈》，《闽报》宣统元年五月十九日（1909 年 7 月 6 日）。

③ 《交合权》，《安徽俗话报》第 4 期，光绪三十年四月十五日（1904 年 5 月 29 日），第 33—34 页。

④ 《动物男女性之新研究》，《盛京时报》宣统三年五月十一日（1911 年 6 月 7 日）。

况。①这些情形都可为时人对于生殖这类知识不再拒之门外的反映。

事实上，早在1898年，《格致新报》第7册的“第六十七”问就刊出了“问成孕久隔之故”这样的问题：

> 妇人成孕之理，据《全体阐微》及《妇科精蕴》，说略相同。则妇人生育之时，成孕甚易。何以动须隔数年而一孕？且此等情形，剖割亦考验不出，西人于何知之？又孪生之故若何？

《格致新报》随后的回答则是：

> 妇人以常理而论，成孕本甚易易，惟或夫妇有疾，则气血既乖，自难成孕；或妇人有子女食乳，则气血被耗，亦难成孕。隔数年而一孕者，职是故耳。若孪生之故，或谓由于父母身强，或谓由于父母身弱，大约身强之说较胜。西人谓孪生之故，乃因妇人子宫中精核，于受孕时裂一则独生，裂二则孪生，以此类推，竟有生至五六人者，其理不难解也。②

---

① 蓬仙：《男女两性自由产出法》（译《日本新公论》），《东方杂志》第8卷第7号，宣统三年七月二十五日（1911年9月17日）。

② 《格致新报》第7册，光绪廿四年三月廿一日（1898年5月11日），近代中国史料丛刊第3编第24辑第232种。关于《全体阐微》，《增版〈东西学书录〉》言：《全体阐微》六卷附图，福州排印本四册，（美）柯为良译，书刊于光绪七年。论全体形状部位，说甚精密。其论脑，曰脑身运动之主，而脑丝所成之脑筋，又为一身运动之主。分为两种，一自主，一不自主云云。西人论脑筋功用之书极多，中译书中推此书为详，与心灵学诸书所论微异。（《近代译书目》，第232—233页）关于《妇科精蕴》，《增版〈东西学书录〉》言：《妇科精蕴图说》五卷，光绪十五年（1889）博济医局刻本，五册。（美）妥玛氏著，（美）嘉约翰、孔庆高同译。书分四十六章，体贴详密，尤详于胎产一门，其考究部位足与中医互相参证。西医妇科之书，无有过于此者。（《近代译书目》，第244页）

上述的回答或许并不很“专业”，并不很符合现在“科学”的生殖医学知识要求。但提问者根据阅读过的两本西医学书籍及自己的思考敢于公开提出这样的问题，而《格致新报》也根据相应医学知识耐心解答，这件事具有的象征意义远过于其实际意义。稍后澳门的《知新报》上也刊出一则消息《胎产新说》，介绍伦敦《格致报》上刊载的西人对于生男生女原因的研究报道。①这两件事情在不同地方的报刊上几乎不约而同地出现，这说明时人已经有了想了解这类生殖医学知识的要求与兴趣，这也是当时生殖医学类书籍能被大量出版及阅读的心态基础。后来，《民立报》上更是连续刊出《胎产问答》之类的话题，邀请当时名医兼名流的丁福保来主持，向读者讲解受胎及分娩、受胎后、月经时生殖器变化等情况。②

除此之外，一些文学材料也给我们提供了一些生殖医学知识在当时流行的旁证。在“海天独啸子”著的1904年先出版一部分的小说《女娲石》里，作者借“花血党”首领秦夫人之口对“瑶瑟”说该党要“灭下贼”的含义：“人生有了个生殖器，便是胶胶黏黏，处处都现出个情字，容易把个爱国身体堕落情窟，冷却为国的念头。所以我党中人，务要绝情遏欲，不近浊秽雄物，这便名叫灭下贼。”③但这个观点却被“瑶瑟”质疑：“夫人，自古道：男女媾精，

---

① 《知新报》第53册，光绪二十四年四月初一日（1898年5月20日），《知新报》(1)，第697页。

② 《胎产答问之一斑》，《民立报》1910年12月17日、12月18日、12月19日、12月22日、12月23日。

③ 海天独啸子：《女娲石》，美志校点，收入董文成、勤学主编：《中国近代珍稀本小说》(3)，春风文艺出版社1997年版，第49页。这个“海天独啸子”很可能就是前译《最近卫生学》的“海天独啸士”。

万物化生。便是文明国也要结婚自由。若照夫人说来，百年以后，地球上还有人么?”秦夫人回答道：“男女不交合也能生育。”其原理与方法就是：

> 女子生育并不要交合，不过一点精虫射在卵珠里面便成孕了。我今个用个温筒将男子精虫接下，种在女子腹中，不强似交合吗?①

后来秦夫人在说及“花血党”宗旨时，提到必须“确守我党宗旨”的第四条就是：“生殖自由，永断情痴，毋守床第，而误国事。”②秦夫人的生殖观及主张或许现在看起来很荒唐，但却显示了《女娲石》作者对于生殖知识的看法以及想向一般读者推广这种知识的心态。

晚清文化市场上这类书籍产生的影响，也可以从这些生殖医学书籍出版中存在的盗版情况得到反证。从上引这些书籍的广告词中，我们亦可看出部分端倪。一些书籍实际是同一原书的不同版本或译名而已，并非翻译的全新书。事实上，书商并不关注书籍的实际内容，不管是谈革命的书，或是“淫书”，“但见某书广销，即贩来出售，以期获利”。③由于这类生殖医学书籍销量大，重版快，获利比较容易，商家往往“五版尚没售罄，六版早经印就”④，它们

---

① 海天独啸子：《女娲石》，第 50 页。

② 海天独啸子：《女娲石》，第 52 页。

③ 《志查封书店事》，《中外日报》1905 年 3 月 13 日。

④ 蹉跎子：《最新女界鬼蜮记》，收入金成浦、启明主编：《私家秘藏小说百部》第 80 卷，远方出版社、内蒙古大学出版社 2001 年版，第三回，第 20 页。

也成为盗版、翻印对象，即便如《婚姻指南》《男女婚姻卫生学》这类书往往已经声明“书经存案，翻刻必究”、“是书（指《男女婚姻卫生学》）已由日本文部省存案，并照会中国官吏，严禁翻印，倘有擅敢翻印渔利者，当追究也”，但事实上，出版界自有其唯利是图的“潜规则”，还是有不法商家将旧译改头换面或重新割裂推出。如时人言：

> 一入坊市，则上焉者，古文诗选本、旧典说部翻刻，大雅扶轮，高瞻远瞩，是所谓保存国粹者；下焉则诲盗诲淫之稗说——《官场现形》《女界秘密》《新金瓶梅》《新痴婆子传》。犹不获已，更支离割截《男女卫生》《交合》等书，改变标识，欺人攫货，窃卖淫国之绪余，假借新名词以戕贼吾青年子弟，暗夺黄金可宝之光阴。嗟乎痛哉！①

不过，从相反的角度来说，此类盗版书、割裂书的增多倒会刺激读者的消费，加大生殖医学书的流行深度与影响力，使更多读者获得性与生殖学知识。

当然，书籍市场上的这种缺乏管理、无序与混乱的情况是普遍存在的，不只存在于著译、出版这类生殖医学书籍中。如后来吕思勉的总结：“时则移译东籍，为留东学生及海上文士稻粱资斧之谋，亦为书贾射利之业。”②事实上，当时就有不少评论曾指出这种情

① 指严：《论吾国之出版自由》，《时报》1911 年 3 月 16 日。

② 吕思勉：《三十年来之出版界（1894—1923）》，《吕思勉遗文集》（上），华东师范大学出版社 1997 年版，第 377 页。

况。如《大公报》上就有文章指出："近日新出之书，汗牛充栋，其中鸿篇巨制，足益人智识、兴人观感者，固多。而藉此射利取盈，篇幅贻误后学者，亦指不胜屈。"①顾燮光也所见略同："坊间书贾，割裂成书，改名牟利，其害尤甚。"②《中外日报》上的一篇文章更是全面批评了上海书籍市场上的这种情况：

> 综其弊端，约有数等：有其书本不通行，特改其名冒为新编者；有其书本已盛行，忽又改其名，似又是一种者；有合数书为一编，特标一目而实毫无条理者；有分一书为数种，各题一名，借以炫人耳目者。牛鬼蛇神不可稽考，市侩伎俩至此而极。其尤奇者，又好去杜撰不根之谈，题以已往之人之名……如此之类，不一而足。③

三　阅读生殖医学书籍

这类生殖医学书籍的影响，我们也可以从其被阅读的情况中加以检视。这些生殖医学书籍的被阅读情况，有关的资料被保存下来的并不少，足以让我们有较详细的观感与把握。

首先这些生殖医学书籍的被阅读情况在当时出版的某些新小说中就有折射。如李伯元的《文明小史》（连载于光绪二十九年［1903］五月至光绪三十一年［1905］七月《绣像小说》上）里曾有

① 《新书宜辨》，《大公报》1904年2月6日。

② 《增版〈东西学书录〉》，收入《近代译书目》，第32页。

③ 《论沪上劣书之多》，《中外日报》1902年8月29日。

一些刻画，其中言及苏州趋新人士姚文通正在上海为儿子物色新学堂就读，突然接到家信，知道夫人临产，就急忙要赶回家，“临走的时候，又特地到书坊里，买了几部新出的什么《传种改良新法》《育儿与卫生》等书籍，带了回去，以作指南之助，免为庸医所误。”①晚清讽刺小说《最新女界鬼蜮记》说得更是详细，小说作者假借女校教员“徐鹏飞”之口，说《男女新交合论》（实际影射的是《男女交合新论》）一书，书中插画“六七幅精图，钩深索隐，摹写逼真，一发大堪捧腹”，该书“从出版至今，海内外新旧两派一体特别欢迎，算来此书的价值，比教科书要隆重些咧。莫说别处，便是眼前租界上，几位有名望的美男秀女，那个不人手一书呢”。② “蹉跎子”这里意在讽刺当时幼稚肤浅的女学生见“新”就崇拜的恶习，“脑部里头，舍‘新’字外再没藏得点墨。”③但从其稍带夸张的表达中，我们还是可以推知《男女交合新论》这类生殖医学书籍在当时趋新青年中的流行情况。④

同时，当时文化市场上还出版有号称“卫生小说”的《医界现形记》《医界镜》，里面描述了不少人寻求养生秘诀、传种良法、强种灵丹的做法以及按之实施的行为。另一自称为“强种小说”的《闺中剑》，其作者彭俞（东亚破佛）起始亦标榜：是书旨在强

---

① 李伯元：《文明小史》，上海古籍出版社 1982 年版，第 119 页，引文标点略有更动。

② 蹉跎子：《最新女界鬼蜮记》，第四回，第 25 页。

③ 《最新女界鬼蜮记》，第四回，第 26 页。

④ 亦有人在报上撰文评论《男女交合新论》道：“自生殖器学发明，论者以发乎情、不必止乎礼义之交媾，为女子当尽之天职。”《汉口中西报》1908 年 3 月 7 日，“时评”。

种。①该书宗旨包括强种、尚武等改善身体的提倡，还言：“胎教即性命之学之起点，其道亦与卫生之理相辅并行。因又附及卫生之学。”②《黄绣球》中也言为开通“下流社会”：

> 黄绣球就想出一条新鲜法门，把女人缠足不缠足的利害同那婚姻卫生、体育胎教，养成做国民之母，才能遗传强种的道理，编为白话；又编为七字弹词，先同女儿教弹词一样，口授了她们，叫她们也学那说大书、弹盲词，到四处街镇上，拣那空场子或是茶坊、酒店照着说，照着唱，简直还叫她们带了一面镗锣，一副鼓板，做足了样子，哄动听的人，不但不疑心，且暗暗有益。③

以上这些小说中的叙述自然不能被完全信以为“真”，但从中亦可窥见部分士人对此类生殖医学书籍之看法以及他们关于“强种”的心态，也可见当时这部分生殖医学书籍被比较广泛地阅读和使用的情况。

实际上，晚清有不少趋新人士也曾读到过这类书籍。如郑孝胥在1906年10月25日拜访钱念劬夫人单士厘时，就曾留给他们《育儿简谈》二册。④此处的《育儿简谈》一书，很可能就是第三章

① 破佛：《闺中剑・弁言》，小说林社，第1页。

② 破佛：《闺中剑・弁言》，第2页。

③ 颐琐：《黄绣球》，收入吴组湘等主编：《中国近代文学大系・小说集》(5)，第353页。

④ 《郑孝胥日记》(第2册)，第1061页。

中提到的丁福保译述的《育儿谈》一书。

更详细的记载是在《忘山庐日记》里，爱好新学的孙宝瑄留下许多他购阅这些书的记载及评论，而他在男女性问题上有许多迥越时流的见解，其原因也许正在于此。下面将《忘山庐日记》里有关记载摘录如下：

> 十八日（1901年7月3日），晴。昨午于雅叙园见黄益斋，持新译书一册，曰《男女交合新论》，美人法鸟罗著。询以售此书处，曰在第一楼后理文轩。余是日往购一部。①

接着孙宝瑄在日记里叙述他阅读《男女交合新论》后的感受：

> 昨夕观《男女交合新论》，美人法鸟罗著。论制造子女之法，极奇。云：凡交媾结胎时，其父母偶怀一不善之念，则所生必凶恶之子。醉后媾合者，生子女为酒狂。故欲子女之聪明醇善者，必其父母之脑思心术，有过于人而后可，屡验而不爽矣。②

孙宝瑄在日记里又记载了他购买的另外一些生殖医学类书籍及读后的感想：

---

① 《忘山庐日记》（上），第362页。

② 《忘山庐日记》（上），第363页。类似感想孙宝瑄在癸卯正月二日（1903年1月30日）日记里又再次显示："惟《交合新论》中所谓：当媾和时，善良之父，一念之私，遂生恶子；凶暴之父，一念慈祥，遂生善儿。"《忘山庐日记》（上），第631—632页。

十三日（1901 年 8 月 26 日），蚤，购得东文书数种，曰《普通妊娠法》，渡边光次著；《男女造化新论》，武藤忠夫著；《生植器》，美国佛栗智国著。①

在十月三十日（1902 年 11 月 29 日）日记里，孙宝瑄记载道：

夜，观剧，忽厌倦，遂闲步至第一楼品茶。买书二种：曰《吾妻镜》，曰《男女交合无上之快乐》。《吾妻镜》，通州杨凌霄著。凌霄与余旧相识也。其论人生三乐，与余不侔而合。又谓：凡欧洲自古大人物，强半野合而生。盖野合者，必两情相遂，故其种性精良，造成之人往往不凡。我国男女禁自择配偶，其交合皆用勉强，故种性不精良，而人才罕覯。国之不振，非一原因也。《男女交合无上之快乐》，日本人著，与《交合新论》略同。其中有云：男子精虫，为山中之金银，女子精卵，为海底之珠玉。皆至可宝者。颇有悟境。②

在十二月一日（1902 年 12 月 30 日）日记里，孙宝瑄又记载他阅读《传种改良问答》一书后的感受与收获：

一日，晴。观《传种改良问答》，日本森田峻太郎著。女子所以有月经者，因泡蛋长足时，其内必回触郁激，致子宫积

① 《忘山庐日记》（上），第 384 页。
② 《忘山庐日记》（上），第 598 页。

血，内外口俱供肿，肿极而微丝管破裂，则经水行矣。此余所未闻，记之。又云，男女生殖器，其形状虽异，其构造殆同。取男阴翻转向内，即成女阴明之形；取女阴翻转向外，即成男阴之形。①

世界文明之极则，男女自择配偶，以学问为媒妁，并以学问为防限。何也？无论男女，苟有学问，必不与无学问之人忽然相爱也。②

在第二天的日记里，孙宝瑄又记下了他读《胎内教育》后的感想与结合中国情况的发挥：

二日，观《传种改良》终卷。……夜复观《胎内教育》，日本伊东琴次郎著。忘山居士曰：夫妇配合，宜由自择，欧人之风也。然与苟合有别，何也？盖当未结为夫妇之先，彼此先为朋友，必待二三年之久，互相察知性情之如何，品行之如何，以及身体之强弱，学问之优劣，无不体验周备，然后两情认许，再以父母造成之敏眼认可之，方能订盟结缡，至不易也。若夫苟合者，不过因一时之情欲，苟且而成婚姻，往往有后悔无及者。如《胎内教育》中所载，加曲那之贫妇是矣。

① 《忘山庐日记》（上），第611页。大约稍早（1901年）在上海，英敛之也曾记载他购阅《进种改良》一书，这里的《进种改良》可能是英敛之误记（也可能是传抄过程中的笔误），或许就是孙宝瑄这里读到的《传种改良问答》一书，可惜英敛之这里并没有详细记载他阅读后的感受。参看方豪编录：《英敛之先生日记遗稿》，第353页。

② 《忘山庐日记》（上），第612页。

(见本书第七叶。)是故婚姻之事，由父母压制而成者，固不可也；由两人一时之血气热情而成者，亦不可也。必半自择，半由父母，庶得中道。夫妇合性不合格，往往所举小儿多夭折，此泰西某国博士拍咸罗所考证之新理。希腊柏拉图氏曰：男女婚姻之期，男自二十五岁至三十岁，女二十岁以上，最为适宜。此与我国古制男三十而娶，女子二十而嫁，正合。天下美妇，不在貌，以强健完全为第一，此语吾信之。三日，……观《胎内教育》终卷。①

孙宝瑄能够理解古人所言“同姓为婚，其生不善”这种现象，也是因他看了伊东琴次郎《胎内教育》中相关论述才得以明白，“同姓为婚，其生不善，此我国古语也。见于《左氏传》。余初不得其实据，今见伊东琴次郎所考得血统婚姻之害，始恍然矣”。②

可以看出，孙宝瑄日记里记载的这些书，都是当时在报刊上刊出广告的书籍，孙宝瑄日记里更是有不少他读《新民丛报》、《中外日报》(即其日记里的《中外报》)、《新闻报》等报刊的记录。可以确定，孙宝瑄购阅书籍时会受到这些报刊上刊载的书籍广告的影响。而从他读了这些生殖医学书籍后的发挥、评论中也可以看出，孙宝瑄这样的读者应该是最符合这类生殖医学书籍广告中预设类型的读者。而潜藏在孙宝瑄阅读这些书籍背后的关怀，依旧是他关于中国种族问题的忧虑以及对改良传种问题的关注，期待中国人能和

① 《忘山庐日记》(上)，第612页。
② 《忘山庐日记》(上)，第612—613页。

白种结合，借“通种”产生一个新种族，摆脱被列强轻视的“劣种”状态。犹如他在日记中表露出的担心与希望：

> 吾始也谓黄种虽不能自立，亦不必灭亡。或与白种人媾合，另化出一种人在黄白之间者，亦未可知。今乃知其难。盖读观云《中国兴亡一问题》，内有云：优种人与劣种人结婚，往往能失优种人之性质。吾恐西人入我国后，有鉴于此，遂悬为厉禁，使黄白人不许为婚，则化种一说亦无望矣。虽然，我国人究不得全谓劣种，其聪明能力有突过西人者，或冀西人之不之禁也。①

与孙宝瑄接近的章太炎、夏曾佑等人，在1899年时也曾读过《生殖器新书》这样的著作。②再据章太炎信中的自陈，1902年5月，时在日本的他亦读过《婚姻进化论》，“鄙人亦适读《婚姻进化论》，颇有感触，然勿庸为君告也。”③像蒋维乔日记中即显示他在1902—1903年读过《男女婚姻卫生学》《无上快乐》《生殖器新书》等生殖医学书籍。④又如宋教仁的例子，1905年1月19日，宋教仁在日本也购买过《婚姻进化》（很可能就是《婚姻进化论》或

---

① 《忘山庐日记》（上），第721页。蒋观云与孙宝瑄这里的“化种”思想很可能受到了唐才常的“通种说”的影响，参看唐才常：《通种说》，收入湖南省哲学社会科学研究所编：《唐才常集》，中华书局1980年版，第100—104页。

② 章太炎：《致夏曾佑》，马勇编：《章太炎书信集》，河北人民出版社2003年版，第48页。

③ 章太炎：《与吴君遂》，马勇编：《章太炎书信集》，第62页。

④ 汪家熔选注：《蒋维乔日记选》，《出版史料》，1992年第2期，第45页。

《婚姻进化新论》）一书，遗憾的是，其日记中并没记下他阅读后的感受。①

概言之，像孙宝瑄乃至上述夏清贻、徐维则、顾燮光他们对这些书的如此看法，在当时的确可能不乏其人。但在根本上，阅读感受本就具有开放性，并非仅有唯一向度，在不同时代的不同族群中，阅读接受均呈现出不同之形貌。②读者对一个文本的阅读，总是以曾经阅读过的文本为基础，既存的人生经历、阅读体验以及阅读习惯、文化脉络都会影响到个人的阅读选择及阅读方式。同样，就这类生殖医学书籍的读者而言，更常见的情况是，当时很多人还是把这些书当作新鲜的“淫书”来阅读的，如接受理论的研究者所言：“一个文本的意义是由被阅读的行动造成的。不同读者在同一时间，同一读者在不同时间，不同读者在不同时间，阅读‘相同的’文本，其感受也会存在明显区别。文本自身之意义具有潜在性，其特殊意义的产生需要通过阅读来实现。并且这些特殊意义将会因读者而异，何时阅读、在哪里阅读、什么样的阅读期待、为何阅读，这些都是影响条件。”③况且，读者心灵世界的大门，他们的阅读体验，他们的阅读选择，他们的阅读意义，永远都不会对外来的入侵者毫不设防。读者会想方设法得到被禁的书籍，并试图读出隐藏在字里行间的涵义，去推翻被加于之上的条条框框。④在一些

---

① 参看宋教仁《我之历史》，《宋教仁集》（下册），第511页。

② Robert Darnton, "History of Reading," Peter Burke (ed.), *New Perspectives On Historical Writing*, p. 165.

③ Martyn P. Thompson, "Reception Theory and the Interpretation of Historical Meaning," *History and Theory*, Vol. 32, No. 3 (Oct., 1993), p. 251.

④ Roger Chartier, *The Order of Books: Readers, Authors and Libraries in Europe Between the Fourteenth and Eighteenth Centuries*, p. vii.

情况下，读者的阅读反应与趋新人士对这类生殖医学书籍读者的期待，或存有契合之处，更多也许还是方枘圆凿。如《江苏》杂志上就有人批评道：“完全之卫生学书未见，若所谓《男女交际论》《男女交合新论》者，则已数见不鲜。如是，不知卫生者，又将以卫生为诲淫之途矣。”①该作者本意是要推广卫生观念，但从其言语中，可看出其是将《男女交际论》《男女交合新论》之类书当作“诲淫书”的。②

① 普澄：《卫生学概论》，《江苏》第 3 期，黄帝纪元四千三百九十四年闰五月一日（1903 年 6 月 25 日），第 80 页。

② 日本福泽谕吉：《男女交际论》，张肇桐译，秦毓鎏校，文明书局 1903 年版，每部大洋一角五分。该书到民国时期还不断重版，笔者看到其 1922 年版本的版权页上，已经列出“中华民国十一年一月五版”字样，只是定价改为洋一角，分售处成了“中华书局”，秦毓鎏的“后序”变成了前“序”，其他内容则与 1903 年版本相同。此书为翻译日本福泽谕吉的作品，书很薄，加秦毓鎏的《后序》才 24 页，其主旨是主张男女平等交往，提倡女权，“革男尊女卑之恶习，养自由独立之精神”（第 17 页）。与生理学上的生殖和性有些关系，但其书名有“男女”二字，且书中有涉及性之内容，因此易被时人误解为是与《男女交合新论》一样的“诲淫”书。另外，《清议报》与《新民丛报》曾刊登过《男女交际论》的译文。福泽谕吉：《男女交际论》，《清议报》第 38 期，第 2485—2492 页。《江苏》第 4 期（黄帝纪元四千三百九十四年闰五月一日［1903 年 6 月 25 日］）“新书广告”刊登的《男女交际论》广告言：“日本福泽谕吉原著，一角五分。吾国宿儒骤闻此书之名，必疑为诲淫，不知著者乃东邻第一醇儒，著书立说，振聩发聋，维新自强，厥功甚伟。是书成于十七年前，当时日本女子墨守古训，无才为德，其译与吾国同。自此书行世，女学日兴，去压制服从之陋习，得平权自由之精神，吾国可以借鉴也。”当时另有一本昌明公司出版的《女论》，其中虽谈及女性生理，但从其广告词看，该书主要还是弘扬女权，故这里不列入生殖医学书目。参看“《女论》初版第二批出书”广告，《神州日报》1910 年 3 月 19 日。其广告词为：是书首论过渡时代之女界，次论妇人问题，次论女子生理，次论女权之必能发达。全书十万余言，插入风俗画数种，生理图十余幅，卷首冠以写真版五页，洋装精印一大册。初版共印一万部，第一批装订五千本，刻已售罄，兹第二批已装成发行。凡我国女界同胞，尚祈速购为幸。零售大洋八角，函购原班回件。上海福州路惠福里昌明公司发行，外埠各大书坊分售。

实际上，一些趋新人士也担心读者将此类书作淫书而非卫生书来读的，上引徐维则补《男女交合新论》就言：世人每作淫书视之，则大谬也。①顾燮光在上引各书的按语中也再三地表示："本书无纤毫猥亵之谭"，"固未可以诲淫之书例之也"，"或以导淫书目之，误矣。"反复斯意，都足证明这类趋新人士的担心。这些书籍在报刊上的广告亦每多如是言，如上引《男女卫生新论》的广告：

> 现今坊间所售之《交和论》《妊娠论》《生殖器论》诸书，不为诱惑淫奔之媒者，殆鲜矣！本社有慨于此，特依嘱精通华情之日本良医数名合力编撰，有一定之宗旨与特色焉，欲延寿得子者及为医生者请一读，判其言真伪。②

《普通男女交合造化机新论》广告词亦如是言之，"切莫以男女交合之名为邪书者"。③《婚姻进化新论》也批评这类现象：

> 盖关于生殖及色欲之文书，坊间行之者甚多，然其说不特全反于道德上，且绝无日新医学之原理，徒凭虚结想，饰为背理之言，以欺世人，实不过有害无益之书。④

即便是像《男女交际论》这样稍涉性之内容的书籍，其译者张肇

---

① 《增版〈东西学书录〉》，收入《近代译书目》，第233页。
② 《中外日报》1903年7月30日。
③ 《新闻报》1902年5月16日。
④ 《婚姻进化新论》，第13—14页。

桐、校订者秦毓鎏也有相同担心：

> 张君肇桐译《男女交际论》既竟，将付梓，深惧吾国顽固老儒詈此书为伤风败俗，又深惧吾国浮薄少年视此书为诲淫巧术，属予序之。①

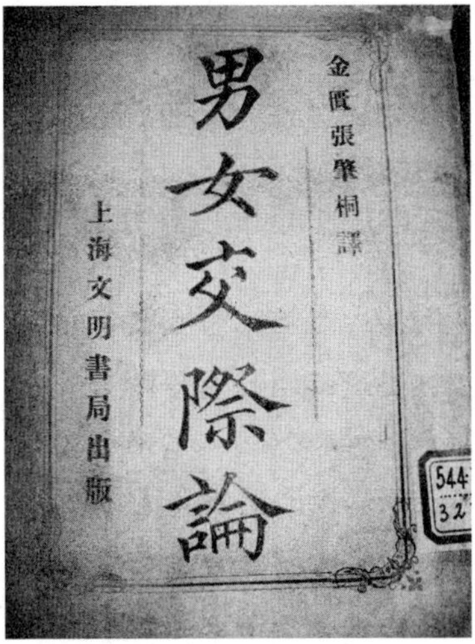

《男女交际论》书影

不过，出现这种情况是理所当然，不同读者对同一文本肯定存在不同的意见，尤其是在文本自身的内容就存在比较大的争议情况下。可以说，这些人的担心并非多余，当时的确有不少人将这些生殖医学书籍当作“淫书”来观。

因之，就有一些人士对出版界争相出版此类书籍的情形表达了不满和挖苦。李伯元即在《文明小史》里讥讽道：

> 翻译之事，将来虽然一定可以盛行，但是目下还在萌芽时代，有学问的书翻出来，恐怕人家不懂，反碍销路。现在所议的，乃是《男女交合大改良》《传种新问题》两种，每种印三千部，出版之后，又买了两家新闻纸的告白，居然一月之间，

① 《男女交际论·后序》，第4页。

便已销去大半。现在手里译着的，乃是《种子大成》。这三部书都是教人家养儿子的法子。①

李伯元其时正在上海与一帮趋新人士办杂志、写小说，和出版界、翻译界都有密切的交往，自是很熟悉当时书籍市场的行情，他这里的讽刺自然是有的放矢。不过，李伯元的叙述我们也不能完全相信，比如其提及的两书，大概是根据《男女交合新论》《传种改良问答》二书书名，略微改易而成。饶是如此，于其言中我们还是可以知道出版、销售这类生殖医学书籍的热度。李伯元这里影射的书局可能就是会文社（原文为“棋盘街文萃书坊”），“两家新闻纸”似乎是在暗指《中外日报》和《新闻报》，因为是这两家报纸最先刊登此类书籍的广告的。

比起李伯元的讽刺态度，《新民丛报》上发表的一篇文章对此类书籍的谴责态度可就严厉多了。在这篇名为《青年之堕落》的未署名文章里，作者批评道：

顷见有恶少年某某两人著一书，题曰《吾妻镜》者。吾今为誓言于此，吾若无杀人之权则已，苟有此权，不杀著此书之人，传其首于十八省，非丈夫也。书局遍上海，新出书目告白，充牣报纸。而东西大哲之书，有关学术道德者，未见一部，惟见所谓《男女交合新论》《男女婚姻指南》等书，不下数十百种。其书中岂无一二关于卫生、关于哲理者，然劝百讽

① 李伯元：《文明小史》，第108页。

一，其害人心固已不少，然犹曰其中有一二言卫生、言哲理者存也，何物枭獍，乃作此等明目张胆、诲淫诲盗之语。彼以是为言女权、以是为言平等、以是为言文明，彼岂知女权、平等、文明三字作何写法？以狗彘不食之败类，乃敢摇笔弄舌，以播其毒于血气未定诸少年之脑中，若此等人不杀何待？不杀何待？此等之人、此等之书本，何足以污《新民丛报》之片纸，然吾深恫乎近日有所谓新中国之新少年者，皆此类也。记曰：国家将亡，必有妖孽。盖有此等腐败社会，然后此等妖孽之人、妖孽之书出焉。见被发于伊川，知百年而为戎，吾安得不为中国前途恸也。吾为此评，于彼何损焉？彼之《吾妻镜》必骤多销万数千部，而彼花酒之费，又可阔数月矣。吾且恐艳羡彼二人而步其后尘者，将日出而未有已也，廉耻道丧，一至此极。国之亡也，复何慰焉？复何慰焉？[①]

与上述《新民丛报》上这位作者的立场相比，有人表达了稍平和的看法。《新世界小说月报》第6、7期（1907年）合刊有一文《读新小说法》[②]，认为书的内容如何不重要，关键在于读者是否会读书。该文其中有云，对于善于读书的人而言，“《美人手》可读，

① 《青年之堕落（二）》，《新民丛报》第25号，光绪二十九年正月十四日（1903年2月11日），第78—79页。宋恕将此文归为梁启超所作：“任公大骂上海新少年，不留余地，于杨君《吾妻镜》，尤怒目切齿而骂之。任公素唱思想自由、议论自由，而乃若此，难明其故！”宋恕：《致瑶女书》（1903年4月12日），见胡珠生编：《宋恕集》，中华书局1993年版，下册，第714页。

② 转见陈平原、夏晓虹编：《二十世纪中国小说理论资料》（第1卷），第273—279页。

即荒唐如《吾妻镜》，亦何尝不可读?”①对于不善读书的人来说，“微特《吾妻镜》不可读，即孟德斯鸠之哲理、斯宾塞尔之学说，亦何尝可读?”但对于许多著译《美人手》《吾妻镜》这类书的人，该文揭露其实质：

> 世非无托西籍以欺人，博花酒之浪费。连篇累牍，不外伯爵夫人、男爵夫人之头衔；倒箧倾筐，不外《男女交合》《婚姻指南》之生活。

这说法正与前引《青年之堕落》文中的观点类似，该作者也认为此类书谈的内容并非全无道理、全无必要，问题的关键是，这类书籍的译者不过是借“生理”或“卫生”之名，挂羊头卖狗肉，来为自己谋取利益，其目的并非是为了推广生殖医学的知识和为了种族的强盛。如时人之讥：“张诲淫之道，犹饰之曰卫生；造不情之谈，而谬足谓濬智。外国无是书强称是译，是固明知其悖道而不欲自居其名也。”②《青年之堕落》的作者还若有所指批评道：“何物恶学

---

① 《美人手》为连载在《新民丛报》上的翻译小说，题为法国某著，译述者署名为“风仙女史”，该小说从《新民丛报》第36号开始连载，到第85号止，中间偶有几期没有刊登。《美人手》为言情侦探小说，常被归入鸳鸯蝴蝶派小说之内。后曾出单行本，“书共三册，六十一章……情节离奇，虽非小说中上乘，亦佳构也。”《叶圣陶日记》，收入《中国近代文学大系·书信日记集》(2)，上海书店出版社1993年版，第788页。该单行本曾在《时报》刊出过广告，详细介绍了该书的情况，其中曾说道：“是书一出，不胫而走者，凡数十版，欧洲诸国争翻译之，其声价可想。”见《时报》1907年1月19日。关于《美人手》的情况，还可参看蒋瑞藻：《小说考证》，古典文学出版社1957年版，第455页。

② 孙毓修：《图书馆》，《教育杂志》第1年第12期，宣统元年十一月二十五日(1910年1月6日)，第61页。

究，演而为才子佳人、状元伯爵，一味引火导欲、诲盗诲淫诸恶骂，唯不善读新旧小说故。”相仿的意思孙宝瑄在其《忘山庐日记》里也表达过，“以新眼读旧书，旧书皆新书也，以旧眼读新书，新书亦旧书也。”①以《读新小说法》之文推言之，之所以《青年之堕落》一文作者对《吾妻镜》加以严辞峻色，则正是因为担心读者“以旧眼读新书”，不善读此类生殖医学书籍，舍本逐末，从而造成实际上是“诲淫”的结果。就是前引《最新女界鬼蜮记》小说里比较趋“新”也比较知“新”的“徐鹏飞”，他虽然也认为像《男女新交合论》这种书，“倘若研究起生理学来，还可当他参考书用用咧”②，但从其对购买该书的女学生吞吞吐吐的讳言态度看，他似乎也不认为女学生应该读这种书。

而据一个趋新的旗人士大夫贵林自述，他也对《吾妻镜》一书有过批评，“杨君《吾妻镜》书，非译笔，乃渠自著者。立论近西人伯拉图之说，而幻妄过之。如云：宜于一女数夫，宜同姓为婚，私奔不宜禁，交合大益人等说。”为此，贵林还写了读后感寄给作者杨翥进行商榷，并引来杨翥的答辩，但贵林认为这样的答辩为“妄辩”，可笑之至，“弟曾著一《书后》径致杨君，复书妄辩，谓时至大同，舍一女数夫之道，虽以孔子为君，佛耶为相，亦不能治，并引妓女多夫则不生为比例。可谓笑语之至！”贵林一度还打算将杨翥复信钞寄给宋恕一观：“弟录有底稿，暇时当再钞呈，以博一笑。”③

---

① 《忘山庐日记》（上），第 526 页。

② 《最新女界鬼蜮记》，第四回，第 25 页。

③ 《贵林致宋恕函》（二），收入胡珠生编：《东瓯三先生集补编》，上海社会科学院出版社 2005 年版，第 273 页。引文标点有所更动。

因之，像孙宝瑄等趋新知识分子那样将这类书作为新学理接受的，应该属于比较少的个案，绝大多数读者还是将其作淫书来购买或阅读的，这种情况是因为时代语境的关系。以当时盛行的关于两性关系的规范以及一般人的认知程度，这些书被大多数人作为“淫书”来看是必然的。此类书在销售过程中的情形也表明了这点。据蒋梦麟后来的回忆，当革命党人在上海福州路（晚清往往叫四马路）茶馆兜售革命书刊时，也曾借“淫书”作为掩护，其中号称“野鸡大王”的徐敬吾，“他专门贩卖革命书刊给学生，他的货色当中还包括一本《性学新论》的小册子，据他解释，那只是用来吸引读者的”①。蒋这里的回忆个别细节可能不太准确，如他这里提到的《性学新论》一书很可能是《男女交合新论》一书，但从中可以明显看出，不管是蒋梦麟，或是那位“野鸡大王”，或是在四马路茶馆里购书的青年学生，都是将“《性学新论》”作为“淫书”来看的。安徽芜湖一个书店进行的卖书情况调查也证实了这点：

> 因为他们所买的书，据我们的卖书表比较起来，总不外那历史、地理、小说、卫生等书。历史、地理是科场里要用的，所以不得不买几部，预备进场的涉猎；小说是拿来消闲；至若卫生的书，不过是看见《男女交合新论》《处女卫生》《传种改

---

① 蒋梦麟：《西潮·新潮》，岳麓书社2000年版，第68页。关于徐敬吾贩卖革命书籍被捕的情况，可参看《拘获被供之革命党》，《中外日报》1907年1月30日；《续记拘获革命党》，《中外日报》1907年1月31日；《补述徐敬吾被诱成擒情形》，《中外日报》1907年2月1日；《徐敬吾被逮始末记》，《时报》1907年2月21日。只是几文均未提及徐曾卖“淫书”。

> 良问答》那些名目，以为稀罕得很，当作淫书、春宫图看看，并不晓得卫生里实在的道理。①

上引《金陵卖书记》文也可作为这段话的旁证。即使延续到民国年间的上海，这种情况也没有多大改观，我们从以下鲁迅、茅盾的叙述中可以管中窥豹。

其实，像晚清出版的《男女之秘密》《男女交合新论》之类书，或许青年鲁迅当时也曾经读过或知道此类书籍，因为时隔二十年后，鲁迅还曾在《朝花夕拾·后记》里提到过两本这样的书籍。事情源于鲁迅挖苦上海的书店翻印《百孝图》宣扬旧伦理的虚伪，讥笑他们擅自在“书名的前后各添了两个字：《男女百孝图全传》”，不伦不类，进而鲁迅讽刺道：

> 至于人心，有几点确也似乎正在浇漓起来。自从《男女之秘密》《男女交合新论》出现后，上海就很有些书名喜欢用“男女”二字冠首。现在是连“以正人心而厚风俗”的《百孝图》上也加上了。这大概为因不满于《百美新咏》而教孝的“会稽俞葆真兰浦”所不及料的罢。②

由上引鲁迅之语可知，大约在20世纪20年代，这类书籍依然在文

---

① 科学图书社社员：《调查：庐州书市的情形》，《安徽俗话报》第14期，甲辰年九月十五日（1904年10月23日），第24页。

② 鲁迅：《朝花夕拾》，收入《鲁迅全集》第2卷，人民文学出版社1981年版，第432页。

化市场上流行，如《男女之秘密》就在 1922 年重版，鲁迅在当时完全能够看到此类书籍。当然，笔者以为更可能的情况是，鲁迅在晚清就知道或阅读过此类书籍，因为“《男女之秘密》、《男女交合新论》”之类书最早是出现在晚清的书籍市场上的，此类书的原本一般也是来自日本，那时 20 多岁留学日本学医的鲁迅应该是躬逢其会的。不过，对于学过医的鲁迅来说，这类书籍与其说是生理卫生书籍，还不如说系“淫书”，尤其是就绝大多数人对之的购阅情况来论。

与前引《朝花夕拾》文一样，作家茅盾也在写于 1929 年的小说《虹》中提到了这类书。《虹》中写到柳遇春为讨梅女士的欢心，知道她喜看“新”书（与前引《最新女界鬼蜮记》中的表达相同），就常买些带“新”字的书籍给梅女士：

> 凡是带着一个“新”字的书籍杂志，他都买了来；因此，《卫生新论》《棒球新法》，甚至《男女交合新论》之类，也都夹在《新青年》《新潮》的堆里。往往使梅女士抿着嘴笑个不住。①

茅盾这里的叙述，也可印证鲁迅前文的说法，说明茅盾、鲁迅两人均曾知道或阅读过此类生殖医学书籍，也表明这类书籍在民国的文化市场上仍是比较盛行，几乎还是被青年当作“淫书”来读的。

当然，也有不同的看法存在。近代著名目录学家、学者叶德辉

---

① 茅盾：《虹》，《茅盾全集》第 2 卷，人民文学出版社 1984 年版，第 77 页。

曾编有《双梅景闇丛书》，该书最早出版于光绪末年，出版后，“轻薄少年争购之”①。据后来研究过叶德辉的学者说，在叶德辉印过的不少书中，“以这套坏书印销最多，获利最厚，其流毒也非常深远”②。研究者是出于“政治正确”心态来评价叶德辉及其所编《双梅景闇丛书》的，自无足怪。但亦可看出《双梅景闇丛书》之所以销量大，正在于它是被作为“淫书”来购的。不过，叶德辉本人好像并不这么认为，他在该书第一篇《新刊素女经·序》中振振有辞：

> 今远西言卫生学者，皆于饮食男女之故推究隐微，译出新书如《生殖器》《男女交合新论》《婚姻卫生学》，无知之夫诧为鸿宝。殊不知中国圣帝神君之胄，此学已讲求于四千年以前，即纬书所载《孔子闭房记》一书，世虽不传，可知其学之古。又如《春秋繁露》《大戴礼》所言古人胎教之法，无非端性情、广嗣（原文为“似”）续，以尽位育之功能。性学之精，岂后世理学迂儒所能窥其要眇？③

从叶德辉语中，我们可以知道当时这类翻译书籍的流行程度，曾被“无知之夫诧为鸿宝”。于焉也可知叶德辉认为新译的诸如《生殖器》《男女交合新论》《婚姻卫生学》等外来书，并不值得特别珍

① 李肖聃：《星庐笔记》，岳麓书社1983年版，第31页。
② 杜迈之、张承宗：《叶德辉评传》，岳麓书社1986年版，第50页。
③ 叶德辉：《新刊素女经·序》，收入《双梅景闇丛书》，光绪癸卯（1903年）嘉平月长沙叶氏刊，海南国际新闻中心1998年影印本，第7—8页。

贵，结合中国过去的有关典籍，此类新译的学问中国实是“古已有之”——“此学已讲求于四千年以前”，后来许多的相关书籍也都传承和发扬了这种学问，时人不必数典忘祖。叶德辉这里的心态或有“西学中源”的意思，也夸大了此“学”在中国存在的时间长度，但若结合本书第三章讲的这些生殖医学书籍内容，我们发现叶德辉所言并非完全强词夺理。

四 小 结

由以上对“卫生”书籍读者的讨论可知，这些书籍在被阅读和接受的过程中，并未尽如作者、编者和出版者原来的预期，不同读者对“卫生”这一符号权威也抱有各种各样的态度——或利用、或真诚宣传与接受、或选择性地使用、或误解。这些差异存在，正说明阅读并非一个抽象的行为，并非意味着读者只是被动接受——或作者或评论家或编辑或传统预先设定好的意图。①这些“卫生”书籍的一般读者并非只是被规训和指导的盲目受众，他们有极大主动性，尽管他们也会被这些“卫生”书籍灌输的宏大目的与象征意义影响与引导。其中，以猎奇、新鲜或赶时髦为目的的读者为数或许更多。不过，这些读者如此的阅读旨趣并不会阻碍这些“卫生”书籍的流行程度和影响力，反而是这些书籍扩大影响面的接受基础。

同样可知，晚清这些“卫生”书籍的读者主要还是一些精英知识分子及一些青年学生，可能还包含有一批趋新的城乡士人、商

① Guglielmo Cavallo, Roger Chartier (eds), *A History of Reading in the West*, pp. 1-2.

人。在前现代中国总体识字率都很低的情况下，所谓“中国识字之人十一，读书之人百一，阅报之人千一”。①这些“卫生”书籍乃至其他新学书刊，其影响力是不能被过分高估的。换言之，这些新学书刊的直接影响力也只能触及到读书识字阶层，这些人在中国社会中只占少数，就是阅读新学书刊者以言传身教去感化周围之人，其普及率与发挥的效力也终归有限。再以更为通俗且更为流行的晚清新小说为例，虽然有如《月月小说》这样的新小说刊物，明确标榜是面向社会各阶层办的，认为《月月小说》“官场中应看”“维新党应看”“历史家应看”“实业家应看”“词章家应看”“妇女们应看”。②但在实际生活中，新小说的读者往往还是有一定经济基础的读书人而非“下等人”，“且小说之效力，必不仅及于妇女与粗人”，“小说所收之结果，仍以上流社会为多”。③比如郑孝胥、孙宝瑄等人的日记里不断有他们购阅新小说的记载。思想较守旧的官僚恽毓鼎也在其日记里留下不少他读新小说译作的记载，其中他尤喜欢读林纾翻译的小说。④这些情况也表明，绝大多数新小说的读者实际上还是有闲、有钱的阶层，而非为生计四处奔波的下层社会民众，

---

① 高凤谦函，《汪康年师友书札》(2)，第1623页。关于中国当时的识字率，罗有枝（Evelyn Sakakida Rawski）在其《清代的教育与大众识字率》（*Education and Popular Literacy in Ch'ing China*）一书中引用多种材料来估算中国19世纪时的识字率，她认为男女平均识字率在当时大约为16%—20%。但罗有枝这里的估算很值得商榷，包括对识字率的定义，对于相关数字的推演等。

② 报癖：《论看〈月月小说〉的益处》，《月月小说》第2年第1期（原13号），第9—17页。

③ 《小说丛话》中平子语，《新小说》第7号，第167—168页。

④ 参看史晓风整理：《恽毓鼎澄斋日记》（1），浙江古籍出版社2004年版，第315、319、321页。

“只能供文人学士之浏览，而普通之人，不能解其文义及洞其道理者，决不得谓为合于社会教育也”①。《中外日报》上有人也感叹：“诸君不见新出之各小说乎？仍见之于我辈案头耳！伙计柜台上有此物乎？东洋车夫手中有此物乎？而佣媪侍婢无论也。此其弊不在彼等不读书，而实由我等之不读书，漫然而与之。”②新小说的读者群尚且如此，“卫生”书籍的读者群无疑会等而下之！故此，对于这时候现代性与印刷媒体势力正在迅速扩张的中国，没有像近代西方那样曾经形成一个“阅读大众”（reading public），所谓的“阅读革命”更是无从谈起。

但书刊的播散范围与影响力不能完全以读者人数的多少来判定，对于晚清出版的这些“卫生”书籍同样如此，尤其是当这些“卫生”书籍及卫生论述透过商人的商业活动发散开来，及于社会大众，其产生的影响更是难以用数据或读者数量、顾客数量来说明的。③如罗伯特·达恩顿在《启蒙运动的生意》指出的，启蒙运动的《百科全书》既存在于哲学家的沉思中，也存在于出版商的投机中；正是凭借出版商的投资与长袖善舞，并依赖金钱与权力的结合，《百科全书》才成功进入法国社会，并越过法国国界，在欧洲产生极大影响，开创了一个启蒙与民族主义到来的时代。达恩顿的研究提醒我们要注意思想、文化的社会层面、注意对思想、观念或理论如何社会化进行研究。因为思想、观念或理论只有与物质力量结合、只有通过一定的载体才能发挥作用，没有一定的物质条件和

---

① 樊：《小说界之评论及意见》，《申报》1910 年 1 月 20 日。

② 《说小说》，《中外日报》1902 年 4 月 10 日。

③ 可参看 Cynthia Joanne Brokaw，*Commerce in Culture*：*the Sibao Book Trade in the Qing and Republican Periods*，pp. 548-553，559-568。

社会载体，思想、观念或理论只能是空中楼阁，难以发挥力量。思想、观念或理论要物质化，要社会化，政治权力固然是最常用也是最有效的手段，但往往商人出于经济利益将文化、思想转化为商品的实践，亦是一个便捷、有效的途径。商人的投入、生产、包装、宣传、销售达到的效果有时远高于政治权力的强迫推广。①在晚清中国的脉络里，许多时候，官方、政治权力倒经常羁绊新思想、新思潮的推进和壮大，这时候，出版商、销售商的角色就显得愈形重要了，特别是在其中有利可图的情况下。如高家龙指出的那样："自然，某种程度上，在利用直接来自西方的思想、形象、形式和论述方面，外在于思想精英群体的中国商人并非这个文化变化的导夫先路者；但在一定程度上，他们的确是这个文化变化的卫道者，是他们机敏地利用了来自其他中国人那里的'西方的'思想、形象、形式和论述，并极具进取性地将之普及于中国城乡的各阶层。"②晚

---

① 研究中国近代思想史的一些学者也早注意到了这种文化传播中物质基础的重要性：王汎森注意到新文化运动中社会政治条件所起的作用；陈以爱即注意到出版商投入到“整理国故”运动中，其主要目的在于赢利，但也造成了“整理国故”运动声势的扩展；王飞仙也注意到新文化运动影响的扩大，与商务印书馆等以营利为目的的出版商提供的出版与传播平台息息相关。参看陈以爱：《中国现代学术研究机构的兴起》，江西教育出版社 2002 年版，第 301—304 页；王飞仙：《期刊、出版与社会文化变迁》。研究中国出版史的学者也注意到这种情况：参看 Lucille Chia，*Printing for Profit*：*The Commercial Publishers of Jianyang*，*Fujian*，*11th-17th Centuries*；Cynthia Joanne Brokaw，*Commerce in Culture*：*the Sibao Book Trade in the Qing and Republican Periods*。

② Sherman Cochran，*Chinese Medicine Men*：*Consumer Culture in China and Southeast Asia*，p. 162.当然，高家龙这里也指出在这个普及化与本土化的过程中，也会存在商家主动将中国的思想、形式、符号和论述添加于其中，甚至有可能会出现与原有“西方属性”（Western）的扞格现象——由此诞生一种中国特色与西方属性结合的新的混杂表象（representation）。

清中国出版的这些“卫生”书籍在近代中国的意义，自然无法与《百科全书》对法国及欧洲的影响相提并论，但这些书籍亦同样同商业运作纠缠在一起，仰赖书商的包装、宣传、经销，使其建构的“卫生”符号化为时髦商品，并影响至当时的消费文化，在更为广泛的层面扩展了“卫生”书籍特别是卫生论述的影响力。

或可说，晚清文化市场上出版的这些“卫生”书籍，尽管难以逃脱追逐利润与商业操弄的嫌疑，但它们对当时趋新精英人士的身体意识、生殖观念、种族认同与生育文化都影响匪浅。实际上，“卫生”书籍的大量出版及其广告表达中的日益政治化，一方面说明当时文化市场的商业化程度，上海的文化市场在紧密地追随时事和文化的改变而变化，出版商家必须要适应这种情况，不断结合现实形势给读者提供新的出版物，不仅要适应读者，还要引导读者，吸引读者购阅，这样才能在激烈的市场竞争中获利，不至于被淘汰。另外一方面，也说明了当时文化市场的泛政治化程度，虽然这些书籍、书籍广告里近乎千篇一律的叙述模式我们完全不能信以为真，但在这些泛政治化文类的综合轰炸下，一种泛政治化的阅读空间和消费表达已经崭露头角。下面我们就来探讨卫生、种族这些符号是如何被社会化、如何被商人利用——即新的思想资源如何被物质化与商业化，从中尤可发现“卫生”的符号效力及其殖民现代性特质。

第五章 卫生、种族与晚清的消费文化建构
——一种新政治文化的兴起

知识的选择、组织和陈述不是中立和无价值观念的过程。相反地，它是由经济和社会及政治制度所支持的一个世界观的表现。①

一 消费文化中的政治化②

根据这三章的讨论，我们可以发现晚清文化市场上出版的生理

① 彼得·伯克（Peter Burke）：《知识社会史：从古腾堡到狄德罗》，贾士蘅译，台北麦田出版社 2003 年版，第 289 页。

② 如美国学者葛凯（Karl Gerth）所指出的：1895 年以后，中国的物质生活正在经历一个迅速的转变，机器生产日益替代手工作坊，外国商品大量进入，而新创办的民族企业也开始增多，抵制外货、提倡国货、挽回权利的思潮开始流行，中国进入一个"消费文化的民族主义化"（nationalize consumer culture）时代，以"国"字开头的商品、文化产品（或文化论述）逐渐增多（尽管这些"国"货的制造商许多都是外资企业）；不过该著并没有论及文化市场上的这些泛政治化情形。（参看 Karl Gerth，*China Made*：*Consumer Culture and the Creation of the Nation*，Cambridge and London：Harvard University Asia Center，2003。）这里所谈的"消费文化中的政治化"现象，实际也属于这个"消费文化的民族主义化"趋势之一部分。

卫生书籍、生殖医学书籍（包括那些体育类、关于种族与进化论的书籍及相关论述），不但体现出一种鲜明的关于身体、种族与国家的想象、建构乃至规训情况，也表现了一种文化消费的政治化趋势，这种政治化的文化消费旨在教育民众向“文明”靠拢，摆脱文弱的“病夫”形象，接受西方的现代性和意识形态，树立现代民族国家的意识。这种情况的出现既是时人在回应近代以来屡战屡败的危急局势，也反映着当时知识精英在心理上的危机意识、自强关怀。为了在中外竞争中胜出，他们希望通过提倡卫生论述，以及对身体、种族与国民的改造来改变这种局面，避免“亡国灭种”的危险。这些论述和焦虑透过报章杂志等媒介，汇聚成为舆论场域里的“意见气候”，进而成为人人可以加以利用的思想资源与“符号资本”，播散开来，进一步促进阅读空间的政治化，甚至也促成了消费市场乃至消费文化、集体心态的政治化趋势。

在消费市场上，晚清的这些关于“卫生”的表达率先被一些敏感的商家攀附和挪用，成为他们方便的“符号资本”，体现在消费表达与商业活动中。当时诸多的消费广告不仅将书籍、生殖、性、卫生和种族、国家联系起来，甚至将一些商品、药物都与之联系起来，通过一种泛政治化的修辞策略在趋新媒体上表现出来。

下面我们试着分析一些商家在消费广告中的表达，藉此检视当时来自西方（包括日本）种族观念的扩散及影响程度，以及管窥卫生、身体与种族关怀在消费文化中的呈现状况。①比如《时报》上

① 葛凯也曾指出：在中国，卫生和洁净论述与消费商品之间的关联，目前还没有得到研究。参看 *China Made：Consumer Culture and the Creation of the Nation*，第8页注释3。拙著这里的探索似可算作一个初步的尝试。

曾有“卫生衣”的广告连续发布，表示自己的产品是“为挽回利权起见”，“以广招徕，实寓国民之思想也。”①还有起名“爱国扇”的广告，亦在东施效颦：

> 近来风气大开，各省遍立学堂，作以期育人才，备将来干城之选。开通文明，犹以爱国强种为第一要义。今本局别出心裁，制有石印爱国扇折一种，书画精良，价廉物美。俾学生手执一张，触目观感，发起爱国强种思想，益莫大焉。时交夏令，各学堂购作奖赏之需，可谓无上上品。②

其他还有像爱国香皂等诸多名目的广告，纷纷在晚清报章杂志上现身。

“今之世界竞言学战，是即一脑力竞争之世界也。欲图学问之精进，必先图脑力之健强。”③脑同人的身体、智慧息息相关，“脑为人身之主，智愚之分，亦出于脑。此等新说已成世人深信不疑之学矣。”④黄种人竞争不过白人，“脑筋不足”也是一大原因，只有在智力上有进步，强种的效果才明显，假如脑子不够聪明，也不利于“强种”。如时人语：

> 人类之中，惟欧亚黄白两种脑髓最丰，故质性明慧，在众

---

① “中国自制之卫生衣”，《时报》1905 年 9 月 20 日。
② 《新闻报》1906 年 7 月 7 日。
③ “健脑法出现”，《神州日报》1908 年 8 月 23 日。
④ 吴县藜床卧读生编：《绘图上海杂记》，上海文宝书局 1905 年版，卷三，第 2 页。

> 生中冠绝等伦。然白人善用其脑，故能量天测地穷理，物理巧夺造化，竟开各种新学，辟宇内之大观；黄人不善用其脑，故七岁孩子胜衣就傅，即教之以无形无影之性命、理气、天民、大人之修齐治平，脑根未动，灵窍不开，授者受者格焉不入，日事鞭扑，如驭囚徒，适足以损其脑壳、闭其心窍而已。①

在这样的情况下，发掘中国人脑中的潜力与聪明就非常必要，一些趋新人士甚至已经寻找“西药可补脑力者”②。利用时人的这种心态，一些商家就开发了一些补脑药，宣称这种补脑药可以提升中国人的智慧，增强其“优胜”能力。自然，报刊上一些关于补脑药物的广告也频频出现，像补脑汁、健脑丸、极品补脑药、补脑筋粉、立止脑漏丸、补天丹之类，因为这些药物可以直接同人的智力、身体建立起联系，属于可以促进“强种”的物质。因之，这些药物的广告中也展现着一种浓厚政治化的表达思路。如在晚清各报刊上曾大作广告的“中法大药房”的“艾罗补脑汁”，曾串通人作诱子，在《申报》《时报》《中外日报》《新闻报》《卫生学报》等报纸上以“顾雄亚”名义作广告，居然大言不惭曰“艾罗补脑汁”为“再造中国灵汁”：

> 上海中法药房自发行艾罗补脑汁，灵效异常，一时风行中国二十二省。凡脑筋不强者，无不视为秘宝，无论老少男妇、

---

① 黎祖健：《弱为六极之一说》，杨凤藻编：《皇朝经世文新编续集》卷一《通论下》，第191—192页。

② 参看方豪编录：《英敛之先生日记遗稿》，第392页。

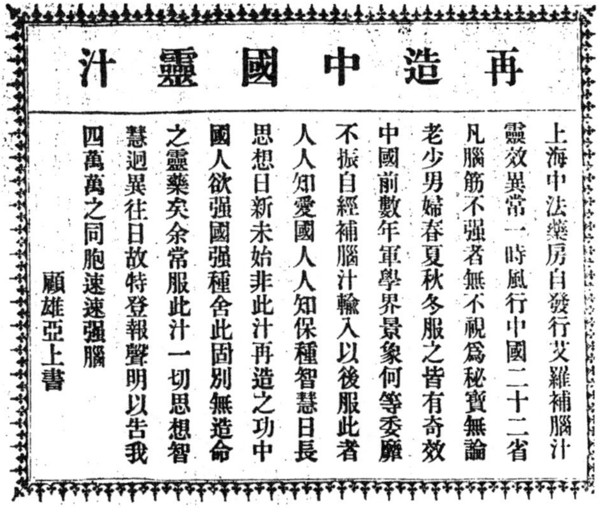

“艾罗补脑汁——再造中国灵汁”广告

春夏秋冬，服之皆有奇效。中国前数年，军学界景象何等萎靡不振！自经补脑汁输入以后，服此者人人知爱国，人人知保种，智慧日长，思想日新，未始非此汁再造之功。中国人欲强国强种，舍此固别无造命之灵药矣！余常服此汁，一切思想智慧迥异往日，故特登报声明，以告我四万万之同胞，速速强脑。顾雄亚上书。①

---

① 《申报》1906年6月21日；《新闻报》1906年6月15日；《时报》1906年6月23日；《南方报》1906年9月11日；《中外日报》《卫生学报》等都有刊登。“中法大药房”的主人黄楚九很善于利用药物与国民、与种族关系作文章，它的许多广告都采取类似说辞，如“欲为强国之民者请速读”的药品广告，“请看破除迷信之幸福”的“日光铁丸”广告，“强种第一良方”之艾罗补脑汁，“益人智慧，学界须知”之艾罗补脑汁。分别见《时报》1908年4月9日、（转下页）

该药还曾在别处作广告宣称：

当二十世纪竞争剧烈之时代，其欲向大舞台上与列强分优胜劣败，挽积弱而振国威，收主权而成自治，舍强种外无第二法门，夫固为举世所公认者也。①

(接上页) 1908 年 4 月 16 日、1907 年 7 月 10 日、1907 年 7 月 23 日。艾罗补脑汁在晚清各报章杂志上曾大作广告，如刊登许多“病人”的鸣信函、保证书甚至“辟佛谈”(治病不必寻求各种怪力乱神，求诸艾罗则可)，拉诸如李伯元、吴趼人、马相伯、戴鸿慈这样的名流现身说法为其作广告（甚至托名已经去世的曾纪泽现身说法为之宣传)，还刊登自编自演的打假广告、服用口诀，采用图像示例，请官方出面化验与发动药品立案等广告手法，诸如此类。艾罗在不同时期采取的广告手法不一样，但叙述方式和修辞策略却大同小异，且一直紧随主流政治气候的变化而调整；黄楚九不愧为当时的“广告大王”。艾罗也早在 1905 年时即被时人誉为“奇药”(《绘图上海杂记》，第 2 页)，其延续的时间一直到 1950 年代，甚至还被作为国货“名牌”宣传。与之类似的还有晚清另一个曾大作广告的戒烟药“亚支奶”。如果以“艾罗补脑汁”“亚支奶”或两者之一作为切入点，来分析其采取的叙述策略、借用的宣传手法等，或可以对晚清乃至民国时期上海的商业文化有深入的认识。高家龙（Sherman Cochran）的 *Chinese Medicine Men: Consumer Culture in China and Southeast Asia* 一书，其中部分 (pp.38-63) 是关于“中法大药房”创办人黄楚九的活动及艾罗补脑汁的，但他所依据的有关材料没有注明出处，还有个别史实错误。如高认为“艾罗补脑汁”约诞生于 1906 年，此判断即为误，实际在 1904 年 11 月 1 日的《新闻报》上，“艾罗”的广告“艾罗补脑汁功用录”就已经出现，它在这时的广告词里只宣称能治疗一些脑部的疾病，并没有将其功效与种族联系起来，也没有将其功能泛化到无所不治。且高著对于晚清报刊上诸多关于黄的资料及“中法大药房”所作的大量广告，几乎没有利用。关于黄楚九，还可参看一本关于他的文学传记——秦绿枝的《海派商人黄楚九》(上海书店出版社 1999 年版)，高家龙一书中关于黄楚九的很多描述可能即取材于此书（没加注释)；其他一些清末民初的笔记中也有很多关于黄楚九的记述。

① “中法大药房广告”，《卫生学报》光绪三十二年（1906）正月朔第 1 册，第 29 页。

艾罗补脑汁的实际功效根本就是编造出来的神话，或者说完全就是一个噱头，但其广告内容却十分充满诱惑力，不但借用了当时公共舆论场域里强种、强身乃至开民智的论述，而且还将这种论述产生的效力无限放大，营造出一种已实现的“真实效果”（reality effect)，并将此效果引为该药物的功劳，甚或吹嘘其为“新中国之利器”①，具有“飞播全球之声誉”②，还到处刊载保证书、拉名人来作广告，以此吸引不知情的人购买。

鸦片毒害中国人的身体甚深，近代以来的开明人士对鸦片都深恶痛绝，“今日吸烟之害，人所共知，流毒百余年，蔓延二十二行省，受其害数十万万人，以致兵气弱，财力耗，人才废”③，还“弱种族、破生业、败名誉”④。基于此类认知，一些趋新人士不断在报刊上发起禁鸦片的论述，痛陈鸦片对于中国人身体的危害，还指出吸食鸦片强化了中国人的“病夫”形象，“为中国衰弱之起源”⑤。清末新政后，禁止吸食鸦片逐渐成为清季朝野乃至西方列强一致的认同。⑥适应于这个潮流，一些戒鸦片的药物纷纷出炉，并且在其广告里纷纷打出强种的招牌，来招徕顾客。“盖言强种者，

---

① “新中国之利器”，《时报》1904年12月22日。

② “艾罗补脑汁飞播全球之声誉”，《天铎报》1911年6月8日。

③ 胡协仲：《开官智法》（续前稿），《大公报》1902年7月31日。

④ 《论社会亟宜戒除烟毒》，《南方报》1906年4月4日。

⑤ 《论东振武社之成立》，《盛京时报》光绪三十四年二月二十日（1908年3月22日）。

⑥ 相比来说，实际上，晚清新政所取得的效果最显著也最得到外国人配合的，就是禁烟和禁缠足，如时人之言：“中国近数年来举行之各种新政，其能雷厉风行而绰有可观者，前则为禁缠足，后则为禁吸烟。”《论各省宜力行禁烟》，《中外日报》1907年6月4日。

必以戒烟为先图。”[①]其中一个戒烟药的广告就采取与“艾罗补脑汁”完全相仿的广告策略和叙述方式，或出之于一人之手也未可知。[②]该广告标题为“强我黄种”，化名鲍荷清登广告，配合艾罗补脑汁，亦采取现身说法的形式。其内容有云：

> 鸦片之流毒我中国久矣！凡沾斯瘾者，莫不体惫形削，旷时废事。虽亟求戒除，恒苦不得良药。……该药房兼有艾罗补脑汁，专资调补……取是天然丸、补脑汁，兼服一月以来，亦复将瘾戒断，且衰老之躯转增强健，足见是药之有功于世实大。以天然丸戒之于前，以补脑汁补之于后。自有此两种药出，而我中国之黄种向受烟害日渐衰弱者，今而后可顿脱烟害，日臻强盛矣。岂非我中国前途之大幸哉！仆身受其惠，特志颠末，登报以鸣谢，并为我同种之黄人受烟害者告焉！[③]

其他戒烟药也打出类似关怀，“望强种，望强国，望我同胞速自

① 《寰球第一——中法大药房主人特别广告》，《神州日报》1907年7月14日。

② 当时药房专门雇有写手，为其撰写各种各样的广告及鸣谢函件、保证书等。陆士谔曾在小说里借“钱梦花”之口讽刺这类现象：他是“专管告白一门的”，“凡本药房登载各报上的告白稿子，统由兄弟一个人撰述的”。“光是几个药名儿时，也不容专请人撰述了。最吃重的，就是各处的鸣谢函件。那些函件必须日日换花样，并且口气也须各各不同。工、商、士、庶，各尽其妙，稍一雷同，就要给人家瞧出破绽来了。”所谓鸣谢函件及保证书都是伪造，“这种药要人家服了有效，是恐怕就等一辈子，也等不到一个呢。”进而，“梦花”又说：“上海的药房，差不多与江湖卖药的人一般手段，说真方卖假药，都是骗钱的勾当。他们的生意，都靠着这几句的告白，所以编撰告白的，都是几个好笔仗呢。”参看陆士谔：《新上海》，章全校点，上海古籍出版社1997年版，第76页。

③ 《强我黄种》，《时报》1907年9月18日。

强。"①有的戒烟药甚至附会林则徐来作为卖点，如"同济社普天固本戒烟丸"即宣称其药，"爰集同志，斟酌尽善，以林文忠公之古法，加入固本益气王道之贵品，并邀名医互相研究，配合成料"②。亦有戒烟药攀附张之洞："昔南皮尚书著《劝学篇》，而于戒烟一事必谆切而详言之，可见烟之为害，固我同胞所目击而痛心者也，顾有欲除其害而害若不胜除者，此何以故……"③

这时，一些号称能滋补身体的药物也纷纷模仿，挪用当时流行的强种论述，来陈述强种之价值与方法，藉此无限放大自己商品的意义。如一个养生液"德华公司始创二十世纪第一奇药——种族养生液"的广告词约有 2 000 余字，采取一层一层递进的叙述手法，完全像一篇当时流行的种族论述而非一个商业广告：

> 生存之道必自强其种族始，种族强而后社会强，社会强而后家国强。当此二十世纪竞争世界，苟种族未强，断不能与东西洋诸国竞争于此世界，则优胜劣败，其不归于天演之淘汰者几希矣！是欲图生存，非自强其种族不可，然种族何由强乎？曰必先强于气血。④

然后广告借泰西医学博士所著《生理》书，旁征博引，为读者论证血气之重要，申论完毕后，顺理成章推出自己的药物。"本公司主

① 《新闻报》1906 年 8 月 5 日。
② 《时报》1908 年 12 月 4 日。
③ 《过渡社无灵丸三续的实之保证》，《申报》1906 年 4 月 6 日。
④ 《新闻报》1905 年 11 月 15 日。

人自幼游学泰西各国，留心黄岐医术，而于研究卫生之法尤属彻底"，终于钻研出此极具功效——"大而且速"的"种族养生液"，"非敢为射利计也，皆以蒿目时艰，每怀忧愤，念中邦之疲苶，实由于种族之不强。自愧空疏，既不能有功于社会，而此药一出，俾我四万万同胞服之，皆得盛其气、旺其血，以强其种族，安见不数年后不能与（原文为'于'）白种人竞争此世界哉！此予之所厚望也！"何其冠冕堂皇、何其政治正确的表白，不得不让人叹为观止！该药后来在"养生液系强种族之根本药"的广告中继续如此标榜：

> 此药一出，俾我四万万同胞服之，皆得盛其气、旺其血，以强其种族。安见不数年后不能于（与）白种人竞争此世界哉！此予之所厚望也。①

相比起这个"种族养生液"回环曲折的广告，"强种之宝自强丸"的广告词足可并驾齐驱：

> 现在世界日臻文明，百图维新，人之智力与之俱进。强者胜，弱者败。种族争衡日甚一日，处天演竞存之际如今日者，非自强不可。不但个人自强，并且要人人自强，则国家日强，庶可竞存于列强之间。然民为邦本，必须要人人有自强之精神，方能自强。但是我中国同胞髓气弱者多，若要有自强之精神，必定要靠灵药培补精神气力，挽回造化才好。②

---

① 《养生液系强种族之根本药》，《时报》1907 年 11 月 29 日。
② 《申报》1909 年 5 月 19 日。

解剖學航秘傳二十世紀新發明補氣血特別聖藥〇總發行所歸上海三馬路玉成戲館後〇德華公司經售

養生液係強種族之根本藥

夫種族何由強乎曰必先強於氣血蓋氣血無虧而後體種族不弱也惟人生氣血用之易耗非藉此液有以補救之培養之不為功吾國自靈樞素問以迄歷代名醫其論氣血之有關於全體也窮人生之血名為血液血液分一種流質除表皮毛髮爪甲外全身無不到之處實為構成全體諸機之根本血液之成分以血漿血球二種物成之其色有紅白兩種常新陳相代血漿中含有礦物質所以成骨又有蛋白質所以成筋血球中含有養氣所以助各種之運動體中除舊布新之效皆由養氣養氣與筋肉及其他構造之酸化作用猶薪炭之然於燒至於氣則以空氣為生命之至寶中有二物互相調劑而人命賴之以生一曰養氣占空氣中五分之一一曰淡氣占十分之八體中各機器皆賴氣養之力而活動者而其功能則全在乎呼吸之作用變化而已觀乎此而益知氣血之有關於人生也不綦重且大哉是以氣盛血旺則諸病悉卻精神充足而有餘以之強種無不強氣少衰血少虧諸病即乘之而來而精神亦因之疲憊矣欲冀其種之強其可得乎而此藥一出俾我四萬萬同胞服之皆得盛其氣旺其血以強其種族安見不數年後不能於白種人競爭此世界哉此予之所厚望也〇每打洋十六元〇每瓶洋一元六角〇遠埠函購原班回件

《养生液系强种族之根本药》
（《时报》1907年11月29日）

強我黃種

《强我黄种》
（《时报》1907年9月18日）

这则由“上海万国大药房谨启”的广告接下来还声称，该药物“为强种补剂、尽善尽美之良药，昔在欧洲各国久已驰名，销场之大，日以万计，无论仕女绅商学军界，均皆信服”。亚洲人如果服此妙药，“将来人人身强力壮，奋发有为，直指顾之间事耳”。该药之功用更是无所不包，补脑、补血，增长智慧，健脾开胃，消食化滞，治疗头晕头疼、眼目昏花，以及面黄肌瘦、四肢无力，乃至中风哮喘、烟瘾、男性病、妇女病，还可以强筋壮骨，真的是无病不治，好一个蛊惑人的美丽神话！只是要实现之，顾客必须要付“每瓶一元七角半，每打念元”的高价。

又如一号称能强种育子的药，不但在广告上完美地建构了药物与身体、种族和国家的大写关系，而且还贼喊捉贼，批评别的药物是造假骗人，并自称货真价实，如假包换，促销的手法非常高明，对药效判断得非常“真实”，对顾客的消费心理也拿捏得极度到位。一般顾客在此种情况下想不信其药的功效都难，即或是该药标价奇贵，有兴趣的顾客出于“便宜无好货”的购物心理，药价越贵越是要买，因药价贵反倒往往会给人以品质更佳的感觉：

当今切要之图，首曰强种。强种必先卫生，卫生必先却病。欲得体育健全、脑力富足，具大智慧之新国民，非有先天充足之父母养育之不可。本药局利济为怀，欲弥其撼，因特首创精制参茸芝术虎筋海狗肾种子衍庆丸、种子衍庆酒，及妇科第一神方——最易受孕之降生丹。以上三药，问世第一，男女同服，其应如响，如无效验，可还原洋。与世上牟利之徒但事夸张、毫无实际者，截然不同。此三药既平素可得卫生之益，望子者又得必孕之功云，为今世界固本培元之利器，制造健全新国民之妙药，实无愧色。近百年来，行销颇广，远近驰名，其药性之王道和平，行房之助阳耐久，服之者自能知本药局之言非虚，而愿推称及于他人也。衍庆丸每料二十两，双料计洋三十六元，每两洋两元。衍庆酒每大瓶洋四元，小瓶二元。降生丹每料一斤洋八元。上海二马路西鼎新里京都天宝斋百年老铺谨启。①

《同胞注意——强种育子要药》（《时报》1908 年 11 月 17 日）

诸如此类“去病强种”“却病强种”“强种圣品”的药物广告，特别是一些滋补、壮阳、人造自来血之类的药物广告，在晚清报刊上比比皆是，它们皆有大致相同的修辞策略和暗示意味。

由于对于传种改良的重视，对妇女地位的重视，鼓吹兴办女学，提醒妇女注意自己身体的论述很多，一些商家在妇女用药中也利用了此种论述，将之体现在妇女专用品的广告中。如“女界宝”“月月红”的广告标题就标榜为“鼓吹女界之自由”：

① 《同胞注意——强种育子要药》，《时报》1908 年 11 月 17 日。

鼓吹女界自由

世人偶有疾苦•即不能自由• 而女界爲尤甚•中國女子。閉塞不通•鬱而成疾者•不知凡幾•種種受病之原因•幾於不可思議•昔人所謂人生不幸爲女子身者是也•女界沉沉•言之可憫•近雖風氣開通•而女學尚未普及• 幼既疎於體育•長又昧於衛生• 欲求完全無缺者•百不得一•彼新學家言•國民者一國之主人翁•女子爲國民之母•若坐視其喪失自由•則未來之主人翁•復得何人教養•只此一端•於中國前途•大有影響• 是不得不有以鼓吹之者•夫藥房營業•醫人即以醫國•負責頗重•安能默睹情形•不爲補助•是以本藥房有(女界寶)(月月紅) 二藥之製•狃之女界•大可鼓吹自由•發行以來•二藥已大受女界之歡迎• 女界亦大受二藥之幸福•但願國民之母• 得以完全無缺• 則中國圖强之基礎•日益堅固•可拭目以俟雄視五洲矣

售價 女界寶 月月紅 每瓶一元 打十二元

上海四馬路五洲

大藥房廣告

"女界宝"、"月月红"广告

世人偶有疾苦，即不能自由，而女界为尤甚。中国女子，闭塞不通，郁而成疾者，不知凡几。种种受病之原因，几于不可思议，昔人所谓人生不幸为女子身者是也。女界沉沉，言之可悯，近虽风气开通，而女学尚未普及。幼既疏于体育，长又昧于卫生，欲求完全无缺者，百不得一。彼新学家言，国民者，一国之主人翁，女子为国民之母，若坐视其丧失自由，则未来之主人翁，复得何人教养？只此一端，于中国前途大有影响，是不得不有以鼓吹之者。夫药房营业，医人即以医国，负责颇重，安能默睹情形，不为补助。是以本药房有“女界宝”“月月红”二药之制，飨之女界，大可鼓吹自由。发行以来，二药已大受女界之欢迎，女界亦大受二药之幸福，但愿国民之母，得以完全无缺，则中国图强之基础，日益坚固，可拭目以俟雄视五洲矣。售价：女界宝、月月红每瓶一打十元。上海四马路五洲大药房广告。①

尚武可以强身健体，尚武精神在晚清也得到大力提倡，模仿斯巴达的尚武精神，崇尚日本的武士道，且以日本强盛的现实经验作为参考，宣传军国民主义，提倡军国民教育，通过教育手段使民众将爱国精神、健康的身体融合在一起，改变“我以病夫闻于世界”②的状况，以图挽救当时的急迫形势，“军国民之教育在今

---

① 《时报》1908 年 8 月 21 日。

② 《论人民宜有尚武之精神》，《盛京时报》光绪三十四年八月二十二日（1908 年 9 月 17 日）。

日尤亟亟”①。这种呼吁和宣传不止停留在像蔡元培、蒋百里、梁启超、杨度等知识精英那里以及报章杂志上的公开论述中，还得到清政府的支持，进而成为朝野之间、各个政治派别之间的共识。我们可以清廷的态度为例说明之：

> 陆军大臣荫昌等奏请饬明订军国民教育：东西列邦，立国多用军国主义，德以军国民政策雄视欧西，日本以武士道训其国人称霸东亚，其余各国皆以重兵尚武列为学堂普通科学，是故国民勇健奋发，早养成其英锐不屈之精神。臣等忝参戎政，慨念时艰，以为欲激励国民尚武之思，唯有采取东西洋教授成法，各普通文学堂课程悉令注重军国民教育，详慎编订，俾朝夕提警，深入人心。②

这种主张甚至被体现在官方指定的中小学堂的教科书中，1906 年的《学部奏请宣示教育宗旨折》中即声称，“凡中小学堂各种教科书，必寓军国民主义，俾儿童熟见而习闻之”③。藉此东风，一些以训练身体为目的的组织，其招生广告也采取此种表述策略，如霍

---

① 刘锦藻：《皇（清）朝续文献通考》卷二百十三《兵考十二·直省绿营》，《十通》第 10 种，第 9603 页。关于近代的军国民教育，可参看黄金麟：《近代中国的军事身体建构，1895—1943》；高一涵（Robert Culp）：《中国童子军——南京十年童子军手册中的公民训练与社会意识》，《新史学》第 11 卷第 4 期，2000 年 12 月，第 17—61 页。

② 《皇（清）朝续文献通考》卷一百十一《学校考十八·学堂、武学、巡警》，第 8698 页。

③ 戊辰朔，荣庆等奏，朱寿朋：《光绪朝东华录》（5），张静庐等校点，中华书局 1984 年版，总第 5495 页。

元甲的“中国唯一之武术研究会出现”广告：

> 中国国民以老大文弱称于世界，欲图改良振兴，非从尚武一道着手不可。日本之立国，以武士道为国粹，数年以来，日本武术渡往欧美，大受欢迎，中尤以美国为最，（其）人士之就学斯道者，几有举国若狂之势。呜呼，盛矣！中国与日本，仅一苇之隔，良方在邻，不知取以医我文弱老大之疾。中国国民尚武心之薄弱，于此可见。且中国之武术发达最早，惜国人视为轻忽，至日有消灭不振之势。若今日加提倡，则可大启光明，照耀世界，驾日本而上之非难事也。同人等有鉴于此，集办一武术研究会，以中国拳术、剑术为主，科以日本柔术。剑术所聘教员，皆中日人士中之精于斯道者。且为各学堂学生诸君便利起见，教授时间特设于下午二时至六时止，报名限三十日截止。详细章程向本会索阅可也。报名处：Burkill Road 白克路廿三号。武术研究会同人白。①

从以上这些广告的叙述结构与修辞方式来看，它们在情节编织上非常严密，都在努力营造一种“使命感”“救护感”的“真实性”，向顾客表明其产品生产的崇高动机，将顾客的消费需求转移到种族与国家这样的大话题上，突出强调这些商品是顾客的“真实”需求，以及顾客消费其商品之行为的高尚性与造成的理想效果。同时，这些广告也制造出一种导致种族强盛的愿景、生活方式

① 《时报》1906 年 2 月 19 日。

与可选择的现实性，唤起顾客或读者的焦虑心态、思慕之情，而花钱购买或消费其商品就是抚慰焦虑、将“愿景”变为现实的捷径。简言之，这些广告中的高调表白，不过是迎合社会上正在提倡的“强种”“爱国”风气，商人借用其这个易得的“符号资本”，去欺诱那些幼稚的趋新人士入彀罢了。如汪康年的论断：“此等伎俩及其物之价值，上海人人皆知之，内地人不知也。”①

上列种种情形均可表明，不管是出版“卫生”书籍，或是这些泛政治化的商业广告，都只是一种手段，主要系出自商业利益考虑的营销策略。商人借助公共舆论场域里提倡卫生、改造身体和种族

① 汪康年：《汪穰卿笔记》，上海书店出版社 1997 年版，第 37 页。时人的一个小评论也可作为汪康年此语的旁证：“迩来沪上药房日见其多，而假药害人之事，遂乘间而起。明明华人所制之药也，而偏托名于义同音异之西人……”（所谓‘艾罗’的英文拼写‘Yale’，即‘Yellow’——黄色的黄字，因 Yellow 不是通用的西文姓氏，所以用了一个接近于 Yellow 的姓——Yale，引者注），见“沪事评论”，《神州日报》1910 年 5 月 2 日。另外，晚清讽刺小说《医界镜》中作者“儒林医隐”假借当事人之口，也道出“补天汁”（暗喻艾罗补脑汁）的“发明”缘由：“现在支那的人，似文明非文明，似野蛮非野蛮，智识似开非开，内无实际，外竞新说，这等人最容易受欺。目下人人口头，不是说的人身以脑气筋为重么？我即乘着这句话，迎机而入，趁这混混过渡的时代，说脑为光天，创立一种补天汁。假托西法真传，说西人服之，如何聪明，如何强壮，现在我中国人种孱弱，非大补天元不可。只要说得好听，自然生意兴隆，时哉不可失呢。”《医界镜》，第 77 页。后来上海五洲大药房还真生产出了“强身祛病——全球老牌纳佛补天汁”，参看《独立周报》第 2 年第 10 号（1913 年 3 月 16 日），插页广告。目前还缺乏足够多的直接材料来勾勒晚清的一般消费者对这些广告商品回应的图景。高家龙的研究亦面临此种材料缺乏的瓶颈，参看 Sherman Cochran, *Chinese Medicine Men: Consumer Culture in China and Southeast Asia*, p.161；葛凯的 *China Made: Consumer Culture and the Creation of the Natio* 一书、王儒年的《欲望的想象：1920—1930 年代〈申报〉广告的文化史研究》一书都有此种尴尬。不过，关于艾罗补脑汁以及亚支奶等几个商品，笔者已经发现了一些回应材料，有关的情况笔者以后会有另文专门考察。

的声音，将商品销售出去，获得最大利润才是其主要追求，至于卫生、种族、国家会如何，并非其真实关怀，其广告词所述之情事也都经不住多少推敲。如一个据“中法大药房”说是冒充“艾罗补脑汁”的佛罗公司补脑汁曾作广告，模仿艾罗的广告手法，谓该汁：“现今欧洲各国无人不服，无地不售，大抵白种之能心思灵巧、身体壮旺，皆赖此汁之功居多”①。另一“爱乐补脑汁”亦同样标榜：“无论男妇老少，立服此汁，脑筋自强，百病消除矣！运华以来，争购者接踵于门，奖誉者不绝于口。足征奇效非凡，实与寻常补脑之剂迥乎不同。”②很明显，这些表达完全是向壁虚构，该补脑汁之实际效用自然是不言而喻。类似广告与宣传在当时比比皆是，到民国时期更是有过之而无不及。正如陈独秀后来切中肯綮的批评：“什么觉悟、爱国、群利、共和、解放、强国、卫生、改造、自由、新思潮、新文化等一切新流行的名词，一到上海便仅仅做了香烟公司、药房、书贾、彩票行底利器。”③

不过，商品是否名实相符、广告是否能够达到效果，并非我们这里分析的重点，因为广告内容与商品功效的不“真实”，并不会危及广告里展示的社会实践与集体心态的“真实”性。过去已经消

---

① “佛罗公司补脑汁声明”，《中外日报》1905 年 4 月 25 日。

② “新到爱乐补脑汁有绝大治病之能力”，《中外日报》1908 年 1 月 2 日。大概由于“艾罗”很畅销，除佛罗、“爱乐补脑汁”模仿外，当时亦有打着“英京伦敦伟罗有限公司”的“伟罗保寿汁”、上海华英大药房的爱仑（爱与仑左侧均有“口”）补脑汁、英商勒臧大药房的格尔士原牌补脑汁，以及打着日本制造幌子的补脑汁出现，以与艾罗竞争。

③ 陈独秀：《再论上海社会》（1920 年 10 月 1 日），收入《陈独秀文章选编》（中），第 24 页。

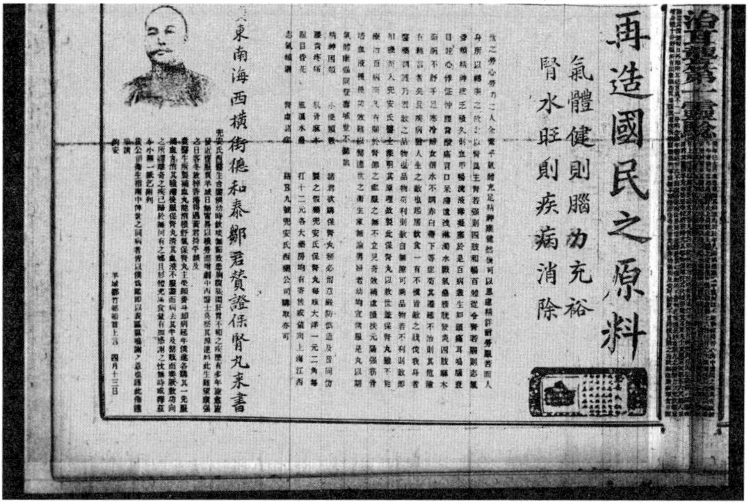

《时报》(1910 年 10 月 8 日)

失且永不重现，所有关于过去的记载无非是一种“再现”，是作为一种“文本”而存在。广告如同文学作品一样，同样是一种对文化与社会的“再现”方式，要受制于和反映既有的社会结构及文化脉络，假使运用得当，它一样可以充当我们研究历史的宝贵材料。况且，这些广告中的表述也绝非凭空的作伪，而是商家在充分考量文化场域里的情况与实际的市场需要，来精心构制的，“盖商人非借用新学，则其名不尊；非上攀官僚，则其势不固”①。这些情况展现的是当时商业文化的特色，是其时社会大环境的体现。无论如何，这些广告都不可能脱离其掣肘，“夫其言为虚，而知言之果为

① 志达：《男盗女娼之上海》，《天义》第 5 卷，1907 年 8 月 10 日，第 31 页。

虚，则已查实情矣；其人伪，而辨人之确为伪，即已识真相矣。”①这些广告中习见的大写修辞策略、习用的大写论证方式，“全都嵌在既是社会的、同时也是文化的象征世界中”②，它们不仅提醒顾客自身非常需要这些商品，还暗示顾客消费这些商品后达到的巨大效果，这无疑是在显示着那些流行的关于身体、种族和国家的论述及文化政治的作用与影响。这些广告也同样告诉我们，宰制性的价值观、精英论述、品味（taste）、记忆与认同是如何能够穿透商业、政治与文化甚至是地区、阶层的藩篱而四处流传，变为“符号资本”，被趋新的人士讨论着、使用着，并逐渐成为宰制叙述乃至化身为日常的“惯习”，影响着人们的思想和表达，改变着大众文化与社会的日常生活。

再结合前三章的讨论，我们可以知道源自西方的“卫生”论述受到中国精英的极大欢迎，当时鼓吹卫生、主张改造身体、种族的论述涉及的层面非常之广、造成的影响非常之大，它们已经成为近代中国民族国家建构与民族主义意识兴起中的不可或缺部分，它们也在追求个人的健康、影响社会的消费文化、追求社会的现代化乃至改变中国的弱势地位、凝聚近代中国人的认同、丰富中国民族主义的内涵等方面都发挥了很大作用，至于今日亦未曾消歇。

进言之，近代中国人虽然热衷于建构和宣扬这些关于卫生与国家、卫生与种族的论述，但他们似乎并没有意识到这些论述以及相

① 钱锺书：《管锥编》（4），中华书局 1994 年版，第 1389 页。
② 罗伯特·达恩顿：《猫大屠杀：法国文化史钩沉》，第 376 页。

关的日常生活实践充斥着殖民和种族优越论色彩。不惟如此，他们还在大力提倡这种建立在社会达尔文主义基础上的论述，这不可避免会造成西方科学的神圣性与种族知识的不证自明性，人们不仅没有质疑和否定卫生与种族关联的合法性和科学性，而且亦忽略或无视了种族论述的毁灭性与非人道性，尽管这个潜在性在 20 世纪的中国没有变为现实，但它阴魂不散，在世界各地已经制造了而且依旧在制造许多种族仇杀、种族歧视乃至种族灭绝的悲剧，足以让今日的我们深长思之。

就晚清而论，这时的中国社会已进入一个“消费文化的民族主义化”（nationalize consumer culture）时代，消费成为塑造民族认同的方式，它甚至可以淡化或忽略商品的使用价值，通过赋予或强调其“国籍”“民族主义”等政治正确的指示，来获得合法性，并借此激发消费者的消费需求与日常认同。卫生、种族与身体、国家等符号正是藉此东风渗透到晚清的消费表达和消费实践中，形成了当时消费文化的一个鲜明特色。①之后勃兴的国货运动，实际即是此趋向的一个延伸及扩大。

---

① 需要提醒的是，如已有学者指出的那样：民族主义或民族认同并非是主导近代消费文化发展的唯一力量，近代消费文化的建构与形成，不一定是民族主义发展的必然结果，民族主义对消费文化的作用仍有某种程度的局限，“毕竟商品消费牵涉到个人财力、对物质的欲望、以及对消费行为的诠释，殊不能用国族主义概念来概括。”（连玲玲：《消费文化与国家塑造》，《“中研院”近代史所集刊》第 51 期，2006 年 3 月，第 200 页）确实，从上文中的讨论也可看出，所谓的民族主义、种族认同，往往只是廉价的消费品，是生产商与广告商的幌子，有时不但不促进民族主义及种族认同，反而消解了民族主义论述及实践的意义。从具体的消费实践来言，真正决定如何消费、怎样消费、消费什么的，还是消费者、生产商及其消费能力、品味、经济利益等因素的联合作用。

"制作知识的方式必然会影响到知识的本身——其形式与内容。"①可以说，近代中国人建构与提倡的关于卫生和种族关系的论述，虽然是取法西方、悬想西方（包括日本）的结果，②可它们亦为当时的中国人提供了一种认识形势、解释世界、改变现实的思想资源与概念工具。正是藉此，各式各样的运用和滥用才油然而生，卫生与强种的理念也才愈发深入人心，其于彼时消费文化中的呈现即是一个明显表征。虽然这个呈现在很多情况下已经被庸俗化，已经偏离了其初始的意图，甚或也已让人有些哭笑不得。

当然，这些卫生论述、强种论述与相关消费表达及实践在当时的脉络里，并非是单一进行的，它们同时还伴随着"开民智"运动以及改革大众文化的努力。因为清季趋新人士也认识到，对民众仅有身体上、种族上的改造还不够，还必须要"开民智"、"新民德"，如严复言，当时的切要之图在于三个问题：

---

① 戴维斯（John Davis）：《历史与欧洲以外的民族》，收入海斯翠普（Kirsten Hastrup）编：《他者的历史》，贾士蘅译，台北麦田出版社 1998 年版，第 34 页。

② 尽管他们没有意识到这样做其实是复制了西方的文化霸权与意识形态，有关的分析和批判可参看后殖民理论家如萨义德、查特吉、斯皮瓦克（Gayatri Chakravorty Spivak）、霍米·巴巴（Homi K. Bhabha）等人的著作。而卫生、种族与殖民现代性的关系，其实颇类同于医学同种族、殖民现代性的关系。如李尚仁所言："帝国主义及其所影响的当地社会对现代性的种种愿景与建构，是理解十九世纪以来的亚洲医学史的关键。"（李尚仁：《医学、帝国主义与现代性：专题导言》，收入《台湾社会研究》第 54 期，第 3 页）卫生史亦何尝不是如此？对于近代中国卫生、殖民现代性与种族及认同的关系，目前还值得做进一步的探讨。关于医学、种族与民族认同关系的探讨，可参看 Warwick Anderson, *The Cultivation of Whiteness: Science, Health, and Racial Destiny in Australia*, New York: Basic Books, 2003。笔者没有看到过此书，是通过李尚仁的书评得知此书大概内容的，参看李尚仁：《医学、种族思想与国族认同》，《台湾社会研究》第 54 期，第 213—218 页。

新中国之返魂丹保种券

> 一曰鼓民力，二曰开民智，三曰新民德。夫为一弱于群强之间，政之所施，固常有标本缓急之可论。唯是使三者诚进，则其治标而标立；三者不进，则其标虽治，终亦无功；此舍本言标者之所以为无当也。①

严复的上述观点为当时主张对老百姓进行“启蒙”的趋新人士之共同意见。鲁迅弃医从文就是这样的意见与心态的体现。当鲁迅从电影中看到有强壮体格的中国人被日本军队砍头示众，周围却挤满了看到同胞被害而麻木不仁的中国人的情景后，感觉：

> 凡是愚弱的国民，即使体格如何健全，如何茁壮，也只能做毫无意义的示众材料和看客，病死多少也不必以为不幸的。②

他认识到：“我们的第一要著，是在改变他们的精神。”于是，鲁迅毅然弃医从文，转而从事于文化启蒙的“呐喊”工作。实际上，类如鲁迅这样的必须塑造现代国民的心态和追求，是近代以来知识精英自觉的担当与使

① 严复：《原强修订稿》，王栻主编：《严复集》（第 1 册），第 27 页。

② 《呐喊·自序》，《鲁迅全集》第 1 卷，第 140 页。

命。①在他们的努力下，以国家为终极关怀，以“鼓民力”、“开民智”、“新民德”所谓的“发现人民”为表现方式的新的政治文化开始在清季形成，且初显峥嵘。②

二　新政治文化

在其名著《欧洲近代早期的大众文化》一书中，彼得·伯克（Peter Burke）认为在16世纪早期至法国革命期间，欧洲出现了一个“大众文化的政治化现象”，这种大众文化的政治化现象的重要表现是：工匠和农民正在不断地增加对政府行为的兴趣，对政治也有比以前更大的参与意识；书籍与报刊对一般平民来说也越来越便宜，越来越容易得到，其阅读取向也趋于政治化和国家化。③伯克

---

① 参看李孝悌：《清末下层社会的启蒙运动》，河北教育出版社2001年版。

② 这里的“发现人民”是借用伯克的术语。在伯克的研究里，他认为在18世纪末到19世纪初的欧洲，“人民”或“民众”成为欧洲知识分子感兴趣的一个主题，由此而产生的对待大众文化的态度也发生变化。参看伯克（Peter Burke）：《欧洲近代早期的大众文化》，杨豫等译，上海人民出版社2005年版，第3—27页。在晚清以降的中国，同样有这样一个“发现人民”、改造大众文化的现象。但不管是在欧洲或是在近代中国，不管是改革、利用或认同大众文化，这个“发现人民”的过程都是同民族主义的兴起与近代民族国家的建构过程相一致的。

③ 有关情况可参看伯克：《欧洲近代早期的大众文化》，第313—326页。对伯克此观点的批评纠正，可参看 Roger Chartier，*The Cultural Origins of the French Revolution*，pp.136-168。不过，夏特里埃根据法国大革命前的状况对伯克的反驳未必适用于中国近代的情况，特别是他对法国大革命前夕形成的“公共领域”（public sphere）的讨论。在笔者看来，伯克的观点对本书这里的研究更具有提示性。但夏特里埃提出的法国大革命前的“新政治文化”（A New Political Culture）概念，对于笔者来说也很具有提示意义，故挪用为本节副标题。

这里的观点或许有某些值得商榷的地方，但他这里提出的几个表现还是比较符合中国近代的一些情形的，值得我们在研究晚清书籍史、阅读史时借鉴。

就近代中国而言，既有论者指出，由于加入了“洋世界”，近代中国各地的思想、社会、心态发展的不同步性及错位性，其复杂则无疑又更上一层了，像昔人之言：“中国的问题，不但不易为他人所知，并且自己也未尝深知。中国所占之空间如此之广大，时间如此之悠久，其间之错综嬗变如此之复杂，若以偶然的断片的观察来下判断，那无疑的是去题万里不得归宿了。”①研究中国近代史的学者也早已经注意到近代中国有“多个世界”的存在，且其又是“多歧互渗”。②孙宝瑄日记里就曾记载了这种情形：

> 坚仲为述内地民风土俗，蛮野獉狉，不见天日之苦，使有人经营开辟，则田土肥美，物产殷盛，皆不患不进于文明也。以北五省视清浦以南，风气差数迟五十年，以江北视吴越繁盛之区，风气差数又迟五十年。③

距离如此近，风气差距却有如此大，“坚仲”给孙宝瑄叙述的内地

---

① 《中和月刊・发刊词》，《中和月刊》第1卷第1期，1940年1月，原刊未标明页码。

② 关于近代中国“多个世界”的存在及其不同步性，可参看罗志田：《新旧之间：近代中国的多个世界及“失语”群体》，《四川大学学报（哲学社会科学版）》1999年第6期，第77—82页；罗志田：《见之于行事：中国近代史研究的可能走向——兼及史料、理论与表述》，《历史研究》2002年第1期，第22—40页。

③ 孙宝瑄：《忘山庐日记》（上），第352页。

情况或许有些夸大，但不同地区即使是相距很近的地区，存在风气上、文化上的差异，大概是没有问题的。19世纪末，时尚趋新的士人姚文倬在云南即感觉："此间风气大致尚如道光以前，冥然无知，亦无解洋务之人，故事事隔膜，'新法'二字无从说起。"①类似情形在20世纪初年的福建也存在，"漳州文士近年虽略讲西学，而风气尚未大开，去腊县试，有算学、代数题，童生数百竟无一知代数为何事者。闻有童生称明珠算，竟以珠算算就写于卷中。题中又有'拿破仑第一'五字，童生多不知拿破仑为法皇，谬将三字拆开解释。孤陋若此，真令人哑然失笑。"②但像距离福建很近的温州、台州地区，风气则与以上地区大相径庭，"民间贫富相等，而风气大辟，一百人中必有七十人读书识字者。官绅所设学校数所，学徒极多，外间各种报纸销入者几数万。昔尝闻诸燕生，吾浙民智之开，以温台为最，今果然矣"③。内地情形却是截然相反，有人外出求学几年，返回内地家乡后感觉，"此中之人几不知外间尚有所谓世界者"，其"官绅学界，种种怪状，实为外间之所无"。④因是，伯克关于"大众文化的政治化现象"表述肯定不会适用于整个近代中国，但若就晚清中国东部沿海、沿江得风气之先的地区来言，或有一定程度的适用性。上面举引广告，还包括二、三、四章的讨论，已经显示和暗示了当时这些地方的商品市场及消费文化中出现的政治化情形。

---

① 姚文倬函，《汪康年师友书札》(2)，第1239页。
② 《时事要闻・福建》，《大公报》1903年3月21日。
③ 《忘山庐日记》，第577页。
④ 《内地情状之一斑》，《时报》1908年2月8日。

在以前帝制中国时代，国家承担的主要是教化和训导职责，其政治文化呈现出一种泛道德化倾向，所谓“吾国自尧舜时、有书契以来，无论国家政治、个人事业，皆以伦理道德为惟一之标准。凡典章所规定、人文所讴歌，千条百绪，归于伦理。”①而政治决策与国家管理也为“肉食者谋”，下层社会的草民不必也无意识“间焉”，“国家之政治，惟天子得主持之，惟公卿、大夫、士得与闻之，而民人则丝毫不能干涉，既不能与闻国事，即只能随国家为转移。”②在这样的情况下，“国家兴亡视为一姓之家事，于多数国民无涉也。”③但 19 世纪 90 年代以来，随印刷业、媒体力量的壮大以及交通工具的逐渐发达，许多人的思想资源、阅读视野与社会流动频率都呈现出一种前所未有的广度和强度，政治觉醒程度与参与意识都不同于以往，人民与国家之间的关系已经大大改变。这些都有助于晚清中国新政治文化的形成。在这个形成过程中，下层民众成为知识分子必须唤醒和发起的力量。他们认识到：

泰西各国，四民多能识字观书，中国惟士人读书，商人粗知账目而已，农夫百工，大都目不识丁，所以民智不及西人，亟宜有以教诲之。④

---

① 崔云松：《新刑律争论之感言》，《北洋政学旬报》第 15 册，宣统三年三月下旬（1911 年 4 月），第 6 页。

② 《论中国风俗之本于宗教》，《中外日报》1904 年 1 月 8 日。

③ 珉：《论国民之心理》，《时报》1910 年 1 月 8 日。

④ 孙诒让：《兴儒会略例》，孙延钊：《孙衣言、孙诒让父子年谱》，第 266 页。

且当时世界的诸多竞争，包括所谓种战、商战、工战、学战、兵战，归根到底，不外要落实到其载体人民身上——“民战”才是根本，所谓“立国于二十世纪之世界，竞争风云，日演日烈，以商战、以工战、以学战、以兵战，而其大原，不外以民战。盖国也者，积民而立者也，民强则国强，民弱则国弱，民力所至之处，即国力所及之处，是故民风之强弱与国风有密切之关系焉。”①否则其他一切都是空中楼阁，这从泰西列国富强的历史经验上可以看出来：

> 今日世界之竞争不在国家而在国民，泰西诸国所以能化畛域、除故习、布新宪、致富强者，其机恒发自下，而非发自上。②

对中国来言，民智不开，国民的集体力量就无从发挥，中国依旧会遭受外敌欺负，国家就不能文明进步，“下流社会不动，则国之程度亦终不动矣!”③“下流社会”的“文明”程度实际表征着当时整个中国社会“进步”的样貌。

但相比西方，中国是一个相对缺乏现代国民意识的国家，“中国庶民本无权利思想。”④晚清知识分子根据新的思想资源曾对之

① 《民风不劲之原因》，《新闻报》1907年4月18日。

② 胡协仲：《和新旧两党论·续前稿》，《大公报》1902年9月4日。

③ 《论中国无教》，《中外日报》1903年8月27日。

④ 新华：《论中国无国权》，《东方杂志》第1年第5期，光绪三十年五月二十五日(1904年7月8日)，第84页。

做了大量的检讨，他们反复指责的国民弊病之大端是国家思想、国民思想之欠缺，“近年以来，中国无（论）上下贵贱，几无一人有国家思想者”。①中国虽四万万兆人，却“独无国民”，因其“无爱国心也”。②反观世界各国，“莫不以国民之有无为其国存亡之比例差，以国民之多少为其国强弱之比例差，以国民程度之高低为其国民族帝国主义发达与否之比例差”。③以此作为镜照，中国甚至就是一个“无国之国”④，无国民（公民）之国，为造就“新国民”，避免“亡国为奴”的危险，晚清知识精英希望借助新式传播媒体的宣传，宣扬国耻观念，动员人民御侮自强，树立国家意识与国民观念，“中国今日之势，不患无新国家，而患无新

---

① 《尹彦鉌说帖书后（录顺天时报）》，《选报》第17期，壬寅四月廿一日（1902年5月28日），原刊未标明页码。

② 忧时客：《论国民与国家之关系》，《盛京时报》光绪三十三年七月十七日（1907年8月25日）。

③ 万声扬：《中国当重国民教育》，《湖北学生界》第2期，光绪癸卯二月（1903年2月27日），第23—24页。

④ 此处梁启超等的“无国”之感指的是没有民族国家的现代国民，而非革命派感叹的非汉族之国，两者的“无国”之感显然是不同的。参看张佛泉：《梁启超国家观念之形成》，《政治学报》第1卷第1期，1971年9月，第5—11页；王汎森：《清末的历史记忆与国家建构》，收入氏著《中国近代思想与学术的系谱》，河北教育出版社2001年版，第86页。这时，正在上海中国公学求学的小胡适也有这种“无国”之感，参看周质平：《胡适早期思想中的“爱国”》，收入周质平主编：《胡适早年文存》，台北远流出版社1994年版，第6—15页。当然，对于这种国民教育，民国时期知识分子借鉴德国经验，也认识到另外的一种后果：“近代国家主义极端发达，政府欲使人民迷信盲目的爱国主义，俾得成就其侵略欲，舍操纵教育事业更无他道。然舍此以外，教育与国家政治固无丝毫之关系也。”见罗罗：《教育与政府》，《东方杂志》第18卷第10号，1921年5月25日，第2页。

国民。”①与之相呼应，这时文化市场上一大批关于“国民”的书籍也开始出版，特别是一些翻译自日本的这类书籍，其他一些如《公民必读》《国民必读》《国民常识》《国家教育》之类普及书也出版不少；中国人自撰、编辑的如梁启超的《中国魂》之类书也不少。当然，报章杂志上有关国民教育、国民改造的论述更多。②同样，这种改造国民的文化政治论述还体现在当时的通俗文学里，诸如《扫迷帚》《自由结婚》《无名之英雄》《苏格兰独立记》这样的“新小说”“国民小说”中，也表现在当时出版的诸多历史书以及各种教科书中。③

1894—1895年中日战争后，中国各项新事业大兴，甚或有“日新而月异”之势，“内之政界，外之学界，以及沿江海之区域，工商艺业，皆有蓬蓬勃勃之象。虽未可谓一日千里，然以视甲午以

---

① “《新国民之资格》”，《游学译编》第5册，光绪二十九年二月十五日（1903年3月13日），台北中国国民党党史会1968年影印本。参看天僇生：《中国无国民说》，《安徽白话报》戊申九月中旬。这时亦有“无我”之叹：“中国人数号四万万，何尝无人？中国非无人，中国特无我耳！”“欲救中国，斯惟尊我。”参看凤俦：《无我之中国》，《汉口中西报》1908年7月23日。此处“无我”的意思类同于无国民。后来亦有人认为，中国四万万人所以落个“国将不国”地步，是因为无‘人’，都是奴隶与鬼怪，“我们中国的土地，占了全世界陆地十三分之一，而里面的东西，除了奴隶鬼怪以外，并无一个‘人’。”参看张效敏：《做“人”》，《湖南教育月刊》第1卷第1号，第10—12页。

② 有关的讨论，可参看沈松侨：《国权与民权：晚清的“国民”论述》，见《“中研院”历史语言研究所集刊》第73本第4分，2002年12月，第685—726页。

③ 参看刘人鹏：《“西方美人”欲望里的“中国”与“二万万女子”——晚清以迄五四的国族与“妇女”》，《清华（新竹）学报》新30卷第1期，2000年3月，第1—47页，该文已收入氏著《近代中国女权论述——国族、翻译与性别政治》；Joan Judge：《改造国家——晚清的教科书与国民读本》；Rebecca E. Karl，*Staging the World*：*Chinese Nationalism at the Turn of the Twentieth Century*，Durham：Duke University Press，2002。

前，进化迟缓、号称老病者，固不可同日语矣！”[①]这其中，新式传播媒体发挥了巨大力量，“甲午以后，吾国渐有舆论，实报章风行所致。”[②]根据李仁渊、季家珍等学者的研究，在1895年后，新式传播媒体受到中日战争的刺激，不仅在数量上或是在质量上都有大的变化，上海、天津、广州、福州、烟台、汉口乃至北京、西安、太原、沈阳等地都创办了大量新式媒体，而且在对维新事业的襄助中，它们的地位也开始上升。与此同时，坊间还有大量有关战争的书籍图画出版，加上传教士创办的《万国公报》对维新事业的鼓吹，时人对于政治关注程度的提高以及获得信息愈来愈方便，诸如《时务报》这样一批新式报刊的出现，大量学会的形成，一批士大夫及中下层官僚利用新式媒体表达政见，等等情形，都说明了当时这个传播媒体的政治化趋向。[③]正像包天笑后来的回忆，当时苏州的青年读书人，从上海出版的报纸上读到连载的“我国与日本为了朝鲜事件打仗”事，开始关心政治，“一班读书人，向来莫谈国事的，也要与闻时事”，思考“为什么人家比我强，而我们比人弱”

---

① 《中国新事业之预期》，《时报》1907年2月18日。

② 李维格函，《汪康年师友书札》(1)，第590页。

③ 参看李仁渊：《晚清的新式传播媒体与知识分子》，第97—151页；Joan Judge, "Public Opinion and the New Politics of Contestation in the Late Qing, 1904—1911," *Modern China*, Vol.20, No.1 (Jan., 1994), pp.64—91；Joan Judge, *Print and Politics: "Shibao" and the Culture of Reform in Late Qing China*, pp.20—31。还可参看张灏：《张灏自选集》，上海教育出版社2002年版，第109—223页；葛兆光：《中国思想史》，复旦大学出版社2001年版，第2卷，第671—694页；王敏：《政府与媒体——晚清上海报纸的政治空间》，《史林》2007年第1期，第78—91页。

的问题。①而包天笑自己也从读报中获益匪浅，这时他也大量阅读新学书籍：

> 向来中国的年青读书人是不问时事的，现在也在那里震动了。我常常去购买上海报来阅读，虽然只是零零碎碎，因此也略识时事，发为议论，自命新派。也知道外国有许多科学，如什么声、光、化、电之学，在中国书上叫做“格物”，一知半解，咫闻尺见，于是也说：“中国要自强，必须研究科学。”②

章太炎亦自谓，“自从甲午以后，略看东西各国的书籍，才有学理收拾进来……”③当然，不止是像包天笑、章太炎这类的青年士子，如蔡元培这样已经崭露头角的浙江士人和依然在求学中的青年人物如王国维、吕思勉等，乃至朝廷内部的一些改革派如翁同龢等人，都深刻感受到了甲午战争对他们的影响，“海内士夫，始群起而谋改革。”④《万国公报》《时务报》《国闻报》等报刊对这一时期士大夫中形成的改革思想影响尤大。

在1895年后的时期，还有大量“说理平显”面向下层社会读

---

① 包天笑：《钏影楼回忆录》，第182页。

② 包天笑：《钏影楼回忆录》，第169页。

③ 章太炎：《东京留学生欢迎会演说辞》，汤志钧编：《章太炎政论选集》（上），中华书局1977年版，第269页。

④ 吕思勉：《三十年来之出版界（1894—1923）》，《吕思勉遗文集》（上），第373页。当然，这种情况也只是存在于沿海、沿江经济较发达地区，内地的许多地方特别是乡下，或许并未怎么感受到甲午战争的影响。如舒新城所言：“就是与国家存亡攸关的甲午之战的一件大事，我们乡下的老百姓，到现在还是不曾明白知道。”舒新城：《我和教育》，第9页。

者的白话报刊出版。根据蔡乐苏的统计，清末民初时期，中国大约有一百七十余种这类白话报刊，①不过，台湾学者李孝悌认为至少应该有一百九十多种。②以上的统计肯定还会有遗漏，但已大致可说明当时媒体热衷于开通“下流社会”的程度。

报刊的增多还意味着读者数量的扩大以及读者程度的提高，反过来亦然，所谓“有时国民之舆论必藉报馆之议论以为先导者，有时报馆之议论必视国民之舆论以定方针者。”③《申报》上这篇《论阅报者今昔程度之比较》的文章还全面比较了“昔日阅报者之程度与今日阅报者之程度”，认为从五个方面看，社会上从上到下都展现出来对报刊的重视，阅报者的程度也在提高。为免于割裂引用造成误读，兹引其全部：

> 一、政府之阅报者。昔日政府对于报纸之意见视为败类，不齿新闻记者于士材。今日则拟颁报律以维持之，饬设官报以倡率之。闻两宫时常遍阅报纸，留心各省官吏之贤否，并闻政府诸公有老耄而目力不足者，则使人读而听之矣。其重视报纸于此可见。
>
> 一、官场之阅报者。昔日官场对于报纸之意见，恐有以发其覆也，则深恶而深忌之。其专横有力者多方以中伤之，而有

① 蔡乐苏：《清末民初的一百七十余种白话报刊》，丁守和主编：《辛亥革命时期期刊介绍》（第5集），人民出版社1987年版，第493—538页。

② 李孝悌：《胡适与白话文运动的再评估》，《清末下层社会的启蒙运动》，第254—255页。

③ 《论阅报者今昔程度之比较》，《申报》1906年2月5日。

捉主笔封报馆之计画。其懦怯无能者，百计以运动之，而有进贿赂通关说之陋习。今日之官场，虽不能尽绝此等思想，然其大半则已知报之凭公理，而非以逞私见，故渐有据报章之记录，而形诸公牍以为案证者矣。

一、学界之阅报者。昔日士人对于报纸之意见，其平时则视为供消遣、作谈资而已，所留心者考试时之试题及榜案，而已与学问无关焉。今日学界之留意于报纸者甚广，凡内政外交及一切学务兴革等事，皆取资于是，视为求学之急务，而不肯一日间断者也。

一、商界之阅报者。昔日工商界对于报纸之意见，视若无睹，岂非无睹也，能解识报章之文义者，鲜也。即稍有能读新闻纸者，不过喜看盗贼案之新闻耳，奸淫案之新闻耳。有登录无稽谰言、街头巷语，则拍案而叫绝。今日工商界之对于新闻纸，则亦留心社会之状况、市面之盈亏、工商业之发达与否，并有能关心时局而一班普通见识逐渐进步，知报纸之有益矣。

至农民之对于报纸，昔日则不知有所谓报纸也，今日渐知有报纸。闻讲报社之讲演，则鼓掌欢呼，惟恐其词之毕，而恨已之不能读者。倘异日国民之程度愈进愈上，至农民皆有普通知识，能读报纸而列于阅报者之例，则中国其庶几。

以今日的后见之明看来，这种阅报者程度的提高自然意味着报纸特别是那些政治性质比较浓厚的报刊之地位提高，报刊中包含的内容丰富多彩，各界人士能从其中各取所需。而报纸读者的增多，则报纸发挥的影响力就越大，各方势力就会对之愈加注意和重视。如时人之评论："报馆之利益大矣哉！对于外交，可以赞助政府；对于政府，可以代表国民，且使豪强不敢逞志，官吏有所顾忌。即吾国立宪之基础，报馆亦与有功焉。"①一些清廷官员也认识到这点，御史赵炳麟、胡思敬还联名上奏折认为："报馆主持清议，为谏院所不逮，当此预备立宪之时期，尤当以维持报纸为唯一之宗旨。"②这种意见也被当时的摄政王载沣认同。自然，认同这种观点不一定就意味着接受或按之实行，由于"路径依赖"与惯性思维，实践中倒往往可能是反其道而行。如袁世凯就鉴于《大公报》在抵制美货宣传中的重要作用，打算禁止天津官民严禁购阅，并不许邮局代为邮寄。③这从反面说明报刊力量的重要性。实际上，在清末筹备立宪时期，朝廷上下还是非常重视报刊动向的："今一般舆论，例随报纸为转移；京城大老，又以报料为经济。"④

---

① 李维清编：《上海乡土志》，第一百四十三课"报馆"，上海易著堂光绪三十三年版，转见王学钧编著：《李伯元年谱》，收入薛正兴主编：《李伯元全集》(5)，第37页。

② 参看心僧：《台谏之与报界》，《天铎报》1910年5月18日。汪大燮也曾语重心长地告诫汪康年，一些外交事务"正在谋画未经交涉之际，千万不可登报"，否则"为害甚大"，也正是看到报刊的巨大作用。(汪大燮函，《汪康年师友书札》第1卷，第851—852页。)另外，也存在报刊在报道与评论中夸大其词甚至是无中生有的情况，如时为留日学生的吴禄贞即曾对《中外日报》上刊载的有侮辱留东学生之报道，特写信抗议，并希望汪康年能将抗议转交给主持《中外日报》者(实是汪弟诒年)(吴禄贞函，《汪康年师友书札》第1卷，第367—368页)；严复也曾认为《大公报》一段时间，"其訾议旧党多不以实"，因此招致"当道者因噎废食，又渐渐与报馆为仇怨，而不以其说为中理矣。"(参看《严复与熊季廉书》[七]，收入孙应祥、皮后锋编：《〈严复集〉补编》，第235页。)但19世纪末以来，官员中阅报的人逐渐增多，报纸地位日益重要，这是没有问题的。

③ 参看《袁督禁阅〈大公报〉》，《申报》1905年8月25日。不过这种查禁效果并不佳，已见"导论"所述。

④ 章梫函，《汪康年师友书札》(2)，第1963页。

所谓“国民文野之程度以新闻纸之多寡为比例”[①]，报刊力量的增强与地位的提高，正意味着资讯的发达、民众对政治事务的关心程度在加强，表明“开民智”（包括时人常说的“开官智”）运动影响的扩大，这正是当时这种新政治文化形成的重要表征。

揆诸中国近代史实，这种以唤醒国民、改造国民为悬鹄的政治文化之合法性毋庸置疑，其核心实可概括为“天下兴亡（实为中国兴亡），匹夫有责”。[②]这种政治文化可简括为国家（实为掌握话语权的知识精英）对国民个体进行有意识的政治教育和指导的新型政治教化策略，其主要内容包括改造族群文化和传播国民思想，以动员普通民众参与政治、共同致力于实现国家富强与振兴为职志。只有如此，中国未来才有希望，“夫使中国人人知中国为我之中国，而不化弱为强，转亡为存者，未之有也。”[③]这种表达在庚子一役之后迅速蔚为大国，很快提升了口岸及沿海、沿江信息、交通发达之地民众的政治自觉意识和参与意识，国民热心权利，对外与外国争权利，对内与政府争权利。[④]趋新媒体则在建构此种政治文化及权利意识中起到了“助推器”或“催化剂”的作用。[⑤]20世纪初年发生在中国大地上的抵制美货、拒俄运动，乃至后来的立宪请愿、保

① 《论新闻纸与民智通塞有密切之关系》，《大公报》1903年9月12日。

② 参看潘光哲：《近现代中国“改造国民论”的论述》，《开放时代》2003年第6期，第30—37页。

③ 《论中国已失自主之权》，《中外日报》1899年9月17日。

④ 《论国民之热心权利》，《时报》1908年4月29日。当然，如沈松侨指出的，这些情况不足以概括20世纪初的中国社会，特别是广大农村地区思想与行为的实况。参看沈松侨：《国权与民权：晚清的“国民”论述》，第716页注释133。

⑤ 关于印刷和媒体对民族主义的建构作用，可参看安德森：《想象的共同体：民族主义的起源与散布》。

路运动，均显示着这种“新政治文化”的成形及其威力。特别是日俄战争中，黄种的日本最终战胜不可一世的俄罗斯白人大帝国，更是激励了时人在“种战”中胜出的信念：

> 五洲交通以来，白人横行世界，既奴红黑棕三族，亚洲黄种亦为所蚕食，几无立锥之地。论者谓白人殆天之骄子，非他种所得望其肩背。自日俄交战，俄罗斯以四十余倍之地、三倍之人，历数年之经营，据形胜之要地，竟为区区日本所大困，种族强弱之说，因之以破。凡吾黄人，其亦可以自奋矣。①

几乎同时，正在中国沿海沿江地区形成波及甚广的抵制美货运动，也标志着民众的政治意识觉醒及参与政治的能力提高。如《时报》上的评论即认为这是“中国民族主义之渐次发达”的证据，“吾为中国之前途贺，吾为国民之前途贺。”②连立场一贯倾向外人的《新闻报》也发表评论，认为自从抵制工约之风潮起，华人开始化掉省界意识，帮助闽粤两省合力抵制美货，“一呼万诺，东起西应，人人自视为粤人，人人自视为闽人，悉化省界之见，各运抵制之权”③。还有舆论声称，抵制美货事件发生后，外人就不能再以旧观念来看待中国人民，认为他们“无国家思想”，如确无国家思想，各地人民怎么会响应由上海而起的这次运动，“无国家思想，

---

① 崇有：《论中国民气之可用》，《东方杂志》1904 年第 1 期（光绪三十年正月二十五日）。

② 《论中国民气之可用》，《时报》1905 年 7 月 15 日。

③ 《论华人渐化省界之见》，《新闻报》1905 年 8 月 5 日。

焉能若此?"[1]亲与其事者如李平书甚至还以此次抵制美约行动作为区分上海历史进化与否的标志，"自乙巳美约事起，一呼而应者千万人，俨若人人有公德心、人人有独立性。国民资格，骤然进步，当此之时，如长夜酣眠，闻晓钟一声，人皆唤起，而钟声之发，实自上海"[2]。这种情绪一旦被激发，以往忍辱负重、委曲求全的心理会一发不可收，"中国近来民气奔放，一发难遏，罢市抗官，无月蔑有"[3]。后来猝然发动的辛亥革命能在短期内获得成功（成功意指就其获得全国响应、推翻清政府层面而言），此时在沿江沿海信息、经济发达地区形成的趋新心态和社会参与基础功不可没。

民众积极参与政治情况的大量出现，实际标志着开民智运动获得的某些效果，"近年以来，吾人之意识，较之十年之前吾人之意识，必有见为大不同者。"[4]社会上的情形也影响到朝廷与官府，为了维护统治和改变形象，清政府也主动做些顺应民心的事情，比如实行废科举、以十年为期戒鸦片、禁止妇女缠足等措施，乃至被迫下诏立宪。某些开明官员也采取一些启蒙举措。如护理山西巡抚赵尔巽就发起"诱启愚蒙"行动：

> 护抚赵方伯奏请广宣教化以辅学堂之不足，其法由各州县

① 《中美近时之交涉》，《南浔通俗报》第16、17合本，乙巳五月望日（1905年6月17日）。

② 见李钟珏（平书）：《廿年一瞥》，上海中华书局1925年铅印本，第3页；又见李平书：《上海三论》，收入中国旅行社编：《上海导游》，上海国光印书局1934年版，第269页。

③ 《论民气》，《新闻报》1905年8月27日。

④ 《论今年之多事》，《中外日报》1905年7月10日。

> 订购京话白话等报，派人赴村乡演说，轮流更替，如传教之法，盖因小学蒙学难以遍及，而乡僻愚瞽又不知学为何事，故设此法以开通之。①

亦有官员鉴于“日日言开民智，而有数之学堂，不如家置一编之时宪书人人深也”，因为“今日通行之时宪书，凡为村农课晴问雨之陈编，妇孺趋吉避凶之依据”，主张改删时宪书，以利于开民智。②即便是一些比较守旧的人，也开始附和风气，即便“笃旧诸公近亦稍知西学，无往不论自由，无书不主民权”③。朝野间的集体趋新势头非常明显。

以上这些举动或不乏沽名钓誉、欺世盗名、追逐时髦等“假维新、真守旧”之举，但也表明社会上的趋新态势已经浩浩荡荡，无可逆转，朝廷上下也不得不俯从民意，塑造开明形象，做出些许改变，以挽救人心、维护日益飘摇的帝国统治秩序。④只是清廷的沉疴实在是积重难返，当政者在回天乏术、左右支绌之余，最后不得不穿新鞋走老路，作茧自缚。抚今追昔，历数前尘，此类开明做法不免引起主张立宪的开明士人孙宝瑄的感慨：

---

① 《中外日报》1902年11月28日。

② 《山东巡抚袁奏改元伊始，因势利导以开民智、随时变通以纾民困折》，转见《东方杂志》第6年第4期，宣统元年三月二十五日（1909年5月14日），第1页。

③ 《严复与熊季廉书》（五），收入孙应祥、皮后锋编：《〈严复集〉补编》，第232页。

④ 如端方在任两江总督时（1906—1909）口碑不佳，“以搜索革命党，妄事株连，加以虐待征兵及江北饥民诸事，尤为大失人望”。时论就认为端“恐难久于其位，因政府亦颇势利也”。（王慕陶函，《汪康年师友书札》，第113—114页）后来端方虽未因此去职，但从此事可看出清政府对时论的一些正面态度。

风气至今，可谓大转移，立宪也，议院也，公然不讳，昌言无忌。且屡见诸诏旨，几等口头禅，视为绝不奇异之一名词，诚数年前余等居海上时，所梦想不及者也。①

三 余 论

以上谈到的各种现象，或可表达伯克说的“大众文化的政治化现象”。当然，这个政治化现象并不是意味着社会生活的方方面面皆泛政治化了，主要是说，身体、种族、民族国家作为大众文化泛政治化过程中的象征符号以及现实关怀，已经确立了“政治正确”的“论势”②。作为一种趋势和“宰制叙述”（master narrative），且作为一种处于不断建构与再建构中的场景，这种态势日益扩大着影响，使社会生活中的泛政治化现象逐渐增多，进而变形为思维定式和政治实践，弥漫于当时的公共生活中，成为人们不可以回避与忽视的主题。人们可能有着各自不同的私密、消闲生活，社会上可能还存在诸如《同文沪报·消闲录》《世界繁华报》这样的消闲媒体，以及大量生产的言情、消闲小说，但在公共舆论场域里，通过消解（或利用）等手段，“宰制叙述”已经将之归为政治不正确的范畴，要受到杯葛或抑制。正如杜赞奇（Prasenjit Duara）指出的悖论：“20 世纪早期的中国，其特征是它作为一个弱国家，但却有强大的

① 孙宝瑄：《忘山庐日记》（下），第 1082 页。

② “论势”为笔者自造，意指“话语”或“论述”（discourse）确立后其或隐或显的影响力与威慑力。

国家主义论述。”[①]这时，民族国家具有最大的合法性，几乎所有的一切都跟国家的生死存亡扯上了关系，科学与国家兴亡有重大关系，翻译与国家兴亡有重大关系，地图与国家兴亡有重大关系，数学与国家兴亡有重大关系，语言与国家、书籍与国家兴亡有重大关系，阅读与国家兴亡有重大关系，音乐与国家兴亡有重大关系，戏曲与国家兴亡有重大之关系，小说与国家兴亡有重大之关系，民俗与国家兴亡有重大之关系，教育与国家兴亡有重大关系，体育与国家兴亡有重大之关系，自由结婚与国家兴亡有重大关系，演说与国家兴亡有重大关系，甚至是书信书写多少、邮递多少也与国家兴亡有重大之关系[②]，诸如此类，在在说明晚清社会的政治化程度。自然，这些不同的立论都有其道理，若泛泛而言，“何事不关情?”何物、何事不关于国家？可严格言之，“吹皱一池春水，干卿何事?”学术本来就应该是学术，其社会功能不应当被不着边际的放大、泛化；文化的应该是文化，商业的应该是商业，政治的应该只属于政治。虽然在近代中国，学术与政治、文化与政治、教育与政治、商业与政治之间的确很难区隔，但假如“出位之思”太多，将不必要的一切也都政治化、国家化，则其他不那么政治正确的声音就会被遮蔽或挪用了，呈现在我们读者面前的过去的“历史”也就太单调，太不符合其本有的面目了；更甚者，延此理路，势必走向上纲

---

① Prasenjit Duara, *Rescuing History from the Nation*: *Questioning Narratives of Modern China*, Chicago: University of Chicago Press, 1995, p.170.

② 参看陈子褒：《论教写信》，《开智录》改良第 1 期，1900 年 12 月 21 日，转见《中国文化研究集刊》(4)，陈匡时整理，复旦大学出版社 1987 年版，第 338—339 页；友丞：《论书信之关系》，《竞业旬报》第 14 期，戊申四月十一日(1908 年 5 月 10 日)，第 13—16 页。

上线之旧路，重蹈“以理杀人”之覆辙，授人口实、作茧自缚，出现消费就是爱国、一举一动都是爱国这样的极端现象，“说救国，什么都可以是救国，经济救国，标语口号救国，宣言通电救国，长期抵抗救国，打拳救国，航空救国，造路救国，名教救国，教育救国，坐汽车救国，穿草鞋救国，乃至吃饭拉夫，无一不可救国……”①九一八之后的上海工商界，即泛滥着这种现象。

不过将学术与国家挂钩，所谓“国家之兴亡与学术之升降为正比例也”，其实是晚清知识精英的比较普遍看法，特别是在一直为国学背书的国粹派那里，学之有无、学之有用与否实关系国家之盛衰兴亡，“学亡之国，其国必亡，欲谋保国，必先保学”。②“学以为国用者也，有一国之学，即以自治其一国，而为一国之用。无学者非国，无用者亦非学也。”③尽管当时有如章太炎、王国维那样的人试图在力挽狂澜，主张不以“有用”“无用”来作为区分“学”之高下的标准，但其目的是在维护中学在西学的强势压迫下风雨飘摇的地位，而非反对学术国家化式样的论述与操作。④

有着这样的泛政治化、国家化的论述脉络与文化政治操作，再加上其时中国面临的机陧形势和民国国家建构的压力，绝大多数知识精英或建构“国耻”论述，或提倡国民教育，或作为“文明”的代言人批判、改造大众文化，特别是改造大众信仰。在他们看来：

---

① 章克标：《杂谈三》，《论语》半月刊第 9 期（1933 年 1 月 16 日），第 304 页。

② 《拟设国粹学堂启（并简章）》，《国粹学报》第 3 年第 1 号，光绪三十三年正月二十日（1907 年 3 月 4 日），第 1 页。

③ 邓实：《国学无用辨》，《国粹学报》第 3 年第 5 号，光绪三十三年五月二十日（1907 年 6 月 30 日），第 1 页。

④ 参看罗志田：《国家与学术：清季民初关于“国学”的思想论争》，第 1—82 页。

阻碍中国进步的大害，莫若迷信。① “一种族之盛衰兴灭，恒与其迷信之浅深为比例。”②他们推广开来，甚至认为“世界上民族国家兴亡的缘故，不都是因为迷信那鬼神祸福么？”③同样，究考中国衰落之故，“下流社会之迷信鬼神”，实为中国“日即于贫弱”之一大根源。④特别是庚子义和团事件发生后，时人根据庚子之后的现实困境，群起反思义和团事件之文化造因，他们认为义和团的兴起是与大众迷信怪力乱神的信仰影响分不开的。由于当时许多人相信“神权”，认为洋人船坚炮利不足畏，拳民皆可以术破之，“足以雪我数十年之耻”，“神兵之术，信而有征”。⑤结果却是一败涂地。有人干脆反思道：“庚子之拳匪即《封神演义》一书之结胎也，可见稗官野史实与政俗上有直接之关系。”⑥的确，义和团的组织形式和聚集方式，多是从他们耳熟能详的通俗文学中获得，义和团团众敬奉的神祇，虽是“任意妄造，殊不一律。率以出于《西游》《封神》《三国》《水浒》诸小说者为多数”⑦。至于以妇女团众为主的红灯罩，“其附体之神，则有樊梨花、穆桂英、张桂兰、刘金定等类，

① 壮者：《扫迷帚》，董莲枝校点，收入董文成、勤学主编：《中国近代珍稀本小说》(4)，春风文艺出版社 1997 年版，第 11 页。

② 绝圣：《排孔征言》，《新世纪》第 52 号，八年六月二十日（1908 年 6 月 20 日），第 4 页。

③ 卓呆：《续无鬼论演义》，《安徽俗话报》第 11 期，甲辰八月初一日（1904 年 9 月 10 日），第 38 页。

④ 《论革除迷信鬼神之法》，《中外日报》1905 年 4 月 9 日。

⑤ 左绍佐：《悟澈源头・上徐桐书》，转见《义和团史料》（上），中国社会科学出版社 1982 年版，第 232 页。

⑥ 津门清醒居士：《开民智法》，《大公报》1902 年 7 月 21 日。

⑦ 吴永：《庚子西狩丛谈》，转见中国史学会主编：《义和团》(3)，上海人民出版社、上海书店出版社 2000 年版，第 373 页。

亦摭自说部”①。可以看出，义和团敬奉的人物多是来自戏剧小说中的要角，之所以如此，“大约此辈人胸中只有《封神演义》《西游记》《水浒传》数部书耳。其余无非戏文搬演之经验。”②趋新人士反思义和团运动的根源，认识到正是因为北方老百姓相信与模仿小说戏曲里讲的怪力乱神而起，他们由是还倡导了一场新小说和改良戏曲的运动。

进言之，在趋新精英看来，迷信怪力乱神还会导致资财浪费，人民思想麻木，奴隶习气深重，“不讲卫生之学”，③妨碍民智日新与社会的文明进化，“挈观民族国家兴亡之故，知其与鬼神祸福之说，大有关系。”④中国四十年改革不成、国事日坏、受侵略，皆因中国四万万人“无教化”。⑤吸收了新思想资源、深受进化论濡染的趋新士人意识到：要想打造一个新的民族国家，将中国从亡国灭种的危机中拯救出来，必须唤醒“实为支那原动力”的下层社会。且根据新近发生的义和团事件来看，“下流社会之义和团起驱乌合之众，用旬日之时，而凡公卿、大夫、士平时所澄目切齿、朝虑夕计、无可如何之事，一旦为之而无所难”，虽为“野蛮排外主义”，但亦足征“下流社会”力量之强大。⑥如能动员其投入到民族主义

---

① 龙顾善人：《庚子诗鉴》，转见《义和团史料》（上），第 34 页。

② 《某人致某人函》，转见《义和团史料》（上），第 255 页。

③ 导迷：《无鬼说》，《觉民》第 1—5 期合本，甲辰五月二十五日再版（1904 年 7 月 8 日），第 1—7 页。

④ 陈榥：《续无鬼论》，《浙江潮》第 1 期，光绪二十九年正月二十日（1903 年 2 月 17 日），第 56 页，台北中国国民党党史会 1968 年影印本。

⑤ 津门清醒居士稿：《和民教策·续前稿》（安蹇附注），《大公报》1902 年 9 月 6 日。

⑥ 《论中国宜注意下流社会》，《中外日报》1902 年 10 月 21 日。

事业中，自然会产生极其重大的效果。不过中国人口虽多，但真正具备国民观念的人少之又少：

此四百兆中，能有国家思想者几人？能明今日时局者几人？能略受普通教育而具有谋生技能者几人？此聊聊可以指数者也。①

实际上中国历来最大的弊端也在于此：

中国至大之弊，莫过于数千年以来，兆民不知有所谓政治、有所谓国家、有所谓世界。其一身之对于政治国家世界之责任，其不知更无论也。②

有鉴于此，必须要“教化”这四百兆中的大多数人，将其形塑为符合民族主义者理想的国民——“新民德”，使“下流社会”的民众“养人格、保国体”、“合文明之程”，③具备现代民族国家的国民道德，“人人有自治之思想，人人有爱国之精神”。于是，晚清的趋新人士乃援用西方的启蒙观念、进化论知识、科学知识和具体事例，将迷信抨击为思想的桎梏与社会发展的障碍，以西方的现代性即所谓文明作为评价中国社会的大众信仰乃至大众文化的标准：

蛮野之国多术数，文明之国少术数。竖数世宙，则为多鬼

① 《论宜开通下流社会之知识》，《中外日报》1906 年 3 月 20 日。

② 《论立宪之速效》，《中外日报》1905 年 7 月 9 日。

③ 《论中国士大夫宜注意下流社会》，《中外日报》1905 年 12 月 25 日。

> 神、一鬼神、无鬼神，而各视其人治之程度以为差。人治之程度劣，则任天。任天则天行有权，人治无权。人治之程度高，则任人。任人则人治有权，天行无权。①

所以，“今日欲救吾国，舍改良社会无下手之方。欲改良社会，则舍破除迷信亦无着手之处”②。为此目的，掌握文化霸权的精英知识分子和改革者利用启蒙论述，“发明”了或者说重新建构了中国的“旧”传统：

> 充中国而人人信鬼，则四百万方里之地、四百兆黄族之民，说鬼话、拜鬼像、祭鬼食、施鬼钱、畏鬼祸、求鬼福，无时无鬼，无地无鬼，无人心目中无鬼。③

一些趋新人士还主张，劝老百姓把花在迷信上的“那些钱来办学堂，要是劝的不行，就禁他们；禁的还不行，就给他们一个利害，办他们一个罪。这么一办，非但办学有款，还把民间那迷信禁掉、那坏风俗改良。”④更甚者，还出现个别趋新者“往往过庙宇则唾骂，遇神像则捣毁”的极端情况。⑤

① 观云：《正例篇》，《选报》第8期，壬寅正月廿一日。
② 天僇：《论中国风俗迷信之害》，《神州日报》1908年1月7日。
③ 《江苏人之信鬼》，《江苏》第9、10期合本，黄帝纪元四千三百九十五年二月一日（1904年3月17日），第29页。
④ 高师左：《劝州县官办学堂不可推诿经费》，《奉天通俗白话报》第3年第1、2、3期合册，光绪三十三年正月出版，第44页。
⑤ 畸：《论专制国之迷信神权》，《申报》1907年1月6日。

在将中国的大众信仰“负面整体化”的同时，晚清的知识精英还充分论证了中国行将亡国灭种的急迫现实，指出“二千万里山河已为白种殖民之地，四万万黄种已为欧人在籍之奴。而我国民愚蒙如故，涣散如故。”①以此民族主义表达，将现代性作为标尺，名正言顺地借机消解了在他们看来是落后、迷信、保守或不够进步的其他利益集团的对抗性表述（antagonistic articulations），把自己的意志和目的强加于他们建构的中国传统、大众文化，特别是大众信仰上。②力图通过这些宣称并结合相关实践，将民众纳入到民族主义事业中，并特别强调这样做法的现实意义：

> 不毁鬼庙，不弃鬼像，不绝鬼祀，是求脱鬼祟之奴隶不可得，况能脱外族之奴隶与奴隶之奴隶乎？愿吾同胞，毋昏其智，毋馁其气，去习见，革陋俗，发自由之思想、振独立之精神，庶足与世界竞争，为黄族吐气，以免瓜分之惨祸，以享国民之幸福，而不为魔鬼所播弄也。③

---

① 《中国灭亡论》，《国民报汇编》，台北中国国民党党史会 1968 年影印本。

② 参看 Prasenjit Duara，“Knowledge and Power in the Discourse of Modernity：The Campaigns Against Popular Religion in Early Twentieth—Century China，” *The Journal of Asian Studies*，Vol.50，No.1（Feb.，1991），pp.67—83.

③ 《江苏人之信鬼》，《江苏》第 9、10 期合本，第 32 页。关于宗教在近代中国文化脉络里的情况、近代中国宗教与国家的关系与对于宗教的研究典范，以及有关的反迷信现象，可参看陈熙远：《“宗教”——一个中国近代文化史上的关键词》，《新史学》第 13 卷第 4 期，2002 年 12 月，第 37—64 页；高万桑（Vincent Goossaert）：《近代中国的国家与宗教：宗教政策与学术典范》，黄郁璇译，《“中研院”近代史研究所集刊》第 54 期，2006 年 12 月，第 169—209 页。

这种大刀阔斧、斩钉截铁的议论固然畅快淋漓，但这样决断的思维方式、这样张扬的“政治正确”气势、这样突出的精英主义倾向、这样强势的改造大众信仰的论述，势必会产生蔑弃传统、全盘西化、粗暴贬低大众文化的现象：“言非同西方之理弗道，事非合西方之术弗行，掊击旧物，惟恐不力，曰将以革前缪而图富强也。”①如此心态若落实到实践上，只会产生逆反效应，招致更多的杯葛，最终只会让改革与启蒙举步维艰，使本来是要走向贩夫走卒、重视下层社会的开民智运动在效果上适得其反，与其初衷南辕北辙，渐行渐远。如费孝通教授之言：“否定传统的情感，这情感固然是促进社会去改革文化的动力，但是也可以使改革的步骤混乱而阻碍了改革的效力。”②这大概也是近代中国的历次革新运动缺乏群众基础的关键所在。

事实上，世界上的确存在许多靠人们的日常生活经验无法做出合理解释的现象，中国种种的怪力乱神信仰，有其历史渊源与合理性，对于维系社会的道德风俗、教化、社会稳定，有非常重大的作用，“盖鬼神术数所以慰藉人之心魂，使人于万无可慰藉之间而有所慰藉。”③

---

① 鲁迅：《文化偏至论》，《鲁迅全集》第1卷，第19页。

② 费孝通：《乡土重建》，上海观察社1948年版，第151—152页；参看Joseph Levenson, “History and Value: The Tensions of Intellectual Choice in Modern China,” Arthur Wright (ed.), *Studies in Chinese Thought*, Chicago: The University of Chicago Press, 1953, pp.146—194; Joan Judge, *Print and Politics: “Shibao” and the Culture of Reform in Late Qing China*, pp.198—204.

③ 《论旧俗不可骤易》，《中外日报》1904年11月3日；参看狂：《论鬼神福祸之说不宜轻意破除》，《盛京时报》光绪三十四年九月二十四日（1908年10月18日）。关于传统中国包括西方一些学者对“迷信”作用的看法，还可参看钱锺书：《管锥编》（1），第18—22页。

长期延续下来，它们实际已经化身为中国的传统与礼俗，内化于人们的历史记忆、文化实践、日常生活与思维方式、集体想象中，成为大众文化中不可分割、不可或缺的一部分。

况且，迷信怪力乱神现象并不只存在于下流社会中，不少时人即已提出较平实的看法。如《盛京时报》上就有文章认为：迷信情况出现在下等社会是很自然的，奇怪的是上流社会的迷信现象同样普遍，对于下流社会的老百姓而言，他们“未受教育，理无足责。独怪自命为上等社会者，身服孔孟之教，口道尧舜之言，日以教育宗旨，宣讲于大庭广众之中，而其心醉乎术数，神游于命运之谈，有较甚于下等社会者”①。对于那些比较失意的人，尤其有喜欢看相、算命、看风水、扶乩等的习惯，“盖其所信者在虚无，故虽日濒于危，徒知怨天尤人，书空咄咄，而无术以自免也”。但就迷信

---

① 《论欲进化教育宜先破除迷信》，《盛京时报》1908 年 8 月 9 日。后来一女学生亦撰文批评道：“唯农夫工贾诵诗书者少，既怵于鬼神灵应之谈，复中于吉凶祸福之念，积斯恶因，以成恶果者，无论矣！吾尤怪夫政府儒士官吏，日提倡孔教为国教者，乃甘为神徒而不辞也。夫孔子戒谄严惩，非鬼敬而远之，以务民义，不意不肖者拾取六经遗文，附以灾祥变异之说，举全国之人尽为神徒，而犹曰尊孔尊孔……”林娟：《年来社会习惯是否信仰孔教》，《中华妇女界》第 2 卷第 1 期，“成绩”，第 10 页。另外，晚清还有人指出：“大约其职业稍高、智识稍深者，则其败坏群治之事，亦稍增进；其职业逾高、智识逾深者，则其败坏群治之事，亦逾增进。反是，而职业、智识稍差者，其败坏群治之事亦稍差；其职业、智识逾差者，其败坏群治之事亦逾差。”（《论中国之上流社会》，《时报》1905 年 2 月 11 日）或许这即是所谓“文明进化与道德背驰”（王慕陶函，《汪康年师友书札》第 1 册，第 159 页），“文明所至之地，即腐败道德所生之地”（金：《论以奢侈模仿文明之弊害》，《神州日报》1907 年 11 月 10 日）。《直隶教育官报》上亦有人撰文称：“迄乎近世，竞争日烈，智力日濬，诡谋谲计以相胜，功利权术以相尚。所谓物质文明愈进步，而精神文明愈退步。”《论学术与道德相离之危险》，《直隶教育官报》庚戌第 13 期，宣统二年九月初一日，第 18 页。

风水而言，往往是“富贵人好讲求之，而贫贱者不然，因其事甚费，贫贱者无力可讲求也，然其志则固在焉”。①故有人概括这种现象，“总而言之，女子与粗人无不信鬼神者，学士大夫无不信八字风水者。”②正像杨昌济在1914年之言，“吾国人不惑于风水之说者鲜矣，虽朱子犹惑焉。近世如魏默深、曾涤生、郭筠轩、刘霞仙，皆有此迷信。”③

看起来不入文化主流的怪力乱神，其实却是人们日常文化生产与消费的重要凭借，很难简单地用现代性标准评价其是非对错，更难凭外力将之驱除殆尽。④就拿近代大学者、思想家胡适来说，出身于理学家庭的胡适，他小时候胡家大门上虽然贴着“僧道无缘”的条子，但生活在胡适周围的女眷们却个个是深信神佛的，另有自己的信仰传统和精神世界。这种情况影响到胡适，使小胡适起初不仅信仰神佛，而且极怕地狱和来世变猪狗的。⑤胡适在这种信仰氛围中长大以及受到影响，并没有阻碍他成为“二十世纪中国学术思想史上的一位中心人物”⑥。再拿晚清非常趋新的杭州人孙宝瑄来说，在其日记里既有非常之多的阅读新书与作出新表达的描述，也有很多相信“怪力乱神”的记载。相仿的例子不胜枚举。加之江浙一带迷信鬼神、扶乩之风普遍，盛行举办赛会、醮会的现象，晚清

① 《论社会之小蠹》，《中外日报》1904年12月22日。

② 《论中国无教》，《中外日报》1903年8月27日。

③ 杨昌济：《达化斋日记》，湖南人民出版社1978年版，第40页。

④ 关于中国古代的统治者及士绅精英与怪力乱神的关系，可参看李孝悌：《明清的统治阶层与宗教：正统与异端之辨》，收入郝延平、魏秀梅主编：《近世中国之传统与蜕变》，台北“中研院”近代史研究所特刊（5），1998年版，第83—102页。

⑤ 参看罗志田：《再造文明之梦——胡适传》，四川人民出版社1995年版，第43页。

⑥ 余英时：《中国近代思想史上的胡适》，台北联经出版公司1986年版，第6页。

趋新人士对之批评很多，如立誓扫除迷信的晚清新小说《扫迷帚》，其针对的主要就是苏州人的“迷信”现状。值得深入思考的是，江浙地区为近代中国培养了远超其他中国省份之多的学术人才。如国民政府时期选举出的第一届中央研究院院士，在总共81位院士中，江苏（包括上海）、浙江两省出生的分别占有17名；新中国时期的第一届学部委员190名，其中江苏、浙江、上海三地共88个。①其实，这个情况同样表现在明清时期的状元人数、进士人数，以及1949年后中国的杰出人文、社会、自然科学人才人数方面，江浙籍一样占据绝对优势。

与趋新人士中出现的将中国大众信仰极度贬斥的现象相似，一些主张新小说、改良戏曲的人士亦同样有将中国传统小说、戏曲“负面整体化”的倾向：

> 综其大要，不外寇盗神怪男女数端：如《水浒》《七侠五义》，非横行剽劫、犯礼越禁一派耶？《西游》《封神记》非牛鬼蛇神支离荒诞一派耶？《西厢》《金瓶梅》非幽期密约、猥亵淫秽一派耶？②

还有人认为中国的旧时戏本“全系报应的主义”。③又有人认为中国

① 可参看樊洪业：《20世纪中国科学精英的年龄分布状况及其教育背景考察》，收入王渝生主编：《第七届国际中国科学史会议文集》，大象出版社1999年版，第155—165页。

② 箸夫：《论开智普及之法首以改良戏本为先》，《之罘报》第7期，光绪三十一年十月十一日（1905年5月14日），第3—4页。

③ 伯耀：《改良新戏系转移社会的妙药》，《岭南白话杂志》第4期，戊申正月二十九日（1908年2月2日），第8页。

所以无国民，其原因就在于旧戏曲的影响：

> 所演唱者，淫荡卑劣之外，无资料；妖魔鬼怪之外，无事实。一乡如是，一县郡如是，推而至于一省一国亦莫不如是。穷年累月，陈陈相因，其作用之于人也，不足以言感情而伤财败德，浸淫既久，导国民于无知无识之黑暗地狱，则绰有余裕，斯诚古今中外所仅见之巨蠹。①

陈独秀甚至将中国国民的劣根性根源也归之为旧戏曲，“我们中国人这些下贱性质，那一样不是受了戏曲的教训！”②这类将旧戏曲（包括旧小说）“负面整体化”的评论，实际延续了从谭嗣同、樊锥以来激进反思传统与主张西化的思维方式，充分说明这种“负面整体化”的心态与做法已经渗透到大众文化领域，不只体现在清末民初的精英学者对中国传统学术与思想层面的批判上③。

推而广之，世界历史上出现的多次大众文化改革运动的经验都表明，对大众文化的改造推行得越激进，遭遇到的阻力就会越大，

---

① 《论演剧亟宜改良》，《津报》1907 年 4 月 26 日。

② 三爱：《论戏曲》，《安徽俗话报》第 11 期，甲辰八月初一日（1904 年 9 月 10 日），收入《陈独秀文章选编》（上），生活・读书・新知三联书店 1984 年版，第 57—60 页。

③ 关于清末民初精英学者对中国学术与思想传统的批判，可参看罗志田：《中国传统的负面整体化：清季民初反传统倾向的演化》，《中华文史论丛》第 72 辑，上海古籍出版社 2003 年版，第 225—251 页。这时还有针对中国传统中医学进行“负面整体化”的观点，但这样的观点多是比较西化的知识精英坚持的立场，如吴汝纶即曾主张，传统中医著作如“河间、丹溪、东垣、景岳诸书，尽可付之一炬”。参看《答李季皋》，《吴汝纶全集》（3），第 146 页。

改革者获致的效果就越差。尽管在这个过程中，改革者宣称自己的目的都是为了大众，他们并不想打造一个精英独享的文化，而是更希望接近民众，去让民众拥有在他们看来是健康文明的生活与文化。[①]雷同的是，由近代中国知识精英发起的这个改革大众文化、驱除信仰领域里“迷信”现象的努力，也同样是效果不佳，一样加剧了一般民众与知识精英的差距，加大了城市与乡村的差距。当然，造成这个差距扩大的原因是多方面的，但以领导者自居的知识精英对于大众文化的歧视与强制改造，无疑是其中一个重要原因。后来五四时期的“智识阶级”虽然认为“中国农村的黑暗，算是达于极点”，“那些老百姓，都是愚暗的人”，效法俄国民粹主义者，重新自我定位，发起“到民间去”的运动：

> 早早回到乡里，把自己的生活弄简单些，劳心也好，劳力也好，种菜也好，耕田也好，当小学教师也好，一日把八小时作些与人有益的工作，那其余的工夫，都去作开发农村、改善农民生活的事业，一面劳作，一面和劳作的伴侣在笑语间商量人向上的道理。[②]

这种吁求正说明城乡、一般民众与知识精英间差距的严重程度。不

---

① 伯克：《欧洲近代早期的大众文化》，第295—296页。

② 李大钊：《青年与农村》，原发表于1919年2月20—23日《晨报》，转见朱文通等整理编辑：《李大钊全集》(3)，河北教育出版社1999年版，第183页。关于民初知识分子的自我定位与自我形象的改变，可参看王汎森：《近代知识分子自我形象的转变》，《台大文史哲学报》第56期，2002年5月，第1—28页。

过，这种多停留在宣传层面的"到民间去"的呼吁，尽管有如舒新城这样的有识之士已经对此有所警惕与提醒，[1]但并没有取得很好效果，往往只是一些呼吁改造社会的人，运用"欧美新输入的学说，在报纸杂志上吹法螺、唱高调，甚至互相标榜，而能切切实实，从事实际改造社会事业或运动的人实不多见。"[2]稍后，顾颉刚亦言：近几年中，"到民间去"的呼声很高……然而因为智识阶级的自尊自贵的恶习总不容易除掉，所以只听得"到民间去"的呼声，看不见"到民间去"的事实。[3]城乡之间的差距、知识精英与普通大众的差距依旧在不断扩大中。

实际上，大众文化、大众信仰包括大众的文化消费习惯，其来

---

① 可参看舒新城为姜琦的《新文化运动和教育》写的导语："一般号称新文化运动的人，目光所及，多注重于都市——并且是注意都市里面特殊智识阶级的人——方面，将来的结果，必至与廿年前革命党所得的功效一样，在二十年前革命党人的领袖，未尝不想把中国造成一个纯洁的民主国，只因他们的目的，最注重的是种族革命，所用的方法，又是偏于一部分的运动，不从平民的民众运动着手，所以一到辛亥年，把满清推翻建立共和民国，一部分人只想从权位金钱上做工夫，又一部分人以为革命成功——其实并未曾成功，万事皆然，便不再努力。至若讲到乡间的人民，还是混混沌沌、熙熙攘攘，不仅不懂得民主国是什么，有许多的人，连民主国的名词也没听得人讲过……所以弄过民国八年，还只得一个'武人攘权、小民该死'的结果。这是他们不从普遍的人民上做工夫所失败的。现在我们讲新文化运动的人，应该要以前车为鉴，要切实从'小百姓'的身上做起，庶可得一点较好的效果。故我狠望做新文化运动的人，要从民众联合的最低级做起，……庶几将来可以收普遍的效果。"见《湖南教育月刊》第1卷第4号，"附录"，第2—3页。附此处转录之《新文化运动和教育》系转载自《时事新报》1920年1月1日增刊，该文又见《解放与改造》第2卷第5号，1920年3月1日，第74—81页。

② 周守一：《士气与国运》，《东方杂志》第21卷第12号，1924年6月25日，第20页。

③ 顾颉刚：《妙峰山进香专号引言》，收入顾颉刚编：《妙峰山》，上海文艺出版社1988年影印本，第5页。

因极为繁复深远，欲祛除千数百年的积习，需要有一个长期复杂的历史过程，特别是在教育未曾普及，经济远欠发达的情况下，鬼神信仰仍有其抚慰社会人心的作用，并有道德警示、稳固社会的价值，不能轻忽视之：

> 今拟一旦去之，其力固有所不及。即使及之，转使社会失此慰藉之具，为苦者愈苦，未为得也。况社会既已腐败，人之良心已经澌灭，有鬼神以怵其后，则恶尚有所不敢为，善或有所不敢弃。有术数以平其心，生而贫贱者或可以不为盗，遇人不淑者或可以不逾闲。若无鬼神、术数，则荡然而回决，其社会将散矣！①

在这样的情况下，如果盲目推行反迷信操作，只会欲速不达，还会招来更大的反动。但形成悖论的是，一旦真正地服从于一般大众的需求，根据大众的意志来推行启蒙与改革，委屈迁就之，其结果势必又会与启蒙的理念相悖反。故陈景韩在清末即曾指出：

> 改良与仍旧，二者不可并列者也。唯仍旧不良，故欲改，然改良必不能恰合社会之程度。然欲合社会之程度，必须顺社会之习惯。然我每见欲顺社会之习惯，而事事悉摩做社会之旧习者矣，虽欲改良，安得而改良哉？②

---

① 《论旧俗不可骤易》，《中外日报》1904 年 11 月 3 日。
② 冷：《敬告改良家》，《时报》1908 年 2 月 18 日。

更有甚者，一些满腔热血试图改革习俗、推介“文明”的人，高开低走，把持不住，往往还会“转为习俗所改革，将为旧社会所同化，不得不舍个人之心理，以来社会之心理”①。这个困局，或许暗示了中国知识分子以后的启蒙转向——从政治层面的启蒙转向思想文化层面的反省？②即如罗家伦指出的：“以思想革命为一切改造的基础。”③

“文以载道”“诗言志”，这种强调国家至上、民族至上的新政治文化一经成形，就迅速发挥作用，如风行水上，对后来中国社会的动员，对民国乃至新中国的政治和思想生态都有巨大影响，至今已经泛化到我们关于社会、国家、经济、体育、文化、教育的种种论述里，悄无声息地渗透于大众的日常生活与历史记忆中，挥之不去！只不过，在当时向西方学习和对大众进行启蒙的大潮下，以建构民族国家、激发民族主义意识为目的的新政治文化逐渐成为宰制叙述。而晚清以卫生、种族为关怀的消费表达及由此所形成的消费文化，不过是这种新政治文化中的一个面向而已！

---

① 榆：《论改革习俗之难》，《盛京时报》1908 年 7 月 9 日。

② 当然，这样说也不意味着笔者赞同梁启超在《五十年中国进化概论》（《饮冰室合集·文集之三十九》，影印本第 5 册，第 39—48 页）里所作的总结：近代中国的进化是先从器物上感觉不足，接着是从制度上感觉不足，第三期是从文化上感觉不足。梁的总结无疑是一种深受西方进化论影响的线性思维模式，忽略了近代中国社会发展的不同步现象。

③ 罗家伦：《一年来我们学生运动底成功、失败和将来应取的方针》，《新教育》第 2 卷第 5 期，第 612 页。

附　录

一　晚清出版的关于进化论与种族论述书籍书目

书　名	作者、译述者	版　本	备　注
《斯宾塞尔文集》	［英］斯宾塞尔著，曾广诠译，章炳麟述	《时务报》、《昌言报》重印本	
《劝学篇》	［英］斯宾塞尔著，严复译	侯官严氏丛刻本	
《天演论》	［英］斯宾塞尔著，严复译	侯官嗜奇精舍石印本，上海重印本	
《物竞论》	［日］加藤宏之著，杨廷栋译	《译书汇编》社刊本	
《原政上编》	［英］斯宾塞尔著，杨廷栋译	作新社洋装本	
《人群进化论》	［日］有贺长雄著，麦仲华译	上海广智书局本	
《动物进化论》	达尔文创义，［美］摩尔斯口述，［日］石川千代松笔记，国民丛书社重译	国民丛书第一种	

（续表）

书　名	作者、译述者	版　本	备　注
《生物之过去未来》	横山又次郎著，虞和钦、虞和寅译	启文译社	此书又有开明书店本，王建善译；另有文明书局秦毓鎏、胡克猷的译本
《达尔文天择篇》	达尔文著，马君武译	少年中国新丛书石印本	
《物种由来》卷一	达尔文著，马君武译	开明书店洋装本	后文明书局再版
《物竞论》	达尔文著，马君武译	少年中国新丛书第一种合刻本	
《社会进化论》	［日］有贺长雄著，萨端译	闽学会丛书之一	
《进化要论》	严锦荣著	东京《译书汇编》社洋装本一册	
《进化真诠》	［美］杜尔撰，［英］莫安仁参译	广学会	
《宇宙进化论》	［英］汤穆森著，［英］莫安仁译，许默斋述	广学会	
《地球之过去及未来》	［日］横山又次郎著，冯霈译	广智书局1902年本	此书还有文明书局的秦毓鎏、杨我江译本
《十九世纪欧洲文明进化论》	日本民友社著，陈国镛译	广智书局	
《族制进化论》	［日］有贺长雄著，章炳麟译	广智书局	
《动物进化论》	［日］石川千代松	国民丛书社	

（续表）

书　名	作者、译述者	版　本	备　注
《文明进化论》		广智书局	
《道德进化论》		广智书局	
《各国种类考》	唐才常、蔡锺濬	《湘学报》本	
《人种志》	［日］鸟居龙藏编，林楷青译	闽学会丛书之一，商务印书馆印刷	
《人与猿》	［日］寺田宽二，东文译书社译	东文译书社	
《人种新说》	［日］加藤宏之，陈尚素译	东京译书汇编社	
《人种交涉论衡》	［英］白来思著，蔡尔康述	广学会	
《物竞论》	［英］达尔文著，杨荫杭译	东京译书汇编社 1901 年本	该译 1902 年作新译书局重版
《政教进化论》	［日］加藤宏之著，杨廷栋译	上海出洋学生编辑所	还有广智书局版
《道德法律进化之理》	［日］加藤宏之著，译者不详	广智书局 1903 年本	
《世界进化史》		广智书局	
《全球进化史列传》		广益书局	
《生物进化论》		开明书店	
《天演论》	［英］斯宾塞著，严复译	商务印书馆	
《进化新论》	［日］石川千代松，朱会善译		
《种界魂》			中国大民族教科书第一种

资料来源：报刊上的广告书目、《中西普通书目录》、《增版〈东西学书录〉》、《译书经眼录》、《近百年来中译西书目录》、《中国译日本书综合目录》。

二　《汴梁卖书记》[1]

王维泰著、张仲民校

目录

记卖书

金陵卖书后，同人相约作汴梁之游，藉开风气。于正月杪，载书二十余箱，为数计二百余种，趁轮启行。初四到汉口，留一日，初六乘火车至信阳。先是，函托南汝光道署戚友临时招待。是日，

---

① 张静庐先生因认为《汴梁卖书记》的中卷《记游历》、下卷《记交际》与"'卖书'无关"，只在所编《中国近现代出版史料》（现代甲编）（上海书店出版社2003年影印本）里收录上卷部分内容，略去了全部中、下卷以及附录《开明书店新书目录》。其实今天看来，下卷虽"过多谀辞"，但亦是研究清末文化史特别是士人心态史的宝贵材料。而整个《汴梁卖书记》全书，详细记载了把书从上海运到开封的路线、花费以及旅途中发生的各种事情，包括作者的交游、中州的风土人情、士风、学风。以今日的后见之明看，该书颇具有人类学家所作的"民族志"色彩。因该书已经难觅，且张静庐先生所录之《汴梁卖书记》中颇有舛谬，故这里全文迻录，以利读者。另，笔者校对时会援用张静庐先生版本（简称"张本"），以作对比。

车抵站，承派人来接，并预备客寓、车辆，颇安适。翌日，大雪，留四日。至十一开车，十八抵汴城，复有友人代为安寓，赁考棚街屋设肆，大书“开明书店，专售新书”布牌，并写“广开风气，输布文明”招贴，遍贴通衢，以招同志。

汴省向无售新书者。去秋有上海友人开设时中书社，所售皆场屋书，间带新书，颇有顾问者。到汴后就询情形，其店友为余言：“此间卖书，即交易数百文，须饬人随去取款。若衙门公馆来者，高车驷马，必延入柜内，奉以烟茶，任其随意翻阅，历数时之久，选定后饬人送往，约日收①款。及期往收，不曰主人出差，即云账房不在。节复一节，年更逾年，及至归银，又短平压色，总总为难。”问以交易有无定价？则云：“各视其人为之。”心志其说，归与同人谋，先将各书编分门类，写一总目，贴之壁间，旁书“定价从廉，划一不二，送货记账，概不应酬”十六字。见者皆以为必不能行。

先是，未识汴省书铺情形，曾刻一书目，将申市洋码改作银码，略选应用书分四部：曰教科，曰历史，曰地理，曰杂著。择其适用者略加提要，以醒阅者之目。原系草草急就，不足据为定论，来者辄与书目一本令自择，则皆诧为未见，转展相索，三五日间散去数百本。

凡阅书目，大半如读东观书。亦不辨目中部类，随指一书取②阅，以两手合书，从中间翻展，头左右顾视，一展辄数页，即随手

① “收”，张本作“取”。
② “取”，张本作“辄”。

掩阁，又指索别卷，亦如之。少或数种，多则十余种，或历数分钟久，或一小时。叩以究欲何书，又喑愕不知所对。求一先看序文目录者，十不得一二。及选定何书，则龂龂论价，以为必有折扣，因此不成而去者，日必数起。

场前买书者，都为临文调查之用。有客买一书少三十余文，坚不肯补。因询之曰："汝书为场中用乎？抑窗下用乎？"则曰："入场所需也。"复晓之曰："既临文急需，不必争此区区。如窗下用也，不妨预算资斧，俟以异日。"乃如数纳讫，取书去。

久之，颇有知开明分文不能让，不计值者渐众。间有明知之，而故欲推敲以冀万一者。有一客，计少一文，坚不发货。客甚窘，乃大声曰："岂不知一钱没杀英雄汉乎？"众以不能因一文失信于人对。客无奈，乃向邻家乞得补足。后有一客亦少一文，挟书欲遁，急持其手中短烟杆为质，客乃探囊出一文曰："竟不能破例乎？汴梁只[1]此一家耳！"如此类者甚夥，同人藉以博一笑。

衙门公馆仆从为主人持银取货，无不欲取回仓、落后手，计不得遂，则私调[2]低银，妄易小钱。汴梁各铺及书店皆曲顺之，其实索价时早为地步。开明书目刻定价值，同业多婉讽者、窃议者。及闻余等贸易各情，又相与惊叹为不可及。惟一班倚仗威福者，往往因屡受挫折，致[3]从中腾口，定货不取，亦复不少。最奇者，有某太守以讲求新学名，凡购书等事，皆委其犹子某来，多方欲占便宜，竟不可得，遂退书数种，找银而去，遂绝迹。不图上等社会亦

① "只"，原本作"至"。
② 张本缺一"调"字。
③ 张本缺一"致"字。

复有此，此亦中国膈症之一证也。

场前买书者，类皆取地理、历史两部，杂著能阅者尚多，至教育一门，则寥寥无几。临场数日，奔走于道，问《通鉴辑览》《史论大观》者，口数十起。历问各书皆无，则诧曰："汝店究卖何书?"乃出书目示之。翻阅未竟，掉头曰："无甚书。"否则曰："无好书。"弃而走。或问此本要偿值否？答以是送人者，遂怀之去。间或曰："俟①场后来细看。"此等思想已属少数。余带有《周礼政要》三十部，数日已售罄，问者络绎②不绝，故诳之曰："顷剩一部，适售去。"则顿足拊髀，失声嗟叹。有汗流气喘而至者，脱口问《周礼》一种有否？答以无。狼仓左右望，向别家驰去。更有借买新书为名者，翻阅数种后，便问《周礼政要》；以早罄对，犹坚恳不已。缘此书各坊不备，故以居奇相揣度。余等厌其聒耳，遂大书"《周礼政要》已完"榜之门。于是始望望然去。至初七日，某书店忽续到六十部，顷刻而尽。书系石印两小本，与原板迥别，售银七钱，争先恐后，柜外只手林举，高声索书，极似书院之点名抢卷者。问以究竟何用，皆莫能言其故，风潮所感③，正复不可思议哉！

有阅过书目提要而来者，有偶见招贴词意而来者，有因朋友揄扬称道而来者，类多同志之士，选书甚有条理。有各省已历学堂而来，识见都高人一等。沉闷时得此良友，胸襟为之一畅。其他好学下问者，亦正不乏。约计各省中，选择精当者，以直隶、两湖为

① "俟"，张本作"待"。
② "绎"，张本作"续"。
③ "感"，张本作"惑"。

最，山东、陕西、四川次之，江西、贵州又次之，甘肃、广西、安徽、山西、云南竟寥寥无几，河南为尤甚，若江浙闽粤，半皆道出上海购取，故来者反不见为多，于何证之？证之在豫官幕两途中，能购书者，仍以四省人占多数云。

一日，有三人联袂至，见壁上书目，指《寥天一阁文》，相顾而笑，急曰："取此。"与之阅，疾翻数页，若惊若愦，语诘①屈不可辨，意必新疆一带人。叩其籍，则浏阳也。余为愕然，客掷书去。适有浏阳二友来，皆知名士，爰告之。友曰："是无怪，本有新浏阳、旧浏阳。"

所带生理科书，有《妊娠论》《交合论》及《医科生殖器图》，颇精致。凡客来，阅书数十种尚未得要领者，即速出以上书举图示之，则皆骇笑，视为游戏之作。及告以生理科学及东西各校医科，列入大学之义，则容稍庄。更有不耻下问者，或竟购之去，兼及他书。有一客指"交合"二字，以此命名太不雅。因诘之曰："男女媾精，圣经不讳，试较②雅俗如何③？"客首肯曰："领教，领教。"

《伦理学》，日本元良勇所著，举直觉、实验两说，合东西洋之思想而贯通之，为中等教科善本，麦鼎华译之，以享④我学界，汴人士从无顾问者。一日，忽有客指索此书，以为必教育家也，殷勤叩之，则曰："京师大学堂新添伦理一科，恐场中命题，预备调查

① "诘"，原文作"结"，误，据张本改。
② "较"，原文作"校"。
③ "如何"，张本作"何如"。
④ "享"，似应为"饷"。

耳。”噫！大学堂是科之设，其宗旨与东西洋合否诚不可知，如彼人者，亦可谓善于揣摩者矣！

《心声斋策论》及《强聒斋》，以《心声》为优，每部皆两本。《心声》价银五钱，《强聒》只三钱，店中场屋书只此两种，亦不怂恿买客。场前一日，问有无夹带本者甚多，遂出示之。以《强聒》之价廉也，索购者踵相接。有客取《强聒》一部，必欲求减值，纠缠不已。同人取书向内，急曰：“买汝，买汝。”出手中银一块，权之适三钱，不差累黍。又一客袖钱一包，索书目，遍阅两周，惘然若失，嗫嚅而问曰：“有所谓《强聒》否？”同人急应曰：“有之，何不早说？”取授之，而展其钱，正三百二十文也。询其籍，则前山西而后河南也。

《并吞中国策》，日本尾崎行雄著，原名《支那处分案》，甲午后，日人所以计算吾国者，余故易以今名，编入提要，为吾国民奋发兴起张本。有喜谈时事者，辄劝其购阅。其上者，则赞叹不绝口；次之，则曰：“书虽佳，愿俟试毕”；下焉者，一见撤①手，目为丧心病狂而已。

《生理》《物理》《地质》《动物》《化矿》等书，皆科学必备之本，惟购者甚少，间有之，皆在多数中带销一二分。若《宪法》《公法》《国法》《外交》等书，购者虽不乏其人，而应试者反居少数。每婉劝之曰：“释褐后将入大学堂矣，盍预备诸。”亦有欣然领受者，究以守“仕优则学”②之义为多。可见科举与学堂，其冲突

---

① “撤”，张本作“撒”。
② 张本作“学优则仕”。

有如此。

《金陵卖书记》，友人某去年所志，描写内地社会情状，颇极妙肖。此次带有百余本，装箱时用以实隙地者，于此间为非卖品。遇有记中相似人物，辄投之以当药石。旬日间指索甚众，或称其学问之博，或赞其笔墨之工。其转语则比之禹鼎，未免太酷云云。然用为开凿利器，却无过是。一日，有客昂然入，拣阅书数十种，随手一揭，即云不好，置之，又揭一书，亦如之。余友应柜者，亦孝廉也，询以何科？大声答曰："甲午。"阅书如故，其胸中"举人"二字膨胀已臻极顶，故外形亦庞然而不觉。继而选定书数种，问曰："有无折否？"答以无，则鼻应曰哼。又问能欠乎①。答以不能。又应曰哼，声益厉。同人知其非药不灵也，急②以《金陵卖书记》进，客受而问价，答以③非卖品。遂与同来者并观之，未及数行，两人相顾语，蛮鴃不可辨，忽掷书，汗赧而遁。

《民约》《社会》二书，提要中列为政治部首，知者绝少。有购求政治者，又视为非急务。辄讽以士夫居乡之义，始有受者。若呜呼噫嘻派中人，一见便如石引针，翕合无间。

《初等国文教授》及《植物学》《动物学》，皆学堂善本，其销数甚少。其原因有二：一误于词章派，以风花雪月为浚灵之具；一误于道学派，以孝悌忠信为养正之基。不知童子就傅之年，尚不辨菽麦牛马，授以《千家诗》《朱子小学》，岂能领会？下学上达，始于六艺，废八股诗赋而存科举，正不知学界黑暗何日能明也！

---

① "乎"，张本作"否"。
② "急"，张本作"即"。
③ "以"，张本作"曰"。

各省公车约五六千人，耗国帑百十万两，竭民力数十万人以得之。在抡才者以为精华所萃尽在斯矣，然其间程度相去，正如七级浮屠。试将旬日间买客约略位置：其最多之数必问《通鉴辑览》《经世文编》，甚或问《子史精华》《四书味根》《五经备旨》者，此皆未脱八股词章窠臼者，为最下乘。其次则问《商榷》《札记》《掌故汇编》《九家古注》《七经精义》等书，是为旧学中已得门径者，为次下乘；若购觅《朔方备乘》《航海图经》及《泰西新史》《政治艺学全书》等，则渐有新旧过渡思想，临文时能解调查者，为中下乘。至讲求公法，详考路矿，采访学制，搜讨兵政、东西各书籍者，虽不外得第起见，然已预备得第后之进步，是为中乘。若考察理化各科、工商诸业、殖民政策、建国主义者，其胸中已有成竹，特假文场为发挥地，不系心于得失者，是为上乘。至留心民约、社会、立宪、国法，则其思想已臻极点，方针已有定向，行所欲行，止所欲止，是为更上乘。若平日立定宗旨，不辞义务，学有门径，善自韬晦，意在枉尺直寻者，虽千百中不得一二，是为能造世界之英雄，乃无上上乘。其他私利填胸，功名束肋，若剧场之傀儡，全无自动力者，于七级浮屠尚未涉足，更不可以数计。曾与客纵谈至此，客曰："甚矣哉！开明之店，胜于衡鉴之堂。"

场后买书者，其先入之见以为各店收场在迩，必减价求早脱货。断断争论价值，百方晓谕终不信，直至将书入架，始逡巡而退。有客似山西人，每日必来问："《自由书》现价若干矣？"以照刻定价对，乃去。翌日又来，亦如之，不可以次计。此其固习，为向来买怀挟者通病，不图新学界中亦有如是者。

场前后买书者甚杂，不足据为定论。近日颇有官幕两途来者，购书渐有条理，详志下卷《交际》篇。

记游历

二月朔日①，带书二十八箱，坐江孚船②上溯，初四抵汉口埠。先是向关道请免验单，以省报关周折。及阅免单，只有行李数件，并不载书箱。若干轮友谓恐洋关挑剔。抵汉后先到招商局，询问是否须报关起货。承施润翁饬③人转问洋关，知书系免税之物，尽可先起。随饬挑夫起运至鸿安栈。该栈即在招商局后街，运费每名四十文，栈友共开五十名。云因有大箱，非三四人不能抬，实则并无三人合抬之箱，已被浮开六名在内。

初五日，栈友言该栈离火车站大智门尚远，须隔日运货到彼，每名二百文。遂运往车站旁之云路公栈，仍以五十名计算，另加钱二千文，则由云路公栈④送上火车之挑力，亦每名四十文，及至装车，须由车上小工手，每件须八文，以箱重，改作每名八文，此在所包之外者，大众一律也。火车二等价到信阳每人四元三角，三等位减半。行李除铺盖网篮外，余须写票。收水脚每担五角，所带箱子轻重不等，小者百余斤，大者约四百斤左右，然只有两三只。站长钱某，取一大者过磅，云须照此计算，约有百余担，以上等货物计，每担五角四分，须洋六十余元，与论坚不少让。旁有司事，语稍圆通，约其至茶肆论值，以四十元包装了事，而司事已现扣四

---

① 张本缺“日”字。

② “船”，张本作“轮”。

③ “饬”，原文作“饰”，误，从张本改。

④ 原文缺“栈”字，从张本加之。

元，至其实在报销，亦不得而知。可见前此为难，皆预为中饱地也。凡趁轮至汉欲搭火车者，宜直至车站旁客栈，则费省而事捷，勿为接客人所误。

初六晨上火车，坐二等位。车厢较津榆铁路为狭，价亦较贵，故彼处体面人皆坐三等敞车。至①车行，不甚稳捷，沿途尖站，按图可索。上车时可预带面包、饼干，以代饭食。其行李纳价写票，另装棚车，到埠时任人争取，并不凭票，此时极宜留意。到信阳，挑夫每名四十文，挑至左近客栈，栈②价每天二百四十文。凡上下车，挑力须自给，一经栈家之手，纠缠不清，难免因中饱而生弊病。是日，宿北门内福来栈。

初七日，大雪寒冻。陈君希超、甘君叔通已代备大车八辆，因一雨不止，至初十始装车，仅得五辆。后经道署饬催③车马局赶备，至晚又得二辆，将行李装齐，于十一④早开车。先是，见南汝光道朱观察，谈及设立车马局，专备公车，定价每套每站七百文，照平时官价已加二百文。予等所雇之车，照此计算，每三套大车一辆，以八站计，合十六千八百文，送至汴梁省城。后人多车少，互相争夺，遂派委发电，四出征车。转有一车费至四五十金者，反归咎车价太廉，车夫裹足，其实彼此皆有未善。故子舆氏曰："为政者，每人而悦之，日亦不足。"信哉！自信阳至开封，计程六百七十里。俗云紧七慢八，是日开车，适经雨雪后，泥深没踝，骡倒车

① 张本无"至"字。
② 张本缺"栈"字。
③ 张本缺"催"字。
④ 张本"一"字后有"日"字。

倾，非常迟滞。当夜宿阜阳店，十二宿明港驿丞署，十三宿确山，十四宿遂平，十五宿郾城，十六宿许州，十七宿歇马营，十八午后抵开封，共行八日。惟先两日道路艰阻，不能按站，过确山路渐平，每日半夜开车，兼程破站，投宿悉依正站。连日途中，入夜必细雨，白昼阴霾，车中蒙首偃卧时多，不能凭眺，即路程远近，言人人殊，无可纪实。至汴梁后，觅得豫省全图，于归程按图详志，且于尖宿各节，琐屑备载，为后来者先路之导，未始无小补。至行程尖宿，必须预先计算正站，宁早行早止，若贪破站，住宿荒集，终夜戒严，且多失事。

北道车价，向以银计，在申以洋易碎银，照九八规银折，足每百两已亏二两，复照二七实银申算，每百两又亏五两四钱，英洋百元实易得银六十八两零。及到信阳，始知车价以钱给发，又以银兑钱，每两换一千六十文，照上海洋价，每洋又短去五六十文。转展互易，其银已暗耗九折。至沿途兑银店铺，知其为过客也，扣平压色，种种刁难，不可理喻。其平皆置内室，不许客见。问以究用何平？则又官市苏广，信口胡言，甚有出入用两套砝码者，故宜于雇车处先计应用之数，趸换现钱，预备按站支用。如嫌途中沉坠，或少留银两于西平、许州换兑，以补不足，则吃亏或不至太甚也。

北道坐客，尖宿饮食，皆包于车夫，与之同食，于车价外每日论定若干。河南道则归坐客自食，每日未明开车，行一二十里，逢小市集有饭点铺，或食小米粥，每碗六文，或大米粥，则米寥寥无几，以面粉调之，柔粘可食，价亦如之。若客店令其自煮，非十余文一碗不可。自确山至尉氏，皆面食为多，有蒸馍，即实心馒首；

有卷馍、有厚馍，皆每斤二十八文；有烙馍，即薄饼，类每张三文，卷菜食之；有炒馍加鸡蛋炒之，每碟四十文，多至五十文，皆足鼓腹，否则或吃面条，或面皮，有汤加辣椒，每碗十二文为率。大米饭在确山以南，每碗二十文，过此不可多得；即有之，亦粗恶不堪食，而价须三十八文矣！至店铺，菜蔬如溜白菜、粉干汤，每肴二十八文；炒鸡蛋每碟四五十文为率，皆可入口。其余炒肉丝、炒鸡斤等，价贵而物恶，皆不可食。予所定之价，皆亲历过来，总之宜先问价，价贵则不食。若不惯蔬食，或自购鸡肉等物，托饭铺烹之，酌偿油火，亦是一法。往往见公车尖宿，入门大声呼店伙，要茶索饭，一若平时甚阔绰者。又若一经释褐，转瞬入官，其指使气焰，不复有所计较者。北人奴隶性质较南人为甚，一见此辈，其恭顺情状不可摹拟，而贪求心因之愈炽。及至算账时，抬价数倍，彼此聚哄，于是阔绰者狭小，恭顺者桀骜矣！《书》曰："慎终图始"，不独行路然，即行路何独不然！

凡宿站，每夜轿车五十文，大车百文。若破站宿小店尚可酌减，每人茶水钱，约十文为率，宿榻向不计值。此次公车拥挤，各争上房及高铺，于是店中居奇，每铺索数百文不等。文人倾轧，不独场屋如此，其实一宿之顷，原无不可将就，劳神费财，贻笑朋辈，所得正不偿所失也。

中州，古四塞战争地，民俗虽强，奉法惟谨，畏官如虎之情甚于江浙。此次所雇装货大车五辆，皆车马局硬拉来者，给以官价，本非所愿，行第二日至明港，货车落后不至，请驿丞署派人追之来。至西平，又向县署换钱给发车价，彼等见沿途衙署皆有往来，始帖耳受约束。车夫共十人，大半家道小康。有翟姓者，在郾城住宿时，该车不至，遣人寻之，拟待其至而加以申饬。忽见该车夫修容易服而来，词气卑顺，并邀余等顾其家为具饮馔，乃笑却之。询以家况，知有良田数百亩、大车数乘。因询及其余车夫，则皆力田服贾、颇有资本者。其勤苦耐劳如此，较之吾乡人，其奢俭为何如也？故驾驭若辈之法，能借在官势力固佳，否则惟有开诚布公，以真心相接洽，亦能得其死力。若一味用役使奴隶手段，未有不受暗亏者。

凡车行下坡、渡河及桥，皆宜下车步行，或无船桥处，只能乘舆而济。余去时过长台关，淮河水浅而阔，过郾城螺湾河亦然，皆隐约有砂迹可涉。河旁有童子为客拉缰，择浅处径渡。车夫咸有戒心，吆喝不绝。彼处均无舟楫，若跨驴绝流而渡，较在车为稳妥，惜来时计不及此。后有公车来者，述及翻车落水，皆在此处，余幸而免。昔郑子产以乘舆济人，孔子谓为不知为政。然必待十一二月，徒矼逾梁方成。岁岁如此，绝不思一劳永逸之法。较之今日火车铁桥为何如也？中国之因陋就简，历数千年而不变，岂思想之果不发达欤？抑兴作之工必归官吏，故有以阻之也？

豫省风俗近古，而不免札陋。自确山以北，一望大陆无垠，田畴平衍，所过村落不似江浙之散处，皆围以土墙，间有用砖者，如城堞然，标其名曰某寨，少则百余家，多或千家，秋收则储粮寨内，守望相助，以御暴客。民皆聚族而居，休戚相关，隐有春秋诸小国景象。农人力田皆穿长衣，或领褂套裤，且鞋袜完好，无一赤足者。或三或两，负耒观过客，沮溺耦耕，神情如绘。其女子则中年者绝不见客，所见非小孩即老妪。虽农家茅屋，亦分内外，内室必垂帘以示屏蔽。男女之别，颇有古风，其装饰大都椎髻长衣，及膝外罩短褂，多左衽，不满不汉，有胡服遗风焉。大约河以南，男多女少，妇女都不事耕织，布帛之需，所产不足以取给，近来洋布输入日繁，犹幸地方俭札，凡茶寮酒肆，皆不经见人，日得三十文便可终日饱，故民间藏富甚厚。

名利两途，人所并竞。河南人情，好名胜于好利。盖省会滨大河，离扬子江甚远。黄河流域，商务远不如扬子江。且水道大半不通舟楫，陆行多阻滞，输入之货甚少，而所产杂粮亦以转运不便，未能畅销，故出外经商者颇乏。余尝过螺湾河及小召，适逢市集，肩摩毂击，百货骈臻，有交易而退，各得其所之概。独于虚名观感，竟不自知其陋。所过城邑，凡绅士第宅，门首必有匾额，虽一副贡，而斗大字匾悬之。檐际又见有大书岁进士者，询之，则因进士一称贡士，则贡生亦可称进士云。其他以齿德称尊乡里者，其门额或标南极星辉，或题儒林望重，大率皆亲友公呈请地方官书赠者。习俗相沿，不求甚解，若一朝开化，其改革当自易易，盖其自动力本弱，上有所好，下必有甚焉者矣。

所过州县，土产以麦为大宗，如高粱、秫米、豌豆、绿豆、芝麻、樱粟，到处都有。惟水道淤涸，转运不灵，每见土人运货入城市，用薄笨车或四轮太平车，驾以黄牛，自一头至五头不等。服牛乘马，引重致远，前民利用，历久相安，从未见有赤足肩挑者。然一家养畜数头，为费正自不细，且并非常有货物转运，何弗以人力逐节挑送？既可习劳，又免加派，乃至今沿袭，竟未有计及改良者，是亦我民守旧之结习也。

四月初三，由开封启行回上海。先是托县署拨官车一辆，是日送来三套大车，牲口皆疲敝，两车夫亦老迈。出南门逾芦花岗，至朱仙镇四十五里尖，有贾鲁河穿城而过，城中仅过一石桥，水已涸，不知上下游如何。时尚饱，略饮茶水，复行至闹店。车夫欲停宿，催其前进，行三十里至芦馆。天已暗，投宿一小店，吃鸡蛋炒馍一碟，计四十文。地甚荒僻，店伙篝灯睡于车旁守行李，另给三十八文。

初四黎明行十五里，过尉氏，略饮小米粥，每碗六文。渡贾鲁河分流，河中皆茭蒲。有车轨可认，车径涉水，不及轨，行三十里至朱曲尖。食炒鸡蛋一碟，烙馍两张，计五十六文。复行经蔡张古桥，亦一小寨，寨外为双洎河，所迳有平石桥，河水半涸。复行至小召，适逢市集，百货胪列，演戏酬神，途为之塞。车夫又欲歇，余知公车来往至此两次被盗，饬其速行。至湾店宿一小店，食面一碗，粥一碗，计十八文。自朱曲至此，行六十里地，多盗贼，终夜戒严。余以该车两天皆赶不上正站，虽人畜皆老，其实不愿当差，有意迟难。因想余等出门本不应照官价，若再施以压力，横加驱策，更非恕道。因向车夫说："汝能半夜开车，天明至许州，我释汝而另雇车。"车夫乃欢喜称谢，终夜喂牲口，子初来唤余启行。

初五行二十五里至许州，鸡初鸣，怅怅无之，投一客店，卸装释之去，食炒鸡蛋一碟，烙馍两张，计四十八文。许州车甚少，至南门外农家觅一大车，车夫马道立偕侄叫天儿，三驴亦矫健。午刻食面两碗，计二十四文，开车行，过八里桥，是为石梁河，水甚浅，仅资灌溉。过大石桥，为流颍河下游，水亦浅，不能通舟楫。下午过五里河，已涸，至临颍遂宿，计六十里。晚食烧饼、油馍各二枚，面一碗，计三十文。至城中散步，见鲁公义塾，入内见一蒙师，询知鲁公山东人，为临颍宰，捐俸八百千文，生息为义塾费，分设二处，无定额，亦无课本考察等事。贤宰用心，徒存敷衍局面，可见地方之无人也。初六带黑行，至十里铺天晓，在大树下食小米粥一碗，鸡子三枚，计十五文。过颍河石桥，水流潺潺，不及尺。过土卢河，已涸。行六十里，过郾城外螺湾河，为汝水下流、洪河上游处，卸车上船而渡，计费百文。河阔而水不甚深，有一桅帆船运货过渡。入螺湾河寨，适逢市集，肩摩毂击，车不能行，遂尖，食面皮一碗，蛋汤一碗，计五十六文。是处为南北通衢，杂粮云集，赶车者皆于此满粜刍豆行。过乾河口，度一大高坡，其下即乾河，架以石梁，水不甚涨。过九空桥，寨门外遥望树木森森，人烟稠密，惜不入。桥亦为淤泥所闉，过渡处仅存河印。适大雨，饬车疾驰六十里，渡洪河桥，至西平，几无投宿处，借西城根一农家，无晚餐，函商县署，左公子为送八来篮，得饱食一次，留片谢左公子。

初七平明行，至二十里铺，食山芋、蒸馍，计八文。途遇项孝廉芝圃，约同行至管庄郑姓家，绕道十余里。车夫不识小路，余为觅一乡导，引至郑兰毓家。郑亦一生员，项孝廉来时曾雇其车，并投宿此，行不忘旧馆意。余乐得考察乡间植物，欣然同往。郑殷勤留膳，肴甚丰备，并导观园林畦陇，井井有法。饭后行过石洋河、阳奉河，皆有桥，水半涸，行六十里至遂平。出南门，渡沙河，卸车上船，余下车从浅处板桥渡。车行三十里，过清水河，有桥，水甚少。宿界脾小店，食鸡蛋烙馍，柔腻而甘，为馍中上品；食大米粥一碗，厚而芳，共计六十文。途中食物以此为最。

初八带黑开车，至已初行六十里，抵确山，闻火车可搭客，遂将大车开发，扣去银二两八钱，计一站之价，路实尚有站半也。将行李搬上火车，待至日暮，车头始到，开行过狮子桥，是处为济河上游，河身断蚀，似久不通舟楫者。行四十五里，近新安店，汽车头忽开去。余等皆在敞车上，而棚车止有一辆，为铁路局张鹤龄押运货物所乘。余商之张君，将行李搬入棚车，安铺而卧，幸免露宿。是夜，张君以粥来，食二碗，酌酬之。

初九汽车头仍不开，询之知车机坏而待修。终日闷坐是处，离新安三里，不敢擅离车次。终日食粥三餐，每碗约费百文。至晚，确山汽车来，有李委员、桑委员皆入棚车，席板而睡，是夜大雨。

初十晨，洋人来收价，每人一元二角，车遂开。过长台浮桥，车行甚滞，旁铁桥尚未成，此即准河水，东流甚驶①。计来时车从浅处渡，今水发，河顿深阔。有一枝桅，往来船矣。行九十里，抵信阳东门外，阵雨如注。余幸入棚车，其余敞上各孝廉数十人，如雨淋鸡一班。余住宿云栈，即张鹤龄所指引。欲进城，竟无轿役，函询陈君希超，据覆朱观察出勘秋审，甘君叔通亦随去，约余明日相见。夜，张君鹤龄来谈，送余酱白菜，味甚鲜美。

十一，天仍阴，余即上火车，坐二等客位。下午抵汉口大智门，即雇挑夫上宝华轮船。挑夫每名百二十文，方知来时每名二百文，实受鸿安栈友之欺。该船房舱只有四间，并不加价，惟饭食与大舱同，无热菜。余商之厨房，每餐贴洋二角，居然有三四肴，皆适口，共费洋一枚。当晚开行，十四上午抵沪。计此行仅十二日，颇迅速。中间趁火车，欲速反迟，枉受两天烦恼。犹幸萍水缘深，到处有人招待，故颇觉舒适耳。

---

① 原文如此。

记交际

余在陈君希超室，朱公曼伯出见，殷殷以设学堂培人才为问。余口："当今之世，人人肯学问、能自立，便是强国之本。"朱公首肯，因言欲于信阳先设师范学堂，预备南汝光三属，教①习之选，托余转访日本教习。时适有日本人二，游历过信阳，与朱公接谈而去。余阅其名片，一为大学堂教习，一为中川外雄，曾在余育材教习东语者。余因告以延教习之难，即如此君，尚非其选。盖华人习气之坏，莫甚于官场，彼东西人之应聘来，大半本非上驷，相处数月，便将因循敷衍陋习，揣摩②惟肖。即毗陵、南皮，于延订洋员，往往受其欺而不及悔。今欲设师范学堂，鄙意实无教习可请，不如遴派高材数人，前往游历速成师范，为费不过一二千金，为时不过一载，而于学校管理制度各章，已可略晓，然后就彼选为各科专门教，相约而来，合力兴办，自然意气相孚，足以持久而收实效。公许为知言。顾希超曰："准如此，试办可乎？"余急欲到汴，约归时再畅谈。后四月回，过信阳，适公出勘秋审，余遂上火车，亦未与希超晤，不知其究竟。

余赠朱公书目提要一本，公属照目留备一份③。公年届古稀，好学不倦，尤肯物色人才，整顿要务，不视一官如传舍，诚司牧中能实行政策者。余与公一席谈，未及私，后公托甘君叔通询余家世，方知公与竹鸥先伯同官部曹，盖有世谊也。余在公署一饭，同

---

① "教"，原文作"效"。

② "摩"，原文作"靡"。

③ 原文为"分"。

坐皆幕友，朴诚无官幕习，贤主嘉宾，可想见其治理也。

由朱仙镇至汴城，同伴金君颉云偕毓才侄为先导，至吴君可园家小憩。莫公畅庵及其侄品聘卿引至河道角景兴栈，安顿行李，租赁店屋，皆莫公代为经理。公浙籍，久居河南，历为州县官，司会计，与余为萍水交，而一见如旧相识。予告毓才如有缓急，莫公可资臂助。后公果倾心款接。如予言，予生平择友，自信能得人，盖于上下社会无不以平等相待，故人都乐亲予。然予择友颇慎重，故交虽广，而真知实少。如莫公者，其勤慎廉洁，久为当道所推重，诚无俟疏逖之标谤，惟予惜别情深，聊志交谊，以为他日相逢之券。

刘君申叔偕桂公蔚丞来。刘为去年金陵购书友，洒落无尘俗气，读书目数行下，鉴别精当，思想甚富，不肯轻出诸口。其长处尤在能留心时杰，非孟尝、信陵之竞骛虚名者。桂公为维扬老宿，予曾过其寓斋，积书甚富，题签细密，偶检一卷，无不经加墨。然其论学，若师事刘君，殆博览而未能守约者与？桂公为予言，有韩观察紫石，闻予专售新书，欲来访，且言韩公极留心时事，其治绩为汴人所称颂，是可与言者。予敬诺之。

一日，有客驱车过，大呼予字，遥睇之，则蒋君焕庭也。延之入，颇讶其来。蒋曰："予之苦心，君宜见谅。顷见开明招贴，知子不远数千里来，当是同志。因述渠在家乡时，逢人说法，务开智慧。间有妇孺不能与言者，则倩其夫人往说之，然信者半，疑者亦半。此次公车未发，戚友皆赠钱相期许，若果不行，显贻口实，将见恶于侪辈。"其余所言尚琐，予不欲揭其枉尺直寻之宗旨，故略而不纪。蒋公为予言科场腐败，种种恶习，矮屋中攒眉抵掌，于逢迎倾轧，惟恐不工，以此选才，奚能得士？予曰："主司有成见，不得不逢迎；取士无定程，不能不倾轧，于多士奚责焉？”

举子入闱，门前冷落。忽韩公紫石来，彼此各道企慕。公出选购书目，阅之甚有条理，盖兼政治教育家也。予入汴境，见地质所产及林木甚夥，询之土人，莫能言其用。略举以问，公则原原本本，皆能道其详，并出示兴利条陈五则：曰蚕桑，曰纺织，曰灌溉，曰制造，曰树艺。蚕桑一条，与江浙异，不能言其故。纺织宜行于河北，灌溉则豫省要务，而一时万不能兴。制造则到处可设。树艺则因其自然而加以讲求，收效自易。树艺精而富，则制造取材更足用。余拟在确山设一磨面厂，在西平设一草帽厂，在汴城设一皂烛厂，各因其所产而利用，于豫省必有大益。公亦首肯，并言河北橡楮极多，即树艺一条中，专言广劝者。余取得橡楮枝叶各一束，寄日本工业学堂稺虹侄试验。据复，分析后楮中纸料含百分之六十，为造纸各物中上品；橡则不能取胶制皮，其质可为柔皮之用。盖内地牛羊皮之销洋庄者，到彼硝柔之以为器，或有仍运中国应用者。若我能自柔之，无论自用出售，价值可得，其利甚溥。至河南所出之土碱，稺虹分析之，实非碱质，可以提成硝及制造玻璃之质，甚佳。稺虹习工业化学科，明年可毕业。曾与韩公约试办，公亦愿得臂助云。公尝为余言拟合同志集款，设中西塾以课子弟，嘱余延洋文教习能兼理化算学者。予谓延师能兼各科最难，且汴省居腹地，风气未开，来当教习者苦独学无友，虽厚其修，未必乐从事。且同志团体难免涣散，恐不克持久。予当年在松江创办亦如之，未及一年，种种掣肘，遂迁至上海。今育材之名，鼎鼎闻海外，盖非一手一足之力矣。因劝公遣子弟负笈游，一面行实施政策，俾民生获利，思及取法乎上，自然齐力兴办学堂，岂不事半功倍？越日至韩公宅，相与论汴省兴利事，约以日后择要试办。时公适奉札河北铁路，亟于行，旬日间函札[1]往还甚数。公以教育发大愿力，相勖予以行政持最初心相规。虽萍水之交，不殊金石矣！虽然风俗日伦，人才消耗，予因韩公不胜今昔之感。犹忆甲午岁割台议成，官绅发忠愤，私谋援台，姚君子良自台脱归，往说南皮谋接济。时予亦在金陵，因姚识郑君苏龛。郑固福州名下士，见赏于南皮，此行受南皮密使。予与同坐驾，时轮船返申，舟中抵掌谈时局。郑激昂慷慨，为台谋善后至周且密，予窃恨相见之晚。抵沪，泊制造局，满装军火，予送之上船，以成功相期许。及舟至下海浦，停轮购粮食，郑忽变计，只身登岸，予心讶之。及台事果决裂，又阴服其高见。后郑又受知于毗陵，会办铁路总局。时相过从，亦未见其有建树。未几，南皮招之去总办芦汉铁路事。时各省遣派往日本游学者甚众，先在日本者有《日本游学指南》一书，为东游者先路之导。予以一卷寄郑，托其转呈南皮印五百部，以广其传，约费洋百元。郑复予，云两湖财政困难，南皮日夜焦虑，敢谢不敏。予不见郑公已数年，忽得此函，不觉爽然若失。后友人自汉来，盛称郑公总办铁路，时局员有二百余人，郑无一私人在内，即有亲友来谒者，赠贶速之归，其清廉有如此。嗟乎！外博一己之声名，内循上台之情面，仕官之移人，甚矣哉！磨而不磷，涅而不淄，非宣圣自表，我亦疑之于郑公乎？何尤？

何公绍甫、陈公云舫偕金君黼青，因颉云顾予景兴栈，略谈数语，知皆有道者。及赁屋设店，与黼青居最近，时相往还。黼青为

---

① “札”，原文作“扎”。

言何公被诬事，彼等激义愤，出死力以相助，余为改容致敬，自信初交之非妄。未几，黼青就顺德铁路局，然其气宇，犹常悬心目间。

何公绍市屡顾谈，知其大世兄已习俄文三年，现在汴省大学堂习法文，余劝之游学以成业。公曰："老母爱孙切，不欲其远离。"嗟乎！世变日急，正志士闻鸡起舞时，安可坐销壮岁？但公善体亲心，不为绝裾之行，其孝思亦可敬矣！公在庚子岁，领北洋亲军小队，与联军大小数十战，与之谈，勃勃有生气。惜功成不赏，更被诬，几陷不测，幸同志联名具状白其冤，得复职。公气度娴雅，有古儒将风，尤好读书论时事，识见正大，不以新旧执偏见。时予适觅得河南全省图，公因举《豫乘识小录》一书为可资参考。予遍询坊间不得，仍由公假之友人阅之，于全省情形颇了了，拟为重印，惜书成于嘉道间，如赋税、户口、兵制，皆须重为订正，无可调查，仍归之，以属彼都文献。

一日，何公来，述彝山书院掌教许公汝济，为省中老宿学，闻予至，欲来叙谈，并言许公年已望八。予曰："是应先施。"翌日往何公家同行，谒许公于彝庙讲堂。公须发颁白，躯短精悍，抵掌高谈，豪气压侪辈。公自言昨见梁任公《新民说》单行本，方知六十年前沉埋于黑暗学界中，至此始睹光明一线。予为瞿然。又言书目已见过，拟选购数十种，再请于官，筹款购书以备月课奖赏之用。鸣呼！诚能如公之用心，汴省学术进化指顾间耳！翌日，公来购书百余卷，以科学书、讲议书为多，于浏阳谭唐著作皆不选。夫以公之明，岂未知不以人废言之义，特其启牖后进，惟恐横生阻力者得所藉口，故宁割爱，以俟异日，此公之志也夫！

越日，何公来，言与许公同具杯酌邀予饮。予不喜作无谓周旋，故于友人招饮者辄婉却。何言云已邀郡中贤豪、长者与君作高会。予欣然诺之。及期往，则同座者为刘公相臣、吕公扉青、狄君杏南、金君黼青，及两主人。时吕公先在，见予即云："能开书店者，当是风雅士。"予颇其语不伦，未有以应。何公顾予曰："扉翁为明道书院山长，深得洛学宗传者，今日彼此论学，须破除新旧之见。"予曰："学不论新旧，当论虚实。西人为学，处处征实，华人在在蹈虚，故宋学一派，为近今所丑诋。观庚子联军入京，凡曾掇高科、踞要津者，无不媚洋以求免。及议成返跸，河南士民以争睹为快，此国破君奔之大辱，西国人人所痛恨者，而华人淡焉漠焉。予读西国诸哲家学说，其感发鼓舞人心，实较宋儒为优，虽欲右之，不可得矣！"吕公默然，终席不与予交一语。刘公相臣人极率直，议论虽不尽中肯，要是和平一派，知其子若孙已林立，爰说以培养国民之要务。公谓本拟延西师在家训习，予谓："学校之废，不自今始，故力能延师者，造就常占多数。然中外对镜，各科实学以次发达，断非闭户自修所能成业，不如游学为佳。"因赠以初、中等国文教授各一部。自后遂不再见，余亦未之往也。狄君杏南，人颇拘谨，席间未及谈。客散，狄君独后，方谓可以畅达胸臆。忽见君据胡床，以烟霞供养，余遂收拾心旌，作敷衍语而别。余于交际，虽素昧平生者，一矢口便知其底蕴，然苟无可与言，即不答，藉省酬应而已，非敢自大也。

瞿公鼎丞来，公为予近同乡，自幼随宦在汴，历游宪幕，以廉正自守，究心舆地学垂三十年。曾过其斋快谈，移略知公绘有东省图，及西卑里铁路图说。属予校正，将印行。予谓舆地之学，非身历者不能了了，昔人言之屡矣。予所知不及公万一，何敢任校勘？爰举李君兰舟表弟可资参考。兰舟曾随使俄国六年，期满只身循西卑里铁路归国。餐风宿露，八阅月始达漠河。时俄人铁路尚未兴筑，李君怀深谋，先考察，故独知其详。今李君任海参崴领事又六年矣，能持国体，为俄人所敬服，盖亦名世才也，当以大著就质之。公曰："善。"乃转交李君，许为调查加注释。公自述历年究心之瘁，同志之难，调查之不易。余谓中学之讲求舆地，大率考据沿革为多，劳而不适于用。其次则谈形胜险要，然又因时变迁，各视其人之用法，不能以一家言为定本。西人地学有专科：曰地文，曰地质，曰地理。凡学堂出身者，无不工测绘，故图之用弥广，如开矿、务农、经商、行军，皆有图以利用。迩来争事殖民拓地，益讲求航路海线。今中国固有之海线已破坏缺裂，而言地理者犹沾沾海疆要口，庸有及乎？幸近时各学堂科学渐备，十年后当收事半功倍之效。昔人每恨予生之晚，若予与君转恨予生之早已。左君霖苍，其外号曰蟠庐，随侍西平县任。曾寓书于培孙侄，知其为好学士。春间道出西平，谒之。与谈各科学，都有门径，知其得力于庭训深矣。未几，左君来汴应礼闱。彼此顾谈，左君自言日阅书约价值银洋一元，以一年计，可得银洋三百六十元。嘱予告上海开明书店，出有新书随时邮递。予所著书目提要一卷，系到汴时急就草，因迩来新书日杂，大半书贾谋利，杂凑成编；尤其甚者，离奇怪诞，不可为训。故略述有用书，缀以简明语，为选择新书者先路之导。左君言："若能一星期出一纸，分正编、附录、存目三项，登之报章，俾同志咸知取舍。"予韪其言，而碌碌未有以践，甚愧也。左君既回西平，予归途访之，因病未见。近得书，知其归长沙，闭户读书，殷殷以进德相劝勉。予年届知非，学业一无成就，而每为青年所不弃，能毋自奋以自立于竞争之社会。

叶公作舟，二十年前旧友。抵汴后，询知出守汝州矣。黼青为余言其长公子揆初有奇才，为当道所契重。翌日，揆初偕其弟①仲裕及梁君西仲来，彼此各道企慕。及与言时局腐败，社会竞争，揆初语皆有分寸，盖已受仕官之范围者。越日往答之，揆初未值，与仲裕、西仲谈甚久。二君宗旨识见均有不愿文绣膏梁之意，诚青年中之铮矫者矣。予欲在省城设一阅报看书公所，绍甫何公曾许为纠合同志，集资赁屋。予急南归，未及赞其成。前得仲裕书，已择地开办，并托寄各报，将来风气广开，人文蔚起，叶氏之功为不朽矣！作舟曾有书，极道契阔。予满拟过汝宁访陆公蔚庭，过汝州访作舟，与谈设学堂事，卒皆不果，殊怅也。

言君简斋来购书，慷慨谈时事，英姿飒爽。年才及冠，能博览群书，思想甚富，数顾余倾谈。因劝其游学，简斋甚以为然。近日寓书于余，言已接阅育材章程，此余归后续寄汴以赠同志者。简斋俟禀命，约秋间来沪。闻伊叔笠甫精传人术，在长葛县教习，惜未见。

章君兆春来购书，年未及冠，清谈娓娓，深明新旧学界进化腐败之故。询知其尊公号振叔，为锡良奏调至热河。昆弟四人，君其少焉。君兄一在山西，一在芜湖，皆兴办农学。余虽未识叔振②之

① 原文少一“弟”字。叶仲裕（景莱）（1879—1909）为叶揆初（景葵）（1874—1949）之弟，复旦公学的创办人之一，后投江死。加其叔父叶瀚（1861—1936），三人皆为近代浙江文化名人。校者按。

② 前文作者作“振叔”。

为人，要是一能吏，而尤能不以仕官世其家，可想见其义方之训矣。余力劝简斋到沪就学三四年，再往东西各国游历，必成大器。简斋颇悦余言，并述及宁陵县张公之子宗芳、宗苌，年皆未及冠，极能读新书破旧学，亦青年中达材也。嗟乎！风雨鸡鸣，我思君子不十年后，社会上当放种种光明矣。

王君锺远来，气宇英毅，愤时疾俗，溢于言表。出示所著《新释地》一卷，属为考正，拟印行以饷①新学界。予谓椭圆之说，今学堂列之蒙学课本，似已无人不晓，然谨守经训者，虽宿儒犹坚持主静德方之说，得此以辨惑，未始非开通知识之一助。携归与夏君颂来商之，颂来谓《摄力》一篇，主空气，立论尚未精确。爰归之，俟其商定。君始代派《苏报》，继又派《大公报》，于社会中极有主动力。其发论为文，均能达其所见。然顽烟蛮务中爝火之光，岂能遍照？此予所谓翘首夷门，而怅然于信陵之不再也。

黎公太初来购书数十种，述及纠合阅书同志，分购书籍，互相参阅，是于学界中能结团体者。公久留河南，于风土人情极熟悉，曾导予观熬硝厂，为言黄土出鹹，黑土出硝鹻，城内已有数十处。土人逢硝价昂，则掺以鹹，鹹贵亦如之，致两失其用。若能用洋法设厂，分别熬炼，其利甚溥。予深然其论，愿俟异日有力为之。其他言为民兴利处不一端，苟得贤督抚，假以事权，不事掣肘，其政绩必有可观者。

贝君元徵、刘君忏昙，顾访二君，皆浏阳知名士，向见《寥天一阁集》首篇即与元徵论学书，盖闻名久矣。君为人平易，蔼然有

① 原文无"饷"，校者根据文意补。

儒者风，虽谈新学，不以血气用事，殆年岁为之欤？刘君年才弱冠，举止倜傥，望而知为奇杰士。曾见其中式卷，卷面刻湖南省水道疆域图，标浏阳一角，隐隐有奇彩。首页小像，叙氏族，则仿世系表；叙学派，则仿师承记，皆戛戛生新。十三篇简当深朴，颇似老宿学手笔，想君亦曲就范围之作也。岳秀湖灵，伟人间出，他日天南新世界大放光明，必君等学业发皇时矣！

景公伯扬来购书，以教科书为多，并询及农学，惜未带无以应。河南风尚纯朴，学界未移，能读新书者甚少。公来最早，询之为祥符籍，予心怦怦，以为得君为过渡，可输布文明矣！越数日，造其门，投以刺。予名片用西式白色小方纸，阍者殊错愕，持以入，良久返曰："主人不在家。"予知公固以独学名者，其处境又为名缰利锁所牵制，其见予刺而疑沮也，固宜。然予固心敬其人，终以不获见为憾。许公汝济为予言，徐君蓉轩、王君少岩，皆郡中人望，将就访新学时，予已整归装，不及待，交臂失之，殊可憾也。然则大梁城中固不乏人物矣！坐井而曰天小，难免为识者所嗤，存此鸿雪，为他时萍水之证。

予在信阳，时甘君叔通为予言，已托人介绍大学堂总教某君，说以购取新书，以开风气，到时宜往谒之。予抵汴后，迟迟未果，及询访某公，佥曰其政策禁学生看报，其著作则有经义秘诀，以为衣钵真传，乃爽然不复往。一日见浏阳贝君，偶道及。贝云其监院为徐君艺甫，颇热心教育，可与谈。往访之，果如所誉。徐君导予观学堂，入门左右各三楹，一为总教起居，一为监院室，正中大讲堂，五楹中设宣圣位。予问讲堂以何日会讲？徐曰："朔望谒圣耳，无他用也。"遂过之，入后五楹，为官长会客处，甚轩畅。又后五楹，为藏书处，中藏各官局书，及制造局旧印、各坊石印，与向时藏书家讲求古板者有间，而新书则缺如焉。入后新建七楹，云将安设印书机器，印日报。其东边三楹为收发书籍处，有司事焉。讲堂之两旁为课堂，左右相对，共四进，每堂可容三十人，器具亦未能一律。课堂之后，左右为寄宿舍，每进七楹，约四五进。中一间为膳堂，庭室宽敞，于卫生颇宜，惜学生所占处仅全校十之三地，余皆表示规模者。阅毕，至徐君室，见课程表，所定时刻，疏密未能得中，且只有英、法、日语言，及算学、汉文，此外各科概不备。予颇错讶，徐君亦低徊往复，若有不能明言者。予谒徐君时，阍者驱觅之始得，予知其巡视学舍之勤也，心佩之。及接谈，则又休休有容，若欿然不足者。然学校为全省人才关键，非用强权不足以资整顿，君盖优于知者也。徐君赠《通商各国订约表》一卷，为言系郭公骏卿所著。郭公在道口设立小学堂，颇有成效，亦当世有心人也，予敬志之。归寓，自叙一函，附书数种，托艺甫转达。近由汴店寄来公覆书，自述苦心卓诣，以立开化基础，及谬引同心所以奖饰不才者，不无过当。然如公者，亦无愧世界之杰矣！云山苍苍，寸心千里，努力崇德，皓首为期，此予覆公书之大意也。

陈君弟三、邹君少和时顾予寓，兴到无所不谈。二君皆深于汉文，其才名为朋辈所推重，然其思想颇在新学界争胜，而不束缚于世俗之荣利，盖亦社会中先觉者。

予游大学堂无所得，而学堂高材生逢休假日，辄相率来购书，如杜君振亚、王君兆曾，皆倜傥有大志，其他才优学富者，颇不乏其选，惜未能概记其姓氏。嗟乎！人才不择地而地，实足以限人才。予过大梁之墟，梧桐，颇紧植，而岿然之鲁灵光，乃枳棘也。

以彼鸾凤，岂能久憩，曷弗振刷乎云衢，翱翔乎溟渤耶？

此次各省公车皆为雨阻，甚有临场始到者，皆极匆遽。及场后往访之，都已早整归鞭矣。如东莞伦君哲如，通州刁君荐甫、实秋，蠡县孙君希彭，华阳陈君伯完，南昌邵君莲士，皆积学志士，惜未获畅谈，姑存其名，以志向往。

或问于予曰："中州为自古文明区域，平日才人学士互相标榜，各有门户，何以一至开明，无不水乳交融，绝无矜才使气习？"予曰："此佛氏所谓真实不虚也。予于儒家去忮求心，于道家去争竞心，于释家去势利心。地无论州里蛮貊，人无论贵贱智愚，行无我法，作平等观，故有左右逢源之乐。"或曰："其然。"岂其然？

或问于予曰："记交际，何以不志爵里？"予曰："先儒不云乎：民，我同胞；物，我与也。志其为中国人才，斯可矣。往尝见各邑志乘，于人物流寓，彼此争相引重者，陋也！若齿爵为世俗之达尊，穆叔于三不朽已辨之，予无取也。"或曰："其称公与君何谓也？"予曰："大约以年齿别之，非有所予夺也。"

或问于予曰："此次礼闱，上海人才来者独多，君可无所志乎？"予曰："微子言，几遗。"日者姚君子让、沈君信卿、汪君季航、朱君锡伯联袂至，清奇古怪，各具一体。予戏问姚君曰："老兴何不衰？"姚正色答曰："予从未衰过。"为述某某科皆到，所不到者皆有故耳，是可以占其志趣矣。姚君与予总角交，为龙门书院高弟子殆三十年，凡地方公事无不与。去岁以某君荐充南洋公学总教习，乃自禀关道，请停给膏火，毋开缺。及公学闹事，中文教习皆斥退，姚君乃仍就龙门弟子席，是即吾乡之物望已！或竟怃然曰：嗟！

开明书店新书目录

教　科

《地学始》四角、《物理易解》一元、《天文问答》一元、《科学丛书》二元、《蒙学初编》一角、《蒙学二编》一角五分、《蒙学三编》二角、《世界读本》一角八分、《国民读本》三角五分、《习字范本》三角、《格致读本》三角、《马氏文通》一元、《幼稚新读本》八角、《理化教科书》三角、《普通学初阶》三角、《亚洲启悟集》二角、《文学初阶全》七角、《普通体操学》五角、《初级地文学》一角五分、《初级天文学》(原书无定价，校者注)、《珠算教科书》四角、《小学毛笔书》四角、《普通学问答》四角、《皇朝掌故读本》四角五分、《博物学教科书》七角、《普通珠算课本》一角、《初等小学读本》五角、《矿物界教科书》三角、《中外故事读本》三角、《格致课本一编》四角、《格致课本二编》四角、《格致课本三编》四角、《格致课本四编》四角、《国史初级教科》三角、《政治学教科书》二角、《理财学教科书》二角、《小学图书范本》二角五分、《蒙学读本全书》一元五角、《地学始教授本》二角、《初等国文教授》四角、《普通地理读本》二角五分、《中等国文读本》三角、《动物学教科书》五角、《国文教授进阶》五角、《毛笔画教授本》一角、《外国地理教科书》三角、《中等地理教科书》五角、《西洋历史教科书》五角、《中学地文教科书》九角、《新撰博物教科书》五角、《普通地理暗射图》二角、《中学生理教科书》八角、《中学物理教科学》六角、《初等地理教科书》三角、《地质学简易教科书》二角五分、《初等植物学教科书》二角、《普通体操学教科书》三角、《普通经济学教科书》六角、《洋装地理问答上下》一元四角、《小学万国地理教科书》三角五分、《澄衷蒙学堂字课图说》二元、《高等小学国史教科书》四角、《高等小学地理教科书》四角、《高等小学博物教科书》四角、《中国地名韵语新读本》二角

教　育

《伦理学》六角、《家政学》一元三角、《读书法》一角、《修身书》一角、《师范讲义》三元、《教授指南》三角、《孔门德育》二角五分、《家庭教育》二角、《教育家言》三角、《女子教育论》四角、《世界教育课》二角五分、《精神之教育》五角五分、《心理教育学》五角、《儿童心理学》三角、《学校卫生学》二角、《国民新体操》二角五分、《国民体育学》三角、《学生立志论》二角、《最新教授法》二角、《教育学问答》二角五分、《实用教育学》四角、《学校管理术》四角、《普通体操法》一元、《泰西教育史》五角、《统合教授法》三角五分、《德育及体育》二角五分、《东西洋教育史》一元三角、《各国学校制度》六角、《欧洲教育史纲》四角、《日本游学指南》二角、《教育丛书初编》三元、《教育丛书二编》三元五角、《东京留学要览》一角五分、《课蒙造句捷诀》一角、《教育修身讲义》三角五分、《实用卫生自强》二角、《简便国民教育法》二角五分、《游日本学校笔记》三角、《实验小学管理术》二角五分、《格氏特殊教育学》三角五分、《最新学校管理法》二角、《速成师范讲义录》二元、《教育新论、新史合刻》四角、《日本小学教育制度》一角五分、《普通专门学堂课程议》二角五分、《日本

中学校教授要附施行规则》七角

历　　史

《新史学》五角、《外患史》四角五分、《波斯史》一角、《埃及史》一角五分、《犹太史》一角、《亚剌伯史》八分、《万国史纲》一元、《元朝秘史》二元、《中国历史》一元、《万国史略》三角五分、《史学通论》四角五分、《泰西通史》一元、《土耳机史》四角、《普澳战史》五角、《罗马史要》三角、《支那史要》八角、《清史揽要》四角、《西史纲目》二元五角、《皇朝纪略》一角五分、《西洋史要》一元、《万国历史》一元、《支那通史》一元、《世界史要》六角、《万国通史》六角五分、《埃及惨状》二角、《腓尼西亚史》七分、《日本现势论》一角五分、《希腊独立史》四角、《支那文明史》八角、《英国维新史》六角、《戊戌变政记》四角、《最近之支那》三角、《世界近世史》九角、《最近外交史》三角、《埃及近世史》二角、《最近支那史》八角、《万国兴亡史》三角五分、《万国史纲目》二元五角、《特兰斯法尔》四角、《普通新历史》二角、《西力东侵史》三角、《东洋分国史》七角、《美国独立史》六角、《罗马文学史》二角、《近世海战史》三角、《万国历史问答》三角、《意大利独立史》四角、《日本变法全史》二元、《南阿新建国史》五角五分、《中国文明小史》四角、《十九周政治史》三角、《日本历史问答》三角五分、《小川东洋史要》四角、《明治政党小史》五分、《世界大事年表》一元二角、《原版东洋史要》五角、《印度灭亡战史》二角五分、《法兰西近世史》三角、《中国学术史纲》五角、《俄罗斯大风潮》一角五分、《佛国革命战史》七角、《英国制度沿革史》一元、《历史哲学前后编》四角、《亚美利加洲通史》七角五分、《飞猎滨独立战史》三角、《英人经略非洲记》一角五分、《欧洲十九世纪史》八角、《十九世纪外交史》一元二角、《日本维新慷慨史》五角、《支那近三百年史》五角、《日本维新活历史》三角、《朝鲜政界活历史》一角五分、《俄国蚕食亚洲史略》一角五分、《十九世纪大势略论》一角五分、《亚西里亚巴比伦史》一角、《日本维新三十年史》一元六角、《可萨克东方侵略史》四角、《节本泰西新史揽要》四角、《最近俄罗斯政治史》三角、《日本维新三十年大事记》八角、《法兰西革命前二世纪事》五角、《五大洲三十年战史癸酉》八角、《五大洲三十年战史甲戌、乙亥》一元二角、《五大洲三十年战史丙子、丁丑》二元二角

地　理

《瀛寰新志》一元、《南洋风云》四角、《世界地理》一元五角、《白水黑山录》五角、《世界地理志》一元、《万国地理志》五角、《奥洲风土记》二角、《满洲旅行记》五角、《东亚口岸志》三角、《日本地理志》三角五分、《地理学讲义》三角五分、《外国地理问答》二角五分、《华英地理问答》二角五分、《东亚三国地志》一元四角、《万国商业地理志》三角、《扬子江流域现势论》二角、《小学万国地理新编》二角

政　治

《原政》三角五分、《国家学》七角、《国法学》六角五分、《政治一斑》七角五分、《近世陆军》四角、《政治原论》七角五分、

《袁氏兵书》四元、《周礼政要》四角、《治旅述闻》一元七角、《英国通典》七角、《支那问题》一角二分、《国宪泛论》一元、《筹海刍论》三角、《公法论纲》三角、《警察全书》一元、《现世支那镜》四角、《国民内长镜》一角五分、《法学门径书》一角五分、《英兰觇国记》三角、《政教进化论》三角、《法律学纲领》一角、《国家学原理》三角、《万国官制志》四角、《国家学纲领》一角二分、《英国宪法史》一元二角、《共和政体论》八角、《美国民政考》四角五分、《世界三怪物》三角、《李文忠公奏议》四元、《最新万国政鉴》二元五角、《欧罗巴政治史》一元、《地方自治制论》三角五分、《日本制度提要》五角、《十三经分类政要》二元、《皇朝政治学问答》六角、《普鲁士行政法典》四角、《那特硁政治上编》四角、《那特硁政治下编》四角、《四大家政治学说》三角、《日本行政法纲领》三角五分、《俄罗斯对中国政策》二角、《李文忠公海军函稿》七角、《那特硁政治中编上》三角五分、《那特硁政治中编下》三角五分、《新译列国岁计政要》二元二角、《日本变法次第类考》一元六角、《日本文部沿革官制》三角、《欧美日本政体通览》三角、《欧美各国政治详考》四角、《十九世纪末世界之政治》四角五分、《十九世纪列国政治文编》二元六角

法　律

《民约论》六角、《宪法要义》二角、《法国律例》四元、《民约通义》一角五分、《宪法精理》五角五分、《法学通论》三角、《公法论纲》三角、《美国宪法》三角、《英国宪法论》六角、《万国宪法志》五角、《泰西事物起原》四角、《洋版法学通论》八角、《万

法精理第一》三角五分、《万法精理第二》三角、《万法精理第三》三角、《万法精理第四》三角、《各国宪法大纲》八角、《宪法法理要义》一元二角、《日本宪法义解》二角五分、《万国宪法比较》三角五分、《大版法学通论》五角、《日本违警治罪法》五分、《各国公民公私权考》五分、《二十世纪之怪物帝国主义》四角

国　　际

《帝国主义》一角、《国际公法志》五角、《支那国际论》五角、《英国外交政略史》四角五分

经　　济

《财政四纲》六角、《富国学问答》五分、《中国商务志》四角、《理财学纲要》四角、《理财学精义》四角、《商工理财学》六角、《最新经济学》七角、《理财学课本》五角、《万国商务志》六角五分、《中国财政纪略》二角五分、《日本印纸税法》五分、《地方自治财政论》三角五分、《英国印花税章程》四角、《原富甲乙丙丁戊》二元八角、《最近扬子江之大势》三角

算　　学

《合数述》二角、《笔算数学》九角、《算式解法》三角、《形学备旨》七角五分、《代数备旨上》五角、《代数备旨下》六角、《心算教授法》一角五分、《算学书目提要》二角

文　　编

《文变》六角、《中国魂》四角、《修学篇》二角五分、《学源初

编》五角、《新民说上》三角、《进化要论》七角、《湘报文编》八角、《策论新选》三角、《兴国史谭》六角、《世界大同议》二角、《清议报全编》八元五角、《道德进化论》一角、《中国现势论》三角、《族制进化论》三角、《严侯官文集》五角、《饮冰室文集》六元五角、《支那化成论》二角五分、《普通选举论》二角、《海上观云集》二角、《大版新广东》二角五分、《并吞中国策》五角、《王安石新法论》二角五分、《务实学堂课文》四角、《饮冰室自由书》四角、《浏阳二杰遗文》六角、《觉颠冥齐全集》六角、《宗教学术初编》四角、《东亚将来大势论》二角、《心声斋策论精选》五角、《现今世界大势论》二角五分、《中等日本文典译释》一元、《十九世纪世界大势论》二角、《十九世纪欧洲政治史论》三角、《十九世纪大势变迁通论》四角、《十九世纪欧洲文明进化论》三角五分、《谭浏阳石鞠影庐笔识远遗堂集外文》三角

哲　　理

《仁学》四角、《名学》五角、《天演论》四角、《义务论》二角、《理学钩玄》五角五分、《穆勒名学》八角、《心理摘要》二角、《哲学要领》四角、《社会主义》二角、《群学肆言》二元五角、《权利竞争论》三角、《人群进化论》五角、《未来世界论》三角、《哲学妖怪百谈》二角五分、《二百年后之吾人》二角五分、《加藤弘之讲演集》三角、《地球之过去未来》三角、《续哲学妖怪百谈》二角五分、《道德法律进化之理》三角、《希腊三大哲学家学说》三角、《近世社会主义》全二册六角五分

传　记

《康南海》三角、《李鸿章》二角五分、《拿破仑》四角、《哥伦波》三角、《达尔文》三角、《曾国藩》二角、《卑斯麦》二角五分、《苏格拉底》二角五分、《迦因小传》四角五分、《讷耳逊传》、《格兰斯顿》三角五分、《彼得大帝传》三角、《新译李鸿章》三角、《泰西十大家》二角五分、《世界十二女杰》三角五分、《日本维新百杰传》九角、《日本维新元勋严仓具视》一角、《二十世纪开幕时代之人物》三角

小　说

《广长舌》三角、《桃谿雪》四角、《经国美谈》五角、《续包探案》四角、《政海波澜》六角、《极乐世界》三角、《茶花女遗事》三角、《黑奴吁天录》八角、《未来战国志》三角五分、《东洋之佳人》一角五分、《女子救国美谈》一角五分、《露漱格兰小传》四角、《日本维新英雄儿女奇遇记》二角

方　言

《中英文通》八角、《和文读本》八角、《音韵字典》七元五角、《英字指南》一元、《东文读本》一角、《和文译翼》三角、《东语正规》一元、《华英字典》六角、《东文典问答》五角五分、《东文动词汇》四角、《寄　速成法》[1] 三角、《和文奇字解》一元、《广和

---

① 原文如此。

文汉读法》三角、《中学日本文典》四角、《东文新法会通》八角、《华英进阶全集》二元二角半、《英文法程译例》一角五分、《洋装华英字典》一元二角半、《和文汉译读本八卷》一元

生　理

《妊娠论》四角、《处女卫生》三角五分、《齿牙养生法》二角五分、《卫生学问答》四角、《小儿养育法》二角、《人体身理图》一元、《男女交际论》一角五分、《婚姻进化新论》四角、《男女育儿新法》二角五分、《传种改良问答》三角、《男女交合新论》三角五分、《男女婚姻卫生学》七角、《男女生殖器秘病书》一角五分

格　致

《化学探原》三角、《化学原流论》二角、《化学实用分析术》八角

图　画

《极东地图》一元六角、《学校建筑图》二元、《万国新地图》七角、《亚细亚东部地图》一元五角、《中国江海险要图志》五元、《最新精绘学校建筑模范图》二元

杂　著

《农话》一角、《战余录》四角五分、《女学生》二角、《汉文典》五角、《物竞论》五角、《天则百话》四角、《自由原理》六角、

《法制新编》三角、《长城游记》二角、《新国民谭》三角、《人权新说》三角、《葆精大论》五分、《累卵东洋》二角五分、《外交通义》八角、《万国演义》五元、《日本文法》六角七分、《袖珍日记簿》三角、《绝岛漂流记》三角、《德国陆军考》一元、《欧洲财政史》二角、《爱国精神谭》三角、《废物利用篇》一元、《金陵卖书记》一角、《路索民约论》六角、《读勾股六术》一角五分、《四裔制作权舆》一角五分、《内地杂居续论》二角、《万国国力比较》二元五角、《列国政要类考》七角、《涩江保社会学》三角、《大清疆域分图》一元、《汉文万国地图》一元、《随轺笔记四种》一元、《斯宾塞女权篇》二角、《达尔文天择篇》二角五分、《日本国会纪原》五角五分、《世界诸国名义考》二角五分、《生物之过去未来》二角、《地球与嘒星之冲突》一角五分、《生殖器新书前后编》一元七角、《飞律宾志士独立传》一角五分、《六大洲万国时事表》六角、《英法日清四国近世会话》五角

社　会

《社会党》二角、《新社会》五角、《普通选举论》二角、《社会改良论》二角五分、《社会学提纲》二角五分

开明书店前后五月出版新书广告

《并吞中国策》再版

王立才译，是书为日本尾崎行雄著。吾国当甲午之后，列强竞思狡逞，横议朋兴，其视天府神州有目无全牛之概，虽其策政府不尽用，而吾国之为俎上肉也久矣。方今日俄开衅，无论谁胜，均非中国之福。愿我志士阅是书者，发愤兴起，有以自处也。定价洋五角。

《纳耳逊传》

纳耳逊为英国海军第一名将，拿破仑之劲敌也。其威名轰传于吾国已久，惜其生平之事实未详，今为介绍之于吾学界中。凡英国海军之成立、英法战争之实情，无不详悉胪载，叙事明白，论断精确，此书必为吾国学界中人所欢迎也。定价四角。

《近世海战史》

文明日进，杀人日烈，海战尤至烈者也。中东之战，吾国身受其惨，然其惨其烈究竟若何？吾身受者竟冥然罔觉也。日本浅野少将，译英书编为是帙，于当时惨烈情状，至细极详；又辑美西海战事为下编。今已译印出书，插图十二幅，定价洋三角。

《新国民谭》

此书系日本德富苏峰名著，原名《单刀直入录》，脍炙人口已久。其中论教育诸节，条分缕晰，中国极当仿行；他如论国际交涉，则记最新最要诸事；论改良社会，则从根本上着议。无一不为我国民对病发药者，近经汤君济沧译出，措辞信雅，间加按语，欲于内国有所改革者，不可不手置一编也。定价洋三角五分。

《罗马文学史》

欧洲文学道源于罗马，兴衰沿革，掌故家所宜急知者也。为译是史，以饷通人。定价洋二角。

《泰西十大家》

十大家者，梭格拉底、柏拉图、亚里士多德、倍根、奈端、孟德斯鸠、亚丹斯密、边沁、豪斯丁、斯宾塞也，皆泰西格致学、名学、哲学等专门家也。读其传，不啻亲炙其人矣！全册定价洋一角五分。

《法学门径书》

宪法、民法、国际法，统名之日法学，译成之书以十数计，本末未具，先后不辨，读法学者，往往有废书而不能卒读之叹。爰译此门径书，以为之先导。定价洋一角五分。

《朝鲜政界活历史》

东方有一国，昔为老大帝国之蕃属，今为俄日两国之目的物者，朝鲜也。其政府之黑暗、行政之腐败，事事可为老大帝国之小影。观于亚洲列强之待朝鲜，可以鉴亚洲列强之待我国矣！以小喻大，以甲比乙，是不可不一观夫《朝鲜政界活历史》。全一册，定价洋一角五分。

《欧洲教育史纲》

教育之事，欧洲尚矣。吾国士夫应识其历史，提纲絜要，阅者可了然于心矣。全一册，定价洋四角。

《达尔文》

十九世纪博物学之大家，而又主张进化说者也。其人其名，久已轰然于吾学界。译以问世，当为欢迎。全一册，定价洋三角。

《严仓具视》

是为日本维新大元勋，有左右世界之能力。造时势之英雄耶？时势所造之英雄耶？读其书可以识其人矣。全一册，定价洋一角。

《南洋风云》

是书一名《飞律宾问题》，末附飞岛志士小传。其内容详述飞人与美构难，出不得已之故，兼阐明飞岛事情。其间与吾国事相类处，译者又加以按语，读之能令人为之感愤。附明细地图一幅。全一册，定价洋四角。

《普通选举论》

选举一门，为政治上一大问题，不可不研究者。欧美各国，均行普通选举，普通犹公众之谓。日本政治学会主任丸山君著是书，论议明决，足以昌旺选举之公理。后节录改正选举法及各国议院政治之实例，凡研究欧美各国选举法者，尤为不可不知。每部定价洋二角。

《地学始附教授本》

是书系上海育材学堂教员陈乔木君所撰，为小学教科之善本，内附图十一幅，异彩特色，能一新中国少年耳目。定价洋四角。附教授本为教员教课时所用，定价洋二角。

《中国学术史纲》

是书自太古以迄于昭代，其中学术之盛衰隆替、纷争变迁，原原本本，博洽详备，读者可以知我国文化之关系。诚史学家必不可少之书。共三十八章，洋装每本定价洋五角。趸批格外从廉。

《宗教学术初编》

是书所录皆精确语，凡六章：其一论教育当定宗旨，言言警奇，可为我国办学堂、任教育者之药石；其二论中国新教育案，字字沉痛，可为我国施教育、受教育者之警钟；其三教育政策私议，语语确当，可为我国学务处、派办处之模范；其四论中国学术思想变迁之大势，渊源今古，可为今日学子改良之方针；其五论学术之势左右世界，历援东西名儒以征引，可为今日新学诸君前途之希望；其六论泰西学术思想变迁之大势，历陈诸家学派之似异而实同，可为我国过渡时代群学纷争之参考。洋装每本定价四角。

《中国前途之问题》

内容极新极奇，文笔极畅极痛。二十世纪之中国耶？中国之未来记耶？全一册，价二角。

三 《吾妻镜》①

杨翥著、张仲民校

自　序

治人之学，治心而已。治心之学，培种而已。是书专讲培种之道，惟求辞达，简而无文，读者不以其不文而弃之。

光绪二十七年中国江苏省海门厅杨翥序

目　录

共三十八章——原文署“中国杨翥著、王晟校”。

---

① 《吾妻镜》原书内没有附出版信息，根据其《自序》及其在《中外日报》上的广告、孙宝瑄的阅读时间等情况可知，该书是1901年由杭州图书公司出版。这里录出全文，以便读者得见全豹。

夫妇不和有害家国，宜逼令离婚以培元气

鸦片与酒遗祸后裔

小孩食米粉有害智慧

处女亦有破身

男女不交接为淫祸之根

男女宜同饰同服，可减电力、可消恨海

股淫、手淫、宿娼、强奸、梦遗、留精等同一害身之事

避孕法

一夫数妾之国亦宜一女数夫

申论精神之爱生豪杰，淫欲之爱生豚犬理由

交合适度活气血，过度减气血，独居亦减气血

交合过度之害，男子甚于妇人

生儿强弱与夫妇之爱力相比例

男女贞淫无关品学

聪明人好色之理由

医学家保护子宫即保护家国之根本

女子有外交，父母翁姑无问罪之理

太阳光线为斯人知愚之大原

淫欲能腐败爱情，爱情能消磨淫欲

股淫宜禁

各动物所食之物，各视其齿之所宜，违则伤身

娶妇有时

卧房

禁同姓为婚之非理

不读书脑愚，多读书脑亦受伤而愚

情欲为生天地、生万物之起点

小儿剃发伤脑

女子缠足伤身

一女数夫大近人情，一夫数妾不近人情

共计三十八章

夫妇恩义为培种第一要事

夫妇以爱水结成子女，倘恩爱不浓，则爱水自薄，结成之子女其性情才力亦因此而薄。古今大人物，半出于私孩，其父母之爱情浓也。今地球各国，男女不能自择者，国势必弱、人心必坏。君相欲家国之治，而男女无自配之权；父母欲子女之贤，而夫妇无恩爱之实，犹欲西行而东其马首也。有治人之职者，甘自弱其种类，而为强之食焉！哀哉！

论男女相爱即磁石之理

吸铁石因电气有阴阳而相吸，男女亦因电气有阴阳而相吸。其交合时生电气三种：一磨（摩）擦电，即磨擦而生；一酸碱电，即男女精中二味制成；一化合电，即二物化合而生。电气有浓淡，爱力因之而浓淡。电浪有大小，快味因之而大小。电之至数有迟速，呼息因之而迟速，不明电学之理者，不能深知男女相爱之因也。

论得交合之道则身强子贤，失交合之道则身弱子愚

交合为流畅气血之事，最助胃中消化，为人生第一要务。然失

其道，则百病丛生，为祸不测。今将宜与不宜之时开列于后，交合适宜之时与适宜之事：一、夫妇久别之后，双方无病，心地光明，情与（欲）最浓之候；一、卧房宜清洁，必使日光与空气并美；一、无病男女，二十岁至四十岁，三四日一次，四十岁至六十岁，七八日一次；一、夫妇久居一室者，宜分床而睡，不使电气平流，则交合时方有电浪相激，觉快味自浓；一、交合时宜用全身之精力，使呼息加紧，呼息紧则血液之循环自速，使精壮之精血结成精壮之胎儿。

交合所忌之时与所忌之事：一、男女病中与身体疲倦中；有哀怒忧惧时，及夫妇反目后；一、夫妇双方有一方情欲不动，既难受胎，亦复伤身；男子淋病、女子子宫病，每起于此。故交合时必双方发动情欲，至泄精而止；一、男子泄精不在女子发欲之候，则男女俱伤；一、妇人有白带时，男子易患白浊；一、妇人受胎三月以后，交合则多难产，三月以前交合，则多半产；一、夜半以后交合，则不能酣睡，于身有损；一、饱食后三十分时以内，与食不消化物之后；一、酣饮后得胎，其子女或痴或愚；一、妇人月经中；一、寒暑酷烈之候及恶疫流行之时；一、产后四十二日之内，子宫尚未复原；一、和衣之际、仓促①之时。

论受胎之理并得胎之术

夫犬羊鹿豕之交，每年数次，蓄精至厚，得其道也。必待牝者孕蛋成熟之际，得其时也。必舐其阴具，使牝者春心先发，而后子

① “促”，原文为“卒”。

宫膨胀，宫口下垂，阳精易入，得其术也。故男女多淫，子女必少，蓄精未厚也。女子春心未动，而男子泄精必难成胎，宫口未下也。女子孕蛋成熟之时，在经尽一日之后，十四日之前，几经尽七日之内，女子春情多盛于男，故胎易孕女。自七日至十四日，女子之情少衰，男子盛其情以交，合胎易成男。故蜂蛋与鸡卵，初生者必牝，后生者必牡，理可推也。又经前三日孕蛋再熟，亦可成胎。男子尿道既窄，精出无力，不能射入子宫，或年高力弱，泄精太早，不能待女子春情发动者，必在未合之前先用一手挑动女子之春情，然后交合，或泄精于水节，使水节之温度适宜，然后射入，方能得胎。然交合之际，但炽淫情，而无脑筋之爱力，则所生子女必愚蠢无知，或狡诈可鄙。泰西各国故必先亲爱，而后订为夫妇。若先订夫妇，使成亲之夕，先交合而后亲爱者，此禽兽交合之道，为伐贼黄种之莫大恶习也。

种　　子

男子精中有动物，名曰生原形如蚪蝌，列五百条，长一寸，入女子孕蛋而得胎。

男子生原之图（略）

女子卵巢中有孕蛋，得男子生原之后，行入子宫而成胎。男子每次出精，必有精虫无数，孕蛋得一精虫，便可成胎。

女卵之图（略）

每月生卵一次，二十余日而卵破，血液出，即生经水孕蛋形，圆大如白豆。

论绝嗣各病

男子无嗣，必罪女子，不知男子乏嗣，病甚多，今列其最要者于左：多淫，尿道窄，精出无力，无精虫，睾丸肿，梅毒，阴茎之势力微弱，淋病，夫妇同性质。女子乏嗣病：子宫病，月水迟速，痛经，卵巢病，脂多，病后血弱，夫妇同性质，多淫。

论私奔为动物公理

凡动物交合，皆阴阳二电相吸，电止不能自动，电动不能自止。惟人最伪，必告父母，必待媒妁，自贼其本性，不知阴茎与阴道之适合与否，已非亲历其境，且不能知，彼父母媒妁何能越俎代谋？我不解严禁私奔之国，以为两私相合，此固私事乎？抑公事乎？若固私事也，则私奔乃动物之公理，而不得为之邪僻也！

论夫妇异质，方成佳偶

凡人有三质：一、神经质，二、胆液质，三、粘液质。精神外发者曰神经质，肝胆内敛者曰胆液质，粘滞不爽者曰粘液质。惟粘液质十愚七八，难产佳儿。此外神经、胆液，男女各具一质，交合时，电浪力大，既增快味，得胎后刚柔相济，必产奇儿。若同具一质，犹同种之木相接，其实必难盛大，此择壻与择媳者不可不知。若中国大同后，男女自择，此理尤不可不明。彼择佳偶而以门户相比者，犹盲人骑瞎马也。故凡同性同质之夫妇，因电力相等。阴阳无吸引之力，夫妇便无快美之情，子女亦必无俊杰之才，家国之盛衰关于夫妇之异同，新民之事必以择婚为急先务矣。

论淫欲有伤身绝嗣之大患

男子多淫，则生种种不育之病，精薄则精虫不能成熟，不育一也；血液薄，阴茎不能勃起，不育二也；电气衰，快味不足，不育三也；尿道窄，精出无力，不育四也；其他梅疳、淋浊诸毒无论矣。女子多淫，子宫乏力，男精不能吸入，不育一也；孕蛋不能成熟，不育二也；电气衰，阴道知觉力减，不育三也；其他种种经病无论矣。即无诸患，今夜受胎，明日堕胎，安能生育。谚云："寡欲多男子"，旨哉言乎！

论夫妇不和有害家国宜逼令离婚以培元气

父母之气不和，其所生子女必刻薄寡情，为家国大患。即文明之世，必无深漏网，生而杀之不若逼其离婚，使不生恶类，而免此一杀也。

论鸦片与酒遗祸后裔

父母俱食烟酒，其子女必愚。因烟酒之毒混入精血，小孩之脑全赖精血化成，父母精血既含毒质，小儿脑气安得不伤，此一定不易之理。彼自害而兼害其子孙者，愚可叹也！

论小孩食米粉有害智慧

华人始生小孩，便食米粉，不知乳汁化血易，而米粉化血较难。血以养脑，脑以生智，血不足即脑不足，脑不足即智不足也。故欧人必待小儿齿牙已出，发育甚迟，而后略食面粉，然仍以各动物之乳为主，不食母乳者，因一年之后于母有损也。故论始生小孩，必食母乳最佳，因月内之乳中有泻汁，小孩腹中有毒，必食母乳以泻之。中土专恃药力，使小儿气血受伤，甚可恶也。保母(姆)之乳，不如母乳；牛羊之乳，更不如保母之乳。若米粉等物，更不如牛羊之乳，达矣！为父母者何可不思？

论处女亦有破身

处女阴具内有薄膜一层，与男子交合则破，故名破身。此膜有细孔，或状如节，或形如半月，最易自破，倘过厚者便有阻经之患，必用指破之，世间男子与新妇交合，见衽席无血，便疑妇有外交，不通甚矣！

论男子不交接为淫祸之根

男女相见时，精神飞动，即电气交通，正不必肌肤相切，虽相离甚达，电气能渡越空气而相通。若男子久不相接，则一方之电气无从交换，愈积愈浓，一遇异性，电气吸力深而祸端发矣。

论男女宜同饰同服，可减电力，可消恨海

凡光尖等物，最易引动电气。女子媚发华服，男子短发粗服，电浪不均，吸力最大，电生乐，乐生情，情生恨，世间不能无电，即生人不能无恨，消其电力，即填其恨海也。男女同饰、同服，华则同华，朴则同朴，则电气平流，吸力减，则爱力弱，爱力弱，则恨海枯矣。

论股淫、手淫、宿娼、强奸、梦遗、留精等同一害身之事

夫男女交合，阴阳两电互相流通，故有益无损。彼娼楼妇女，交合多而电气淡，阅人多而爱力薄，男子盛其欲以交合，必得不偿失。若股淫、手淫、强奸、梦遗等事，其害更不必论矣。所谓强奸者，不必他人之妇，他人之夫，夫妇交合，有一人情欲不发，其害身与强奸等。

论避孕法

若欲避孕，精泄于外，电气不能交换，男女俱伤，蓄而不泄，男易淋浊病，女易子宫炎症、阴户肿胀诸患，故欲避孕，必自女子经尽一日之内，与十四日之后交合，惟经前三日，亦孕蛋再熟之候，必须避之，倘不及待者，或用阴茎套为最妥，然终无万全之策，不使子宫受伤。

论一夫数妾之国亦宜一女数夫

华人一妻数妾，大伤公理，为各国所鄙。倘使华女亦可一女数夫，则不独无伤公理，且有大同气象。夫造物聚数百年灵秀之气，生一才子，生一佳人，而使一人得之、千万人失之，使天下爱才爱色者齐抱不平之憾，有伤天地之和，此凡夫之陋见，而非动物之公理也，有志大同者，其三复我言焉可？

申论精神之爱生豪杰、淫欲之爱生豚犬理由

夫妇交合之念即子女之起点也，起点于淫欲即传淫欲于子女，

起点于恩爱即传恩爱于子女，故夫妇平日固宜恩爱，而交合之时恩爱宜尤笃，恩爱笃则精神之感动深，呼息（吸）紧则血液之循环速，遍体之精神俱注，则传其遍体之精神于子女，有一部之精神不到，其子女即有一部之精神缺乏。今中国之夫妇，本不相识，全凭媒妁而成，苟能动两人之嗜欲，亦已幸矣。精神之爱，何可望哉！以我人一生之心血，天地生民之大事，而尽付于三姑六婆之手、星卜命相之口，而复决之于木雕泥塑之前，真可为痛哭而流涕者也！

论交合适度活气血，过度减气血，独居亦减气血

男女交合，乃阴阳二电之流通，即生物之生气也。故三四日一度，既活气血，复助胃中消化。若过度，则放电过多，而精神衰。独居则元阳不生，气机亦滞，欲讲长命养身之道，必自夫妇交合始矣。

论交合过度之害男子甚于妇人

男子过度，百病丛生，女子过度，除生育器病外，不过体倦头痛发热耳。交合适度，大约壮年无病男子七日二度，晚年无病者七日一度，若垂死之年，电气已衰，宜永禁交合，交合则易死矣。

生儿强弱与夫妇之爱力相比例

夫妇之爱力大者，其交合时呼息神速，精神愉快，百脉动摇，血液增进，其发精时全体之精液神气俱出，胎儿安得不强？爱力少者，不过因磨擦而发电气，除生育器具外，神气全不愉快，血液全

不增进，胎儿安得不弱？

男女贞淫无关品学论

夫男女之相爱，其血液中磁气相感耳。气之所感，物不能自主，浓者易感，淡者难感。米国为五洲最文明之国，且有自配之权，然每年男女逃亡之数尚有五百人。博士查其品学，未尝出于人下，不过一时电气吸力所致，及电气平流之日，又冰消瓦解，而不能自问者矣。

论聪明人好色之理由

智出于脑，脑乃人身之大电局也。脑筋由十二对而分，至千万条乃人身之各电线也。智足则脑足，脑足则电足，电足则感发易，凡物之有光有色者，皆引电之物，万物皆然，惟人最甚，而才之奇、色之尤者为尤甚。故才色相遇，其电气之爱摄力有大至不可思议，此天地自然之理由，彼蠢夫妇不能知也。

论医学家保护子宫即保护家国之根本

子宫为生民之原，康健则生精强之民，衰弱则生愚柔之民，故平日宜加意保养，而月水来时尤宜注意，月水来时所忌诸事：

一、忌非常忧怒；

一、忌感冒及食辛辣与酒类物；

一、忌交合；

一、忌过劳及沐浴等事。

论女子有外交父母翁姑无问罪之理

电气流通乃动物公理。人为灵物，电气独多，独居之女积久而浓，一遇异性，电质摄力甚大。中国父母翁姑必兴问罪之师，殊为异国所鄙。试思男子不能无好色之心，女子既各涵一电，即各宜流通。彼男子自私已觉可鄙，况父母翁姑之越俎代谋耶？略知公理者，必不以我言为河汉也。

论太阳光线为斯人知愚之大原

夫黄白红黑，因其知愚颜色之异，而遂为种类之殊，不知易地而居，数传而后，未有不变其色、异其性。其所以变者，太阳之光带不同，而斯人之所受遂异。试以寒热二带之动植物，易地而居，数传后皆变其形性。故寒带之人非多吃养气，不足以补所散之热；热带之人非多吃淡气，不足以散所受之热，是以其鼻皆大于温带之人。光热甚大，面黑而眼红，脑质遂不能坚密；光热略小，面黄而眼白，脑质遂多灵活；光热最小，面白而眼碧，脑质遂多坚忍。彼不知者，以其有知愚形象之殊，而以为种类之不同，岂不妄哉！

论淫欲能腐败爱情，爱情能消磨淫欲

凡男女种情于甲者，不肯苟合于乙，因淫欲为爱情所消也。彼朝云暮雨者，不但无爱情，并无男女之真乐也。吾尝言天下有三乐：读书也、山水也、男女也，寻章摘句者不知有读书之乐，水程山驿者不知有山水之乐，花天酒地者不知有男女之乐。

论股淫宜禁

股淫各国皆禁，中国独无。实为人上者，不知身理学也。男女交合各以异性之电气交换，故不伤身，彼同电气者，独为欲念之炽，而不知害身甚大，此不明身理之故也。

论各动物所食之物，各视其齿之所宜，违则伤身

凡锐齿之物，如虎狼等，必肉食，因不便磨碎植物也。钝齿之物，如牛羊等，不喜肉食，因能磨碎植物也。锐钝齿兼有之物，如人类，动植并食，锐钝兼无之物，如禽类，亦动植并食。其所以能化者，因必食沙石于胃，以代齿牙助其消化也。故笼中之鸟，鸟奴不知其性，不饲以沙石，往往胃病而死，即或不死，虽牝牡并蓄，不易生雏，可知其生机尽矣。故小儿无齿，天以乳水与之，彼父母无知，兼哺动植物质，往往积食生虫而死。查考各国，此弊在中国为最大，幸居温带，生齿尚繁于各国也，然而愚弱之患，不能免矣。

论娶妇有时

婚嫁之时，男子在二十五岁之内，女子在二十岁之内，脑质未充，生儿最易愚弱。凡生儿女必在三十岁之外为最佳，婚嫁之期不可择冬夏，因极热极冷之时，男女之血气俱衰，新婚之际好合必多，父母之气血既衰于寒暑，复衰于好合之过度，此时得胎儿，多柔弱。而于新婚之际，电气初通，其爱摄力较平时尤大，故得胎最易，故冬夏必不宜嫁娶也。然世间为行乐计者，幼时之电气最足，故爱摄力为最大，当在十六之后二十岁之内成婚，虽然行乐果妙，

少年之血气易衰，晚年之后启无人，则有大不妙。天下有恨事二：好花无佳果，早婚无佳儿，此造物之才短，吾人不能无憾也。

论卧房

卧房为我人半世栖留之地，为小儿成胎分娩之区，最宜讲求，以防疾病夭亡愚弱诸患。其所宜之事如左：宜三四面皆琉璃大窗，以通风日；宜少置器具，以多养气、多安花草，以吸炭气；宜每人得室内空气一百立方尺，能愈多则愈妙；宜室内干洁，室外近地无腐烂物。

论禁同姓为婚之非理

古时东西医学未精，米国医士局路其野几那夫也衣施氏云：血属结婚，生儿多弱症。各国医士信之。中国腐儒又妄谈五伦之说，于是五服中结婚者曰乱伦，创此说者使同族男女不能亲爱，真涣散伦类之罪大恶极人也。即名之曰乱伦可也。今西国渐精种学，医学一门亦日新月盛，米国医学博士也独鸦路笃氏屡经考验肺病，该患者一千人中，同族结婚之儿女不过六人，其事著明，各国遂驰此禁。今东西国法二三服中即可结婚，于是一族中脑力性理非常者，即可维持不败，此第一便利，且益奋发。中国腐儒沉昏，不悟伦类多而治理难，亲爱少而争端起。创同姓不婚之说者，其无后乎？其无后乎？

论不读书脑愚，多读书脑亦受伤而愚

凡识一字当费脑力数十折，每折消去血质若干。倘置而不用，脑失知觉力，倘用之过度，损脑伤血，知觉亦减。中国读书种子大半伤脑，其于一身外皆麻木不仁，书之遗害几同鸦片，我安得秦皇之火一空所有也！

情欲为生天地、生万物之起点

太阳与地球无爱力，即无天地；天地无爱力，即不生万物；万物无爱力，即不传种类。爱力作何？情欲而已。今日伪君子讳谈情欲，以淫书为痛恨，当先痛恨其父母，要知其父母亦以一点情欲结成。惟其父母情欲略淡，故其子孙性情中不能无伪气耳。虽然若纵欲无度，则爱情亦败，而种类亦渐衰。试观荡妇与荡子，而恍然矣！自古及今，动植物之古有而今无者，不能以数计，推其灭种之由，非情欲过甚，必情欲过衰，将来灭此人种之起点，非节欲之伪君子，必纵欲之真小人欤？

小儿剃发伤脑

小孩三岁以内，脑骨尚未合缝，忽冷忽热，皆易伤脑，有发以护之，所以缓其冷热也。各国小儿无不蓄发，中国满月以后即尽锄之，往往疮毒丛生，大害脑之发育，愚可悲也！

女子缠足伤身

运动可增气血，不待智者而后知。女子缠足，步履艰难，运动必少，亦不待智者而后知。欲快男子一时之心目，而灭女子毕生之气血，亦戕贼黄种之一大恶习也。

论一女数夫大近人情，一夫数妾不近人情

夫妇者以合欢为目的也，女子一宵能迎数夫之欢，其数夫，情也。男子一宵不能迎数妾之欢，其数妾，非情也。

自　跋

孔子自行束脩以上未尝无诲，重道也。是书每部二角五分，无论亲友，概不分送。

参考文献

一　史料之部

报章杂志

《安徽白话报》、《刍言报》、《大陆报》、《大同报》、《二十世纪大舞台》、《独立周报》、《法政杂志》、《奉天通俗白话报》、《国粹学报》、《国风报》、《国民白话日报》、《国民日日报》、《汉报》、《汉口中西报》、《杭州白话报》、《河南》、《沪报》、《湖北学报》、《湖南教育月刊》、《湖南演说通俗报》、《华字汇报》、《汇报》、《江宁学务杂志》、《教育世界》、《教育杂志》、《解放与改造》、《津报》、《晋阳公报》、《京话日报》、《经世文潮》、《竞立社小说月报》、《竞业旬报》、《觉民报》、《克复学报》、《励学译编》、《岭南白话杂志》、《论语》、《闽报》、《南方报》、《南浔通俗报》、《农工商报》、《女子世界》、《劝业会旬报》、《商务官报》、《社会卫生》、《神州日报》、《时报》、《时事报》、《时事新报》、《世界繁华报》、《天铎报》、《天义》、《通俗日报》（《通俗报》）、《同文沪报》、《图书月报》、《外交报》、《卫生学报》、《文医半月刊》、《新教育》、《新民丛报》、《新世界学报》、《新闻报》、《新译界》、《醒狮》、《选报》、《学报》、《学部官报》、《扬子江》、《医学世界》、《舆论时事报》、《寓言报》、《约翰声》、《云南》、《北洋政学旬报》、《之罘报》、《直隶教育官报》、《直隶教育杂志》、《中华妇女界》、《中国白话报》、《中和月刊》、《中外日报》、《中西医学报》等。以上为原版报章杂志。

《安徽俗话报》、《大公报》、《东方杂志》、《格致汇编》、《格致新报》、《国民报汇编》、《国闻报汇编》、《湖北学生界》（《汉声》）、《江苏》、《警钟日报》、《觉民》、《开智录》、《民报》、《民呼日报》、《民立报》、《民吁日报》、《清议报》、《申报》、《盛京时报》、《时务报》、《实学报》、《四川》、《苏报》、《图画日报》、《图画新闻》、《湘报》、《新世纪》、《新小说》、《新新小说》、《绣像小说》、《游学译编》、《月月小说》、《浙江潮》、《知新报》、《中国日报》等。以上为影印版报章杂志。

其他史料

阿英编：《晚清文学丛钞·小说戏曲研究卷》，北京：中华书局，1960。

白眼：《后官场现形记》，收入《中国近代珍稀本小说》（14），沈阳：春风文艺出版社，1997。

柏文蔚：《五十年经历》，《近代史资料》总 40 号，北京：中华书局，1979。

包天笑：《钏影楼回忆录》，太原：山西教育出版社、山西古籍出版社，1999。

北京大学图书馆学系目录学教研室编选：《中国书史参考文选》，1980 年 6 月内部版本。

北京图书馆：《民国时期总书目（1911—1949）》《自然科学 · 医药卫生》卷，北京：书目文献出版社，1995。

北京图书馆：《近代译书目》，北京：北京图书馆出版社，2003。

陈伯熙：《上海轶事大观》，上海：上海书店出版社，2000。

陈独秀：《陈独秀文章选编》，北京：生活 · 读书 · 新知三联书店，1984。

陈衡哲：《陈衡哲早年自传》，冯进译，合肥：安徽教育出版社，2006 年。

陈平原、夏晓虹编：《二十世纪中国小说理论资料》（第 1 卷），北京：北京大学出版社，1989。

陈旭麓主编：《宋教仁集》，北京：中华书局，1981。

陈垣：《陈垣早年文集》，台北："中研院"文哲所，1992。

陈铮编：《黄遵宪全集》（上），北京：中华书局，2005。

蹉跎子：《最新女界鬼蜮记》，收入金成浦、启明主编：《私家秘藏小说百部》第 80 卷，呼和浩特：远方出版社、内蒙古大学出版社，2001。

丹波康赖：《医心方》，北京：人民卫生出版社 1955 年影印本。

丁福保：《卫生学问答》，辛丑九月无锡畴隐庐重印本。

丁福保：《蒙学生理教科书》，上海：文明书局，1905。

丁文江、赵丰田编：《梁启超年谱长编》，上海：上海人民出版社，1983。

段成功、刘亚柱主编：《中国古代房中养生秘笈》，北京：中医古籍出版社，2001。

樊友平等主编：《中华性学观止》，广州：广东人民出版社，1997。

方豪编录：《英敛之先生日记遗稿》，沈云龙主编：《近代中国史料丛刊》续编第3辑第21种，台北：文海出版社影印本。

富山房编：《生理学问答》，范迪吉等译，上海：会文学社，该书没有注出版时间。

福泽谕吉：《男女交际论》，张肇桐译，秦毓鎏校，上海：文明书局，1903。

福泽谕吉：《男女交际论》，张肇桐译，秦毓鎏校，上海：中华书局，1922。

葛里平著、日本藤根常吉编译：《婚姻进化新论》，丁福同译，译书局代印，上海：文明书局编，光绪癸卯（1903）三月版。

公奴：《金陵卖书记》，上海：开明书店，1902。

顾潮编著：《顾颉刚年谱》，北京：中国社会科学出版社，1993。

国立中央图书馆编：《近百年来中译西书目录》，台北：中华文化事业委员会，1958。

海天独啸子：《女娲石》，美志校点，收入董文成、勤学主编：《中国近代珍稀本小说》(3)，沈阳：春风文艺出版社，1997。

荷历：《婚姻指南》，诱民子译，横滨：横滨启智书会，癸卯（1903）十月初一日。

何琪编：《初等女子国文教科书》，上海：会文学社，1906。

胡珠生编：《宋恕集》，北京：中华书局，1993。

胡珠生编：《东瓯三先生集补编》，上海：上海社会科学院出版社，2005。

黄庆澄：《中西普通书目录》，光绪戊戌（1898）七月算学报馆自刻本。

霍克立：《男女之秘密》，春梦楼主人译，上海：上海卫生研究社发行，1922年7月订正四版。

剑村游客辑：《上海》，清光绪二十九年（1903）铅印本，上海图书馆藏。

蒋梦麟：《西潮·新潮》，长沙：岳麓书社，2000。

姜义华主编：《康有为全集》，上海：上海古籍出版社，1992。

金天翮：《女界钟》，陈雁编校，上海：上海古籍出版社，2003。

赖川昌耆：《学校卫生学》，上海：商务印书馆，1914。

劳乃宣：《桐乡劳先生遗稿》，沈云龙主编，近代中国史料丛刊正编第36辑第357种，台北：文海出版社影印本。

劳祖德整理：《郑孝胥日记》，北京：中华书局，1993。

黎难秋等编选：《中国科学翻译史料》，合肥：中国科学技术大学出版社，1996。

李伯元：《文明小史》，上海：上海古籍出版社，1982。

李桂林、戚名秀、钱曼倩编：《中国近代教育史资料汇编·普通教育》，上海：上海教育出版社，1995。

李天纲编选：《〈万国公报〉文选》，北京：三联书店，1998。

李希泌、张椒华编：《中国古代藏书与近代图书馆史料》，北京：中华书局，1982。

李肖聃：《星庐笔记》，长沙：岳麓书社，1983。

李钟珏：《廿年一瞥》，上海：中华书局，1925。

梁启超：《饮冰室合集》，北京：中华书局 1996 年影印本。

刘大鹏：《退想斋日记》，乔志强标注，太原：山西人民出版社，1990。

刘光第：《刘光第集》，北京：中华书局，1986。

刘锦藻：《清（皇）朝续文献通考》，北京：商务印书馆，1955。

刘精民收藏：《光绪老画刊——晚清社会的〈图画新闻〉》，北京：中国文联出版社，2005。

刘运峰编：《鲁迅全集补遗》，天津：天津人民出版社，2006。

鲁迅：《鲁迅全集》（1、2），北京：人民文学出版社，1981。

陆士谔：《新上海》，章全校点，上海：上海古籍出版社，1997。

吕思勉：《吕思勉遗文集》，上海：华东师范大学出版社，1997。

马叙伦：《我在六十岁以前》，北京：生活·读书·新知三联书店，1983。

马勇编：《章太炎书信集》，石家庄：河北人民出版社，2003。

茅盾：《茅盾全集》（第 2 卷），北京：人民文学出版社，1984。

麦孟华主编：《皇朝经世文新编》，台北：文海出版社 1972 年影印本。

穆家修、柳和城、穆伟杰编：《穆藕初先生年谱》，上海：上海古籍出版社，2006。

坪井次郎：《新编中学生理教科书》，东京：同文印刷舍，1906。

破佛：《闺中剑》，上海：小说林社，1907。

齐田功太郎：《生理卫生学》，田伏侯译、梁节庵鉴定，汉川刘氏六吉轩藏本，北洋官报局排印本。

钱锺书主编：《康有为大同论两种》，北京：生活·读书·新知三联书店，1998。

全国图书馆文献缩微复制中心：《早期中文报纸创刊号汇编》(2)，北京：全国图书馆文献缩微复制中心，2003。

任鸿隽：《任鸿隽自述》，胡宗刚整理，《近代史资料》第105号，北京：中国社会科学出版社，2003。

儒林医隐：《医界镜》，金成浦、启明主编：《私家秘藏小说百部》第76卷，呼和浩特：远方出版社、内蒙古大学出版社，2001。

森田峻太郎：《传种改良问答》，上海：商务印书馆，1901。

山内雄繁、高桥本吉著、朱士杰译述：《生理卫生学》，上海：商务印书馆，1916。

商金林：《叶圣陶年谱长编》（第1卷），北京：人民教育出版社，2004。

商务印书馆编：《商务印书馆图书目录（1897—1949）》，北京：商务印书馆，1981。

上海档案馆藏红卍字会资料，Q120-4-143。

上海新四军研究会印刷印钞分会编：《中国印刷史料选辑》，北京：印刷工业出版社，1990、1991；北京：中国书籍出版社，1993。

上海图书馆编：《中国近代期刊篇目汇录》（1、2、3、4），上海：上海人民出版社，1980、1981、1982。

上海图书馆编：《艺风堂友朋书札》（上下），上海：上海古籍出版社，1980、1981。

上海图书馆编：《汪康年师友书札》（1、2、3、4），上海：上海古籍出版社，1986、1987、1989。

矢岛喜源次：《最新初等生理卫生教科书》，华文祺译补，上海：文明书局，1908。

实藤惠秀监修、谭汝谦编：《中国译日本书综合目录》，香港：香港中文大学出版社，1980。

舒新城：《我和教育》（该书原为上海中华书局1945年版），收入张玉法、张瑞德主编：《中国现代自传丛书》第2辑，台北：龙文出版社，1990。

松本安子：《男女婚姻卫生学》，横滨：启智书会，1902。

宋树基、蔡光照、闵樴、黄熙合辑：《中外时务新书叙录》，上海会文学社，1902。

宋原放主编：《中国出版史料》，"近代部分"三卷由武汉湖北教育出版社2004年出版，"现代部分"三卷由济南山东教育出版社2001年出版，"现代部分补卷"由济南山东教育出版社2006年出版。

孙宝瑄：《忘山庐日记》，上海：上海古籍出版社，1983。

孙海環：《生理学粹》，上海：通社，1908。

孙应祥编：《严复年谱》，福州：福建人民出版社，2003。

孙应祥、皮后锋编：《〈严复集〉补编》，福州：福建人民出版社，2004。

孙延钊：《孙衣言、孙诒让父子年谱》，上海：上海社会科学院出版社，2003。

谭嗣同：《谭嗣同全集》，北京：中华书局，1981。

汤志钧编：《章太炎政论选集》（上），北京：中华书局，1977。

唐才常：《唐才常集》，北京：中华书局，1980。

通雅宅同人：《新学书目提要》（法制类、历史类、文学类、舆地类四种），上海：通雅书局，1903。

汪家熔选注：《蒋维乔日记选》，《出版史料》1992年第2期，第45—62页。

汪康年：《汪穰卿笔记》，上海：上海书店出版社，1997。

王季烈：《生理卫生教科书》，上海：文明书局，1907。

王建善：《葆精大论》，上海：育材书塾排印本。

王宏整理：《盛宣怀戊申在日购书清单》，收入《历史文献》第5辑，上海：上海科学技术文献出版社，2001，第340—349页。

王利器辑录：《元明清三代禁毁小说戏曲史料》（增订本），上海：上海古籍出版社，1981。

王栻主编：《严复集》，北京：中华书局，1986。

王世儒编撰：《蔡元培年谱》，北京：北京大学出版社，1998。

王维泰：《汴梁卖书记》，上海：开明书店，1903。

王云五：《岫庐八十自述》，上海：上海人民出版社，2007。

魏启鹏等：《马王堆汉墓医书校释》（2），成都：成都出版社，1992。

文廷式：《纯常子枝语》，扬州：江苏广陵古籍刻印社1990年影印本。

卧读生编：《绘图上海杂记》，上海：文宝书局，1905。

吴蒙：《学究新谈》，吉平平校点，收入《中国近代珍稀本小说》（14），沈阳：春风文艺出版社，1997。

吴学昭整理：《吴宓自编年谱》，北京：三联书店，1998。

吴汝纶：《桐城吴先生日记》，宋开玉整理，石家庄：河北教育出版社，1999。

吴汝纶：《吴汝纶全集》，施培毅、徐寿凯校点，合肥：黄山书社，2002。

吴兖：《卫生新论》，上海：中国图书公司，1907。

吴虞：《吴虞集》，成都：四川人民出版社，1985。

吴组湘等主编：《中国近代文学大系·小说集》(5)，上海：上海书店出版社，1992。

吴组湘等主编：《中国近代文学大系·书信日记集》(2)，上海：上海书店出版社，1993。

夏东元编：《郑观应集》，上海：上海人民出版社，1988。

夏晓虹辑：《〈饮冰室合集〉集外文》，北京：北京大学出版社，2005。

熊月之主编：《晚清新学书目提要》，上海：上海书店出版社，2007。

徐凌霄、徐一士：《凌霄一士随笔》，太原：山西古籍出版社，1997。

许家惺：《最新女子修身教科书》，上海：群学社，1906。

薛正兴主编：《李伯元全集》(4、5)，南京：江苏古籍出版社，1997。

杨昌济：《达化斋日记》长沙：湖南人民出版社，1978。

杨风藻编：《皇朝经世文新编续集》，沈云龙主编：《近代中国史料丛刊》第79辑，台北：文海出版社1972年影印本。

杨凌霄：《吾妻镜》，杭州：杭州图书公司，1901。

姚公鹤：《上海闲话》，上海：上海古籍出版社，1989。

姚昆群等编：《姚光全集》，北京：社会科学文献出版社，2007。

叶德辉：《双梅景闇丛书》，光绪癸卯（1903）嘉平月长沙叶氏刊，海口：海南国际新闻中心1998年影印本。

伊东琴次郎：《胎内教育》，陈毅译，上海：广智书局，1902。

郁闻尧：《医界现形记》，收入《生财有道》，北京：中国文联出版公司，1999。

余治：《重订得一录：各项善堂义举规章》，上海：上海人文印书馆，1934。

袁允櫹：《积矩斋日记》，不分卷，上海图书馆藏。

恽毓鼎著、史晓风整理：《恽毓鼎澄斋日记》，杭州：浙江古籍出版社，2004。

章学诚：《文史通义》，上海：上海书店出版社，1988。

张竞生：《张竞生文集》（上下），广州：广州出版社，1998。

张静庐编：《中国近现代出版史料》，上海：上海书店出版社，2003。

张菊香、张铁荣编：《周作人年谱》，天津：天津人民出版社，2000。

张棡：《张棡日记》，俞雄编选，上海：上海社会科学院出版社，2003。

张禹等编注：《王理孚集》，上海：上海社科院出版社，2006。

中国旅行社编：《上海导游》，上海：国光印书局，1934。

中国史学会主编：《戊戌变法》（3），上海：神州国光社，1953。

中国社科院近代史资料编辑部：《义和团史料》，北京：中国社会科学出版社，1982。

中岛半次郎：《普通教育学要义》，田吴炤移山堂 1903 年自印本，复旦大学图书馆藏。

周振鹤编：《晚清营业书目》，上海：上海书店出版社，2005。

周振鹤编：《〈圣谕广训〉：集解与研究》，上海：上海书店出版社，2006。

朱寿朋编：《光绪朝东华录》，张静庐等校点，北京：中华书局，1984。

朱树人：《普通新知识读本》，上海：文明书局，1905。

朱文通等整理编辑：《李大钊全集》，石家庄：河北教育出版社，1999。

朱峙三：《朱峙三日记》，连载于《辛亥革命史丛刊》第 10、11、12 辑，武汉：湖北人民出版社 1999、2002、2005。

壮者：《扫迷帚》，董莲枝校点，沈阳：春风文艺出版社，1997。

二　中文研究著作之部（包括译著）

艾田蒲（Rene Etiemble）：《中国之欧洲》，许钧等译，桂林：广西师范大学出版社，2008。

安德森（Benedict Anderson）：《想象的共同体：民族主义的起源与散布》，吴叡人译，上海：上海人民出版社，2003。

安占华：《法国书籍史研究简介》，《世界史研究动态》1986 年第 1 期，第 30—33 页。

巴斯蒂（Marianne Bastid）：《中国近代国家观念溯源——关于

伯伦知理〈国家论〉的翻译》，《近代史研究》1997 年第 4 期，第 221—232 页。

包筠雅（Cynthia Joanne Brokaw）：《17 到 19 世纪中国南部乡村的书籍市场及文本的流传》，收入《史华慈与中国国际学术研讨会论文集》，上海：华东师范大学，2006 年 12 月，第 199—221 页。

北京市中日文化交流史研究会编：《中日文化交流史论文集》，北京：人民出版社，1982。

毕苑：《中国近代教科书研究》，北京：北京师范大学历史系博士论文，2004 年 5 月，未刊。

彼得·伯克（Peter Burke）：《法国史学革命——年鉴学派，1929—1989》，江政宽译，台北：麦田出版社，1997。

彼得·伯克：《西方新社会文化史》，刘华译，《历史教学问题》，2000 年第 4 期，第 25—29 页。

彼得·伯克：《知识社会史：从古腾堡到狄德罗》，贾士蘅译，台北：麦田出版社，2003。

彼得·伯克：《欧洲近代早期的大众文化》，杨豫等译，上海：上海人民出版社，2005。

彼得·盖伊（Peter Gay）：《历史学家的三堂小说课》，刘森尧译，北京：北京大学出版社，2006。

布尔迪厄（Pierre Bourdieu）：《布尔迪厄访谈录：文化资本与社会炼金术》，包亚明译，上海：上海人民出版社，1997。

布尔迪厄：《实践感》，蒋梓骅译，南京：译林出版社，2003。

卜正民（Timothy Brook）、格力高利·布鲁（Gregory Blue）主编：《中国与历史资本主义》，古伟瀛等译，台北：巨流图书公司，2004。

蔡勇美、江吉芳：《中国近代性教育文献述略》，收入两人合著：《性的社会观》，台北：巨流图书公司，1987，第253—265页。

查特吉（Partha Chatterjee）：《民族主义思想与殖民地世界：一种衍生的话语?》，范慕尤等译，南京：译林出版社，2007。

陈邦贤：《中国医学史》，上海：中华书局，1937。

陈建华：《拿破仑与“晚清小说界革命”：从〈泰西新史揽要〉到〈泰西历史演义〉》，《汉学研究》第23卷第2期，2005年12月，第321—354页。

陈建明：《近代基督教在华出版物的传播概况》，收入叶再生主编：《出版史研究》第4辑，北京：中国书籍出版社，1996，第127—146页。

陈俊启：《另一种叙事，另一种现实的呈现：新文化史中“书的历史”》，《中外文学》第34卷第4期，2005年9月，第143—170页。

陈林：《近代福建基督教图书出版事业之研究（1842—1949）》，福州：福建师范大学历史系博士论文，2006年4月，未刊稿。

陈平原：《中国现代学术之建立》，北京：北京大学出版社，1998。

陈受颐：《十八世纪欧洲文学里的〈赵氏孤儿〉》，《岭南学报》第1卷第1期，1929年，第114—146页。

陈受颐：《〈好逑传〉之最早的欧译》，《岭南学报》第1卷第4期，1930年，第120—153页。

陈熙远：《“宗教”——一个中国近代文化史上的关键词》，《新史学》第13卷第4期，2002年12月，第37—64页。

陈以爱：《中国现代学术研究机构的兴起》，南昌：江西教育出版社，2002。

陈永生：《清末民初我国学校性教育述略》，《中华医史杂志》1993年第1期，第6—11页。

程焕文：《晚清图书馆学术思想史》，北京：北京图书馆出版社，2004。

程美宝：《由爱乡而爱国：清末广东乡土教材的国家话语》，《历史研究》2003年第4期，第68—84页。

丁守和主编：《辛亥革命时期期刊介绍》（五卷本），北京：人民出版社，1982、1982、1983、1986、1987。

杜迈之、张承宗：《叶德辉评传》，长沙：岳麓书社，1986。

范军：《元代的书业广告》，《湖北民族学院学报（哲学社会科学版）》2003年第6期，第59—63页。

范军：《出版文化史研究论著目录（2000—2004）》，《出版科学》2005年第3期，第56—61页。

费夫贺（Lucien Febvre）、马尔坦（Henri-Jean Martin）：《印刷书的诞生》，李鸿志译，桂林：广西师范大学出版社，2006。

费侠莉（Charlotte Furth）：《再现与感知——身体史研究的两种取向》，蒋竹山译，《新史学》第10卷第4期，1999年12月，第129—144页。

费孝通：《乡土重建》，上海：上海观察社，1948。

冯客（Frank Dikötter）：《个人身体与群体命运——近代中国之人种繁衍和社会纪律》，周逊译，收入黄克武、张哲嘉主编：《公与私：近代中国个体与群体之重建》，台北："中研院"近代史所，

2000，第 203—222 页。

冯客：《对孙隆基先生〈论中国史之傅柯化〉的回应》，《“中研院”近代史所集刊》第 45 期，2004 年 9 月，第 195—198 页。

冯绍霆：《从清末上海几份书目说起》，上海档案馆编：《档案里的上海》，上海：上海辞书出版社，2006，第 251—263 页。

冯志阳：《媒体、瘟疫与清末的健康卫生观念》，《史林》2006 年第 6 期，第 96—103 页。

弗雷德里克・巴比耶（Frédéric Barbier）：《书籍的历史》，刘阳等译，桂林：广西师范大学出版社，2005。

傅柯（Michel Foucault）：《古典时代疯狂史》，林志明译，北京：生活・读书・新知三联书店，2005。

高罗佩（R. H. van Gulik）：《中国古代房内考》，李零等译，上海：上海人民出版社，1990。

高罗佩：《秘戏图考》，杨权译，广州：广东人民出版社，1992。

高晞：《晚清政府对西医学的认知过程》，《自然辩证法通讯》1994 年第 5 期，第 45—53 页。

高万桑（Vincent Goossaert）：《近代中国的国家与宗教：宗教政策与学术典范》，黄郁璇译，《“中研院”近代史研究所集刊》第 54 期，2006 年 12 月，第 169—209 页。

高一涵（Robert Culp）：《中国童子军——南京十年童子军手册中的公民训练与社会意识》，《新史学》第 11 卷第 4 期，2000 年 12 月，第 17—61 页。

葛兆光：《中国思想史》，上海：复旦大学出版社，2001。

顾颉刚编：《妙峰山》，上海：上海文艺出版社 1988 年影印本。

海斯翠普（Kirsten Hastrup）编：《他者的历史》，贾士蘅译，台北：麦田出版社，1998。

韩立萍：《伪满洲国时期历史教科书研究》，沈阳：辽宁大学历史系博士论文，2006 年 5 月，未刊稿。

郝先中：《晚清中国对西洋医学的社会认同》，《学术月刊》2005 年第 5 期，第 73—79 页。

何小莲：《论中国公共卫生事业近代化之滥觞》，《学术月刊》2003 年第 2 期，第 61—67 页。

贺萧（Gail B. Hershatter）：《危险的愉悦》，韩敏中等译，南京：江苏人民出版社，2003。

洪喜美：《近代中国废婚主义的讨论（1890—1920）》，《近代中国》总第 150 期，2002 年 8 月号，第 62—87 页。

胡成：《"不卫生"的华人形象：中外间的不同讲述——以上海公共卫生为中心的观察（1860—1911）》，《"中研院"近代史研究所集刊》第 56 期，2007 年 6 月，第 1—37 页。

胡成：《检疫、种族与租界政治——1910 年上海鼠疫病例发现后的华洋冲突》，《近代史研究》2007 年第 4 期，第 74—90 页。

胡鸿基：《公共卫生概论》，上海：商务印书馆，1929。

胡适、蔡元培、王云五编：《张菊生七十生日纪念论文集》，上海：商务印书馆，1937。

胡晓真：《知识消费、教化娱乐与微物崇拜——论〈小说月报〉与王蕴章的杂志编辑事业》，《"中研院"近代史研究所集刊》第 51 期，2006 年 3 月，第 55—90 页。

黄金麟：《历史、身体、国家：近代中国的身体形成》，台北：

联经出版公司，2001。

黄金麟：《近代中国的军事身体建构，1895—1943》，《“中研院”近代史研究所集刊》第 43 期，2004 年 3 月，第 173—220 页。

黄克武：《从申报医药广告看民初上海的医疗文化与社会生活》，《“中研院”近代史研究所集刊》第 17 期下，1988 年 12 月，第 141—194 页。

黄宇和：《读史札记——论冯客的鸦片赞歌及其他》，《“中研院”近代史所集刊》第 47 期，2005 年 3 月，第 225—232 页。

吉尔兹（Clifford Greetz）：《地方性知识——阐释人类学论文集》，王海龙等译，北京：中央编译出版社，2004。

季家珍（Joan Judge）：《改造国家——晚清的教科书与国民读本》，孙慧敏译，《新史学》第 12 卷第 2 期，2001 年 6 月，第 1—40 页。

姜义华：《孙中山的革命思想与同盟会——上海孙中山故居西文藏书的一项审视》，《史林》2006 年第 5 期，第 19—29 页。

蒋瑞藻：《小说考证》，上海：古典文学出版社，1957。

蒋竹山：《“文化转向”的转向或超越？——介绍四本论欧美新文化史的著作》，《新史学》第 12 卷第 1 期，2001 年 3 月，第 233—246 页。

柯能（Victor Kiernan）：《人类的主人——欧洲帝国时期对其他文化的态度》，陈正国译，台北：麦田出版社，2001。

拉杜里（Le Roy Ladurie）：《蒙塔尤》，许明龙等译，北京：商务印书馆，1997。

来新夏等：《中国近代图书事业史》，上海：上海人民出版社，2000。

赖斗岩：《公共卫生概要》（上），上海：中华书局，1936。

勒庞（Gustave Le Bon）：《乌合之众》，冯克利译，北京：中央编译出版社，2004。

雷祥麟：《卫生为何不是保卫生命？民国时期另类的卫生、自我与疾病》，《台湾社会研究季刊》第54期，2004年6月，第18—60页。

李长声：《从音读到默读》，《读书》1992年第2期，第135—143页。

李长声：《书·读书·读书史》，《读书》1993年第6期，第136—142页。

李宏图主编：《表象的叙述——新社会文化史》，上海：上海三联书店，2003。

李经纬：《中外医学交流史》，长沙：湖南教育出版社，1998。

李奇志：《清末民初思想和文学中的"英雌"话语》，武汉：湖北教育出版社，2006。

李梦生：《中国古代禁毁小说百话》（增订本），上海：上海书店出版社，2006。

李明山：《20世纪初中国版权问题论争》，《近代史研究》1999年第1期，第302—317页。

李明山主编：《中国近代版权史》，开封：河南大学出版社，2003。

李仁渊：《新式出版业与知识分子：以包天笑的早期生涯为例》，《思与言》第43卷第3期，2005年9月，第53—104页。

李仁渊：《晚清的新式传播媒体与知识分子》，台北：稻乡出版社，2005。

李尚仁：《医学、帝国主义与现代性：专题导言》，收入《台湾社会研究》第54期，2004年6月，第1—16页。

李尚仁：《医学、种族思想与国族认同》，《台湾社会研究》第54期，第213—218页。

李尚仁：《腐物与肮脏感：十九世纪西方人对中国环境的体验》，收入余舜德主编：《体物入微：物与身体感的研究》，新竹：清华大学出版社，2010，第45—82页。

李孝悌：《明清的统治阶层与宗教：正统与异端之辨》，收入郝延平、魏秀梅主编：《近世中国之传统与蜕变》，台北："中研院"近代史研究所特刊（5），1998，第83—102页。

李孝悌：《清末下层社会的启蒙运动》，石家庄：河北人民出版社，2001。

李孝悌：《18世纪中国社会中的情欲与身体——礼教世界外的嘉年华会》，《"中研院"历史语言研究所集刊》，第72本第3分，2001年9月，第543—590页。

李亚舒、黎难秋主编：《中国科学翻译史》，长沙：湖南教育出版社，2000。

连玲玲：《消费文化与国家塑造》，《"中研院"近代史所集刊》第51期，2006年3月，第197—202页。

梁台根：《近代西方知识在东亚的传播及其共同文本之探索——以〈佐治刍言〉为例》，《汉学研究》第24卷第2期，2006年12月，第323—349页。

梁玉泉：《清末上海的书籍市场（1898—1901）——以〈申报〉书籍广告为例》，《南京晓庄学院学报》，2005年第3期，第93—98页。

廖梅：《汪康年：从民权论到文化保守主义》，上海：上海古籍出版社，2001。

林·亨特（Lynn Hunt）编：《新文化史》，江政宽译，台北：麦田出版社，2002。

刘达临：《20世纪中国性文化》，上海：上海三联书店，2000。

刘达临：《中国古代性文化》，银川：宁夏人民出版社，2003。

刘家林：《新编中外广告通史》，广州：暨南大学出版社，2004。

刘人鹏：《近代中国女权论述——国族、翻译与性别政治》，台北：台湾学生书局，2000。

刘志琴主编、闵杰著：《近代中国社会文化变迁录》（第2卷），杭州：浙江人民出版社，1998。

卢建荣主编：《性别、政治与集体心态——中国新文化史》，台北：麦田出版社，2001。

卢建荣：《台湾史学界的后现代状况》，《汉学研究通讯》21：1（总81期），2002年2月，第6—10页。

罗伯茨（J. A. G. Roberts）编著：《19世纪西方人眼中的中国》，蒋重跃、刘林海译，北京：时事出版社，1999。

罗伯特·达恩顿（Robert Darnton）：《启蒙运动的生意——〈百科全书〉出版史》，叶桐、顾杭译，北京：三联书店，2005。

罗伯特·达恩顿：《猫大屠杀：法国文化史钩沉》，编译馆主译、吕健忠译，台北：编译馆、联经出版公司，2005。

罗志田：《再造文明之梦——胡适传》，成都：四川人民出版社，1995。

罗志田：《民族主义与近代中国思想》，台北：东大图书公司，1998。

罗志田：《新旧之间：近代中国的多个世界及“失语”群体》，《四川大学学报（哲学社会科学版）》1999年第6期，第77—82页。

罗志田：《见之于行事：中国近代史研究的可能走向——兼及史料、理论与表述》，《历史研究》2002年第1期，第22—40页。

罗志田：《国家与学术：清季民初关于“国学”的思想论争》，北京：生活·读书·新知三联书店，2003。

罗志田：《中国传统的负面整体化：清季民初反传统倾向的演化》，《中华文史论丛》第七十二辑，上海：上海古籍出版社，2003，第225—251页。

马伯英、高晞、洪中立合著：《中外医学文化交流史——中外医学跨文化传通》，上海：文汇出版社，1993。

马克梦（Keith McMahon）：《吝啬鬼、泼妇、一夫多妻者——18世纪中国小说中的性与男女关系》，王维东、杨彩霞译，北京：人民文学出版社，2001。

马孟晶：《文人雅趣与商业书坊——十竹斋书画谱和笺谱的刊印与胡正言的出版事业》，《新史学》第10卷第3期，1999年9月，第1—54页。

马孟晶：《耳目之玩——从〈西厢记〉版画插图论晚明出版文化对视觉性之关注》，《台湾大学美术史研究集刊》第13期，2002年9月，第201—276页。

马允清：《中国卫生制度变迁史》，天津：益世报馆，1934。

马自毅：《进化论在中国的早期传播与影响——19 世纪 70 年代至 1898 年》，收入《中国文化》研究集刊第 5 辑，上海：复旦大学出版社，1987，第 262—325 页。

玛利亚·露西娅·帕拉蕾丝-伯克（Maria Lúcia Pallares-Burke）编：《新史学：自白与对话》，北京：北京大学出版社，2006。

曼古埃尔（Alberto Manguel）：《阅读史》，吴昌杰译，北京：商务印书馆，2002。

弥吉光长：《出版史的研究方法》，吴树文译，《出版史料》1988 年第 1 期，第 75—79 页。

米列娜（Milena Dolezelova）：《一部近代中国的百科全书：未完成的中西文化之桥》，《北京大学学报（哲学社会科学版）》2007 年第 2 期，第 75—84 页。

倪文君：《近代学科形成过程中的晚清地理教科书述论》，《华东师范大学学报（哲学社会科学版）》，2006 年第 5 期，第 107—112 页。

姒元翼主编 ：《中国医学史》，北京：人民卫生出版社，1984。

潘光哲：《近现代中国“改造国民论”的论述》，《开放时代》2003 年第 6 期，第 30—37 页。

潘光哲：《追索晚清阅读史的一些想法》，《新史学》第 16 卷第 3 期，2005 年 9 月，第 137—170 页。

潘光哲：《〈时务报〉和它的读者》，《历史研究》2005 年第 5 期，第 60—83 页。

潘光哲：《华盛顿在中国》，台北：三民书局，2005。

潘光哲：《画定“国族精神”的疆界：关于梁启超〈论中国学术思想变迁之大势〉的思考》，《“中研院”近代史研究所集刊》第53期，2006年9月，第1—50页。

潘光哲：《开创“世界知识”的公共空间：以〈时务报〉的译稿为例》，《史林》2006年第5期，第1—18页。

潘光哲：《科举体制下的“新学”传播空间——以〈沅湘通义录〉为例》，《“101：后科举时代的反思”学术研讨会论文集》，台北：“中研院”近代史研究所，2006年12月。

潘光哲：《美国〈独立宣言〉在晚清中国》，《“中研院”近代史研究所集刊》第57期，2007年9月，第1—54页。

潘建国：《明清时期通俗小说的读者与传播方式》，《复旦学报（社会科学版）》，2001年第1期，第118—124、130页。

潘建国：《档案所见1906年上海地区的书局与书庄》，《档案与史学》2001年第6期，第62—66页。

潘建国：《清代后期上海地区印刷文化的输入与输出》，《中华文史论丛》，总第73辑，上海：上海古籍出版社，2003，第283—319页。

彭俊玲、陈峰：《美国的图书史研究热》，《世界图书》1994年第9期，第17页。

彭俊玲：《国外对印刷文字与书籍史研究的新动向》，《大学图书馆学报》1995年第5期，第63页。

彭明辉：《晚清的经世史学》，台北：麦田出版社，2002。

彭明辉：《台湾史学的中国缠结》，台北：麦田出版社，2002。

彭善民：《公共卫生与上海都市文明（1898—1949）》，上海人民出版社，2007。

彭小妍：《五四的“新性道德”——女性情欲论述与建构民族国家》，《近代中国妇女史研究》第 3 期，1995 年 8 月，第 77—96 页。

彭小妍：《张竞生的〈性史〉：色情还是性学》，《读书》2005 年第 8 期，第 156—161 页。

平襟亚、陈子谦：《上海广告史话》，《上海地方史资料》（三），上海：上海社会科学院出版社，1984，第 132—142 页。

钱存训：《中国纸和印刷文化史》，郑如斯编订，桂林：广西师范大学出版社，2004。

钱锺书：《管锥编》，北京：中华书局，1994。

秦绿枝：《海派商人黄楚九》，上海：上海书店出版社，1999。

秦曼仪：《书籍史方法论的反省与实践》，《台大历史学报》第 41 期，2008 年 6 月，第 257—313 页。

芮哲非：《印刷与出版史能为中国学增添什么》，收入王荣华主编：《多元视野下的中国》，上海：学林出版社，2006，第 61—72 页。

阮真：《几种现行初中国文教科书的分析研究》，《岭南学报》第 1 卷第 1 期，1929 年，第 101—113 页。

萨义德（Edward W. Said）：《文化与帝国主义》，李琨译，北京：生活·读书·新知三联书店，2003。

萨义德：《东方学》，王宇根译，北京：生活·读书·新知三联书店，1999。

桑兵：《清末民初传播业的民间化》，收入胡伟溪编：《辛亥革命与中国近代思想文化》，北京：中国人民大学出版社，1991，第

236—252 页。

沈国威：《康有为及其〈日本书目志〉》，《或问》（WAKUMON）51，No.5（2003），pp.51—68。

沈松侨：《我以我血荐轩辕——黄帝神话与晚清的国族建构》，该文原载《台湾社会研究季刊》第 28 期，1997 年 12 月，第 1—77 页，转见卢建荣主编：《性别、政治与集体心态——中国新文化史》，台北：麦田出版社，2001，第 281—364 页。

沈松侨：《国权与民权：晚清的“国民”论述》，见《“中研院”历史语言研究所集刊》第七十三本，第四分，2002 年 12 月，第 685—726 页。

盛巽昌：《广智书局和它的出版物》，《出版史料》1991 年第 2 期，第 92—93 页。

石元康：《从中国文化到现代性：典范转移》，北京：生活·读书·新知三联书店，2000。

时萌：《曾朴研究》，上海：上海古籍出版社，1982。

实藤惠秀：《中国人留学日本史》，谭汝谦、林启彦译，北京：生活·读书·新知三联书店，1983。

史景迁（Jonathan Spence）：《文化类同与文化利用》，廖世奇等译，北京：北京大学出版社，1997。

舒新城：《近代中国教育思想史》，上海：中华书局，1929。

宋莉华：《明清时期说部书价述略》，《复旦学报（社会科学版）》2002 年第 3 期，第 131—140 页。

宋原放主编：《上海出版志》，上海：上海社会科学院出版社，2000。

孙隆基：《清季民族主义与黄帝崇拜之发明》，《历史研究》2000年第3期，第68—79页。

孙隆基：《论中国史之傅柯化——评冯客》，《“中研院”近代史所集刊》第44期，2004年6月，第155—168页。

孙隆基：《答复冯客先生》，《“中研院”近代史所集刊》第46期，2004年12月，第223—226页。

孙卫国：《西方书籍史研究漫谈》，《中国典籍与文化》2003年第3期，第92—96页。

台湾历史学会编辑委员会：《历史意识与历史教科书论文集》，台北：稻乡出版社，2003。

汤志钧：《近代史研究和版本校勘、档案求索——〈戊戌政变记〉最早刊发的两种期刊》，《历史档案》2006年第2期，第30—35页。

唐文权：《关于〈革命军〉的借资移植问题》，收入《中国文化研究集刊》（第5辑），上海：复旦大学出版社，1987，第506—518页。

汪家熔：《商务印书馆史及其他：汪家熔出版史研究文集》，北京：中国书籍出版社，1998。

王笛主编：《时间·空间·书写》，杭州：浙江人民出版社，2006。

王尔敏：《〈酬世锦囊〉之内涵及其适用之人际网络》，《近代中国史研究通讯》第24期，1997年9月，第97—100页。

王尔敏：《〈营谋小集〉与商贩经理知识》，《近代中国史研究通讯》第30期，2000年9月，第118—123页。

王尔敏：《清代小商贩稀珍史料五种》，《近代中国史研究通讯》第31期，2001年3月，第102—114页。

王尔敏：《〈庄农杂字〉所反映的农民生业生活》，《近代中国史研究通讯》第33期，2002年3月，第98—105页。

王尔敏：《近代文化生态及其变迁》，长沙：岳麓书社，2002。

王尔敏：《中国民间市井营造工匠日用之〈鲁班经〉》，《近代中国史研究通讯》第36期，2003年12月，第48—54页。

王汎森：《中国近代思想与学术的系谱》，石家庄：河北教育出版社，2001。

王汎森：《近代知识分子自我形象的转变》，《台大文史哲学报》第56期，2002年5月，第1—28页。

王汎森：《中国近代思想文化史研究的若干思考》，《新史学》第14卷第4期，2003年12月，第177—194页。

王飞仙：《期刊、出版与社会文化变迁——五四前后的商务印书馆与〈学生杂志〉》，台北：政治大学历史学系，2004。

王建军：《中国近代教科书发展研究》，广州：广东教育出版社，1996。

王开玺：《1864年清廷翻译〈万国公法〉所据版本问题考异》，《北京师范大学学报（社会科学版）》2005年第6期，第138—139页。

王龙：《阅读史研究探论》，《图书馆理论与实践》2001年第1期，第17—20页。

王龙：《阅读研究引论》，香港：天马图书有限公司，2003。

王敏：《政府与媒体——晚清上海报纸的政治空间》，《史林》2007年第1期，第78—91页。

王明珂：《论攀附：近代炎黄子孙国族建构的古代基础》，《“中研究院”历史语言研究所集刊》第七十三本，第三分，2002 年 9 月，第 583—624 页。

王强：《遮蔽的文明：性欲观念与古中国文化》，台北：文津出版社，2003。

王儒年：《欲望的想象：1920—1930 年代〈申报〉广告的文化史研究》，上海：上海人民出版社，2007。

王树槐：《清季的广学会》，《“中研院”近代史研究所集刊》第 4 期上册，1973 年 5 月，第 193—228 页。

王兴亮：《清末民初乡土志书的编纂和乡土教育》，《中国地方志》2004 年第 2 期，第 43—48 页。

王雪峰：《教育转型之镜——20 世纪上半叶中国的性教育思想与实践》，北京：社会科学文献出版社，2006。

王余光：《试论阅读史研究》，《 中学语文教学参考》2001 年第 8—9 期，第 14—17 页。

王余光等：《中国阅读文化史论》，北京：北京图书馆出版社，2007。

王渝生主编：《第七届国际中国科学史会议文集》，郑州：大象出版社，1999。

王玉辛：《清末的中央卫生行政机构与京城官医院》，《中国科技史料》第 15 卷第 3 期，1994 年，第 62—65 页。

王正华：《生活、知识与文化商品：晚明福建版“日用类书”与其书画门》，《“中研院”近代史所集刊》第 41 期，2003 年 9 月，第 1—47 页。

王志均、陈孟勤主编：《中国生理学史》，北京：北京医科大学、中国协和医科大学联合出版社，1993。

韦思谛（Stephen Averill）：《中国与“非西方”世界的历史研究若干新趋势》，吴喆等译，《新史学》十一卷三期，2000年9月，第164—167页。

卫宝瑛译：《十六至十九世纪繁荣的欧美出版业》，该文出自《大不列颠百科全书》，中译文见《出版史料》1988年第2期，第101—105、112页。

魏玉山：《出版史研究百年沿革》，《出版发行研究》2002年第3、4、7期，第75—80页、第71—74页、第70—73页。

翁衍桢：《古代儿童读物概观》，《图书馆学季刊》第10卷第1期，1936年3月，第91—146页。

吴蕙芳：《万宝全书：明清时期的民间生活实录》，台北：政治大学历史学系，2001。

西佛曼（Marilyn Silverman）、格里福（P. H. Gulliver）编：《走进历史田野：历史人类学的爱尔兰史个案研究》，贾士蘅译，台北：麦田出版社，1999。

夏伯嘉：《从天儒合一到东西分歧——欧洲中国观的演变》，《新史学》第12卷第3期，2001年9月，第1—18页。

夏李南：《西方的书籍史研究热》，《百科知识》1996年第5期，第51页。

肖东发、袁逸：《20世纪中国出版史研究鸟瞰》，《北京大学学报（哲学社会科学版）》1999年第2期，第126—135页。

肖东发：《中国出版史研究的回顾与展望》，《出版科学》2002年第3期，第57—64页。

熊秉真：《中国近世士人笔下的儿童健康问题》，《“中研院”近代史研究所集刊》第23期（上册），1994年6月，第1—30页。

熊月之：《西学东渐与晚清社会》，上海：上海人民出版社，1994。

许慧琦：《“娜拉”在中国：新女性的塑造及其演变（1900s—1939s）》，台北：政治大学历史系，2003。

雅各布（Christian Jcob）：《从书籍到文本——文献学比较史刍议》，陆象淦译，《第欧根尼》总第37期，2003年6月，第3—4页。

雅克·勒戈夫（J. Le Goff）和诺拉（P. Nora）编：《史学研究的新问题、新方法、新对象》，郝名玮译，北京：社会科学文献出版社，1988。

严寿澂：《从改善民生、革新行政到议员政府、普及教育——蒯光典政治思想述论》，《近代史研究》2006年第2期，第65—89页。

杨慧慧：《晚清学部编审教科书的活动》，长春：吉林大学文学院博士论文，2006年6月，未刊稿。

杨景尧：《两岸国初中历史教科书比较观》，《淡江史学》第14期，2003年12月，第59—70页。

杨瑞松：《想象民族耻辱：近代中国思想文化史上的“东亚病夫”》，《政治大学历史学报》第23期，2005年5月，第1—44页。

杨瑞松：《尔有黄祸之先兆，尔有种族之势力：“黄祸”与近代中国国族共同体想象》，《政治大学历史学报》第26期，2006年11月，第65—108页。

杨寿清：《中国出版界简史》，上海：上海永祥印书馆，1946。

姚名达：《中国目录学史》，北京：商务印书馆，1957。

叶再生：《广学会初探》，连载于《出版史研究》第 4 辑（第 91—126 页），《出版史研究》第 5 辑（第 149—176 页），《出版史研究》第 6 辑（第 183—213 页）。

叶再生：《中国近代现代出版通史》，北京：华文出版社，2002。

由国庆：《老广告》，天津：天津人民美术出版社，2000。

由国庆：《再见老广告》，天津：百花文艺出版社，2004。

由国庆：《与古人一起读广告》，北京：新星出版社，2006。

游鑑明：《近代中国女子体育观初探》，《新史学》第 7 卷第 4 期，1996 年 12 月，第 119—156 页。

游子安：《劝化金箴：清代善书研究》，天津：天津人民出版社，1999。

余新忠：《清代江南的卫生观念与行为及其近代变迁初探》，《清史研究》2006 年第 2 期，第 12—26 页。

余新忠：《晚清"卫生"概念演变探略》，《"西学与清代文化"国际学术研讨会论文集》（下册），北京：中国人民大学清史研究所，2006 年 8 月，第 915—950 页。

余英时：《中国近代思想史上的胡适》，台北：联经出版公司，1986。

俞凤宾：《五十年来中国之卫生》，《最近之五十年》，上海申报馆，1922，上海：上海书店 1987 年影印本。

俞凤宾、程瀚章：《卫生要义》，上海：商务印书馆，1930。

约翰·史都瑞（John Storey）：《文化消费与日常生活》，张君玫译，台北：巨流图书公司，2001。

张国星编、茅盾等著：《中国古代小说中的性描写》，天津：百花文艺出版社，1993。

张佛泉：《梁启超国家观念之形成》，《政治学报》第 1 卷第 1 期，1971 年 9 月，第 5—11 页。

张灏：《张灏自选集》，上海：上海教育出版社，2002。

张履谦：《民众读物调查》，开封：北方印书局，1934。

张敏：《从稿费制度的实行看晚清上海文化市场的发育》，《史林》2001 年第 2 期，第 86—94 页。

张朋园：《广智书局（1901—1915）——维新派文化事业机构之一》，《“中研院”近代史研究所集刊》第 2 期，1971 年，第 397—416 页。

张晓灵：《晚清西书的流行与西学的传播——以上海地区为中心》，上海：复旦大学历史地理研究中心硕士论文，2004 年 5 月，未刊稿。

张用心：《〈万国公法〉的几个问题》，《北京大学学报（哲学社会科学版）》2005 年第 3 期，第 76—84 页。

张志强、潘文年：《20 世纪中国书史研究回顾》，《汉学研究通讯》第 22 卷第 4 期，2003 年 11 月，第 35—47 页。

张仲民：《解构中国民族历史叙述的反思》，《历史研究》2006 年第 5 期，第 178—185 页。

张仲民：《新文化史与中国研究》，《复旦学报（社会科学版）》2008 年第 1 期，第 100—108 页。

张仲民：《清季启蒙人士改造民众阅读习惯的论述》，《“中研院”近代史研究所集刊》第 68 期，2010 年 6 月，第 51—96 页。

张宗文：《晚清官书局的图书发行》，《编辑学刊》1999 年第 3 期，第 79—80 页。

章清：《“策问”中的“历史”》，《复旦学报（社会科学版）》2005 年第 5 期，第 53—62 页。

章颐年：《心理卫生概论》，上海：商务印书馆，1936。

赵洪钧：《近代中西医论争史》，合肥：安徽科技出版社，1989。

赵璞珊：《西洋医学在中国的传播》，《历史研究》1980 年第 2 期，第 37—48 页。

郑如斯、肖东发编：《中国书史教学参考文选》，北京：书目文献出版社，1987。

周质平：《胡适早期思想中的“爱国”》，收入周质平主编：《胡适早年文存》，台北：远流，1994。

邹振环：《西医译著与近代中医界的反省》，《华东师范大学学报》1986 年第 1 期，第 76—80 页。

邹振环：《晚清西书中译及其对中国文化的影响》，收入叶再生主编：《出版史研究》第 2 辑，北京：中国书籍出版社，1994，第 3—28 页；叶再生主编：《出版史研究》第 3 辑，北京：中国书籍出版社，1995，第 1—29 页。

邹振环：《影响中国近代社会的一百种译作》，北京：中国对外翻译出版公司，1996。

邹振环：《江苏翻译出版史略》，南京：江苏人民出版社，1998。

邹振环：《译林旧踪》，南昌：江西教育出版社，2000。

邹振环：《晚清西方地理学在中国——以1815年至1911年西方地理学译著的传播与影响为中心》，上海：上海古籍出版社，2000。

邹振环：《20世纪上海翻译出版与文化变迁》，南宁：广西教育出版社，2001。

邹振环：《西方传教士与晚清西史东渐》，上海：上海古籍出版社，2007。

祝平一：《身体、灵魂与天主：明末清初西学中的人体生理知识》，《新史学》第7卷2期，1996年6月，第47—95页。

朱德明：《上海租界卫生史略》，《中华医史杂志》1996年第1期，第14—18页。

朱维铮校：《梁启超论清学史两种》，上海：复旦大学出版社，1985。

朱维铮：《求索真文明——晚清学术史论》，上海：上海古籍出版社，1999。

朱英：《近代中国广告的产生发展及其影响》，《近代史研究》2000年第4期，第87—115页。

三　英文研究著作之部

Allen, James Smith. 1983. “History and the Novel: Mentallité in Modern Popular Fiction.” *History and Theory* 22, No.3 (October): 233—252.

——. 1991. *In the Public Eye: A History of Reading in Modern*

France, *1800—1940*. Princeton, New Jersey: Princeton University Press.

Altick, Richard D. 1998. *The English Common Reader*: *A Social History of the Mass Reading Public*, *1800—1900*. Columbus: Ohio State University Press.

Appleby, Joyce, Lynn Hunt and Margaret. 1994. *Telling the Truth About History*. New York and London: Norton & Company.

Berkhofer, Robert F. 1995. *Beyond the Great Story*: *History as Text and Discourse*. Combridge: Harvard University Press.

Blum, Jerome. 1982. "Fiction and the European Peasantry: The Realist Novel as a Historical Source." *Proceedings of the American Philosophical Society* 126, No.2 (April): 122—139.

Bourdieu, Pierre. 1977. *Outline of A Theory of Practice*. Translated by Richard Nice. Cambridge: Harvard University Press.

——. 1984. *Distinction*: *A Social Critique of the Judgement of Taste*. Translated by Richard Nice. Cambridge: Harvard University Press.

Britton, Roswell S. 1933. *The Chinese Peridical Press*. Shai: Kelly and Walsh.

Brokaw, Cynthia Joanne. 2007. *Commerce in Culture*: *the Sibao Book Trade in the Qing and Republican Periods*. Cambridge and London: Harvard University Asia Center.

Burguière, André. 1982. "The Fate of the History of Mentalites in the Annales." *Comparative Studies in Society and History* 24, No. 3 (July): 424—437.

Burke, Peter. 1997. *Varieties of Cultural History*. Cambridge: Polity Press.

——, ed. 2001. *New Perspectives On Historical Writing*. Cambridge: Polity Press.

——, ed. 2002. *History and Historians in the Twentieth Century*. Oxford: Oxford University Press.

——. 2004. *What Is Cultural History?*. Cambridge, U.K. Malden, Mass.: Polity Press.

Cavallo, Guglielmo, and Roger Chartier, eds. 1999. *A History of Reading in the West*. Translated by Lydia G. Cochrane. Amherst & Boston: University of Massachusetts Press.

Chartier, Roger. 1984. *The Order of Books: Readers, Authors and Libraries in Europe Between the Fourteenth and Eighteenth Centuries*. Translated by Lydia G. Cochrane. Cambridge: Polity Press.

——. 1987. *The Cultural Uses of Print in Early Modern France*. Translated by Lydia G. Cochrane. Princeton, New Jersey: Princeton University Press.

——. 1988. *Cultural History: Between Practices and Representations*. Translated by Lydia G. Cochrane. New York: Cornell University Press.

——. 1997. "The End of the Reign of the Book." Translated by Eric D. Friedman. *SubStance* 26, No.1 (Issue 82: Special Issue: Metamorphoses of the Book): 9—11.

——. 1997. *On the Edge of the Cliff: History, Language, and*

Practices. Translated by Lydia G. Cochrane. Baltimore and London: The Yohns Hopkins University Press.

——. 1999. *The Cultural Origins of the French Revolution*. Translated by Lydia G. Cochrane. Cambridge: Polity Press.

Chatterjee, Partha. 1986. *Nationalist Thought and the Colonial World: A Derivative Discourse?*. London: Zed Books for the United Nations University.

Chia, Lucille. 2002. *Printing for Profit: The Commercial Publishers of Jianyang, Fujian, 11th—17th Centuries*. Cambridge and London: Harvard University Asia Center.

Chow, Kai-wing. 2004. *Publishing, Culture and Power in Early Modern China*, Stanford: Stanford University Press.

Chow, Kai-wing, and Cynthia Joanne Brokaw, eds. 2005. *Printing and Book Culture in Late Imperial China*. Berkeley: University of California Press.

Chung, Yuehtsen Juliette. 2002. *Struggle for National Survival: Eugenics in Sino—Japanese Contexts, 1896—1945*. New York and London: Routledge.

Cochran, Sherman. 2006. *Chinese Medicine Men: Consumer Culture in China and Southeast Asia*. Cambridge, Mass.: Harvard University Press.

Cohen, Paul A. 2003. "Remembering and Forgetting National Humiliation in Twentieth-century China." In *China Unbound: Evolving Perspectives on the Chinese Past*, 148—184. London and New York: Routledge Curzon.

Davidson, Cathy N., ed. 1989. *Reading in America: Literature and Social History*. Baltimore: Johns Hopkins University Press.

de Certeau, Michel. 1988. *The Practice of Everyday Life*, Berkeley. Los Angeles, London: University of California Press.

Dewald, Jonathan. 1998. "Roger Chartier and the Fate of Cultural History." *French Historical Studies* 21, No.2 (Spring): 221—240.

Dikötter, Frank. 1992. *The Discourse of Race in Modern China*. Stanford: Stanford University Press.

——. 1995. *Sex, Culture, and Modernity in China: Medical Science and the Construction of Sexual Identities in the Early Republican Period*. Honolulu: University of Hawaii University.

——. 1998. *Imperfect Conceptions: Medical Knowledge, Birth Defects and Eugenies in China*. New York: Columbia University Press.

Dirlik, Arif. 1996. "Chinese History and the Question of Orientalism." *History and Theory* 35, No.4 (December): 96—118.

Domanska, Ewa. 1998. *Encounters: Philosophy of History after Postmodernism*. Charlottesville and London: University Press of Virginia.

Duara, Prasenjit. 1991. "Knowledge and Power in the Discourse of Modernity: The Campaigns Against Popular Religion in Early Twentieth-Century China." *The Journal of Asian Studies* 50, No. 1 (February): 67—83.

——. 1995. *Rescuing History from the Nation: Questioning Narratives of Modern China*. Chicago: University of Chicago Press.

Finkelstein, David, and Alistair McCleery, eds. 2002. *The Book*

History Reader. London and New York: Routledge.

Furth, Charlotte. 1999. *A Flourishing Yin: Gender in China's Medical History, 960—1665*. Berkeley: University of California Press.

Gerth, Karl. 2003. *China Made: Consumer Culture and the Creation of the Nation*. Cambridge and London: Harvard University Asia Center.

Ginzburg, Carlo. 1980. *Cheese and Worms: The Cosmos of a Sixteenth-Century Miller*. London and Henley: Routledge & Kegan Paul.

Hesse, Carla. 1991. *Publishing and Cultural Politics in Revolutionary Paris, 1789—1810*. Berkeley, Los Angeles and Oxford: University of California Press.

Hunt, Lynn. 1998. "No Longer an Evenly Flowing River: Time, History, and the Novel." *The American Historical Review* 103, No.5 (December): 1517—1521.

Hutton, Patrick H. 1980. "The History of Mentalties: the New Map of Cultural History." *History and Theory* 20, No.3 (October): 237—259.

Johns, Adrian. 1998. *The Nature of the Book: Print and Knowledge in the Making*. Chicago and London: University of Chicago Press.

Judge, Joan. 1994. "Public Opinion and the New Politics of Contestation in the Late Qing, 1904—1911." *Modern China* 20, No.1 (January): 64—91.

——. 1996. *Print and Politics: "Shibao" and the Culture of Reform in Late Qing China*. Stanford: Stanford University Press.

——. 2007. "Expanding the Feminine/National Imaginary: Social and Martial Heroines in Late Qing Women's Journals."《近代中国妇女史研究》[Research on Women in Modern Chinese History] 15 (December): 1—33.

Karl, Rebecca E. 2002. *Staging the World: Chinese Nationalism at the Turn of the Twentieth Century*. Durham: Duke University Press.

Kurigama, Shigehisa. 1994. "The Imagination Winds and the Development of the Chinese Conception of the Body." In *Body, Subject & Power in China*, edited by Angela Zito and T. E. Barlow, 23—41. Chicago and London: The University of Chicago Press.

Lyons, Martyn. 2001. *Readers and Society in Nineteenth-Century France: Workers, Women, Peasants*. New York: Palgrave Macmillan.

McDermott, Joseph P. 2006. *A Social History of the Chinese Book: Books and Literati Culture in Late Imperial China*. Hong Kong: Hong Kong University Press.

Meyer-Fong, Tobie. 2007. "The Printed World: Books, Publishing Culture, and Society in Late Imperial China." *The Journial of Asian Studies* 66, No.3 (August): 787—817.

Mittler, Barbara. 2004. *A Newspaper for China? Power, Identity, and Change in Shanghai News Media, 1872—1912*. Cambridge: Harvard University Press.

Outram, Dorinda. 1989. *The Body and the French Revolution: Sex, Class and Political Culture*. New Haven and London: Yale University Press.

Rawski, Evelyn Sakakida. 1979. *Education and Popular Literacy in Ch'ing China*. Michigan: The University of Michigan Press.

Reed, Christopher A. 2004. *Gutenberg in Shanghai: Chinese Print Capitalism, 1876—1937*. Vancouver, Toronto: University of British Columbia Press.

Rogaski, Ruth. 2004. *Hygienic Modernity: Meaning of Health and Disease in Treaty—Port China*. Berkeley: University of California Press.

Shuei-may, Chang. 2001. *Casting off the Shackles of Family: Ibsen's Nora Figure in Modern Chinese Literature, 1918—1942*. New York: Peter Lang.

Thompson, Martyn P. 1993. "Reception Theory and the Interpretation of Historical Meaning." *History and Theory* 32, No. 3 (October): 248—272.

Travis, Molly Abel. 1998. *Reading Cultures: the Construction of Readers in the Twentieth Century*. Carbondale and Edwardsville: Southern Illinois University Press.

Young, Robert. 2004. *White Mythologies: Writing History and the West*. London and New York: Routledge.

Yu, Li. 2003. "A History of Reading in Late Imperial China, 1000—1800." PhD diss., Department of East Asian Languages and Literatures, The Ohio State University.

Zarrow, Peter. 2006. "Liang Qichao and the Conceptualization of 'Race' in Late Qing China."《"中研院"近代史研究所集刊》[Bulletin of the Institute of Modern History Academia Sinica] 52 (June): 113—164.

1996. *Late Imperial China* 17, No.1 (June): pp.1—200.

图书在版编目(CIP)数据

出版与文化政治:晚清的"卫生"书籍研究/张仲民著. —上海:上海人民出版社,2021
(论衡)
ISBN 978-7-208-16907-4

Ⅰ.①出… Ⅱ.①张… Ⅲ.①生理卫生-图书-研究-清后期 Ⅳ.①G256.1

中国版本图书馆CIP数据核字(2021)第004173号

责任编辑 高笑红
封面设计 赤 徉

论衡
出版与文化政治
——晚清的"卫生"书籍研究
张仲民 著

出 版 上海人民出版社
(200001 上海福建中路193号)
发 行 上海人民出版社发行中心
印 刷 常熟市新骅印刷有限公司
开 本 890×1240 1/32
印 张 15.5
插 页 5
字 数 341,000
版 次 2021年5月第1版
印 次 2021年5月第1次印刷
ISBN 978-7-208-16907-4/K·3042
定 价 88.00元